安徽省高校科学研究重点项目（2022AH050936）

安徽工程大学引进人才科研启动基金（2022YQQ101）

金融科技
与银行经营绩效

李　琴◎著

安徽师范大学出版社

ANHUI NORMAL UNIVERSITY PRESS

·芜湖·

图书在版编目(CIP)数据

金融科技与银行经营绩效 / 李琴著. -- 芜湖 : 安徽师范大学出版社, 2025. 5. -- ISBN 978-7-5676-7269-7

Ⅰ. F830.33

中国国家版本馆CIP数据核字第20257WD052号

金融科技与银行经营绩效   李   琴◎著

责任编辑:管健行   责任校对:孔令清

装帧设计:张 玲 姚 远   责任印制:桑国磊

出版发行:安徽师范大学出版社

         芜湖市北京中路2号安徽师范大学赭山校区

网   址:https://press.ahnu.edu.cn

发 行 部:0553-3883578   5910327   5910310(传真)

印   刷:苏州市古得堡数码印刷有限公司

版   次:2025年5月第1版

印   次:2025年5月第1次印刷

规   格:700 mm ×1000 mm   1/16

印   张:12.25

字   数:170千字

书   号:978-7-5676-7269-7

定   价:40.00元

凡发现图书有质量问题,请与我社联系(联系电话:0553-5910315)

目 录

第一章 绪论 ……………………………………………………001

第一节 研究背景与研究意义 ………………………………001

第二节 文献综述 ……………………………………………007

第三节 研究思路与研究方法 ………………………………011

第四节 研究内容 ……………………………………………017

第二章 基本概念与相关理论 ………………………………020

第一节 银行金融科技 ………………………………………020

第二节 商业银行经营绩效 …………………………………050

第三节 相关理论 ……………………………………………064

第三章 银行金融科技影响商业银行经营绩效的机制分析 ………075

第一节 银行金融科技发展指数的构建与测算 ……………075

第二节 银行金融科技替代商业银行生产要素 ……………085

第三节 银行金融科技驱动商业银行业务创新 ……………090

第四章 银行金融科技影响商业银行全要素生产率的实证检验 …099

第一节 商业银行全要素生产率的界定及度量 ……………100

第二节 银行金融科技影响商业银行全要素生产率的研究假设 …107

第三节 银行金融科技影响商业银行全要素生产率的研究设计 …110

第四节 银行金融科技影响商业银行全要素生产率的实证结果 …114

第五章　银行金融科技影响商业银行经营效率的实证检验 ………125

　　第一节　商业银行经营效率的界定及测算 ……………125

　　第二节　银行金融科技影响商业银行经营效率的研究假设 ……133

　　第三节　银行金融科技影响商业银行经营效率的研究设计 ……136

　　第四节　银行金融科技影响商业银行经营效率的实证结果 ……140

第六章　银行金融科技影响商业银行资产收益率的实证检验 ……154

　　第一节　银行金融科技影响商业银行资产收益率的研究假设 ……154

　　第二节　银行金融科技影响商业银行资产收益率的研究设计 ……157

　　第三节　银行金融科技影响商业银行资产收益率的实证结果 ……160

第七章　研究结论与政策建议 ……………………170

　　第一节　研究结论 ………………………170

　　第二节　政策建议 ………………………173

主要参考文献 ………………………………176

第一章 绪论

第一节 研究背景与研究意义

一、研究背景

银行金融科技是银行业与新兴科技行业融合的产物,是从金融科技框架里衍生出来的一个独立的新兴分支,它起源并从属于金融科技。笔者认为,银行金融科技是传统商业银行为保护自身的市场地位而进行的渐进式的自我技术革新,商业银行发展金融科技的目的是驱动商业银行业务、服务和管理等方面的创新。虽然银行金融科技是银行业与新兴科技行业的结合,但是银行金融科技的本质属性更强调其技术属性,即银行金融科技是商业银行依托的底层技术,以及基于这些技术的应用、业务模式创新等的总称,其不仅包括大数据、云计算、区块链、人工智能和5G等数字技术,还包括早期应用的电子技术和互联网技术。

2014年5月,习近平总书记在河南考察时首次指出,中国经济发展已经进入一个"新常态"。这标志着中国经济学范式转换、经济发展模式转轨、经济增长方式发生转变。经济新常态下,供给侧结构性改革成为实现中国经济转型升级的关键路径,此后,政府相继出台科技政策、产业政策和创新政策,大力发展数字经济。金融作为实体经济发展的润滑剂,金融供给侧结构性改革成为供给侧改革不可或缺的一部分。"十三五"规划期间,政府明确提出要加快金融体制改革,旨在提高金融服务实体经济效率,促进金融"脱虚向实"。"十四五"规划纲要更是将金融服务实体经济放到更加突出的位置。在中国,以商业银行间接融资为主的融资体系,决定了商业银行在中国金融领域占据主体地位。在此背景下,商业银行借助银行金融科技进行数字化转型,不仅是其融入数字经济发展浪潮,分享数字经济红利,培育业务新增长点的关键路径,更是满足人民日益增长的美好生活需要,解决不平衡不充分的发展问题、深化金融供给侧结构性改革的迫切要求。

在新一轮科技革命和产业变革的浪潮中,大数据、云计算、区块链、人工智能等技术应用趋于成熟,物联网和5G等技术蓬勃发展,成为驱动银行金融科技发展的核心引擎。为破解传统商业银行的粗放式增长瓶颈、提高金融服务的普惠性与客户体验,越来越多的商业银行通过投资、并购、战略合作,以及成立金融科技子公司等方式发展银行金融科技。这在很大程度上促进了银行业的创新与重塑:线上服务模式和智慧网点的普及,拓宽了银行服务范围;基于大数据的科技信贷技术为解决中小微企业融资难、融资贵问题提供了新的方案;移动支付的迭代,提高了居民的支付便捷性。2019年8月,中国人民银行印发《金融科技(FinTech)发展规划(2019—2021年)》,明确提出建立健全我国金融科技发展的"四梁八柱",确立金融与科技深度融合、协调发展的目标,强调金融科技在推动金融业转型升级、服务实体经济、促进普惠金融发展、创新金融风险防范手段等方面的重要作用。该规划的出台,标志着银行金融科技发展正式上升到国家战略层面,为行业提供了顶层设计和政策指引,进一步激发了商业银行发展银行金融科技的积极性。

与此同时,数字技术与金融深度融合催生的不同于间接融资和直接融资的第三种金融业态——互联网金融在中国取得巨大成功。2004年,第三方支付平台——支付宝上线,这是中国互联网金融业态的开端

（谢平和邹传伟，2012）。支付宝创新支付和结算的新渠道，在全国范围内被消费者与商户接受和应用。2007年，P2P网络借贷出现。2009年，阿里巴巴组建团队开发阿里小贷业务，并于2010年6月发放第一笔贷款，这标志着大科技信贷模式的出现。2013年6月17日，支付宝创新性地推出了第一支互联网货币基金——余额宝，这标志着中国互联网货币基金出现。虽然互联网金融挤占了商业银行的收益（Tang，2019；Phan et al.，2020；刘孟飞和王琦，2021），并在一定程度上影响了商业银行货币政策传导机制（周光友和施怡波，2015；刘澜飚等，2016；战明华等，2018；潘长春和李晓，2018），但是互联网金融发展过程证明了技术革新能够给金融业带来巨大的收益，进一步激发商业银行积极探索银行金融科技，通过技术革新实现数字化转型的积极性。

实务界和理论界普遍认为银行金融科技通过驱动金融创新，能够提升商业银行经营绩效。近年来，为发展金融科技，商业银行的科技人才投入和科研经费投入呈现快速增长态势，在一定程度上推动了商业银行的金融创新，如大数据技术重构了传统运营模式和风控手段，推动了商业银行业务流程的数字化、智能化与生态化发展。但是，银行金融科技的发展具有高投入、周期长、系统化等特征，这衍生了诸多不确定性。因此，银行金融科技对商业银行经营绩效的真实影响情况如何？银行金融科技影响商业银行经营绩效的具体机制是什么？这些问题都值得深入研究。

建立合理的经营绩效指标体系，能够有效地反映商业银行经营管理的真实情况。根据经营管理理论，有效的经营绩效指标体系应该能够充分反映商业银行的经营目标。商业银行的经营目标具有动态适应性，其往往随商业银行战略的调整而变动。研究发现，商业银行数字化转型战略可以概括为：围绕网络平台打造金融服务生态圈，依托线下网点推进智慧银行升级；利用创新科技塑造新服务、新产品、新的运营和业务模式，以实现规模经济、提升服务质量和降低成本的经营目标。由此可以看出,数字化转型阶段的商业银行经营不仅看重盈利性这一核心经营目标,还看重创新性和高效性等能够体现商业银行高质量发展的新型经营目标。20世纪末至21世纪初,国内学术界掀起了一阵研究商业银行经营绩效指标体系的热潮,但是近年来国内文献对于商业银行经营绩效评价指标主要采用资产收益率和权益收益率(胡东婉和朱安琪,2018;宋常和李晓楠,2021;周边等,2021),这种单一的财务指标显然无法全面地反映数字化转型阶段商业银行的经营目标。因此,本书从创新性、高效性和盈利性三个方面构建数字化转型阶段商业银行经营绩效指标体系。其中,创新性是指银行金融科技驱动的金融创新,采用全要素生产率进行衡量;高效性是指商业银行的经营管理效率,采用经营效率进行衡量;盈利性是指商业银行获取利润的能力,采用资产收益率进行衡量。如果实证结果表明,发展银行金融科技有利于提高商业银行的创新性、高效性和盈利性,则说明银行金融科技能够提高商业银行经营绩效;反之,则表明银行金融科技不能显著提高商业银行经营绩效。同时,银行金融科技影响商业银行创新性、高效性和盈利性的机制,也就是银行金融科技影响商业银行经营绩效的机制。

二、研究意义

目前,中国金融科技发展的核心参与主体主要有互联网公司、商业银行、保险公司、证券公司。互联网公司是中国金融科技发展的开拓者。为了顺应数字化转型趋势,保险公司和证券公司也加入发展金融科技的行列,但是其发展动力和发展力度远不及商业银行。与此同时,商业银行在资金、人力、物力等方面的优势,使得银行金融科技发展呈现赶超互联网公司金融科技的势头。由此可以认为,银行金融科技是金融科技领域的重要组成部分,然而现有文献对银行金融科技的关注明显不足,从创新性、高效性和盈利性三个方面研究银行金融科技对商业银行经营绩效的影响更是极为有限。因此,本书不仅可以丰富金融科技领域相关研究,还可以为数字化转型阶段商业银行的经营绩效管理提供现实借鉴和理论支撑。

第一,丰富银行金融科技的量化研究。长期以来,商业银行较少披露银行金融科技的结构化数据,而主要通过定期报告、新闻等方式披露银行金融科技发展的非结构化文本数据。难以量化的非结构化数据使得银行金融科技量化研究存在诸多问题,导致相关研究长期局限于定性分析层面。本书研究发现,商业银行会在其年度报告中公开披露银行金融科技研发与应用的信息,而且银行金融科技发展水平越高,其年度报告中与银行金融科技相关词汇出现的频率越高。基于这一发现,本书在借鉴相关文献的基础上,采用网络爬虫技术和文本挖掘技术,获取样本商业银行年度报告中与银行金融科技相关词汇的词频数据,然后采用主成分分析和Min-Max标准化,测算出银行金融科技发展指数,这不仅在方法论上具有合理性与创新性,还能为银行金融科技的量化研究提供可借鉴的重要指数。

第二,推动银行金融科技特色化发展。作为重要金融机构,商业银行开展经营活动就是资源投入最小化,创造出能够满足人们需求的创新性产品和高效性服务,并产生收益最大化,实现创新性、高效性和盈利性的经营目标。在传统商业银行利差收窄的现实情况下,商业银行从业者普遍看好银行金融科技,认为商业银行发展金融科技可以减少固定资产投入,节约人力成本,降低交易成本,促进金融产品创新,提高金融服务效率,进而有利于提高商业银行经营绩效。本书研究表明,城市商业银行和农村商业银行的银行金融科技发展水平相对较低,发展势头较弱,且与大型国有商业银行和股份制商业银行的差距随着时间推移逐渐增大。这主要是受商业银行在人才、资金和规模方面的差异影响,商业银行需根据自身禀赋制定合适的战略规划。实力相对较弱的城市商业银行和农村商业银行,其银行金融科技投入要量力而行,切忌与大型国有商业银行盲目竞争,并在银行金融科技同质化发展的趋势下,发展自身特色,缩小与大型国有商业银行和股份制商业银行的差距。

第三,推动银行金融科技健康发展。商业银行借助银行金融科技发展实现数字化转型的人力和经费投入呈现快速增长态势,这在一定程度上推动了商业银行的金融创新,实务界和理论界普遍认为银行金融科技驱动的金融创新能够"降本、提质、增效"。但是,银行金融科技发展是一个高投入、周期长、系统化的过程,在银行金融科技发展的认知、投入和内化阶段,商业银行需要反复调试业务流程、组织架构、资源配置,银行员工需要逐渐适应新的经营管理模式,这些因素使得银行金融科技发展的价值输出具有时滞性。基于这一研究发现,本书提出商业银行要合理规划银行金融科技投入、银行金融科技发展的时间表和路线图,讲求银行金融科技投入的实际效果,减少不必要的开支,切忌盲目跟风、挤占运营资金,以及不切实际的"烧钱"行为等政策建议,这对于推动银行金融科技健康发展具有重要意义。

第四,优化数字化转型阶段商业银行的经营绩效管理。合理的经营绩效指标体系是有效反映商业银行经营管理的基础。根据经营管理理论,有效的经营绩效指标体系应该能够充分反映商业银行经营目标。本书研究发现,数字化转型阶段的商业银行经营不仅看重盈利性这一核心经营目标,还关注创新性和高效性等能够体现商业银行高质量发展的新型经营目标。但是,现有文献大多采用反映盈利能力的资产收益率和股权收益率来评价中国商业银行的经营绩效,忽略商业银行创新性和高效性经营目标。因此,本书提出从创新性、高效性和盈利性三个方面构建商业银行经营绩效指标体系,并选取全要素生产率衡量商业银行经营绩效的创新性,选取经营效率衡量商业银行经营绩效的高效性,选取资产收益率衡量商业银行经营绩效的盈利性,进而实证检验银行金融科技对商业银行经营绩效的影响及其影响机制。这能够为加强数字化转型阶段商业银行的经营绩效管理提供现实借鉴。

第二节 文献综述

一、国外文献

Cheng 和 Qu（2020）基于商业银行的视角，将商业银行发展的金融科技称为"内部金融科技"，将非商业银行发展的金融科技称为"外部金融科技"。为了便于表达，本书将商业银行发展的金融科技统称为银行金融科技。银行金融科技是从金融科技框架里衍生出来的一个独立的新兴分支，它起源并从属于金融科技。这源于在金融科技发展初期，金融科技是指互联网公司跨界进入金融领域，用以创新金融服务、产品和商业模式的新一轮技术革命。金融科技在互联网金融领域成功应用对传统金融机构形成技术溢出效应，商业银行、保险公司和证券公司等传统金融机构也开始发展金融科技。至此，金融科技不再是互联网公司的专属名词，而成为包括商业银行在内的所有金融机构研发和应用的新兴科技。

互联网金融冲击商业银行的业务，挤占商业银行利润，商业银行为保护其市场地位而开始发展银行金融科技。国外学者针对银行金融科技的成因进行了研究，如 Tang（2019）实证检验发现，网络借贷会对商业银行的贷款业务产生一定的替代作用，尤其是在小额贷款方面。Phan et al.（2020）采用 1998—2017 年 41 家印度商业银行的数据，研究互联网金融对商业银行绩效的影响。实证结果表明，互联网金融在信贷、支付和众筹等方面冲击商业银行的业务和收益，从而导致互联网金融与商业银行的股权收益率和资产收益率呈负相关关系，而且这种负相关关系在国有商业银行最为显著。

国际学术界对银行金融科技的研究较少（Cheng 和 Qu，2020；Yao 和 Song，2023），针对银行金融科技与商业银行经营绩效关联性的研究更是屈指可数,如 Feng 和 Wu(2018)以 2000—2017 年美国上市商业银行为样本,通过实证分析银行金融科技投入对商业银行市场价值的影响,发现美国上市商业银行增加银行金融科技投入有利于提升其资产收益率和股权收益率。

二、国内文献

(一)银行金融科技的界定

国内文献将商业银行发展的金融科技称为"银行金融科技"(张金清等,2022;李建军和姜世超,2021)"银行系金融科技"(李琴和裴平,2021)或者"金融科技"(李学锋和杨盼盼,2021)。实际上,金融科技是一个宽泛的概念,可以认为为了促进金融创新而研发和应用的科技都可以称为金融科技。目前发展金融科技的金融机构包括互联网公司、商业银行、保险公司、证券公司和金融监管部门。为了明确所做研究的范畴,本书将商业银行发展的金融科技称为银行金融科技。银行金融科技是银行业与新兴科技行业融合的产物,是从金融科技框架里衍生出来的一个独立的新兴分支,它起源并从属于金融科技(张金清等,2022;李学锋和杨盼盼,2021;李琴和裴平,2021)。

(二)银行金融科技产生的原因

2004 年,支付宝的上线常被视为中国互联网金融业态的开端(谢平和邹传伟,2012)。2007 年,出现个体对个体网络借贷。2013 年,余额宝上线后互联网基金进入公众视野。此后,各类互联网金融业态进入加速发展期,数字支付、互联网消费金融、互联网货币基金、网络借贷和数字货币等都获得了长足发展。作为有别于间接融资和直接融资的第三种金融业态,互联网金融一方面挤占了商业银行的利润,另一方面影响了商业银行货币政策传导机制,这是商业银行发展银行金融科技的重要原因。

互联网金融加剧了商业银行负债业务、资产业务和中间业务的竞争，挤占了商业银行利润。邱晗等（2018）指出，互联网金融促进居民将闲置资金购买货币基金和理财产品，导致商业银行存款流失，增加对银行间市场等批发性融资的需求，从而推动存款利率市场化，缩小商业银行净息差。封思贤和郭仁静（2019）实证检验结果显示，第三方支付和网络借贷加剧了银行业竞争，进而不利于提高商业银行的利润效率。刘孟飞和王琦（2021）选取2010—2018年79家商业银行作为样本，实证检验结果显示，互联网金融对商业银行绩效有显著的负面作用；影响机制研究结果显示，互联网金融对商业银行的净利息和非利息收入造成了显著的负面冲击，进而影响商业银行绩效；异质性检验结果显示，互联网金融对小型商业银行绩效的影响大于全国性的大中型商业银行。

互联网金融削弱商业银行的金融主导地位，并影响货币政策的传导机制。周光友和施怡波（2015）将电子货币引入货币需求的分析框架，建立了基于电子货币的货币需求模型。研究发现，电子货币发展不仅能够对预防性现金需求产生替代作用，还能够加速不同层次货币之间的转化，降低转化成本，减少预防性货币需求。刘澜飚等（2016）将互联网金融引入银行学分析框架，研究发现，互联网金融增强了银行存贷规模，提高了价格型货币政策的有效性；互联网金融加剧了狭义货币乘数的波动，增加了广义货币供应量，降低了货币作为交易媒介的流通速度。战明华等（2018）研究发现，互联网金融促进网络借贷和互联网理财产品等新型金融服务产品的产生，改变家庭储蓄决策的经济环境和商业银行的负债结构，从而改变货币政策银行信贷渠道发挥作用的传导机制。潘长春和李晓（2018）指出，M2指标失效与金融创新和货币创造密切相关，互联网金融是导致M2指标失效的重要原因之一。

（三）银行金融科技与商业银行经营绩效

作为传统金融领域金融科技发展的主力军，银行金融科技相关研究日渐丰富。其研究内容主要涉及银行金融科技对商业银行盈利能力（李运达等，2020）、风险管理（顾海峰和张亚楠，2018；金洪飞等，2020；郭丽虹和朱柯达，2021）、信贷业务（盛天翔和范从来，2020；黄锐等，2020；徐晓萍等，2021；李建军和姜世超，2021；李学峰和杨盼盼，2021）等方面的影响，较少涉及商业银行经营绩效。本书选取全要素生产率、经营效率和资产收益率三个指标来衡量商业银行经营绩效。因此，本书梳理了研究银行金融科技影响商业银行全要素生产率、经营效率和资产收益率的国内文献。

银行金融科技与商业银行全要素生产率。国内文献关于银行金融科技影响商业银行全要素生产率的研究较少。李运达等（2020）以2007—2019年29家上市商业银行为样本，实证检验银行金融科技投入对商业银行盈利性的影响，发现银行金融科技投入未能显著促进商业银行全要素生产率增长。杨望等（2020）使用2013—2018年145家中国商业银行的数据，研究银行金融科技对商业银行全要素生产率的影响，实证检验结果显示，银行金融科技通过技术溢出效应可以提高商业银行风险管理能力，进而提高商业银行全要素生产率。同时，银行金融科技对大型国有商业银行全要素生产率的影响显著性低于股份制商业银行、城市商业银行和农村商业银行。

银行金融科技与商业银行经营效率。国内文献关于银行金融科技影响商业银行经营效率的研究较少。李琴和裴平（2021）基于2008—2019年15家上市商业银行数据，分析银行金融科技对商业银行成本效率和收入效率的影响及其影响机制，实证结果显示，银行金融科技有利于提高商业银行的成本效率和收入效率，进而有利于提高商业银行经营效率；银行金融科技主要通过减少资金成本和固定资产投入，以及增加利息收入和中间业务收入的渠道提高商业银行经营效率。

银行金融科技与商业银行资产收益率。国内文献关于银行金融科技影响商业银行资产收益率的研究较少。谢婼青等（2021）指出，银行金融科技有效融合互联网、移动支付和大数据等技术,增强金融服务的覆盖面,优化客户结构,在发展普惠金融业务的同时打开商业银行的盈利空间,提高商业银行的盈利性。实证检验结果显示,在银行金融科技发展初期,其不利于提高商业银行的净资产收益率;随着银行金融科技的进一步发展,其对商业银行净资产收益率的正面影响效应开始凸显。周边等(2021)从货币结构重塑的角度出发,构建包含现金、线上支付、法定数字货币在内的支付理论模型,通过理论分析发现,法定数字货币的发行能够在一定程度上增加现金的使用范围和场景,进而使M0比重上升。实证结果表明,法定数字货币发行能够提高M0比重,进而不利于商业银行资产收益率的提高,但是银行基础设施数字化程度的提高有利于减小数字货币发行对商业银行资产收益率的负面影响。

第三节　研究思路与研究方法

一、研究思路

本书以银行金融科技快速发展为背景,以商业银行数字化转型为理论视角,研究了银行金融科技对商业银行经营绩效的影响。本书首先确定研究对象的范畴,界定银行金融科技的概念,并分析出数字化转型阶段的商业银行的经营绩效应从创新性、高效性和盈利性三个方面进行评价;然后采用网络爬虫、文本挖掘、主成分分析和Min-Max标准化构建并测算了银行金融科技发展指数,并分别从要素替代和业务创新角度分析银行金融科技对商业银行经营绩效的影响机制;最后采用定性与定量研究相结合的方法,提出研究假设,构建计量模型,选取全要素生产率、经营效率和资产收益率作为评价商业银行经营绩效创新性、高效性和盈利性的指标,并实证检验了银行金融科技对商业银行经营绩效的影响及其影响机制。在此基础上,本书还结合研究结论,从银行金融科技推动银行创新性、高效性和盈利性发展三个方面提出了政策建议。本书所做研究的技术路线如图1-1所示。

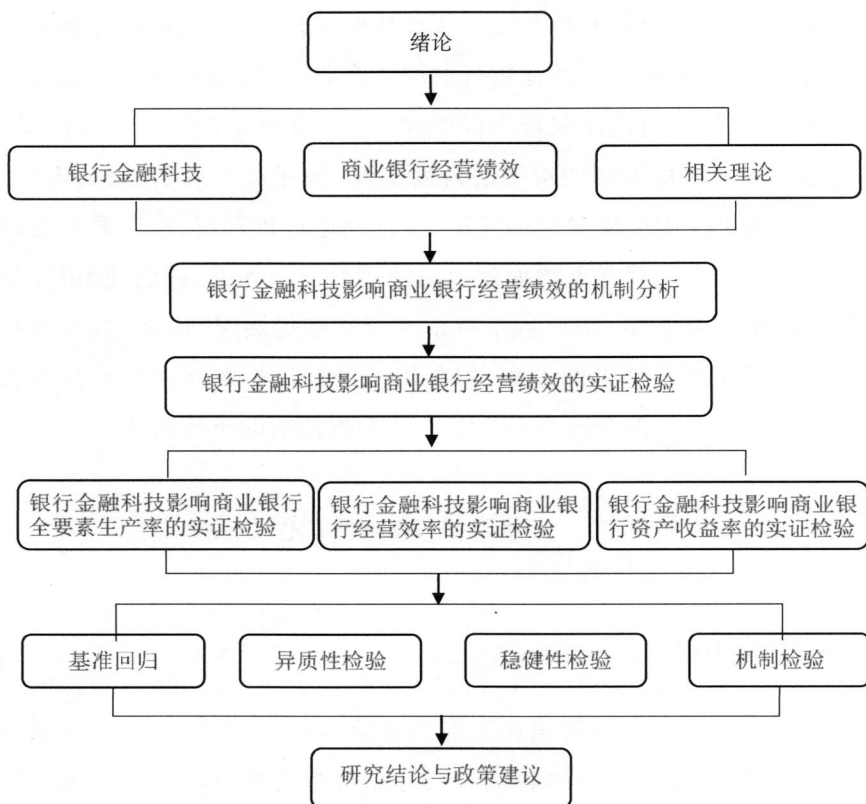

图1-1　技术路线

二、研究方法

本书研究属于金融学、管理学、会计学、统计学、信息技术等多学科领域交叉综合性课题,研究方法主要包括历史分析法、规范经济学分析法、主成分分析、Min-Max标准化、数据包络分析、M指数模型、网络爬虫、文本挖掘和计量经济学分析。

（一）历史分析法

历史分析法是以上下贯通的眼光，运用发展和变化的观点分析客观事物和社会现象的方法。通过分析不同发展阶段事物的联系与区别，厘清事物的本质和发展趋势。近几年，大数据、云计算、区块链、人工智能、5G等数字技术的研发与应用给中国金融领域带来了诸多改变，也引起了银行从业者和学者的高度重视。实际上，早在银行金融科技的概念被提出之前，商业银行已经经历了技术引进和革新。本书的第二章借助历史分析法从大量的报纸、书刊、主流网站新闻报道等一手历史资料和少部分二手历史资料进行辨伪考证与年代考证，从商业银行硬件、网络和技术架构三个方面整理出银行金融科技发展过程中的重大历史事件，进而梳理出银行金融科技的发展历程。

（二）规范经济学分析法

规范经济学分析法是指依据一定的价值判断，提出分析和处理经济学问题的标准，并树立经济理论的前提。简单地讲，规范经济学分析法解决的是"应该是什么"的问题。经典的经济金融理论可以为理论分析和实证检验提供理论支撑。本书在相关理论部分用到金融创新理论、信息不对称理论、双边市场理论和产业组织理论，在机制分析部分用到经济增长理论和微观银行学理论，在研究假设部分用到古典经济学理论、新古典经济学理论、熊彼特创新理论、互补机制理论和技术扩散理论等多种理论框架。

（三）主成分分析

主成分分析也称主分量分析法，由霍特林于1933年提出。主成分分析是指利用降维的思想，在损失很少信息的前提下，把多个指标转化为几个综合指标的多元统计方法。其中，转化生成的综合指标通常称为主成分,每个主成分都是原始变量的线性组合,而且各个主成分之间互不相关,使得主成分比原始变量具有某些更优越的性能。这样在研究复杂问题时就可以考虑少数几个主成分而不至于损失太多信息,从而更容易抓住主要矛盾,揭示事物内部变量之间的规律性,同时使问题得到简化,提高分析效率(何晓群,2015)。一般来说,利用主成分分析得到的主成分与原始变量之间有如下基本关系:(1)每一个主成分都是各原始变量的线性组合。(2)主成分的数目大大少于原始变量的数目。(3)主成分保留了原始变量的绝大多数信息。(4)各主成分之间互不相关。通过主成分分析,可以从事物之间错综复杂的关系中找到一些主要成分,从而能有效利用大量统计数据进行定量分析,揭示变量之间的内在关系,得到对事物特征及其发展规律的一些深层次的启发,把研究工作引向深入。

(四)Min-Max 标准化

Min-Max 标准化也称离差标准化、0—1 标准化,是对原始数据的线性变换,使结果落到[0,1]区间。从本质上来看,Min-Max 标准化是一种归一化的数据标准化方法,常被应用于多指标评价体系中。由于多指标评价体系的各评价指标的性质不同,通常具有不同的量纲和数量级,当各指标间的水平相差很大时,如果直接用原始指标值进行分析,就会突出数值较高的指标在综合分析中的作用,相对削弱数值水平较低指标的作用。为了保证结果的可靠性,需要对原始指标数据进行标准化处理。Min-Max 标准化的转换函数为:$y_i = \dfrac{x_i - min}{max - min}$,其中 x_i 为原始数列值,y_i 为新数列值,min 为原始数列的最小值,max 为原始数列的最大值。

(五)数据包络分析

数据包络分析(Data Envelopment Analysis,简称 DEA)由美国运筹学家 Charnes、Cooper 和 Rhodes 三人于 1978 年提出,并将 DEA 的第一个模

型命名为CCR模型(Charnes et al.,1978)。DEA是运用线性规划方法构建观测数据的非参数生产前沿面,然后相对于这个生产前沿面来计算生产效率的方法。生产效率又称技术效率,是指一个决策对象在生产过程中达到该行业生产力水平或者技术水平的程度,因此称为生产效率或技术效率。生产效率可以从投入、产出和生产率三个角度来衡量。DEA将生产过程定义为,一个经济体通过投入一定数量生产要素,生产一定数量产品的活动。由于产出是决策的结果,DEA将这样的单元称为决策单元(Decision Making Unit,简称DMU)。DEA具有使用范围广、原理相对简单的特点,特别是在分析多投入、多产出的情况具有特殊优势,因而其应用范围拓展迅速,涉及教育、农业、环境、金融、医疗卫生、体育、公共交通等众多领域(成刚,2014)。

(六)M指数模型

M指数模型由Malmquist于1953年提出,最初用于构造消费数量指数。1982年Caves、Christensen和Diewert将M指数模型用于度量生产效率变化。Färe et al.(1994)指出,两期生产点相对于某期生产前沿面的距离比值,可以反映全要素生产率的变化。假设决策单元在$t-1$期和t期的投入产出为$\left(x_i^{t-1}, y_i^{t-1}, b_i^{t-1}\right)$和$\left(x_i^t, y_i^t, b_i^t\right)$,根据生产前沿面的不同,$t$期到$t+1$期全要素生产率的变化有$TFP_i^{t-1} = \dfrac{E_{c,i}^{t-1}\left(x_i^t, y_i^t, b_i^t\right)}{E_{c,i}^{t-1}\left(x_i^{t-1}, y_i^{t-1}, b_i^{t-1}\right)}$和

$TFP_i^t = \dfrac{E_{c,i}^t\left(x_i^t, y_i^t, b_i^t\right)}{E_{c,i}^t\left(x_i^{t-1}, y_i^{t-1}, b_i^{t-1}\right)}$两种表示形式。虽然$TFP_i^{t-1}$和$TFP_i^t$均可反映$t$期全要素生产率相对于$t-1$期的变化,但是$TFP_i^{t-1}$和$TFP_i^t$参考的生产前沿面不同,使得和的数值往往存在一定差异(Tone,2017)。为了降低测算结果的误差,M指数模型定义的全要素生产率变化等于TFP_i^{t-1}和TFP_i^t的几何平均值,即$TFP_{i,t}^{t-1} = \sqrt{TFP_i^{t-1} \cdot TFP_i^t}$。

（七）网络爬虫

网络爬虫是按照一定的规则,自动抓取万维网信息的程序或者脚本。网络爬虫被广泛用于互联网搜索引擎或其他类似网站,可以自动采集所有其能够访问到的页面内容,以获取或更新这些网站的内容和检索方式。网络爬虫的基本原理是,根据网页中包含的超链接信息,不断获得网络上的其他网页。正是因为这种采集过程像一个爬虫或者蜘蛛在网络上漫游,所以它才被称为网络爬虫或者网络蜘蛛,在英文中称为 Spider 或者 Crawler。

（八）文本挖掘

文本挖掘是利用自然语言从大规模的非结构化文本信息中,快速提取并统计事先未知的、可理解的、最终可用的信息的过程,其涵盖了信息技术、文本分析、模式识别、统计学、数据可视化、数据库技术和机器学习等领域。常用的文本挖掘分析技术有文本结构分析、文本摘要、文本分类、文本聚类、文本关联分析、分布分析和趋势预测等。文本挖掘技术是从数据挖掘技术发展而来的,因此其定义与我们熟知的数据挖掘技术定义相类似。但与传统的数据挖掘技术相比,文本挖掘技术有其独特之处,主要表现为:文档本身是半结构化或非结构化的,无确定形式并且缺乏机器可理解的语义;而数据挖掘的对象以数据库中的结构化数据为主,并利用关系表等存储结构来发现知识。因此,有些数据挖掘技术并不适用于文本挖掘技术,即使可用,也需要建立在对文本集预处理的基础之上。文本挖掘的过程可以概括为:（1）文本获取。选取与任务相关的文本,获取文本的方式主要有手工下载、网络爬虫。（2）文本预处理。将与任务相关的文本转化成文本挖掘工具可以处理的中间形式,如转换文本格式,删除文本中的噪音信息、空格和停用词等。（3）文档特征提取。利用已经定义好的评估指标对获取的知识或模式进行评价。如果评价结果符合要求,就存储该模式以备用户使用,否则返回到前面的某个环节重新调整和改进,然后再进行新一轮的发现。

(九)计量经济学分析

计量经济学分析是一种以观察、经验和事例为理论推理依据,并运用一系列的分析工具分析社会科学问题的研究方法。本书用到的实证检验模型主要有随机效应模型、随机效应 Tobit 模型和中介效应模型。随机效应模型的形式为:$y_{it} = X_{it}\beta + Z_i\delta + u_i + \varepsilon_{it}$,其中 i 表示个体,t 表示时间,X_{it} 表示可随个体和时间变化的解释变量矩阵,Z_i 表示不随时间变化的个体特征矩阵,$u_i + \varepsilon_{it}$ 表示复合扰动项。随机效应模型假设 u_i 与个体相关,由不可控的其他因素造成,但是与解释变量 X_{it} 和 Z_i 不相关。如果面板数据的被解释变量有上限或者下限,则应该采用 Tobit 模型进行回归。由于固定效应 Tobit 模型找不到个体异质性 u_i 的充分统计量,无法进行条件最大似然估计,如果直接在混合 Tobit 回归中加入面板单位的虚拟变量,所得的固定效应估计量也不是一致的,因此面板数据仅考虑随机效应 Tobit 模型。中介效应模型是分三步检验解释变量能否通过中介变量影响被解释变量的模型,第一步用于判断核心解释变量对被解释变量的总体效应,第二步用于判断核心解释变量对中介变量的影响,第三步在控制核心解释变量对被解释变量的影响之后,用于判断中介变量对被解释变量的影响。

第四节　研究内容

本书共有七章,具体的结构和内容是:

第一章,绪论。本章首先以研究背景与研究意义开篇,阐明数字经济发展背景下,银行金融科技的深化应用能够推动金融供给侧改革,以及提升商业银行经营绩效;然后梳理银行金融科技相关的国内外文献,并分析出现有研究的不足之处;最后阐述本书的研究思路与研究方法,以及研究内容。

第二章,基本概念与相关理论。本章首先界定银行金融科技的概念,分析银行金融科技的技术类型,以及银行金融科技驱动的金融创新,并从商业银行技术应用的历史变迁角度分析银行金融科技的发展历程;然后界定商业银行经营绩效的概念,分析商业银行经营绩效的管理过程,梳理商业银行经营绩效的评价指标体系和度量方法,并提出从创新性、高效性和盈利性三个方面评价数字化转型阶段商业银行的经营绩效;最后,介绍与本书所做研究相关的基础理论,如金融创新理论、信息不对称理论、双边市场理论和产业组织理论。

第三章,银行金融科技影响商业银行经营绩效的机制分析。本章首先采用网络爬虫技术、文本挖掘技术、主成分分析法和Min-Max标准化构建银行金融科技发展指数;然后将银行金融科技引入基于任务模型的柯布—道格拉斯生产函数,分析银行金融科技对商业银行劳动和资本的替代;最后建立了包含贷款业务、存款业务和中间业务的微观银行学基础数理模型,分析银行金融科技通过促进商业银行贷款业务、存款业务和中间业务的创新,进而影响商业银行利润的机制。

第四章,银行金融科技影响商业银行全要素生产率的实证检验。本章首先界定全要素生产率的概念,并采用SBM-undesirable模型和M指数模型测算2011—2019年29家商业银行的全要素生产率增长指数;然后根据理论分析提出研究假设;最后采用随机效应模型实证检验银行金融科技影响商业银行全要素生产率的机制。

第五章,银行金融科技影响商业银行经营效率的实证检验。本章首先界定经营效率的概念,并采用新成本效率模型和新收入效率模型测算2011—2019年29家商业银行的成本效率和收入效率;然后根据理论分析提出研究假设;最后采用随机效应Tobit模型实证检验银行金融科技对商业银行经营效率的影响,采用中介效应模型实证检验银行金融科技影响商业银行经营效率的机制。

第六章,银行金融科技影响商业银行资产收益率的实证检验。本章首先界定资产收益率的概念,并根据理论分析提出研究假设;然后以2011—2019年29家商业银行为样本,采用随机效应模型实证检验银行金融科技对商业银行资产收益率的影响,采用中介效应模型实证检验银行金融科技影响商业银行资产收益率的机制。

第七章,研究结论与政策建议。本章首先总结了所做研究得出的结论,即不同类型商业银行的银行金融科技发展差距逐渐增大,银行金融科技有利于提高商业银行的全要素生产率、经营效率、资产收益率和经营绩效;然后结合研究结论从深化银行金融科技发展理念、合理规划银行金融科技投入、发展有特色的银行金融科技、促进商业银行中间业务创新、推动线上和线下渠道升级、采用大科技信贷业务模式、推进人力资源管理同步转型七个方面提出了政策建议。

第二章　基本概念与相关理论

　　银行金融科技和商业银行经营绩效的内涵研究是研究银行金融科技对商业银行经营绩效的影响及其影响机制的基础,只有界定清楚银行金融科技和商业银行经营绩效的内涵,才能对银行金融科技和商业银行经营绩效展开具体研究。相关理论可以为分析银行金融科技对商业银行经营绩效的影响研究提供理论支撑。本章首先界定了银行金融科技的概念,从技术角度梳理银行金融科技的类型,分析银行金融科技驱动的金融创新,并从历史发展角度研究银行金融科技的发展历程;然后界定了商业银行经营绩效的概念,分析商业银行经营绩效的管理过程,梳理国内外评价商业银行经营绩效的指标体系和测算商业银行经营绩效指标的方法;最后介绍了与银行金融科技、商业银行经营绩效相关的理论,如金融创新理论、信息不对称理论、双边市场理论和产业组织理论。

第一节　银行金融科技

　　本节内容首先从银行金融科技与金融科技之间的关系入手,界定银行金融科技的概念,分析银行金融科技的本质属性,并辨析与银行金融科技相近的概念,如互联网金融、数字金融、保险科技、证券科技;然后从技术分类的角度介绍大数据、移动互联、云计算、人工智能和区块链的概念、特征和分类,并具体分析大数据、移动互联、云计算、人工智能和区块链驱动的商业银行金融创新；最后从历史发展角度梳理商业银行的硬件、网络和技术架构的发展历程。

一、银行金融科技的概念

(一)银行金融科技的界定

银行金融科技是银行业与新兴科技行业融合的产物，是从金融科技框架里衍生出来的一个独立的新兴分支，它起源并从属于金融科技。通过借鉴现有文献对金融科技概念的界定可知，银行金融科技是商业银行为保护自身的市场地位而进行的渐进式的自我技术革新，是应用于银行业的移动互联、大数据、区块链等技术手段的总称。需要指出的是，本书研究的银行金融科技是微观层面的概念，并非是中观层面的行业概念。商业银行发展银行金融科技的目的是推动银行业创新与改革，银行金融科技对支付、融资、贷款、投资等传统商业银行金融服务产生了深刻变革。为了进一步明确银行金融科技的内涵，有必要先对金融科技进行界定。由于金融科技属于产业融合范畴，国内外文献对金融科技的界定存在技术属性和金融属性的争论。

支持"技术属性说"的文献主要有：Christensen(2003)根据金融科技的创新程度将金融科技分为"可持续性金融科技"与"颠覆性金融科技"，"可持续性金融科技"是指传统金融服务机构为保护自身的市场地位而进行的渐进式的自我技术革新，"颠覆性金融科技"是指提供更灵活和更高效的新产品和新服务的新型金融服务公司对传统金融服务产生颠覆性影响的创新革命，且新型金融服务公司拥有新的商业模式。Ma 和 Liu(2017)认为金融科技本质上是互联网、大数据、云计算、区块链等一系列技术手段，并以众多技术为支撑对支付、融资、贷款、投资等传统金融服务产生深刻变革。Fortnum 等(2017)认为，金融科技使用通信、互联网和信息自动化处理等技术。沈悦和郭品(2015)，封思贤和郭仁静（2019），李学锋和杨盼盼（2021）指出互联网金融的技术溢出效应是银行金融科技得以发展的重要影响因素，这从侧面表明了银行金融科技的技术属性。盛天翔和范从来（2020）指出银行金融科技在软信息获取、识别和处理等方面的技术优势，促进了小微企业贷款技术发展。金洪飞等（2020）的研究表明银行金融科技在信息搜索、软信息收集、反欺诈等方面存在技术优势。徐晓萍等（2021）指出银行金融科技是商业银行技术进步的结果，并突出了银行金融科技在软信息识别、软信息处理，以及观测贷款人信用质量等方面的技术属性。

支持"金融属性说"的文献主要有：Barberis（2014）认为金融科技是区别于传统金融服务的创新型金融服务，其包括第三方支付、货币基金和网络借贷等。2016年，金融稳定理事会（FSB）对金融科技的定义是由大数据、区块链、云计算、人工智能等新兴前沿技术带动，对金融市场以及金融服务业务供给产生重大影响的新兴业务模式、新技术应用、新产品服务等。李建军和姜世超（2021）认为银行金融科技是通过数字化或电子化技术进行交易的金融产品和服务。张金清等（2021）指出银行金融科技是商业银行在支付、信贷、理财等传统金融领域进行的金融创新。

虽然银行金融科技、互联网金融和数字金融都是金融业与新兴科技行业的结合，但是银行金融科技与互联网金融和数字金融具有本质上的区别，即互联网金融和数字金融更突出金融属性，而银行金融科技更突出技术属性。银行金融科技虽以技术为核心驱动力，但其本质仍服务于金融功能的优化，其技术属性和金融属性是辩证关系，不能完全割裂。具体来讲，互联网金融是不同于提供间接融资的商业银行和提供直接融资的证券市场的第三种金融融资模式，其在支付、信息处理和资源配置等方面具有突出的创新（谢平和邹传伟，2012）。数字金融与中国人民银行等十部门定义的互联网金融基本相似（黄益平和黄卓，2018），可以认为数字金融是互联网金融的升级版。与互联网金融和数字金融不同的是,银行金融科技是推动商业银行业务、服务和管理创新的底层技术。从狭义的角度来看,银行金融科技是商业银行在数字化转型阶段研发和应用的一系列数字技术。从广义的角度来看,银行金融科技是银行发展过程中应用技术的统称,既包括商业银行在数字化转型阶段研发和应用的数字技术,也包括商业银行互联网化阶段的互联网技术,以及商业银行电子化阶段的电子技术,本书研究的是广义银行金融科技。银行金融科技淡化了现实世界与虚拟世界之间的边界,产生了新型银行业务服务模式,创新了银行产品,改变了居民的消费、支付、储蓄、投资等习惯。可以认为,银行金融科技在很大程度上重塑了传统商业银行的运营模式,带领人类进入金融数字化时代。这与中国传统文化中的"不破不立",以及经济学家约瑟夫·熊彼特提出的"破坏性创新"不谋而合。

(二)银行金融科技相近概念辨析

近年来,与银行金融科技相近的概念层出不穷,如互联网金融、数字金融、保险科技和证券科技,这些概念之间既有联系又有区别,同时也会因不同的时间、地点和场景而存在具体理解上的差异。为明确所做研究的对象和边界,下面对这些重要的相近概念进行辨析。

1.互联网金融

互联网金融的概念起源于中国的互联网公司跨界进入金融领域,形成不同于提供间接融资的商业银行和提供直接融资的证券市场的第三种金融融资模式——互联网金融(谢平和邹传伟,2012)。谢平等(2015)指出,互联网金融具有降低交易成本、缓解信息不对称、拓展交易可能性集合、交易去中心化等特征,并从支付方式、信息处理和资源配置三个角度对互联网金融的模式进行分析。互联网金融在迅速发展的同时,也暴露出一些问题和风险。2015年7月,中国人民银行等十部门发布《关于促进互联网金融健康发展的指导意见》(简称《意见》)作为互联网金融产业的基本准则，根据《意见》的定义，互联网金融是传统金融机构与互联网企业利用互联网技术和信息通信技术实现资金融通、支付、投资和信息中介服务的新型金融业务模式。互联网金融的商业模式主要包括互联网支付、网络借贷、股权众筹融资、互联网基金销售、互联网保险、互联网信托、互联网消费金融等。

银行金融科技与互联网金融存在以下三点区别：一是本质属性不同。银行金融科技的本质属性是技术，而互联网金融的本质属性是金融。二是应用技术不同。互联网金融的应用技术主要是互联网，而银行金融科技涵盖的技术不仅包括互联网，还包括大数据、云计算、区块链、人工智能等数字技术。三是发展主体不同。银行金融科技的发展主体是商业银行，而互联网金融的发展主体是互联网公司和互联网金融公司。值得注意的是，银行金融科技与互联网金融也存在一定的联系，即银行金融科技和互联网金融都是金融业与新兴科技行业融合的产物。

2. 数字金融

随着网络借贷频繁"爆雷"，监管部门对互联网金融产业尤其是网络借贷开展了严格的整治工作，自此互联网金融的相关讨论被淡化。随着大数据、云计算、区块链、人工智能等新一轮技术在金融领域的应用，数字金融的概念产生。黄益平和黄卓（2018）提出数字金融泛指传统金融机构与互联网公司利用数字技术创新支付、融资、投资和其他金融业务的新型金融服务模式，并指出数字金融与中国人民银行等十部门定义的互联网金融基本相似。黄浩（2018）指出数字金融借助大数据、云计算、区块链等信息技术改变金融的实现手段和商业模式，但是并没有改变金融的功能。谢绚丽等（2018）没有区分数字金融与互联网金融的概念，并且指出数字金融的商业模式包括互联网支付、网络借贷、股权众筹融资、互联网基金销售、互联网保险、互联网信托、互联网消费金融等，这与互联网金融的商业模式是统一的。郭峰等（2020）指出数字金融的典型特征是普惠性,数字金融一方面借助金融科技拓宽了金融服务覆盖范围,另一方面借助金融科技创造了多样化的新型互联网金融产品,降低了金融服务门槛,进而将低收入居民和小微企业这类"长尾"客户成功纳入金融服务体系。

数字金融与互联网金融的本质属性均是金融,两者的不同之处主要体现在应用技术方面。互联网金融应用的信息技术主要是互联网技术,数字金融应用的技术除了互联网,还包括大数据技术、云计算、区块链、人工智能等数字技术。可以认为数字金融是互联网金融的升级版。银行金融科技与数字金融、互联网金融的区别较为相似,具体表现在以下两个方面:一是本质属性不同。银行金融科技的本质属性是科技,而数字金融的本质属性是金融。二是发展主体不同。银行金融科技的发展主体是商业银行,而数字金融的发展主体是互联网公司或者金融科技公司。值得注意的是,银行金融科技与数字金融也存在一定的联系,即银行金融科技和数字金融都是金融业与新兴科技行业融合的产物。

3.保险科技

2006年12月,中国保监会和科技部联合印发《关于加强和改善对高新技术企业保险服务有关问题的通知》。2014年8月,国务院印发《国务院关于加快发展现代保险服务业的若干意见》,该文件明确提出保险业应积极拓展服务功能,借助科技创新提供风险保障。2017年3月,国际保险监督官协会明确对保险科技进行定义,指出保险科技是金融科技在保险领域的分支,是改变保险业务的各类新兴科技和创新性商业模式的总和。《中国保险科技发展白皮书(2017)》指出,保险科技是借助区块链、人工智能、大数据、云计算、物联网等科技对保险产品开发、市场营销、风险控制、核保核赔和资金运用等领域的创新。贾立文和万鹏(2019)认为保险科技是为保险业赋能、促进保险业发展、提高保险业务效率和产能的人工智能、区块链、云计算、大数据等创新技术。本书认为,保险科技是金融科技在保险业的应用,是从金融科技框架里衍生出来的一个独立的新兴分支,它起源并从属于金融科技。保险科技与银行金融科技一道促进传统金融机构数字化转型。

4.证券科技

1990年,中国证券市场建立之初确定的市场组织基本特征就具有证券科技应用的色彩。随着中国证券市场的数字化转型发展,新一轮科技被应用于证券市场,大大提高了证券市场的服务效率。袁康和邓阳立(2019)指出,证券科技是证券业与新兴科技行业的结合,是从金融科技框架里衍生出来的一个独立的新兴分支,它起源并从属于金融科技。证券科技是金融科技在证券业的应用,其与银行金融科技一道促进传统金融机构数字化转型。

二、银行金融科技的技术类型

银行金融科技以大数据技术和区块链技术为核心(如图2-1)。其中,大数据是指海量数据,大数据技术是以海量数据为基础的技术体系。从技术功能来看,大数据技术可以分为感测技术、通信技术、计算机技术、控制技术四类,它们分别对应大数据的获取、传递、处理和利用四个环节。从技术种类来看,大数据技术主要包括移动互联、云计算、人工智能,其中移动互联致力于大数据的获取和传递,云计算致力于大数据的存储和处理,人工智能致力于大数据处理和利用环节的智能化升级。与大数据技术类似,区块链技术也是包括共识机制、智能合约、加密技术在内的去中心化技术体系。与大数据技术不同的是,区块链技术的功能不仅仅包括大数据的获取、传递、处理和利用,还包括价值的传递(张晓朴,2018)。下文主要从技术分类的角度介绍大数据、移动互联、云计算、人工智能和区块链的概念、特征和分类。

```
┌─────────────────────────────────┐  ┌──────────────────────────┐
│ ┌───────────────────────────┐   │  │  ┌──────────────────┐     │ 大
│ │        数据获取           │   │  │  │    移动互联       │     │ 数
│ └───────────────────────────┘   │  │  └──────────────────┘     │ 据
│           ↓               ━━━▶   │  │                          │ 技
│ ┌───────────────────────────┐   │  │                          │ 术
│ │        数据传递           │   │  │                          │
│ └───────────────────────────┘   │  │                          │
└─────────────────────────────────┘  │                          │
┌─────────────────────────────────┐  │                          │
│ ┌───────────────────────────┐   │  │  ┌──────────────────┐     │
│ │        数据存储           │   │  │  │    云计算         │     │
│ └───────────────────────────┘━━▶│  │  └──────────────────┘     │
│ ┌───────────────────────────┐   │  │                          │
│ │        数据处理           │   │  │                          │
│ └───────────────────────────┘   │  │  ┌──────────────────┐     │
│ ┌───────────────────────────┐   │  │  │    人工智能       │     │
│ │        数据利用           │━━▶│  │  └──────────────────┘     │
│ └───────────────────────────┘   │  └──────────────────────────┘
└─────────────────────────────────┘  ┌──────────────────────────┐
┌─────────────────────────────────┐  │  ┌──────────────────┐     │ 区
│           ↓                      │  │  │    共识机制       │     │ 块
│ ┌───────────────────────────┐   │  │  └──────────────────┘     │ 链
│ │        价值传递           │━━▶│  │  ┌──────────────────┐     │ 技
│ └───────────────────────────┘   │  │  │    智能合约       │     │ 术
│                                 │  │  └──────────────────┘     │
│                                 │  │  ┌──────────────────┐     │
│                                 │  │  │    加密技术       │     │
└─────────────────────────────────┘  │  └──────────────────┘     │
                                     └──────────────────────────┘
```

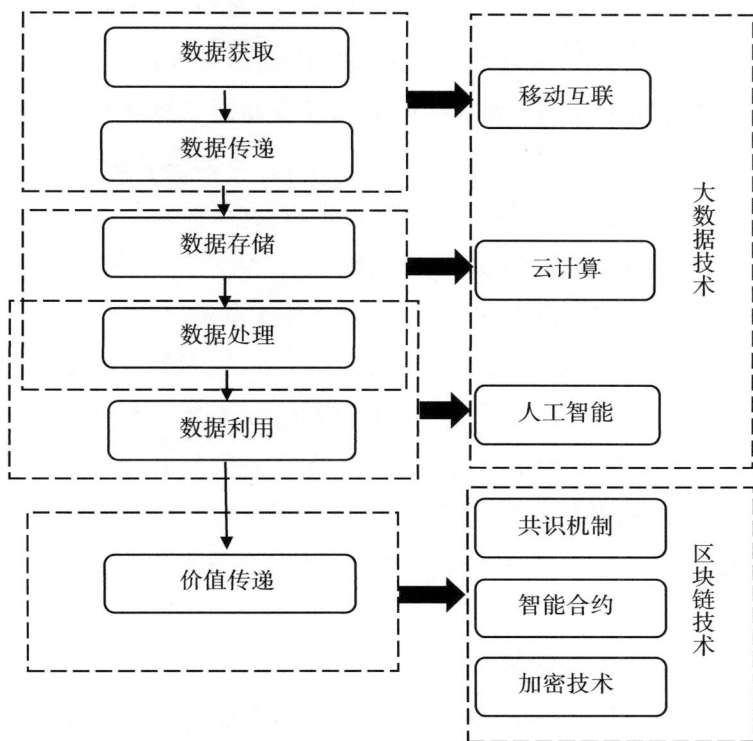

图2-1 银行金融科技图谱

（一）大数据

"大数据"一词，在1998年由美国高性能计算公司SGI的首席科学家约翰·马西提出，用于描述数据量的快速增长必将出现数据难理解、难获取、难处理和难组织的挑战。2007年，数据库领域的先驱人物吉姆·格雷指出，大数据将成为人类触摸、理解和逼近现实复杂系统的有效途径，并认为在实验观察、理论推导和计算仿真三大科学研究范式之后，将迎来第四种范式——数据探索，这开启了从科研视角审视大数据的热潮。2012年，牛津大学教授维克托·迈尔-舍恩伯格在其畅销书 *Big Data：A Revolution That Will Transform How We live，Work and Think* 中指出，数据分析将从"随机抽样""精确求解"和"强调因果"的传统模式演变为大数据时代的"全体数据""近似求解"和"只看关联"的新模式，从而引发商业应用领域对大数据方法的广泛思考和探讨。2012年，美国奥巴马政府正式发布"大数据研究和开发计划"，这使得大数据研究热情渐起浪潮，并进入社会生活。2014年，大数据生态系统逐渐形成，大数据技术、产品、应用和标准不断发展，其发展热点呈现从技术向应用，再向治理的趋势发展。麦肯锡全球研究所给出了大数据定义：大数据是指在一定时间范围内，无法用常规软件工具进行捕捉、管理和处理的数据集合，是需要新处理模式才能具有更强的决策力、洞察力和流程优化能力的海量、高增长率和多样化的信息资产。互联网数据中心（IDC）认为大数据是为了更经济、更有效地从高频率、大容量、不同结构和类型的数据中获取价值而设计的新一代架构和技术，用它来描述和定义信息爆炸时代产生的海量数据，并命名与之相关的技术发展与创新。

国际商业机器公司（IBM）提出大数据具有5V特征，即大量（Volume）、高速（Velocity）、多样（Variety）、低价值密度（Value）、真实性（Veracity）。其中，"大量"是指世间万物在信息技术高速发展的当下，都可以产生数据化的信息，在对其进行收集、存储、分析时，所处理的数据规模将变得越来越庞大，毕达哥拉斯学派所提出的"万物皆数"的观点可能在不久的将来得以验证。"高速"是指相对于普通数据而言，大数据具有更高的增长速度，且对于数据响应和处理的时效性要求也较高。"多样"是指大数据的来源纷繁复杂，它包括网络日志、社交媒体、互联网搜索、传感器数据等，既有结构化数据也有非结构化数据。"低价值密度"是指通过从海量数据中采集出对未来趋势和模型预测有价值的数据，再通过数据分析和挖掘技术，发现新规律和新知识，并运用在国民经济的分支领域中，达到改善社会治理、提升生产效率的目的，这也是大数据最重要的特性。"真实性"是指大数据中的内容与真实世界中的发生息息相关，研究大数据就是从庞大的网络数据中提取出能够解释和预测现实事件的过程。

大数据一般分为结构化数据和非结构化数据两种。结构化数据是指高度组织和整齐格式化的数据，它是可以放入表格和电子表格中的数据类型。结构化数据具有明确的关系，使得这些数据运用起来十分方便，不过在挖掘价值方面不如非机构化数据。非结构化数据是指不符合任何预定义数据模型的数据，因此它存储在非关系数据库中，并使用 NoSQL 进行查询。非结构化数据的格式非常多样，标准也是多样性的，而且在技术上非结构化数据比结构化数据更难标准化和理解。因此，存储、检索、发布以及利用需要更加智能化的 IT 技术，比如海量存储、智能检索、知识挖掘、内容保护、信息的增值开发利用等。

（二）移动互联

移动互联是基于移动终端和通信网络的连接，进行信息的获取、发布和交互。也就是说，移动互联通过连接移动终端和通信网络，完成大数据的获取和传递。各种自媒体、网站和社交软件追求的"流量"就代表连接的人数和频率，可以反映自媒体、网站或者软件的获客能力和影响力。

随着移动设备和3G、4G、5G网络的普及，以及社交媒体的繁荣，移动互联呈现出即时性、广泛性和功能延展性的特征。"即时性"是指人们随时随地处于连线和在线状态，显著降低了信息查询、发布和互动的时空限制。根据工信部统计数据，截至2021年5月末，4G用户数为12.79亿户，在移动电话用户总数中占比为80.3%。"广泛性"是指移动设备和3G、4G、5G网络的普及使得连接主体广泛。根据工信部统计数据，截至2021年5月末，三家基础电信企业的移动电话用户总数达到16.08亿户，移动电话普及率为113.9%。"功能延展性"是指移动终端使每个人成为移动的信息接收和发射节点，个人行为、偏好甚至心情都能被发现和追踪。

(三)云计算

"云计算"概念来源于Google和IBM等大型互联网公司处理海量数据的实践。2006年8月9日,Google首席执行官埃里克·施密特在搜索引擎大会上首次提出"云计算"的概念。2007年10月,Google与IBM开始在美国大学校园推广开发云计算技术的计划,这项计划希望能降低分布式计算技术在学术研究方面的成本,并为这些大学提供相关的软硬件设备及技术支持。2009年,美国国家标准与技术研究院对云计算进行定义:云计算是一种按需取用、按量付费的资源共享模式,用户将巨大的资源需求通过互联网接入网络、服务器、存储、应用软件等资源共享池,通过多部服务器组成的系统进行处理和分析,最终将计算结果合并返回给用户。这种资源共享模式只需投入较少的管理工作,就可以得到所需的资源。简单地讲,云计算技术是使用虚拟的主机对大数据进行存储和处理,再通过互联网提取使用的模式。

云计算具有"虚拟化""可扩展性"和"按需部署"三个特征。其中,"虚拟化"是指云计算通过虚拟平台对相应终端操作完成数据备份、迁移和扩展。能够突破时间和空间界限,是云计算最为显著的特点。"可扩展性"是指云计算通过高效的运算能力,提高计算速度,最终实现动态扩展虚拟化的层次达到对应用进行扩展的目的,即用户可以利用应用软件的快速部署条件扩展已有业务以及新业务。"按需部署"是指云计算平台能够根据用户的需求快速配备计算能力及资源。

"云"是一种比喻的说法,实质上就是一个具有共享性和无限扩展性的网络。"云"的使用者可以随时、按需获取"云"上的资源。早期的"云"只是一个数据存储中心,逐渐地还能提供计算、服务,甚至应用功能。根据云计算的部署模式,云计算可以分为公有云、私有云、社区云和混合云。其中,公有云是指第三方提供商为用户提供的云端基础设施。公有云是云计算的主要形态,其核心属性是共享资源服务。公有

云的主要应用有电信运营商和政府参与建设的云平台。2021年,IDC
发布的《中国公有云服务市场(2020第四季度)跟踪》报告显示,阿里云
占据市场份额第一的位置,华为和腾讯并列第二,中国电信和AWS位
居其后。私有云是为一个用户单独使用而构建的,因而在数据安全性
以及服务质量上自己可以有效地管控。建立私有云需要拥有基础设
施,并可以控制在此设施上部署应用程序的方式。私有云可以部署在
企业数据中心的防火墙内,也可以搭建在公司的局域网上,与公司内部
的监控系统、资产管理系统等相关系统联通,从而更有利于公司内部系
统的集成管理。私有云虽然在数据安全性方面比公有云高,但是维护
的成本也相对较大,因此一般只有大型的企业才会采用私有云。社区
云是支持特定社群共享资源的云端基础设施。社区云的管理者可以是
组织本身,也可以是第三方,管理位置可以在组织内部,也可以在组织
外部。比如深圳地区的酒店联盟组建酒店社区云,用于满足数字化客
房建设和酒店结算的需要;再比如国家卫生健康委员会牵头,联合各家
医院组建区域医疗社区云,各家医院通过社区云共享病例和各种检测
化验数据,这能极大地降低患者的就医费用。混合云是公有云和私有
云的综合体,是近年来云计算的主要模式和发展方向。我们知道,私有
云主要面向企业用户,出于安全考虑,企业更愿意将数据存放在私有云
中,但是企业又希望可以获得公有云的计算资源,在这种情况下混合云
被开发出来。混合云将公有云和私有云进行混合和匹配,进而可以发
挥出公有云和私有云的优势。

（四）人工智能

近几年,互联网的兴起、大数据的积累、理论算法的突破、算力的
大幅提升促使人工智能在很多应用领域都取得了革命性进展,进而得
到了人们的广泛关注。人工智能的概念早在1956年达特茅斯会议上
由约翰·麦卡锡提出,他指出"人工"是指人类利用自身智慧和能力进

行制造,"智能"是人类智慧和能力的总称,进而人工智能是指通过模仿人类智能而做出行为反应的机器和技术。人工智能是融合了计算机、心理学、生物学、数学、哲学等多种学科知识和方法的综合性学科。人工智能通过分析智能的实质,生产出一种新的并能以人类智能相似的方式做出反应的智能机器,该领域的研究包括机器人、语言识别、图像识别、自然语言处理和专家系统等。人工智能在《人工智能标准化白皮书(2018版)》中的定义是,利用数字计算机或者数字计算机控制的机器模拟、延伸和扩展人的智能,感知环境、获取知识并使用知识获得最佳结果的理论、方法、技术及应用系统。综合上述内容可以知道,人工智能是研究人类智能活动的规律,构造具有一定智能的人工系统,并让计算机去完成以往需要人类智力才能胜任的工作的技术。概括来讲,人工智能是研究如何应用计算机的软硬件来模拟人类某些智能行为的基本理论、方法和技术。

根据智能程度,人工智能可以分为弱人工智能、强人工智能和超人工智能三类。其中,弱人工智能是指实现特定功能的系统,其不是像人类智能那样能够不断地学习新知识,适应新环境。现阶段的理论研究和实际应用主要是弱人工智能,如阿尔法狗、机器翻译、图片识别等。强人工智能是指具有思考、计划、解决问题、抽象思维、理解复杂理念、快速学习和从经验中学习能力的系统。强人工智能不仅在哲学上存在着巨大的争论,而且在技术研究层面也面临着巨大的挑战。因此,目前强人工智能的发展空间有限。超人工智能是指在大部分领域都比最聪明的人类大脑还要聪明很多的系统。虽然我们现在处于一个充满弱人工智能的世界,但是每一个弱人工智能的不断创新,都是在给通往强人工智能和超人工智能的旅途添砖加瓦。

(五)区块链

2008年11月1日,中本聪在《比特币:一种点对点的电子现金系统》一文中阐述基于P2P网络技术、加密技术、时间戳技术、区块链技术等的电子现金系统的构架理念时,第一次提出区块链的概念,这标志着区块链技术理论的形成。2009年1月3日,第一个序号为0的创世区块诞生,2009年1月9日,出现序号为1的区块,并与序号为0的创世区块相连接形成了链,这标志着区块链技术从理论走向实践。区块链是一种去中心化的分布式账本,是一个能够在由多个站点、多个位置或者多个机构构成的网络里进行分享的数据库,其核心是所有参与节点共同维护交易与数据库,使得基于密码学原理而不是信任关系的交易双方,直接进行支付交易。

从科技层面来看,区块链涉及数学、密码学、互联网和计算机编程等科学技术。从应用视角来看,区块链是一个分布式的共享账本和数据库,具有"去中心化""开放性""防篡改性""可追溯性"和"匿名性"五个特征。其中,"去中心化"是区块链最突出的本质特征,是指区块链不依赖额外的第三方管理机构或硬件设施,没有中心管制,通过分布式核算和存储,各个节点实现了信息自我验证、传递和管理。"开放性"是指除了交易各方的私有信息被加密外,区块链的数据对所有人开放,任何人都可以通过公开的接口查询区块链数据。开放性还体现在任何人都可以对公有链的信息进行读写操作。"防篡改性"是指任何人要改变区块链里面的信息,必须要攻击网络里面51%的节点才能把数据更改掉,这个难度非常大。"可追溯性"是指设定机制后面一个区块拥有前面一个区块的一个哈希值,只有识别了前面的哈希值才能进行到下一个区块,这便于数据的查询。"匿名性"是指除非有法律规范要求,单从技术上来讲,各区块节点的身份信息不需要公开或验证,信息传递可以匿名进行。这些特征为区块链创造信任奠定了基础,并使其具有广阔的运用前景。

根据开放程度不同,区块链可以分为公有区块链、行业区块链和私有区块链三类。其中,公有区块链是指世界上任何个体或者团体都可以发送交易,交易能够获得该区块链的有效确认,任何人都可以参与其共识过程的一类区块链。公有区块链是最早的区块链,也是应用最广泛的区块链,各类基于共有区块链的数字货币(如比特币、以太坊等),通常拥有独立运行的区块链网络。行业区块链是指由某个群体内部指定多个预选的节点为记账人,每个区块的生成由所有的预选节点共同决定,其他接入节点可以参与交易,但不过问记账过程(本质上还是托管记账,只是变成分布式记账,预选节点的多少,如何决定每个区块的记账人成为该区块链的主要风险点),其他任何人都可以通过该区块链开放的 API 进行限定查询的一类区块链。私有区块链是指仅使用区块链的总账技术进行记账的一类区块链。独享该区块链的写入权限的个体可以是一个公司,也可以是个人。该类区块链与其他分布式存储方案没有太大区别,传统金融都想尝试私有区块链。

三、银行金融科技的金融创新

(一)创新银行风险管理和营销方式

银行业是天然的数据密集型产业,在日常运营过程中会产生大量的数据,如客户基本信息、财务数据、交易记录、信贷信息等。除此之外,商业银行外部的电商平台、社交软件、公共服务等场景也在产生庞大的数据。当前大数据技术在银行业的应用主要是通过分析和挖掘客户的交易和消费信息,掌握客户特征,预测客户行为,使得商业银行在风险管理和营销方面能够有的放矢。

客户画像又分为个人客户画像和企业客户画像。个人客户画像包括人口统计学特征、消费能力、兴趣、风险偏好等数据;企业客户画像包括企业的生产、流通、运营、财务、销售和客户数据,以及相关产业链上下游等数据。需要注意的是,商业银行自身收集到的客户数据并不全面。为了构建客户的完整画像,还需要整合更多的外部信息,如网络社交数据、网上消费数据、上下游企业数据等。这能够降低商业银行与客户之间的信息不对称,使商业银行可以逐渐摆脱过度依赖客户财务数据来获取信息的风险管理方式,转而对其资产价格、账务流水、相关业务活动等流动性数据进行动态和全程监控分析。目前,花旗银行、富国银行、瑞士银行等商业银行已经能够基于大数据整合客户的资产负债、交易支付、资金流动性状况、纳税和信用记录等信息。通过对这些信息的综合分析,银行可以对客户行为进行全面评价,计算动态违约概率和损失率,从而提高贷款决策的可靠性。

精准营销的模式主要包括实时营销、交叉营销、个性化推荐。实时营销是根据客户的实时状态来进行营销的,即根据客户最近一次消费信息进行有针对性的营销。例如,客户采用信用卡采购孕妇用品时,可以通过建模推测怀孕的概率,并推荐孕妇喜欢的商品和服务。交叉营销是进行不同业务或产品的交叉推荐。例如,招商银行可以根据客户交易记录进行分析,有效地识别小微企业客户,然后用远程银行来实施交叉销售。个性化推荐是指商业银行可以根据客户喜好推荐服务或者产品。例如,根据客户的年龄、资产规模、理财偏好等,对客户群进行精准定位,分析出客户潜在的金融服务需求,进而有针对性地营销推广。

(二)创新银行业务渠道

移动互联创新中间业务渠道。基于移动互联创新的电话银行、网上银行、手机银行,可以为客户提供自助办理查询、转账、支付、购买理财产品等多种业务。中国人民银行2020年支付体系运行总体情况报告显示,2020年银行共处理网上支付业务879.31亿笔,金额2174.54万亿元,同比分别增长12.46%和1.86%;移动支付业务1232.20亿笔,金额432.16万亿元,同比分别增长21.48%和24.50%。

移动互联创新理财产品销售模式。工商银行的"融e贷"、建设银行的"快贷"、招商银行的"闪电贷"等线上信贷产品具有在线申请、实时审批、自助签约、随借随贷等特点。线上信贷产品的发展促使商业银行在理财产品营销方面不断创新,推出了线上众筹、夜市理财等营销模式。线上众筹是客户组团购买理财产品的销售模式,有效解决客户资金不足的痛点;夜市理财是商业银行夜间发售理财产品的销售模式,有效解决客户工作时间和理财产品销售时间冲突的问题。

(三)创新银行IT架构

"云"是通过网络虚拟化技术整合的分布式计算资源池,通过对信息的远程存储和处理,降低对终端的要求,同时云计算具有较强的延展性和灵活性。与传统信息技术相比,商业银行采用云计算可以避免巨额的初始投入,从而大幅降低商业银行的系统投入和运营成本。除此之外,云计算是很多资源的虚拟汇聚点,能够方便快捷地提供资源对接,还能够在云端对数据等资源进行整合,再提供给商业银行,解决信息孤岛问题,这有利于降低商业银行创新成本。

大数据和云计算相伴而生,商业银行利用大数据的关键在于金融云。以云计算为基础的分布式IT架构可以为商业银行提供便捷、按需获取、可配置和可度量的IT资源供应。云计算在商业银行的应用主要是金融云,金融云是指通过云计算技术将信息、金融服务等资源分散到互联网"云"端形成庞大分支机构支撑的分布式架构。金融云是商业银行数字化转型的关键驱动力。金融云1.0阶段以应用软件开发为核心;金融云2.0阶段是以云计算为支撑发展的符合分布式架构的金融行业云。金融云3.0阶段是与产业供应链联结的混合云,可以促进科技资源共享。商业银行可以借助金融云3.0与不同的产业数据、产业场景进行联结,这对于发展普惠金融具有很大的助推作用。

金融云通过数据资源的集中管理与智能分析,显著降低商业银行运营成本,提高商业银行运营效率。2021年6月3日,全球知名市场研究机构 IDC 发布《中国金融云市场跟踪》报告,报告数据显示 2020 年阿里云以 18.24% 的市场份额排名第一,阿里云以分布式架构、数据库、移动开发平台、AI 开发平台为基础,致力于提供金融云解决方案。目前,阿里云为中国工商银行、中国建设银行、中国农业银行、中国邮政储蓄银行等头部商业银行提供技术服务,客户群已覆盖数百家银行。百度云通过发挥大数据收集、分析和建模的优势,处理海量非结构化数据,并采用风险识别模型判断风险信号,对接商业银行内部业务流程,帮助商业银行对授信客户进行前瞻性的风险预测。

（四）创新银行业务模式

人工智能在银行的应用。人工智能在金融领域的应用主要有自然语言处理、机器学习和图像识别。人工智能与金融业结合应用场景主要是智能客服和身份识别,这不仅能够提升银行服务流程的效率和加强风险控制水平,而且能够降低商业银行的经营成本。

智能客服是基于自然语言处理技术发展起来的一项实现企业与海量客户高效沟通的应用。自然语言处理是用计算机来处理、理解以及运用人类语言的技术,包括语法分析、语义分析、篇章理解等。智能客服借助知识图谱,回答重复性问题,能够替代 40%—50% 的人工客服工作,大大减少人工客服工作量,提升客服效率及效果。随着技术的不断完善,更多的客服工作将依靠人工智能完成。

身份识别主要采用图像识别技术模拟人类视觉功能,对图像进行处理、分析和理解,以识别不同模式目标和对象。其应用主要包括人脸识别和生物特征识别等。人脸识别是通过分析比较人脸视觉特征信息进行身份鉴别的一种方式,可将人脸识别技术划分为检测定位、面部特征提取以及人脸确认三个过程。生物特征识别主要利用人体固有的生物特性（如指纹、面相、虹膜、掌纹、声纹等）以及行为特征（如笔迹、声音、步态等）来进行个人身份的鉴定。操作风险是金融机构面临的主要风险之一,指纹识别和人脸识别技术能够提升身份验证的效率和安全级别,进而提高金融机构防范操作风险的水平。

(五)创新金融信任机制

区块链是比特币的核心组成部分,区块链通过利用点对点网络和分布式时间戳服务器能够进行自主管理。虽然世界各国对比特币的态度起起落落,但是比特币的重要底层技术——区块链日益受到重视。2019年1月10日,国家互联网信息办公室发布《区块链信息服务管理规定》。2019年10月24日,在中央政治局第十八次集体学习时,习近平总书记强调,加快推动区块链技术和产业创新发展。区块链技术在金融领域的应用主要体现在数字货币、跨境支付和供应链金融三个方面。

区块链防篡改和可追溯的特性,使得数字货币交易采用的分布式账本具有信用,保证数字货币具有货币的基本职能。2019年底,由中国人民银行开发的数字人民币相继在深圳、苏州、雄安新区、成都及未来的冬奥场景启动试点测试,到2020年10月增加了上海、海南、长沙、西安、青岛、大连6个试点测试地区。数字人民币与纸钞和硬币等价,主要定位于M0。这使得数字人民币具有稳定性,使其适合作为贮藏和支付工具,而且在流通中会慢慢被大众接受成为数字经济领域的价值尺度。

区块链的去中心化特征改变了传统的支付体系依靠中心化方案实现价值转移的方式。烦琐复杂的中介机构和环节不仅增加了清算成本,降低了清算效率,还可能引发较高的操作风险和道德风险。同时,区块链公开透明的特性,可以减少重复对账行为,进而减少信用风险。跨境支付涉及多个参与主体,各个主体之间的标准不统一,缺少强信任的中央主体,需要借助SWIFT等通用协议或第三方机构以备付金的方式建立资金池来解决跨国间的信任问题,但是前者信任传递成本高昂且效率不高,后者又与现有银行账户体系结合度较低。因此,区块链对支付体系的优化在跨境支付领域大有可为。

在供应链金融业务中,区块链能够打通供应链层级,促进供应链末端的小微企业获得融资,有助于普惠金融发展。一方面,区块链的密码学解决方案能够为金融机构提供丰富的风控数据,帮助金融机构为小微企业进行风险评估。另一方面,借助区块链可以收集供应链企业交易数据,实现核心企业信用多级穿透,帮助供应链末端企业进行融资。

四、银行金融科技的发展历程

近几年,大数据、云计算、区块链、人工智能、5G等数字技术的研发与应用给中国金融领域带来了诸多改变,也引起了银行从业者和学者的高度重视。实际上,早在银行金融科技的概念被提出之前,商业银行就已经经历了技术引进和革新。本书以商业银行的硬件、网络和技术架构为银行金融科技的代表,梳理银行金融科技的发展历程。

（一）银行硬件发展历程

20世纪50年代,计算机的发明和应用为银行电子化发展奠定了坚实的基础。在银行电子化萌芽阶段,中国的银行先后引进国产和国外的计算机,推动银行业核算从手工处理向计算机处理发展。同时,中国的银行与国外的银行签订了代理国外信用卡业务协议,为中国本土人民币信用卡、外汇信用卡的产生和发展奠定了基础,实现银行支付工具电子化。

1975年,第四机械工业部与中国人民银行联合下发了《关于下达大中城市银行核算网试点任务的通知》,试点工作的总体规划是在北京、西安、上海三个城市各配置一套计算机,北京分别和西安、上海组成两条联通线路,实现三个城市银行核算网的互联互通。当时银行使用的计算机是国内生产的电磁式计算机,其操作复杂、处理速度慢、功能比较单一。1979年,国务院批准银行业可以引进外国计算机,中国银行引进了中国银行史上的第一台国外生产的计算机——IBM3032。1980年,中国人民银行在国际援助下启动了银行保险系统项目,并引进了美国IBM System/360系统。作为银行保险系统的一部分,北京、上海、天津、西安、南京、广州6个城市引进日立M-150中型机,杭州、青岛、安康等城市引进日立L-320小型机。至此,银行业在全国范围内实现了核算系统电子化。

1982年10月,国务院成立电子计算机和大规模集成电路领导小组。1985年,银行电子化首次被列为国家重点发展项目。从1987年开始,定制化的IBM SAFEII系统开始在工商银行和中国银行得到应用。IBM大型机和应用系统的应用不仅彻底改变了中国银行业手工记账的面貌,而且推动ATM机等自助式硬件设施开发,促使中国银行业逐渐从单一的完成支付计算等传统业务的信用中介部门,发展成为多功能、全方位、全天候的金融服务部门。1987年,中国银行珠海分行推出了中国大陆第一台ATM机,虽然这台ATM机只是作为展示之用,但它的出现标志着中国金融业开始了电子化的步伐。1988年12月26日,位于上海外滩中山东一路24号的中国工商银行上海市分行营业部入口处附近放置了中国第一台可供日常使用的ATM机。ATM机的出现,把银行的功能延伸到了夜晚,大大方便了市民的日常生活。1989年,中国建设银行引进定制化SAFE系统。1996年,中国境内首家自助银行在位于上海延安西路虹桥宾馆的中国银行上海市分行延安西路支行正式开业,为客户提供24小时全天候服务。银行硬件发展历程如图2-2所示。

由于IBM大型机的性能强大且稳定,中国工商银行于1999年发起"9991"工程,即启动数据集中处理工作,随后中国银行、中国农业银行、中国建设银行也进行了数据集中处理工作。商业银行通过数据集中处理,实现内部地区信息共享,解决了逐级上报数据带来的不便,使内部信息高效且顺畅地流通起来。

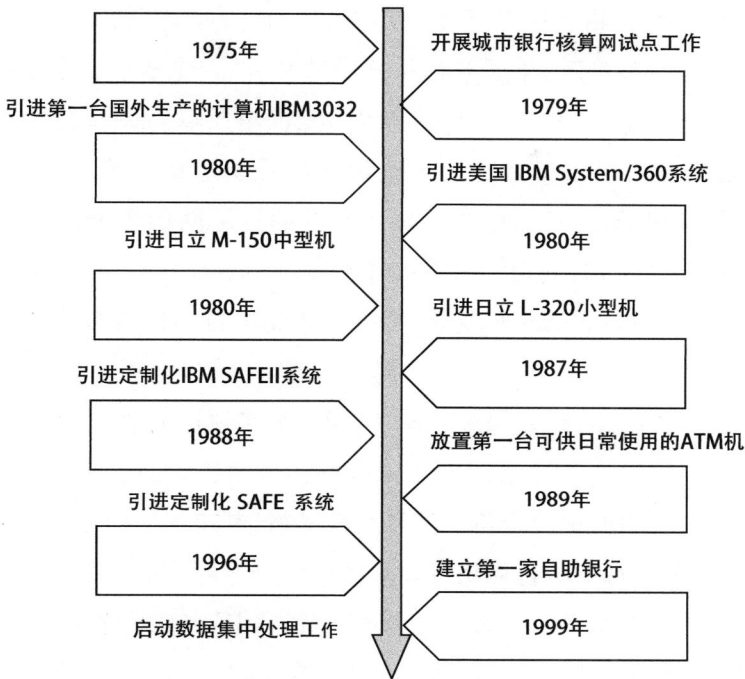

图2-2 我国银行硬件发展历程

注:根据相关资料整理绘制。

(二)银行网络发展历程

商业银行的传统业务主要包括存、汇、贷三类,其中"汇"是商业银行进入信息化时代以前最难实现的业务。改革开放之后,经济的快速发展使得汇款业务量飞速增长,邮局挂号信和电报等传统汇款方式已经无法满足客户的需求,网络技术的产生和发展促进银行业汇款方式的创新升级。银行网络在银行汇款业务的创新应用可以体现在银行清算系统、网上银行、手机银行和智慧银行的发展历程中。

1.银行清算系统

1987年,中国人民银行总行批准陕西和广东两个省份的中国人民银行分行开展省辖联行网络化试点工作。1989年，中国人民银行启动了全国电子联行系统，电子联行系统借助VSAT卫星通信技术建成了中国第一个电子联行系统。1991年4月，全国电子联行系统开始正式运行，这是中国人民银行在建设现代化支付系统过程中的第一次尝试。该系统用于处理全国发有电子联行行号的行际间的异地资金划拨业务，并将资金在途时间由原来的半个月缩短为3天。随后，各家商业银行内部联网系统纷纷建成，基本形成了商业银行内部转账走自己的核心系统，跨行转账走EIS系统的格局。

2002年3月26日，经国务院同意、中国人民银行批准，中国银联股份有限公司（简称"中国银联"）在上海成立。中国银联的主要职责是建立和运营全国统一的银行卡跨行信息交换网络，制定统一的业务规范和技术标准，保障银行卡跨行通用以及业务的联合发展。加入中国银联的银行可以发行带有银联标识的银行卡——"银联卡"，"银联卡"持卡人可以在任何一个贴有"银联"标识的POS机或ATM机上完成消费、提款和查询，这标志着全国范围内的银行卡实现了全面联网。

为了实现实时支付结算，中国人民银行等政府部门和金融机构主导建设中国现代化支付系统（CNAPS）。中国现代化支付系统（CNAPS）包括大额实时支付系统（HVPS）和小额支付系统（BEPS）。2005年6月，大额实时支付系统（HVPS）在全国完成上线运行，取代了全国电子联行系统（EIS），极大地提高了支付结算效率，实现了全国每日支付结算资金零在途。2006年6月，小额支付系统（BEPS）在全国推广运行。至此，全国范围内的银行卡实现了实时的互联互通。中国股票市场以及淘宝网等C2C平台交易火热，使得网上银行交易规模大幅提升。2013年，包含"超级网银"的中国现代化支付系统（CNAPS）二代上线，该清算系统不仅允许商业银行接入，还允许第三方支付机构接入。2017年，中国人民银行牵头组建了"中国网联清算有限公司"（下文简称"中国网联"），为支付宝、财付通、微信支付等非银行第三方支付搭建一个转接清算平台。至此,中国金融系统形成两个清算转接机构,即负责传统商业银行的资金清算转接的中国银联和负责第三方支付机构的资金清算转接的中国网联。银行清算系统发展历程如图2-3所示。

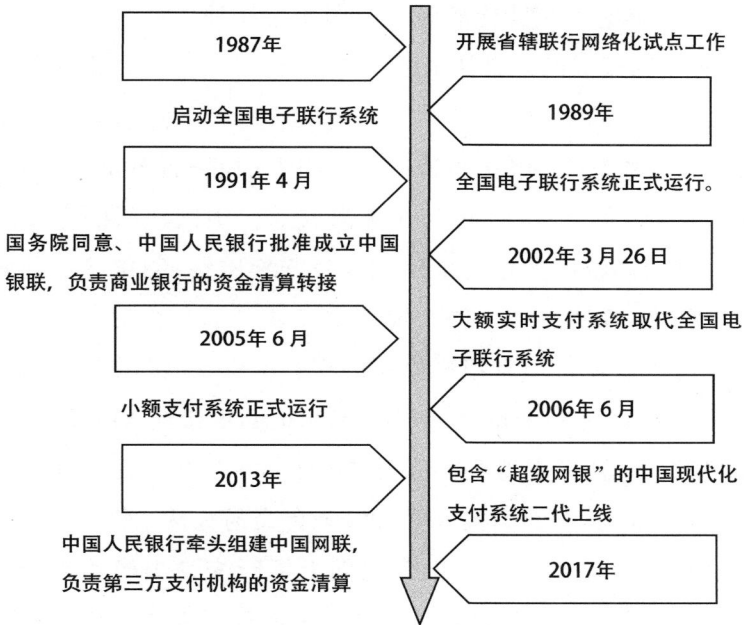

1987年	开展省辖联行网络化试点工作
启动全国电子联行系统	1989年
1991年4月	全国电子联行系统正式运行。
国务院同意、中国人民银行批准成立中国银联,负责商业银行的资金清算转接	2002年3月26日
2005年6月	大额实时支付系统取代全国电子联行系统
小额支付系统正式运行	2006年6月
2013年	包含"超级网银"的中国现代化支付系统二代上线
中国人民银行牵头组建中国网联,负责第三方支付机构的资金清算	2017年

图2-3 我国银行清算系统发展历程

注:根据相关资料整理绘制。

2.网上银行

1997年,中国银行在互联网建立了网站并发布相关信息,网上银行由此诞生。作为中国最先开展网上银行业务的商业银行,中国银行在网上银行支付系统采用 SET 协议,并建立自己的身份认证中心(CA),为网上银行交易的各方提供电子证书服务,以保证网上银行支付的安全性。2000年6月29日,由中国人民银行牵头,组织中国工商银行、中国农业银行等十二家商业银行联合建设中国金融行业统一的第三方安全认证机构——中国金融认证中心(CFCA)建成并举行挂牌和开通仪式,宣布正式对外提供SET证书和PKI证书服务。其中,SET证书用于支持基于信用卡、借记卡支付的B2C交易;PKI证书用于支持B2C和B2B交易,支持的业务种类涉及网上银行、网上证券交易、网上购物,以及安全电子文件传递等。中国金融认证中心的建成和投入使用,标志着中国权威的证书认证系统正式建立,为推动网上银行支付的普及奠定了坚实的基础。

2002年3月26日,经国务院同意、中国人民银行批准,中国银联股份有限公司(简称"中国银联")在上海成立。中国银联的主要职责是建立和运营全国统一的银行卡跨行信息交换网络,制定统一的业务规范和技术标准,保障银行卡跨行通用以及业务的联合发展。加入中国银联的银行可以发行带有银联标识的银行卡——"银联卡","银联卡"持卡人可以在任何一个贴有"银联"标识的POS机或ATM机上完成消费、提款和查询,这标志着全国范围内的银行卡实现了全面联网。

中国股票市场以及淘宝网等C2C平台交易火热,使得2007年网上银行交易规模大幅提升。其中个人网上银行交易规模达到15.8万亿元,环比增幅高达216%;企业网上银行交易额规模达245.8万亿元,环比增幅高达163.1%。网上银行交易规模的增大进一步促进了网上银行升级。2008年,中国银行整合了分散在各地的网上银行系统,并将原先分离的企业网上银行和个人网上银行整合到新版网上银行,建成了业务齐全、初具规模的网上银行系统。2013年,"超级网银"进入中国现代化支付系统(CNAPS)。网上银行发展历程如图2-4所示。

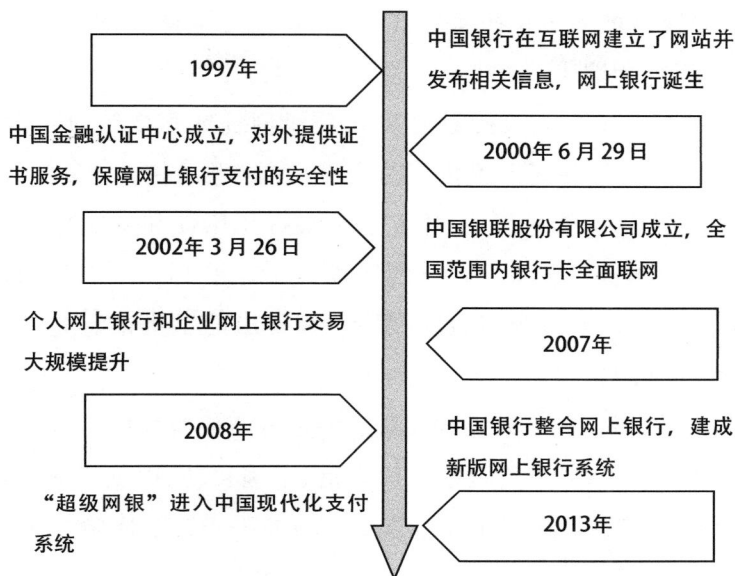

图2-4 我国网上银行发展历程

注：根据相关资料整理绘制。

3.手机银行

随着移动互联网技术的迅猛发展和智能手机的广泛使用,居民的上网习惯正在从个人电脑终端向移动终端转移。居民上网习惯的改变促使商业银行线上服务的重心由网上银行向手机银行转移。如果说网上银行是客户的"家居银行""办公室银行",手机银行则进一步延伸了银行的金融服务半径,成为客户的"移动银行""随身银行"。实际上,STK式手机银行早在1999年就已经产生,在产生时间上仅比网上银行晚两年。受技术和成本的限制,早期的手机银行并没有像网上银行那样受到客户的青睐。直到2004年,中国建设银行和交通银行先后推出BREW式手机银行和WAP式手机银行,手机银行实现了在线实时交易,才重新受到商业银行的青睐。

2009年1月7日,中国工信部向中国移动、中国电信和中国联通三大通信运营商发放3G牌照,3G技术大大提高了移动互联网的速度。

3G技术的推出推动了手机银行的发展,使其逐渐被客户接受,并且可以与网上银行相媲美。2009年7月,交通银行率先推出了"e动交行"客户端,改变了传统手机银行通过WAP登录网址展开交易的方式。"e动交行"客户端充分展现了手机银行安装简单、登录快捷、界面友好、操作方便、功能丰富的特点,实现了手机银行易用性和功能性的同步提升,推动了中国银行业手机银行的升级。2009年8月,中国工商银行率先推出了WAP式手机银行3G版服务,其推出的手机银行业务覆盖了网上银行的常用功能。

在全球智能手机苹果操作系统和谷歌安卓系统"两强对峙"的格局下,2011年8月,招商银行携手中国电信、中国移动、中国联通联合推出Android版手机银行,这给用户带来了全新的手机银行体验。2013年12月4日,中国工信部向中国移动、中国电信和中国联通三大通信运营商发放4G牌照,中国移动通信由此进入4G时代。4G技术的使用使得中国移动互联网的运行速度进入更高层次,这也使手机银行越来越被客户接受。截至2013年末,手机银行个人客户量达到4.58亿户,同比增长55.50%;手机银行企业客户量达到11.43万户,同比增长23.04%;手机银行交易总量达到49.80亿笔,交易总额为12.74万亿元,同比增长248.09%。手机银行发展历程如图2-5所示。

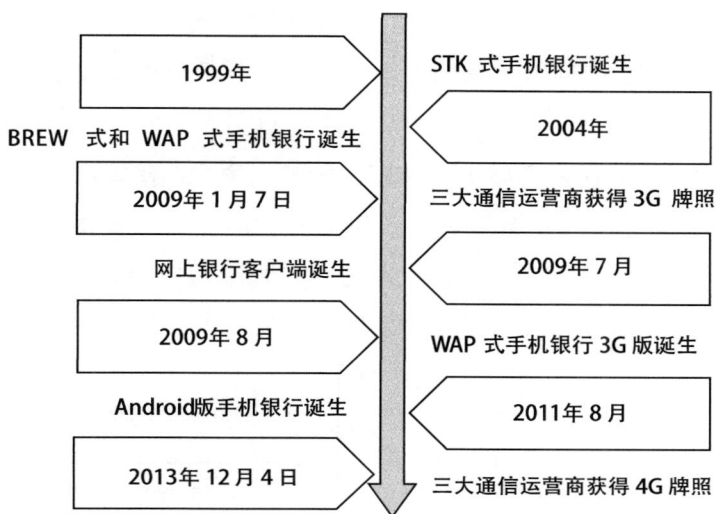

图2-5   我国手机银行发展历程

注：根据相关资料整理绘制。

4.智慧银行

智慧银行是传统银行、网上银行的高级形态，是商业银行以智慧化手段和新的思维模式来审视自身需求，并利用创新科技打造新服务、新产品、新的运营和业务模式，实现规模经济，提升效率和降低成本，达到有效的客户管理和高效的营销绩效目的。智慧银行能够提供全天候自助和远程人工服务的模式，这不仅能实现传统自助银行的存款和转账功能，还能做到自助开户、自助申请储蓄卡、当场办卡和自助申请信用卡等。2014年9月4日，北京银行推出的全国首家全自助办理业务的24小时的智能银行亮相，其能够完成开卡、领U盾、转账汇款、购买理财、申请贷款等几乎所有个人银行业务，无需排队等柜员办理。2018年，中国建设银行推出全国首家"无人银行"，无人银行主打刷脸取款、机器人服务、VR体验等科技概念。2019年，中华人民共和国工业和信息化部（以下简称工信部）正式向中国电信、中国移动和中国联通三大电信运营商发放5G商用牌照。5G技术开启万物互联的物联网时代，助推商业银行向智能银行全面转型。2019年5月,中国银行在北京推出首家"5G智能+"网点。该网点致力于创造一个无感体验的数字化智能空间,实现科技与情感的结合。2019年11月,中国银行"5G智能+民生馆"亮相天津,这是中国银行在国内的第二家"5G智能+"系列品牌网点。它以"5G""智能服务""民生金融"为主导概念,以科技创新为关键支撑,以"金融融入民生"为核心理念,打造跨界新金融、新零售、新场景的综合金融新业态。智慧银行发展历程如图2-6所示。

图2-6　我国智慧银行发展历程

注:根据相关资料整理绘制。

(三)银行技术架构发展历程

"架构"一词来源于建筑业,用于表示建筑物的整体结构模式和风格,强调整体受力空间结构的合理性和有效性。实际上,架构是一个被广泛应用的概念,通常指系统的整体结构和组成部分之间的关系。电气和电子工程师协会给出的架构定义是:架构是一个系统的基础组织结构,包括系统组件构成、组件间的相互关系、系统和其所在环境的关系,以及指导系统设计和演化的相关准则。余宣杰和姜欣荣(2019)指出,架构总是用来描述系统结构的,无论是硬件系统还是软件系统,也无论是业务系统还是应用系统,甚至无论是数据系统还是存储系统。无论架构是描述哪种系统,其核心理念都是强调系统的组织结构和组成部分的关系准则。

中国商业银行的技术架构经历了三代发展。1986—1990年是中国银行业第一代技术架构的起步期。在这期间,中国各商业银行逐步形成了以IBM4300、日立M240系列中小型计算机为主,大量X86微机为辅的硬件格局。在联网方面,中国银行业构建了基于服务器的中型网络,实现了同城的通存通兑。1991—1995年,第一代技术架构基本完成,商业银行内部办公网络逐渐IP化。第一代技术架构不仅具有地区局限性,而且大型商业银行内部以地区为单位划分网络,省级分行需要配备大型机,这大大提高了商业银行成本。1996—2010年,中国工商银行首先推行将分散在省级分行的数据集中到全国性数据中心,其他商业银行也纷纷效仿,最终构建起多中心的集中式的架构体系。这一时期,大型商业银行基本形成大型机部署核心系统、X86微机部署非核心系统的整体架构,并且也形成了Client/Server架构,即客户端使用PC,服务端使用小型机。由于商业银行新业务层出不穷,经常出现新业务上新系统的"竖井式开发"情况,这种做法对资源造成极大浪费。2011年至今,云计算已发展成为一项成熟技术,其能够明显改善资源利用率。各商业银行也都基于云架构构建新的分布式应用,并持续开展主机下移进程,形成了商业银行业务核心系统集中在大型机、商业银行业务应用系统分布于云上的架构体系。银行技术架构发展历程如图2-7所示。

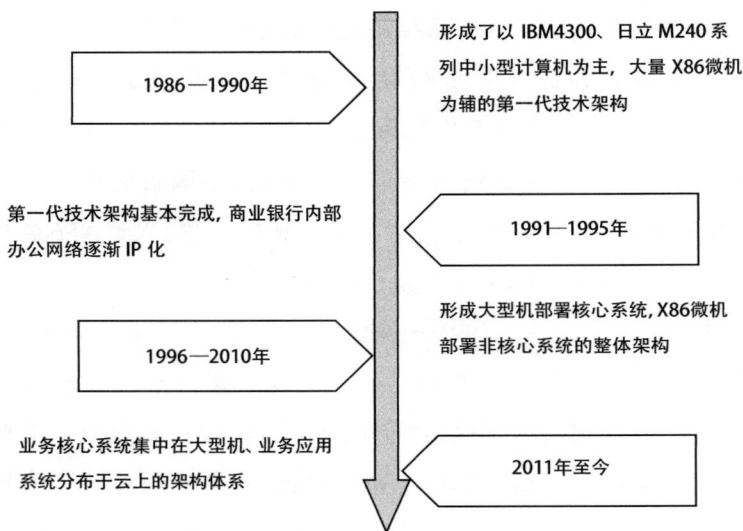

1986—1990年

形成了以 IBM4300、日立 M240 系列中小型计算机为主，大量 X86微机为辅的第一代技术架构

第一代技术架构基本完成，商业银行内部办公网络逐渐 IP 化

1991—1995年

形成大型机部署核心系统，X86微机部署非核心系统的整体架构

1996—2010年

业务核心系统集中在大型机、业务应用系统分布于云上的架构体系

2011年至今

图 2-7　我国银行技术架构发展历程

注：根据相关资料整理绘制。

第二节　商业银行经营绩效

本节首先根据绩效、企业绩效、企业经营绩效和商业银行经营绩效这几个概念之间的关系，界定商业银行经营绩效的概念；然后研究商业银行经营绩效管理的过程；最后梳理商业银行经营绩效的评价方法，以及中国商业银行经营绩效指标体系，在此基础上，确定数字化转型阶段的商业银行从创新性、高效性和盈利性三个方面评价经营绩效的指标体系。

一、商业银行经营绩效的概念

当前，各类与绩效相关的产业概念及管理概念层出不穷，为了明确商业银行经营绩效的概念，本节首先界定绩效的内涵；然后从组织性质的角度界定企业绩效的概念，分析企业绩效与企业经营绩效之间的关系;最后根据商业银行与企业之间的特殊性与一般性关系,界定商业银行经营绩效的概念。

(一)绩效的内涵

就"绩效"一词的起源而言,早期可见于中国古代官员选用制度,《后汉书·荀彧传》中有"原其绩效,足享高爵",《旧唐书·夏侯孜传》中有"录其绩效,擢处钧衡"。现代管理学意义上的绩效(Performance)是由西方学者提出的概念。19世纪初,被誉为"人事管理之父"Robert Owen在苏格兰纽纳克的棉纺厂,将四面分别涂有四种颜色的木块安装在机器上代表不同程度的业绩水平,用以激发员工的工作积极性。此后,绩效问题就引起了管理者和研究人员的重视。如何有效地调动个体的工作积极性和创造性,提升他们的绩效也逐渐演变为人力资源开发和管理研究的核心。

Armstrong和Baron(1998)曾经指出,如果不能明确界定绩效,就不能对其进行评价或者管理。由此可以看出界定绩效概念的重要性。但是绩效本身的复杂性,导致绩效总是作为一个没有清楚说明的概念被使用着。贾建锋等(2015)指出从行为角度看,绩效行为拥有多维度的结构特征,从不同的评价和偏好出发对其所进行的定义活动也会有相应的不同结果。当前学术界所存在的对于"绩效概念真正本质"的争论,实际上应根据具体的场景进行讨论。仲伟周等(2006)指出绩效是评价一切实践活动的有效尺度和客观标准,具体基本包含了效率、效益、效能以及效果等几个概念的综合含义。程卓蕾等(2010)指出在动态管理的视角、静态学术研究的视角、单一学科的分析视角、跨学科的综合分析视角下,绩效这一概念的基本内涵均存在差异。尚虎平和李逸舒(2011)在中国知网和Springer数据库搜集到40条不同的绩效概念,并以大多数学者、组织所共同强调的心像作为绩效概念的合理内核,界定出一个具有科学性、普遍性,大多数学者、组织所认可的绩效概念,即绩效是在特定的时期内,组织或组织中的个人围绕组织目标采取某种行为展开工作所取得的效率、效益、效能、成绩等结果。

根据组织性质的不同,绩效分为企业绩效和非营利性组织绩效。根据绩效产生的组织层次,绩效分为组织绩效、部门绩效和个人绩效。根据绩效产生的人员层级,绩效分为高层领导绩效、中层管理者绩效和基层执行者绩效。根据绩效的表现形式不同,绩效分为数量化绩效和非数量化绩效,其中数量化绩效包括质量绩效、速度绩效、成本绩效等,非数量化绩效包括任务绩效、服务绩效和决策绩效等。无论哪种绩效类型,都具有任务绩效和周边绩效的特性。其中,任务绩效是指个人或组织在特定时期内通过直接的工作活动对按照组织目标所赋予的任务所作的贡献;周边绩效则是指组织或个人不是通过直接的工作活动,而是通过构成组织的社会、心理背景的行为促进其作业绩效,从而提高整个组织的有效性或者在完成任务绩效的过程中同时产生了正的外部性,出现了"利己利人"的双赢甚至多赢局面。

(二)企业绩效、企业经营绩效与商业银行经营绩效的关系

企业是按照一定的组织规律构成的以营利为目的的组织单元。具体来讲,企业绩效是一定时期内企业活动所产生的效果和效率的综合体现(彭剑锋,2003),这些活动包括企业内部运作、同行交流、企业与顾客的沟通等。其评测是被应用于改善企业的管理模式、提升技术水平和提高业务能力的一种有效管理途径(张克英等,2018)。由于测量视角的不同,现有文献对度量企业绩效的维度各执己见,对企业绩效的内涵、维度、测算方法以及阐述标准和衡量标准均有差异(Cooper and Kleinschmidt,1987;Sheth et al.,2000)。根据评价主体的不同,企业绩效又分为企业经营绩效和经营者绩效。其中,企业经营绩效本质上是组织绩效,是企业在某一时期内整体运营效果的评价,具体表现为经营管理目标完成的数量、质量、效率和盈利情况。经营者绩效本质上是个人

绩效,主要表现为经营者在经营管理企业的过程中对企业经营、成长、发展所取得的成果和所作出的贡献。经营者绩效实现是企业经营绩效实现的基础,但是经营者绩效实现并不是企业经营绩效实现的保证。

现有文献中较少对商业银行经营绩效的概念进行再界定,但是根据商业银行与企业之间的特殊性与一般性关系可以知道,商业银行经营绩效属于企业经营绩效范畴。商业银行经营管理目标与一般企业不同,这使得商业银行经营绩效的评价维度和角度与其他企业也存在差别。具体如图2-8所示。

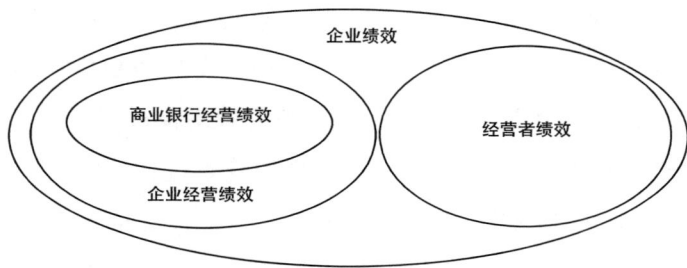

图2-8　企业绩效、企业经营绩效、经营者绩效和商业银行经营绩效之间的关系

二、商业银行经营绩效的管理

商业银行一切管理活动的核心是为了提高绩效。经营绩效管理本身代表着一种观念和思想,代表着对商业银行经营绩效相关问题的系统思考。商业银行经营绩效管理的指导思想是通过持续改善商业银行经营绩效,最终实现战略目标。

商业银行经营绩效管理的过程是:首先,明确商业银行的经营目标。经营目标是商业银行经营绩效管理的根本目的,也是确定商业银行经营绩效指标体系的重要依据。不同的信息使用者使得商业银行经营绩效评价基于不同的目的,如商业银行的股东及投资者关注商业银行经营绩效是出于实现股东价值最大化和取得较高的投资回报率的目的;存款人关心商业银行经营绩效是出于保证自己存款安全的目的;监管机构关注商业银行经营绩效是出于保证银行经营安全,维护社会稳定,保持公众对银行充满信心的目的;商业银行的高层管理者关注商业银行经营绩效一方面是对自己管理银行工作的肯定,另一方面是对银行雇员进行奖惩的重要依据(关新红,2003)。其次,构建衡量商业银行经营绩效的指标体系。商业银行经营绩效指标体系的建立是基于商业银行的战略和流程,而流程设计的出发点依然是商业银行的战略,战略本身是根据商业银行的内外部环境进行调整的。因此,外部环境的变化使得商业银行经营绩效的指标体系始终处于动态调整之中。最后,依据一定标准对商业银行经营绩效进行考核,如果商业银行经营绩效考核结果好,则进行奖励,激励其继续保持或者完成更高阶段的目标;如果商业银行经营绩效考核结果不好,则需做出检讨,并进行改正。商业银行经营绩效考核是商业银行经营绩效管理过程(图2-9)中的反馈环节,考核的目的不仅仅是为了给出一个分数,更重要的是通过充分的沟通,促使商业银行进行目的性更强的绩效改进。有效的商业银行经营绩效考核能够提供经营绩效改进的建设性反馈,确定新的经营绩效目标或者行动计划,为薪酬、晋升、培训以及雇佣等方面提供支持(彭剑锋,2003)。

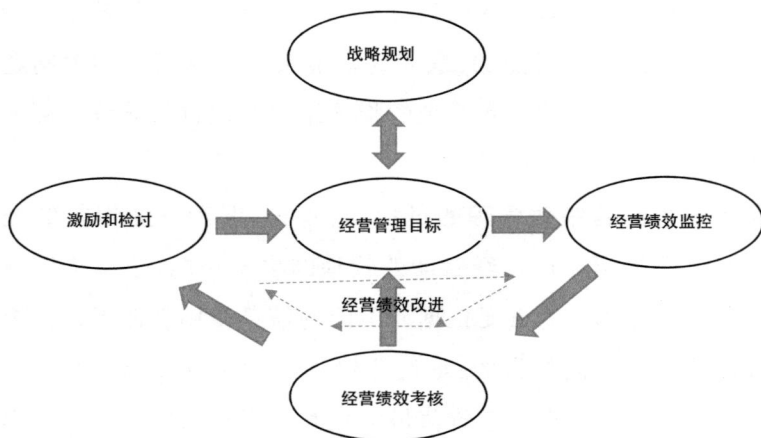

图2-9　商业银行经营绩效管理过程

商业银行对经营绩效进行管理的具体作用是：(1)传递压力，聚焦集团目标。通过绩效管理系统，公司的战略目标在各级组织和员工中得以沟通、分解和传递，达成共识，引导全体员工为整体目标的实现和公司的可持续发展作贡献。(2)强化责任，塑造职业行为。通过持续的绩效管理循环，使公司每个员工，特别是各级领导能够自觉有效地承担起各自的责任，按职业化要求尽职尽责地完成任务。(3)科学决策，提供公正待遇。通过科学、公正地评价员工的绩效和贡献，为薪资调整、绩效薪资发放、职务晋升等人事决策提供依据，从而激发员工的积极性。(4)改进绩效，促进员工发展。通过员工绩效评价和沟通反馈，为员工的绩效改进、培训计划制定提供参照，同时强化各级管理者指导、教育、帮助、约束与激励下属的责任，不断提升员工的价值。

三、商业银行经营绩效的评价

建立合理的商业银行绩效指标体系是确保商业银行经营绩效考核有效的前提，也是商业银行经营绩效管理工作的重点和难点。经营绩效指标体系最初被应用于非金融企业，随着现代公司制的产生，商业银行的所有权和经营权的分离，信息的不对称使得经营者的努力程度和经营水平不能被所有者完全了解，这使得商业银行开始借鉴非金融企业经营绩效的管理模式，即建立经营绩效指标体系对商业银行经营绩效进行考核，弥补约束机制的缺陷，激励经营者更好地完成所有者要求达到的目标。但是，商业银行经营绩效指标体系并不是一成不变的，其随着商业银行外部经营管理环境的变化而不断优化。

(一)商业银行经营绩效的评价方法

1.单一指标评价法

1903年，杜邦公司发明了杜邦分析法，杜邦分析法是一种利用财务比率之间的关系综合分析企业财务状况，并评价企业经营绩效的方法。

具体来讲,股本收益率(Return on Equity,简称 ROE)是评价商业银行经营绩效的常用指标,杜邦分析法将股本收益率分解为净利润率、资产利用率、股本乘数,即股本收益率=净利润率×资产利用率×股本乘数,并根据这三个分解指标的经济学含义分析出商业银行经营绩效的影响因素。其中,股本收益率=税后净利润/总股本,反映商业银行股东的收益率;净利润率=税后净利润/营业收入,反映商业银行的盈利能力;资产利用率=营业收入/总资产,反映商业银行的营运能力;股本乘数=总资产/总股本,反映商业银行的资本结构。这说明商业银行的盈利能力、营运能力和资本结构均会影响商业银行股东收益率。杜邦分析法不仅能够分析影响商业银行股东收益率的因素,还能将净资产收益率分解为多个重要组成部分,从而得到评价商业银行经营绩效的其他有用指标。具体来讲,净资产收益率=资产收益率×股本乘数,其中资产收益率(Return On Assets,简称 ROA)反映商业银行管理将资产转化为净利润的能力,是从盈利性角度评价商业银行经营绩效的常用指标。

除了净资产收益率和资产收益率,托宾 Q、每股盈利和经济附加值也常被用于衡量商业银行经营绩效。托宾 Q 由经济学家托宾于 1969 年提出,其计算公式是:托宾 Q=市场价值/资产重置成本。每股盈利(Earning Per Share,简称 EPS)的计算公式是:每股盈利=税后净收入/流通的普通股股数。经济附加值(Economic Value Added,简称 EVA)由美国思腾思特管理咨询公司于 20 世纪 80 年代中期提出,其计算公式是:经济附加值=税后利润—资本费用(包括负债和权益)。上述三个指标均反映商业银行经营者有效使用资本和为股东创造价值的能力。由于中国资本市场历史较短,商业银行上市历史也较短,信息披露并不完全,托宾 Q、每股盈利和经济附加值并不完全适合用于衡量中国商业银行的经营绩效。

2.多指标综合评价法

上述商业银行经营绩效评价方法主要是采用比率或者差值法计算

得到的单一财务指标,这些指标主要反映商业银行的盈利能力和资本管理能力,对商业银行经营绩效的评价角度较为单一。20世纪80年代,美国管理会计委员会从财务效益的角度发布了《计量企业经营绩效说明书》,提出净收益、每股盈余、现金流量、投资报酬率、剩余收益、市场价值、经济收益和调整通货膨胀后的绩效8项计量企业经营绩效的评价指标。这一指标体系的发布推动商业银行经营绩效评价方法由单一指标评价法向多指标综合评价法发展(图2-10)。一般来说,多指标综合评价法是通过对银行在安全性、流动性和盈利性等方面设定多个分项指标,并运用多元统计或者其他方法将这些指标所包含的信息进行合理加工挖掘而得出一个综合评价值,然后通过综合得分来比较和判断不同商业银行经营绩效在某些方面能力上的差异。多指标综合评价法通常包括因子分析方法、模糊综合评价方法、熵值法、DEA、SFA等。刘艳妮等(2011)通过因子分析方法,基于商业银行的盈利能力、偿债能力、运营能力和发展能力,提取成长因子、安全因子、盈利因子和流动因子的权重,构建商业银行经营绩效的综合评价指标体系。顾海峰和李丹(2013)从现金流生成的视角,设计了反映商业银行全面经营绩效的评价指标,主要包括上市直接融资能力、贷款管理能力和表外业务运营能力三方面内容,并运用因子分析方法构建了可以衡量商业银行经营绩效的综合指标。傅勇等(2011)从盈利能力、偿债能力、发展能力三个方面,选取总资产收益率、净资产收益率等9项指标构建评价指标体系,并采用因子分析法构建可以衡量商业银行经营绩效的综合指标。谢赤和钟赞(2002)根据所构建的综合评价指标体系,通过将熵值法应用于非国有独资银行经营绩效的综合评价,得出了具有较强实际意义的结论,并认为熵值法这种根据指标数据提供的信息量客观赋权的方法是一种在实际应用中简单可行的科学方法。周春喜(2003)通过建立包含定量指标和定性指标的商业银行经营绩效评价指标体系,采用多级模糊数学综合评价模型确定指标权重,对商业银行经营绩效进行了综合评价。叶静怡和钟贞(2004)采用SFA方法测算1996—2002年10家股份制商业银行的经营效率,以此度量商业银行经营绩效。戴淑庚和廖家玲(2012)采用DEA方法和M指数模型测算商业银行技术变动效率、纯技术效率和规模变动效率,从资源配置的角度评价商业银行经营绩效。袁云峰和张波(2004)采用DEA方法分别测算商业银行内部服务质量效率、经营效率和盈利能力效率,用于度量商业银行经营绩效。

3.多层次综合评价法

信息技术的应用和知识经济的到来使得商业银行之间的竞争加剧,商业银行在生产阶段的利润被压缩,投资者不再单纯地以利润和现金流量进行商业银行经营绩效评价,商业银行还必须在客户关系、业务流程、人力资源、技术和创新等方面进行投入以创造未来的价值。1992年,卡普兰(R.Kaplan)和诺顿(D.Norton)提出了一种综合评价企业经营绩效的指标体系——平衡计分卡。平衡计分卡由财务、顾客、内部经营管理、学习和成长这四个方面构成,形成了以财务指标为主,非财务指标为辅的企业经营绩效指标体系。这使得经营绩效评价上升到组织的战略层面,同时实现了定量评价和定性评价之间、客观评价和主观评价之间的平衡,标志着经营绩效评价方法由多指标综合评价法向多层次综合评价法发展。杨淑萍和赵秀娟(2009)统筹考虑商业银行财务指标和非财务指标,采用平衡计分卡理论模型,从商业银行财务、客户、内部经营流程、学习和成长等维度选取商业银行经营绩效指标体系,并构建商业银行经营绩效综合指标。

图2-10　商业银行经营绩效的评价方法

注：根据相关资料整理绘制。

（二）中国商业银行经营绩效的指标体系

商业银行经营绩效指标体系是基于商业银行战略设计的,而战略是依据商业银行的经营环境进行调整的。经营环境的不断变化使得商业银行经营绩效指标体系处于动态调整之中。建立一套科学合理的经营绩效指标体系,对于改进商业银行整体经营绩效,提升商业银行的核心竞争力,具有非常重要的理论与现实意义。

微观经济学和企业理论都假定利润最大化是企业的经营目标,商业银行也将利润最大化作为经营目标。商业银行管理层的经营目标是为股东利益服务,股东价值最大化也应成为银行的经营目标。在多数情况下,商业银行的利润最大化目标和股东价值最大化目标是一致的。盈利性财务指标数据较易获得,这使其成为应用最广泛的商业银行经营绩效指标,常用的盈利性指标有资产收益率(谭兴民等,2010;刘孟飞等,2012,申创和刘笑天,2017)、权益收益率(杨雁,2013;刘信群和刘江涛,2013;胡东婉和朱安琪,2018)、每股盈利(杨雁,2013)和经济增加值(李红卫和叶晴,2005)等。

随着经营环境逐渐复杂化,多个主体对商业银行经营绩效提出评价要求,商业银行经营目标向成长性、安全性、流动性等多元化方向发展。因此,出现了多角度的商业银行经营绩效指标体系,本书将其分为多主体财务指标体系、多层次财务指标体系、财务和非财务指标体系三类。

1.多主体财务指标体系

2003年修正的《中华人民共和国商业银行法》正式明确中国商业银行以安全性、流动性、盈利性为经营原则,其中安全性是商业银行客户为确保资金安全关注的指标,流动性是监管机构为维护社会稳定关注的指标,盈利性是商业银行经营者、股东和投资者为实现股东价值最大化和取得较高的投资回报率而关注的指标。部分学者也以此建立商业银行经营绩效指标体系,如迟国泰等(1999)指出商业银行经营绩效指标体系要反映流动性、安全性和盈利性的普遍经营原则,并通过指标的设置和权重的分配,促进业务结构的优化,提高资产质量,化解风险,实现商业银行价值最大化;谢赤和钟赞(2002)指出商业银行经营绩效指标体系应以效益和效率为中心,兼顾盈利性、流动性和安全性的经营原则;夏冠军(2004)考虑到银行业是风险高度集中的行业,而且市场对商业银行经营绩效具有持续性要求,因此从盈利性、风险性和业务增长性三个方面设计商业银行经营绩效指标体系;杨雁(2013)指出商业银行经营绩效指标体系只考虑盈利性不够全面,还应考虑银行的安全性和流动性,并选取净利润、净资产收益率、每股收益三个指标来衡量商业银行的盈利水平,选取不良贷款率衡量商业银行的安全性,选取资本充足率衡量商业银行的流动性。

2.多角度财务指标体系

傅勇等(2011)考虑到商业银行经营绩效指标体系的全面性、重要性与层次性,并兼顾数据的可得性,从盈利能力、偿债能力、发展能力三个方面选取总资产收益率、净资产收益率等9项指标来构建商业银行经营绩效指标体系。艾林和曹国华(2013)从盈利能力、偿债能力、运营能力和发展能力四个方面设计商业银行经营绩效指标体系,并采用因子分析法从选取的净资产收益率、资产收益率、利息倍数等9个指标中,提取成长因子、安全因子、盈利因子及流动因子,构建商业银行经营绩效的综合指标。顾海峰和李丹(2013)指出商业银行现金流的生成路径主要包括经营管理路径、投资路径和融资路径。其中,经营管理路径主要关注商业银行经营管理能力,投资路径主要关注商业银行风险运营能力,融资路径主要关注商业银行融资能力。因此,他们从经营管理能力、风险运营能力和直接融资能力三方面设计商业银行经营绩效指标体系。

3.财务和非财务指标体系

周春喜(2003)依照系统工程的思想,遵循目的性、科学性、系统性、有效性、可比性、可操作性及定性与定量相结合原则,建立衡量商业银行经营绩效的定量指标和定性指标体系。袁云峰和张波(2004)根据平衡计分卡指标体系、服务——利润链的基本思想,以及商业银行的经营流程,从内部服务质量效率、经营效率和盈利能力效率三个方面分别建立包含财务指标和非财务指标的投入产出指标体系。杨淑萍和赵秀娟(2009)借鉴平衡计分卡方法,从财务维度、客户维度、内部经营流程维度,以及学习与成长四个方面设计商业银行经营绩效指标体系,这其中包括商业银行的财务指标和非财务指标。

(三)数字化转型阶段商业银行经营绩效的评价

党的十八大以来,中国经济进入新常态,经济增长方式从粗放型向集约型转变,建设数字中国、发展数字经济成为中国转变经济增长方式的重要依托。作为经济制度的重要组成部分,金融供给侧结构性改革成为经济增长方式成功转变的重要保障。在新一轮科技革命和产业变革的背景下,大数据、云计算、人工智能、区块链等技术应用趋于成熟,物联网和5G等技术蓬勃发展,这成为商业银行数字化转型的强劲牵引力。商业银行借助银行金融科技发展实现数字化转型的人力和经费投入呈现快速增长态势,这在一定程度上推动商业银行的金融创新,但是仍然存在成本较高、质量不高、创新不足和经营绩效较低等问题。建立合理的经营绩效指标体系能够有效反映银行金融科技研发与应用的真实情况,同时为银行金融科技未来发展提供现实指引,对深入发展银行金融科技起着重要的促进、支撑和保障作用。

商业银行的数字化转型战略基本内容是:围绕网络平台打造金融服务生态圈,依托线下网点推进智慧银行升级;利用创新科技塑造新服务、新产品、新的运营和业务模式,达到实现规模经济、提升服务质量和降低成本的经营目标。由此可以发现,数字化转型阶段的商业银行经营不仅看重盈利性这一核心经营目标,更注重创新性和高效性等能够体现商业银行高质量发展的新型经营目标。因此,本书提出从创新性、高效性和盈利性三个方面构建商业银行经营绩效指标体系。其中,创新性是指银行金融科技驱动的金融创新,高效性是指商业银行经营管理效率,盈利性是指商业银行获取利润的能力。20世纪末至21世纪初,国内掀起了研究商业银行经营绩效指标体系的热潮,但是近年来国内文献大多采用资产收益率和权益收益率这两个盈利性指标评价商业银行经营绩效(胡东婉和朱安琪,2018;宋常和李晓楠,2021;周边等,2021),这种单一的经营绩效指标无法全面地反映数字化转型阶段商业银行的经营目标。基于上述分析,本书提出的从创新性、高效性和盈利性三个方面构建商业银行经营绩效指标体系,不仅能够丰富商业银行经营绩效领域的研究,而且能为解决数字化转型阶段商业银行经营管理中存在的问题提供重要参考。如果实证结果表明,银行金融科技有利于提高商业银行经营绩效的创新性、高效性和盈利性,说明银行金融科技能够提高商业银行经营绩效;反之,认为银行金融科技没有显著提高商业银行经营绩效。同时,银行金融科技影响商业银行经营绩效创新性、高效性和盈利性的机制也就是银行金融科技影响商业银行经营绩效的机制。

现有文献鲜有从创新性层面设计商业银行经营绩效指标。本书根据知识基础理论将商业银行金融创新过程定义为:将知识和技术进行重组和转化,并最终输出为产品和服务的过程(盘清泉和唐刘钊,2015)。由于银行金融科技促进商业银行产品和服务创新的数据可得性较差,本书采用归因于技术进步的生产率即全要素生产率来衡量商业银行的创新性。全要素生产率的概念最初主要应用于工业、农业、地区和国家经济等领域的研究,后来学者将其拓展至商业银行领域。作为重要的金融机构,商业银行不具有一般意义上的生产行为,即投入资金购买原材料,将原材料加工成商品并出售。商业银行需要投入资金购买的"原材料"是吸收来的资金,"生产"的"商品"是可以满足客户资金需求的服务。但从广义的生产行为看,商业银行也像生产厂商那样,投入一定资金,并创造一定价值。可以认为,采用商业银行全要素生产率评价商业银行经营绩效的创新性具有合理性。具体来讲,本书采用SBM-undesirable模型和M指数模型测算商业银行全要素生产率。为测算出商业银行全要素生产率,本书采用"中介法"时需要选择投入和产出指标,其中投入指标包括衡量人力资本投入的应付职工薪酬、衡量物质资本投入的固定资产净值,以及衡量资金投入的可贷资金;产出指标包括衡量资产负债业务收入的利息净收入、衡量中间业务等其他业务收入的非利息净收入,以及衡量风险的不良贷款。

部分文献选取成本效率、利润效率和收入效率作为评价商业银行经营绩效高效性的指标(谭政勋和李丽芳,2016;周晶和陶士贵,2019;罗小伟和刘朝,2016;Aiello and Bonanno,2016;申创和赵胜民,2017;Lee et al.,2021)。其中,利润效率可以综合反映成本效率和收入效率,为了深入研究商业银行经营绩效的高效性,本书没有采用利润效率这一综合性指标,而是采用成本效率和收入效率两个指标衡量商业银行经营绩效的高效性,并将成本效率和收入效率合称为经营效率。本书采用DEA方法中的新成本效率模型和新收入效率模型分别测算商业银行的成本效率和收入效率。为测算商业银行成本效率和收入效率的具体数值,本书需要选取投入指标、投入价格指标、产出指标和产出价格指标。其中,投入指标包括员工人数、存款类负债(存款类负债=吸收存款+向中央银行借款+同业和其他金融机构存放款项)和固定资产净值,投入价格指标包括人力资本价格(人力资本价格=应付职工薪酬/员工人数)、存款类负债价格(存款类负债价格=利息支出/存款类负债)和固定资产价格(固定资产价格=固定资产折旧/固定资产净值),产出指标包括贷款类资产(贷款类资产=现金及存放中央银行款项+存放同业和其他金融机构款项+发放贷款及垫款)、投资类资产和手续费及佣金支出,产出价格指标包括贷款类资产价格(贷款类资产价格=利息收入/贷款类资产)、投资类资产价格(投资类资产价格=投资收益/投资类资产)和中间业务价格(中间业务价格=手续费及佣金收入/手续费及佣金支出)。

现有文献普遍选取托宾Q、总资本收益率、资产收益率等作为商业银行经营绩效指标体系中的盈利性指标。其中,托宾Q的计算公式是:托宾Q=公司的市场价值/资产重置成本。从该定义式可以看出,托宾Q只适用于上市商业银行,不适用于非上市商业银行。由于中国商业银行相关研究中往往包含非上市商业银行,国内研究较少选取托宾Q来衡量商业银行的经营绩效。总资本收益率的计算公式是:总资本收益率=(利润总额+借入资本利息)/总资本。由于中国部分商业银行存在资本为负的情况,总资本收益率不适合衡量中国商业银行的经营绩效。资产收益率的计算公式是:资产收益率=净利润/平均资产总额,其被广泛用于衡量商业银行经营绩效(Berger et al.,2000;Lin and Zhang,2009;李子广,2014;李子广和张翼,2016;宋常和李晓楠,2021;周边等,2021;谢婼青等,2021),本书也选取资产收益率来衡量商业银行经营绩效的盈利性。

第三节　相关理论

一、金融创新理论

约瑟夫·熊彼特(Joseph Alois Schumpeter)在1912年出版的《经济发展理论》提出了创新理论,又相继在《经济周期》和《资本主义、社会主义和民主主义》这两本著作中加以发展,形成了熊彼特创新理论体系。熊彼特创新理论是金融创新理论的源头。熊彼特创新理论聚焦于资本主义经济中企业家通过创新打破静态均衡,推动经济动态发展的机制,其基本思想是:创新是推动经济发展的核心动力。在经济生活中,存在着一种"循环流转"的静态均衡状态,这种状态下没有质的变动和发展。而经济发展则是对这种静态"循环流转"的突破,其突破力量来自企业家的"创新"。按照熊彼特的观点,创新的过程就是将生产要素和生产条件重新组合。根据重新组合的不同,可以产生五种形式的创新:(1)产品创新,也就是创造出一种可以替代旧产品的新产品,使得产品质量得以提高。(2)技术创新,也就是采用一种新的技术来生产产品。(3)市场创新,也就是通过开辟营销渠道的方式开辟新市场,以达到提高销售额的目的。(4)资源配置创新,也就是形成新的资源配置方式和规则。(5)组织创新,也就是产生一种新的企业或者市场组织形式。金融创新理论围绕熊彼特创新理论展开,认为现代金融创新理论继承和发展了熊彼特的创新理论。金融业与实体经济在生产领域的差异,使得原材料和生产技术并没有被纳入金融创新理论的研究范畴,其余三者成为金融创新领域的主要研究内容:金融业务创新、金融市场创新和组织制度创新。对金融业务、金融市场和组织制度这三个概念在宏观、中观和微观三个层面上的不同理解,形成了金融创新理论。

金融创新是各种金融要素的新组合,是为了追求最大利润而发生的金融改革。宏观的金融创新泛指金融体系、金融市场上出现的新金融工具、新投融资方式、新结算手段、新金融市场和新金融组织形态,如信用货币的出现、支票的创造、互联网金融的诞生等都是金融业发展史上重要的金融创新。微观的金融创新又称狭义的金融创新,是指20世纪70年代以来西方发达国家放松金融管制而引发的一系列金融业务创新。金融业务创新是指创造出可以降低成本、减少风险,并能够更好地满足客户需求的金融产品和服务(Van and James,1985)。金融业务创新虽然推动了国际金融市场向深度和广度发展,但是加剧了金融机构之间的竞争,导致高收益的流动性资产的产生,使其负债对利率的敏感度提高。利率不断地变化会影响商业银行经营的稳定性，增大商业银行风险。为此，金融机构采用新的金融工具规避风险，调换利率以应对利率波动带来的资产损失，即期权、期货、利率掉期、互换等金融衍生品产生。由于75%以上的金融创新与金融衍生品有关，金融创新一般是指微观上的金融业务创新。中观的金融创新主要是指制度、体制等方面进行的改革，如成立金融创新部门、调整制度架构等，进而增强资金的流动性、安全性和盈利性。

为了探究金融创新的原动力，西方经济学家提出了不同见解，并产生了很多不同流派，形成了当代金融创新理论。（1）约束诱导型金融创新理论。约束诱导型金融创新理论的代表性人物是西尔柏（W.L. Silber），他认为金融创新是微观金融机构为寻求最大的利润，缓解外部金融压制而采取的"自卫"行为。西尔柏的金融创新理论对于从供给角度研究金融创新具有重要意义，但是其总结的金融创新成因过于一般化和特殊化。其中，一般化是指过分强调金融机构为克服金融压制而追求利润最大化，特殊化是指该理论只适用于企业，而不适用于新市场、新货币准则等宏观背景下的金融创新。（2）规避型金融创新。规避型金融创新的代表性人物是凯恩（E.J.Kane），他认为规避创新是市场力量、市场机制和金融机构联合回避各种金融控制和规章制度时产生的金融创新行为，如金融机构通过收取佣金的形式规避《限制高利贷法》对利率上限的管控。（3）制度学派的金融创新理论。这一学派的代表性人物较多，主要以戴维斯（S. Davies）、塞拉（R.Sylla）和诺斯（North）等为代表。他们认为，作为经济制度的一部分，金融创新是一种与经济制度互为影响的制度改革。那么，金融体系中因制度改革而产生的变动都是金融创新。但也有人认为这种金融创新与制度创新紧密相连，是制度创新的重要组成部分，作为金融管制的制度应该是金融改革的对象，而不应该是金融创新。（4）交易成本创新理论。交易成本创新理论的代表性人物是希克斯（J.R.Hicks）和尼汉斯（J.Niehans）。他们认为，金融创新的支配因素是降低交易成本。这一理论包含两层意思：一是降低交易成本是金融创新的首要动机；二是金融创新是对科技进步引致交易成本降低的反应。交易成本是作用于货币需求的一个重要因素，不同的需求产生对不同类型金融工具的要求，交易成本高低使经济个体对需求预期发生变化。交易成本降低的趋势促使货币向更高级的形式演变和发展，从而产生新的交换媒介、新的金融工具。不断降低交易成本就会刺激金融创新，改善金融服务。交易成本创新理论把金融创新完全归因于金融微观经济结构的变化引起的交易成本下降，这是有一定局限性的。因为它忽视了竞争和外部经济环境的变化对降低交易成本也有一定的作用。然而，它不失为分析金融创新原因的有效方法。

金融创新理论为分析银行金融科技能够驱动金融创新提供了理论分析框架。商业银行发展银行金融科技的根本目的就是借助技术驱动金融创新，进一步深化金融供给侧结构性改革。金融创新理论基于熊彼特创新理论，将已有金融创新类型总结为与市场创新、资源配置创新和组织创新对应的金融业务创新、金融市场创新和组织制度创新，并指出产品创新和技术创新不是金融创新的主要形式。这不仅为分析银行金融科技驱动的金融创新提供了一个创新分析框架，还丰富了金融创新理论，即银行金融科技促进商业银行产品创新和技术创新。

二、信息不对称理论

1970年，美国经济学家乔治·阿克尔洛夫（George A. Akerlof）分析了旧汽车市场的逆向选择问题，从而拉开了信息不对称理论研究的序幕。约瑟夫·斯蒂格利茨（Joseph E. Stiglitz）分析了保险市场、信贷市场的道德风险问题，并相应地提出了缺乏信息的交易方应当如何获取更多的信息。迈克尔·斯彭斯（A. Michael Spence）在其博士论文《劳动市场的信号》中，对人才市场存在用人单位与应聘者之间信息不对称问题的根源进行了深入的挖掘。在20世纪70年代，信息不对称理论没有受到足够的重视。20世纪80年代，一些西方经济学家把信息不对称理论应用到金融市场的研究中，才使得这一理论的经济学价值得以体现。该理论增进了经济学家对金融市场行为、金融中介职能，以及货币政策机制传递等一系列微观与宏观问题的理解，对经济学的进一步发展产生了重要的推动作用。

传统经济学基本假设前提中，重要的一条就是"经济人"拥有完全信息。实际上，市场主体不可能占有完全的市场信息。信息不对称理论的基本内容可以概括为两点：一是交易信息在交易双方之间的分布是不对称的，即一方比另一方占有较多的相关信息；二是交易双方对于各自在信息占有方面的相对地位是清楚的。这种对交易信息占有的不对称状况会导致"逆向选择"和"道德风险"问题，严重降低市场运行效率，在极端情况下甚至会造成市场交易停顿。

根据信息不对称发生的时间，信息不对称可以分为交易双方签约之前的事前信息不对称，以及交易双方签约之后的事后信息不对称。研究事前信息不对称的理论称为逆向选择理论，研究事后信息不对称的理论称为道德风险理论。其中，逆向选择是指还款能力差、违约风险大的借款人积极寻求借款，而优质借款人被排除出借贷市场，导致市场中借款人质量普遍下降的现象。以二手车市场为例，卖者拥有车的真实质量信息，买者不拥有这些信息，卖者会以次充好。买者只知道车的平均质量，但他们知道卖者会采取以次充好的行为，因此买者只愿意以市场中所有车辆的平均质量出价，从而导致成本高于平均价格的二手车退出市场。高质量二手车退出市场，买者会继续降低自己对市场二手车质量的估价，从而导致次上等车退出市场。最后的结果是，市场完全由最劣质的二手车占据，最极端的情况为任何二手车的交易都会失败，该过程被称为二手车的逆向选择。道德风险是一种事后违约行为，在金融市场表现为：借款人获得资金后，为实现自己利益最大化，而违反借款前的约定，将资金用于高风险投机活动中，从而导致损失的可能性增大。道德风险的识别和监管过程复杂、难度大且成本高,从而导致借贷市场的高成本和低效率。想要有效地解决市场中普遍存在的信息不对称问题,必须在市场中建构一定的信息传递和信息沟通渠道。信息优势方应主动将自己的信息传递给信息劣势方,通过这种信息传递机制降低双方的信息不对称程度。同时,处于信息劣势方也可以利用自身资源对信息优势方的信息进行挖掘,通过生产新的信息来降低双方的信息不对称。

　　信息不对称理论为分析银行金融科技促进商业银行风控管理能力,提高银行信贷服务普惠性提供了理论支撑。中国是以商业银行间接融资方式为主的国家,商业银行长期处于融资市场的优势地位。由于中国金融市场的开放性、市场化和创新性不足,商业银行在审批贷款时主要依据客户的信用历史。然而,小微企业往往缺乏信用历史,使得商业银行难以推广普惠金融。随着金融科技的发展,尤其是大数据和机器学习技术的研发与应用,一些互联网公司借助用户在电商平台和社交平台产生的有效数据,有效缓解了小微企业融资管理过程中的信息不对称问题,并且创造性地形成了一种行之有效的信用风险管理框架——大科技信贷。从功能上看,这个框架与传统银行的框架并无本质差异,但在做法上差别很大。这个新框架的两大支柱是大科技生态系统和大数据风控模型。其中,大科技生态系统是基于大科技平台建立起来的包括商业、金融、社交、娱乐等活动的综合服务体系。大数据风控模型发源于阿里巴巴于2009年组建团队开发的阿里小贷业务。阿里小贷依托阿里巴巴的电子商务平台,将客户在大科技生态系统里的数据映射为企业和个人的信用评价,向这些通常无法在传统金融渠道获得贷款的弱势群体批量发放"金额小、期限短、随借随还"的小额贷款(黄益平和邱晗,2021)。

三、双边市场理论

2003 年,罗切特(Rochet)和提洛德(Tirole)提出双边市场的概念。双边市场理论在莱特(Wright)、罗森(Roson)和阿姆斯特朗(Armstrong)等学者的进一步研究中逐渐成熟。双边市场是指通过平台中介进行交易的一类市场,其中交易双方存在交叉网络外部性,且平台交易量与价格结构有关。

在双边市场理论中,市场参与者包括平台、买方和卖方,平台通过提供一定的产品和服务来促成买方和卖方交易的完成,并运用一定的价格策略向双方收取费用。假设买方和卖方达成一次交易需要按照价格 aB 和 aS 向平台支付费用,那么平台向买方和卖方提供服务的总价格为 $a=aB+aS$。如果交易量 D 仅与总价格 a 有关,说明交易量 D 对总价格 a 在买方和卖方之间如何分配不敏感,那么这种市场是单边的(Rochet and Tirole,2006);如果在总价格 a 不变的情况下,交易量 D 随 aB 或者 aS 变化,那么这种市场是双边的。平台通过调整买方和卖方之间的相对价格分配结构来影响整个平台的交易规模,进而达到吸引用户并提高平台活跃度的目的。

双边市场具有两个特性:(1)交叉网络外部性,其中"网络外部性"是指连接到一个网络的价值取决于已经连接到该网络的其他人的数量。George Gilder 在 1993 年正式将计算机网络先驱梅特卡夫(Metcalfe)于 20 世纪 80 年代有关网络的论述命名为"梅特卡夫定律(Metcalfe's Law)"。"梅特卡夫定律"指的是网络的价值与联网用户数量的平方成正比。"梅特卡夫定律"用数量化语言表述了网络外部性理论,并指出网络具有很重要的正反馈性,即联网的用户越多,网络的价值越大,联网的需求也就越大。"交叉"是指双边市场上的买方和卖方通过平台传递网络效应,进而使买方和卖方被平台的流量所吸引(Gabszewicz and Wauthy,2004),平台中交易的一方所获得的效用取决于平台另一方参与者的数量（Armstrong，2006）。（2）价格结构非中性，即总费用在买方和卖方中的分配比例叫做价格结构，如果平台交易量与价格结构有关，说明价格结构是非中性的。

Evans（2003）将双边市场分为三种类型，并分析了这三类双边市场的定价方式：（1）市场创造型双边市场。该类双边市场的主要职能是促成交易完成，如婚姻中介、房屋中介、电子商务。市场创造型双边市场可以采用注册费制、交易费制和两步收费制等方式收取费用。注册费是平台在买卖双方注册账号时收取的费用，用于获得在平台进行交易的资格。交易费是平台按照交易的次数向买卖双方收取的费用，这时的费用可以按照交易次数计价，也可以按照交易金额计价。两步收费制是平台同时收取注册费和交易费。（2）受众创造型双边市场。该类双边市场的职能是增加用户数量和浏览量，并通过发布广告获取收益，如网站、电视、杂志等。受众创造型双边市场的用户没有直接的交易关系，而往往与负外部性相关，其中负外部性是用户对平台广告的厌恶程度，例如读者对杂志上广告的厌恶态度。由于平台很难知道用户观看了多少次广告，受众创造型双边市场一般只向用户收取注册费，而向投放广告的企业收取费用的方式比较灵活多样，注册费制、交易费制和两步收费制都可以采用。（3）需求协调型双边市场。该类双边市场的主要职能是满足买卖双方的需求，如金融行业、IT行业。需求协调型双边市场的买卖双方有交易关系，产品提供方和平台共同组成完整的产品组合提供给消费者，平台对消费者的收费方式可以是注册收费制、交易费制和两步收费制。

商业银行本质上是金融中介机构，随着银行金融科技的发展，商业银行借助移动互联、大数据、云计算、人工智能和区块链等技术发展了网上银行、手机银行等平台式虚拟银行。在科技时代的大背景下，商业银行的手机银行交易规模逐年增加，物理网点逐渐被取代。由此可以认为，数字化转型的商业银行是一个典型的双边市场，双边市场理论有助于增进本书对商业银行数字化转型背景下经营模式、销售行为、中介职能的理解。

四、产业组织理论

产业组织理论研究市场在不完全竞争条件下的企业行为和市场结构，是微观经济学中的一个重要分支。产业组织理论主要是为了解决产业内企业的规模经济效应与企业之间的竞争活力的冲突。1959年，美国哈佛大学产业经济学学者乔·贝恩（Joe S. Bain）在其著作《产业组织》中总结了前人的研究成果，并系统地论述了市场结构和经济绩效之间的关联，提出了产业组织理论的分析框架。1970年，美国哈佛大学产业经济学学者谢勒（Scherer）进一步完善乔·贝恩提出的产业组织理论分析框架。1968年，芝加哥学派的代表人物斯蒂格勒（Stigler）在其著作《产业组织》中，研究垄断竞争市场中的企业行为与效率问题。20世纪80年代，新产业组织理论学派在引入信息经济学、福利经济学、博弈论和机制设计等前沿研究成果的基础上，对哈佛学派的SCP研究范式做了进一步的改进、重构和创新。

哈佛学派又称结构主义学派，其代表人物主要有乔·贝恩（Joe S. Bain）、谢勒（Scherer）等。哈佛学派在吸收和继承马歇尔的完全竞争理论、张伯伦的垄断竞争理论和克拉克的有效竞争理论的基础上，提出了SCP研究范式。SCP是市场结构（structure）、企业行为（conduct）和企业绩效（performance）的简称，其中市场结构是指对市场竞争程度和价格形成产生影响的市场组织特征，主要有完全竞争市场、垄断竞争市场、寡头垄断市场和完全垄断市场。一个特定的市场属于哪种市场结构类型一般取决于交易双方的数量、产品的差异化、市场份额和进入壁垒等因素。企业行为是指企业为应对外部冲击和市场结构变化可能采取的应对措施，包括相关业务的整合、业务的扩张与收缩、运营方式的改变、管理的改革等一系列活动。企业行为通过各种策略对潜在进入者施加压力从而影响企业绩效,但是企业行为必须在不完全竞争市场中讨论才有意义。在完全竞争市场中,企业微弱的市场控制力决定了企业广告和串谋行为的无效性。企业绩效是指在外部环境发生变化的情况下,企业在经营利润、产品成本、市场份额等方面的变化趋势;是指在特定的市场结构下,企业行为使某一产业在价格、产量、成本、利润、产品质量、产品品种和技术进入等方面达到的状态。哈佛学派的主要观点是,新古典经济理论的完全竞争模型缺乏现实性,企业之间不是完全同质的,存在规模差异和产品差别化。产业内不同企业的规模差异可能导致市场集中度的提高,甚至在某些情况下形成垄断,一旦企业在规模经济的基础上形成垄断,就会充分利用其垄断地位与其他垄断者共谋限制产出和提高价格以获得超额利润。同时,产业内的垄断者通过构筑进入壁垒使超额利润长期化。可以看出,哈佛学派的SCP研究范式是基于垄断市场结构的理论分析框架,当企业外部的经济环境、政治、技术、文化、消费习惯等因素发生变化时,市场结构决定企业行为,企业行为又决定企业绩效。哈佛学派提倡通过产业政策调整市场结构,进而改善企业绩效。

芝加哥学派又称绩效学派,产生于20世纪70年代,其代表人物主要有斯蒂格勒(Stigler)、波斯纳(Posner)和博克(Bork)等。芝加哥学派提出,产业集中度的提高并不一定意味着垄断程度的上升和效率的降低,这有可能是纯粹的技术进步因素引致的效率提升或厂商自由退出导致的,因此不提倡采取公共政策干预来维持合理的市场绩效,公共政策干预反而会降低市场自发配置资源的效率。芝加哥学派推崇"自由市场"的政策主张在一定程度上导致了美国在20世纪80年代及以后的反托拉斯政策的松动。

新产业组织理论学派又称行为主义学派和厂商主义学派,该学派从不同角度对哈佛学派的SCP研究范式进行改进,如垄断竞争(Dixit and Stiglitz,1979)、反托拉斯政策(Schmalensee,1982)、沉没成本

（Weitzman，1983）、提高竞争对手成本的策略（Salop and Scheffman，1987）、网络效应（Shapiro and Varian，1998；Litan and Shapiro，2001），以及企业激励机制、排除竞争对手策略和企业纵向合并（Ordover et al.，1990）等。新产业组织理论学派指出，企业规模并不是像芝加哥学派描述的那样只受技术进步这一因素影响，还受交易费用和组织形式影响。同时，企业也会考虑采用最合理的组织形式以提升企业生产效率和管理效率。这表明企业并不是一直被动地对外部市场条件作出反应，也会主动地影响竞争对手和市场结构，因此哈佛学派的 SCP 研究范式中的"结构—行为—绩效"并不一定就是单向因果关系，有可能存在双向因果关系。新产业组织理论学派还批评芝加哥学派忽视了信息的不完全性和企业的动态策略行为，并认为芝加哥学派过于依赖简单和抽象的价格理论模型，其分析结果往往脱离市场现实，具有片面性。除此之外，新产业组织理论学派的另一创新点在于采用博弈论这一工具分析产业组织问题。新产业组织理论学派扭转了芝加哥学派所导致的美国反托拉斯政策松动的趋势。

产业组织理论提出的 SCP 研究范式，为分析银行金融科技对商业银行经营绩效的影响机制提供了经典理论框架，即银行金融科技通过加剧市场竞争，可能会影响商业银行的一系列行为，如相关业务的整合、业务的扩张与收缩、运营方式的改变、管理方式的改革，进而影响商业银行经营绩效。除此之外，产业组织理论还有助于增进本书对商业银行经营绩效影响因素的分析，在实证检验中防止遗失重要的控制变量。

第三章　银行金融科技影响商业银行经营绩效的机制分析

第一节　银行金融科技发展指数的构建与测算

一、银行金融科技的度量现状

由于银行金融科技相关数据尚未成体系且可得性较差,银行金融科技发展水平难以量化,进而制约了银行金融科技相关研究的开展。国内文献量化银行金融科技发展水平的指数主要是选取相近指数作为替代指数和构建银行金融科技发展指数。除此之外,本节还梳理了度量证券科技发展和企业数字化转型程度的指数,其可以为量化银行金融科技发展水平提供重要参考。

（一）相近指数作为替代指数

部分学者采用相近指数替代银行金融科技发展指数衡量银行金融科技发展水平,主要的替代指数有以下三种:(1)北京大学数字金融研究中心构建的中国数字普惠金融指数。中国数字普惠金融指数是基于蚂蚁金服的交易账户底层数据编制而成的多层次指标体系,其在不同维度对中国数字普惠金融进行了全面清晰的刻画。其中,一级指标维度包括覆盖广度、使用深度和数字化程度;二级指标维度包括支付业务、货币基金业务、信贷业务、保险业务、投资业务、移动化、实惠化、信用化和便利化(郭峰等,2020)。(2)基于搜索引擎构建的媒体关注度指数。如沈悦和郭品(2015)利用百度搜索引擎,统计月度新闻中11个与互联网相关的关键词的发布频率,然后运用因子分析法构建中国互联网金融指数;李春涛等(2020)从金融科技相关重要新闻和会议文件中提取与金融科技相关的48个关键词,并将这些关键词与中国所有地级市或直辖市匹配,统计出其在百度新闻中出现的数量,构建出衡量地级市或直辖市层面的金融科技发展指数;杨松令等(2021)运用Python网络爬虫技术从巨灵财经资讯系统中获取2006—2019年31个省份金融科技相关关键词的检索次数,以此构建金融科技发展指数。(3)基于金融科技公司数量构建金融科技发展指数,如宋敏等(2021)采用从"天眼查"网站获取的金融科技公司的数量来衡量地级市或直辖市层面的金融科技发展水平。

准确地讲,上述三种指数分别度量的是中国数字普惠金融发展水平、金融科技媒体关注度和金融科技公司发展规模,它们与银行金融科技发展指数在范畴上存在根本差别。因此,采用上述指数作为度量银行金融科技发展水平的替代指数是不合理的。

(二)构建银行金融科技发展指数

国内文献提供了两种度量银行金融科技发展指数的方法:(1)基于媒体关注度构建银行金融科技发展指数,如金洪飞等(2020)从毕马威发布的《中国银行业转型20大痛点问题与金融科技解决方案》中提炼出银行金融科技应用最常见的5项技术名称,并将商业银行名称与5项技术名称作为关键词,借助百度搜索引擎统计百度新闻数量,进而构建银行金融科技发展指数;Cheng和Qu(2020)搜集了20个与金融科技相关的关键词,并按照"商业银行和+银行金融科技关键词"的搜索引擎关键词格式统计了百度新闻数量,然后采用因子分析法合成银行金融科技发展指数。(2)采用银行技术投入数据构建银行金融科技发展指数,如李运达等(2020)采用商业银行硬件和网络设备投入以及软件项目投入总和占营业支出的比重,衡量银行金融科技发展水平;Feng和Wu(2018)采用商业银行技术支出占总资产的比重,衡量银行金融科技发展水平。

上述两种银行金融科技发展指数都存在一些不足之处。基于媒体关注度构建银行金融科技发展指数既无法区分商业银行"跟风"和"制造噱头"的情况,也无法估计部分商业银行为了保护商业机密而拒绝曝光金融科技研发和应用的情况。采用银行技术投入数据构建的银行金融科技发展指数虽然强调了硬件和软件在商业银行金融科技发展中的重要作用,但是忽略了促进金融科技研发和应用的源动力——人力资本。因此,上述两类指数具有一定的片面性。

(三)其他可供参考的指数

从技术的角度来看,银行金融科技与证券科技以及实体经济应用的数字技术没有太大区别,因此国内文献中度量证券科技和数字技术的方法具有重要的借鉴作用。(1)证券科技发展指数,如丁娜等(2020)根据信息来源不同,将CSMAR数据库中上市公司的各类报道分为金融科技平台、分析师和其他信息源三类,以来自金融科技平台的信息数量占整个信息市场的份额衡量证券科技发展水平。(2)数字技术发展指数,如赵宸宇等(2021)使用文本分析法分别从数字技术应用、互联网商业模式、智能制造和现代信息系统四个维度统计样本企业年度报告中关键词的出现频次,以此反映企业数字技术在上述四个方面的发展程度,并采用熵值法确定四个指标的权重,衡量企业数字技术发展水平。(3)互联网技术发展指数,如杨德明和陆明(2017)根据企业年度报告中互联网的描述信息、披露次数和董事会报告的相关内容,判断企业互联网技术的发展程度,进而采用专家打分法构造企业互联网技术发展指数。如果在年度报告中互联网技术是企业年度发展重点,或已经融入企业的生产、管理、销售、经营等环节,那么该企业的年度得分是3分;如果在年度报告中企业投资涉及互联网技术,但是并非投资重点,或者企业与互联网技术未实现深度融合,那么该企业的年度得分是2分;如果企业涉及互联网技术的投资很少,或互联网技术发展仅处于战略规划层面,那么该企业的年度得分是1分;如果企业年度报告未提及数字技术的相关内容,那么该企业的年度得分是0分。黄群慧等(2019)从互联网应用和产出角度,选择互联网普及率、互联网相关从业人员、互联网相关产出和移动互联网用户数四个维度度量互联网技术发展水平,并将通过主成分分析法得到的综合指数定义为互联网综合发展指数。沈国兵和袁征宇(2020)采用企业拥有微博的时长,以及是否拥有邮箱和主页来衡量企业互联网化程度。王宇等(2020)采用IT投资除以公司总资产衡量IT投资强度,其中IT投资包括电子设备、微型电子计算机等IT硬件投资和计算机软件、系统、信息相关技术等IT软件投资。

二、基于商业银行年度报告的分析

(一)样本选择

根据《上市公司信息披露管理办法》,上市商业银行必须按照一定的内容和格式定期披露年度报告。然而,非上市商业银行的信息披露制度尚不完善,导致部分非上市商业银行只披露年度报告摘要。为了保证样本商业银行年度报告中提取的与银行金融科技发展相关的文本信息度量具有可比性,本书选取了年度报告信息披露完整的商业银行作为样本。2021年,中国银行业协会评选出中国100强商业银行,这100家商业银行的资产总和占商业银行总资产的90.04%,创造了商业银行97.15%的净利润。可以认为,这100家商业银行在中国银行业具有代表性。本书以这100家商业银行为基础,剔除了可获得年度报告样本区间较短、年度报告信息披露不完全、年度报告无法被计算机识别和年度报告缺失的商业银行，最终得到了2011—2019年29家商业银行①的261份年度报告。这29家商业银行的资产规模超过银行业资产总额的80%，可以认为这29家商业银行具有一定的代表性。

（二）基于年度报告的发现

长期以来，银行金融科技的相关数据较难获得，进而导致银行金融科技发展的量化研究难以开展。本书研究发现，商业银行年度报告中披露的主营业务信息和经营状况反映了银行金融科技研发与应用的信息。因此，本书考虑采用文本挖掘技术提取商业银行的年报信息，用于构建银行金融科技发展指数。

根据银行金融科技发展的成熟度，发展银行金融科技的商业银行可以划分为战略认知型、筹备型、转型完成型和颠覆创新型四类。2014年，银行金融科技全面开花，商业银行进入数字化发展阶段，相关部门出台大量政策支持银行金融科技发展。然而，银行金融科技发展两极分化严重。中国大部分小型商业银行停留在战略认知阶段，部分大中型商业银行已突破筹备阶段进入转型阶段。

本书采用文本挖掘技术，统计出2011—2019年29家商业银行年度报告中与银行金融科技相关词汇的词频数据，并计算出这29家商业银行2011—2019年总词频，其结果如图3-1所示。

---

① 29家商业银行具体包括5家大型国有商业银行，即工商银行、农业银行、中国银行、建设银行和交通银行；9家股份制商业银行，即光大银行、广发银行、华夏银行、民生银行、平安银行、浦发银行、兴业银行、招商银行和中信银行；11家城市商业银行，即北京银行、成都银行、汉口银行、江苏银行、兰州银行、杭州银行、南京银行、宁波银行、厦门银行、上海银行和长沙银行；4家农村商业银行，即北京农商行、上海农商行、顺德农商行和天津农商行。

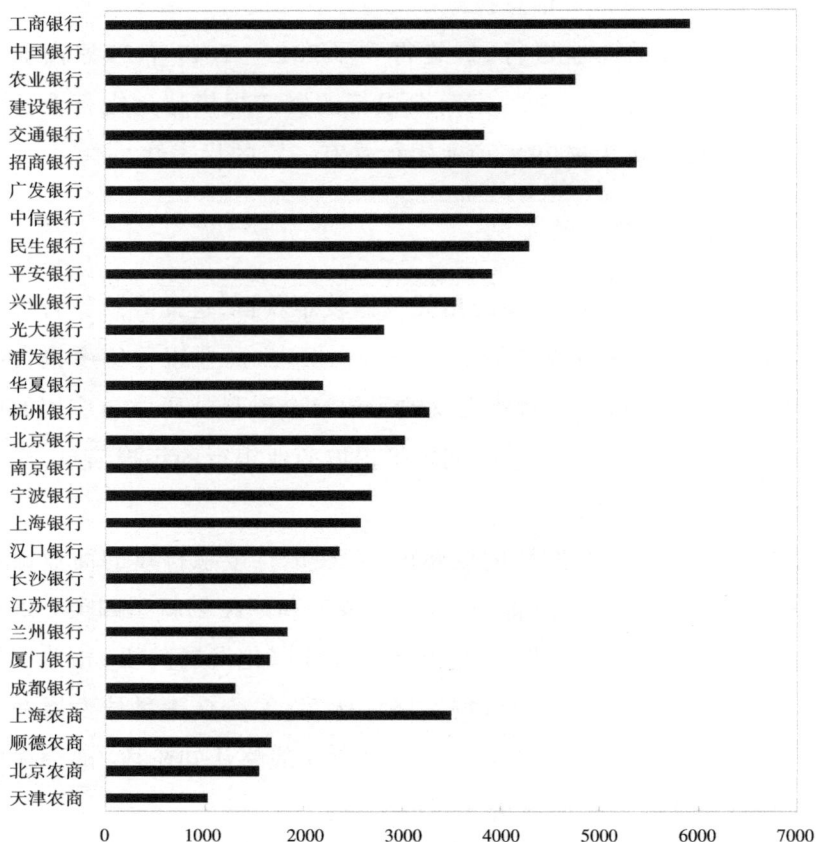

图3-1　29家商业银行年度报告的总词频

图3-1显示,总体上,大型国有商业银行和股份制商业银行年度报告的总词频处于领先地位,城市商业银行次之,农村商业银行再次之。其中,5家大型国有商业银行中,工商银行年度报告的总词频为5922,位列第一;中国银行年度报告中的总词频为5492,位列第二。9家股份制商业银行年度报告的总词频出现两极分化现象,招商银行、广发银行、中信银行、民生银行、平安银行和兴业银行处于较高水平,能够与大型国有商业银行比肩;光大银行、浦发银行和华夏银行则处于较低水平,甚至低于杭州银行等城市商业银行。11家城市商业银行中,杭州

银行年度报告的总词频为3272,位列第一;南京银行年度报告的总词频为2701,位列第二。4家农村商业银行中,上海农商银行年度报告的总词频为3498,以绝对的优势高于顺德农商银行、北京农商银行和天津农商银行。还可以发现,总词频数与地理位置有关,如在城市商业银行中,杭州银行、北京银行、南京银行、宁波银行、上海银行的总词频数较高;在农村商业银行中,上海农商银行的总词频数较高。由此可以看出,商业银行总词频统计结果与银行金融科技发展现状基本一致,根据词频数据构建银行金融科技发展指数具有合理性和可行性。

（三）文本挖掘在金融领域的应用

实际上,采用文本挖掘技术从大规模的文本中快速提取信息并构建相关指数的方法在金融领域已经被广泛运用。孟庆斌等(2017)采用文本向量化方法提取中国A股上市公司年度报告的"管理层讨论与分析"部分的信息,并对相关信息的含量和可读性进行度量,用于实证检验相关信息对股价崩盘风险的影响。段江娇等(2017)采用贝叶斯文本分类方法对东方财富网股吧中帖子的情绪进行分类,并以此构建个股情绪指数,用于实证检验个股情绪对股票当日收益率的影响。王靖一和黄益平(2018)采用主题模型和词向量模型,统计和讯网发布的金融科技主题新闻数量,并以此构建金融科技关注度指数,用于实证检验金融科技关注度对网络借贷平台成交量的影响。Jiang等(2019)采用文本挖掘技术统计上市公司年度报告、季度报告和盈利披露电话会议中正面情绪词汇和负面情绪词汇的数量,并以此构建经理人情绪指数,用于实证检验经理人情绪对股票市场收益的影响。

常用的文本挖掘对象主要有年度报告、季度报告、电话会议、论坛帖子、媒体新闻等。文本挖掘的流程主要包括文本获取、文本预处理、文档表示、文档特征提取。其中,文本获取是指采用手工收集或者网络爬虫的方式获取需要挖掘的文本对象。文本预处理是指将文本转化为计算机可以"阅读"的格式,并删除文本中的噪音信息、空格和停用词等。文档表示是指采用词云、词袋模型、词嵌入和主题模型等方法将文本信息提取结果表示出来。文档特征提取是指根据所做研究需要提取文本中具有某一特征的信息,一般包括文本可读性、文本情绪、语义关联性和文本相似性。

三、银行金融科技词库的建立与分类

(一)银行金融科技词库的建立

本书采用 Python 编程,统计了样本商业银行年度报告中与银行金融科技相关词汇的词频,其基本步骤可以概括为"分词""识别"和"计数"。"分词"是指"Jieba 分词"按照一定的算法将句子分割为一个个独立的词汇;"识别"是指将分割出来的词汇逐个与银行金融科技相关词汇进行匹配,如果匹配成功,那么称该词汇被识别出来;"计数"是指逐个统计识别出来的词汇,识别结束后报告的总计数为该份年度报告的词频。

通过分析统计词频结果发现,"识别"和"计数"这两个步骤比较容易实现,而采用"Jieba 分词"对商业银行年度报告"分词"时,往往会把"银行金融科技"这样的新型词汇误分割成"银行"和"科技"两个词汇,而这些新型词汇恰恰是本书需要统计的词汇。经研究发现,"Jieba 分词"的词库缺失部分新型词汇是导致错误分词行为的根本原因。为了对错误的分词行为进行干预,本书采用引入外部词库的方式对原有词库进行补充,并将这个外部词库称为银行金融科技词库。银行金融科技词库中的词汇是能够反映银行金融科技发展水平的词汇,具体包括商业银行应用的前沿技术名称,以及可以反映银行金融科技的产品和服务的名称。

为了保证词频统计结果的准确性,本书首先建立一个"完备"的初

始银行金融科技词库。借鉴王靖一和黄益平(2018)的思路,本书将初始银行金融科技词库分为专有名词词库和泛词词库。专有名词词库主要由信用卡产品名称、借记卡产品名称、线上金融产品名称、网络借贷产品名称、商业银行App名称、网络服务平台名称,以及与现代科技相关的其他名词组成。这些专有名词主要通过人工浏览商业银行网站和整理商业银行年度报告获得。泛词词库主要由互联网金融、网上银行、第三方支付、网络融资等这类"泛词"组成。组建"泛词词库"的思路是,采用Python编程抓取和讯网"互联网金融"板块的新闻,并对这些新闻进行文本分析,筛选出词频大于0的与银行金融科技相关的词汇。

初始银行金融科技词库中的词汇来源广泛,具有较高的完备性,但该词库中还存在不少与银行金融科技无关的词汇,如支付宝、京东白条、阿里巴巴等。为了避免这部分无关词汇对词频统计结果的影响,本书对初始银行金融科技词库进行精准"瘦身",即删除与商业银行年度报告无关的银行金融科技词汇,"瘦身"后的词库称为银行金融科技词库。对初始银行金融科技词库"瘦身"的思路是,统计出初始银行金融科技词库中词汇在2011—2019年29家商业银行年度报告中的词频,并删除词频为0的词汇,最终得到的词库即为银行金融科技词库。统计结果显示,银行金融科技词库包含2079个词汇。

(二)银行金融科技词库的分类

通过分析银行金融科技词库发现,银行金融科技的研发和应用对商业银行的影响主要体现在以下六点:(1)提高对银行金融科技的整体认知,制定切实可行的银行金融科技发展战略;(2)升级银行系统和设备,提高商业银行运营管理能力;(3)开通网络银行和线下智慧银行,拓宽商业银行金融服务渠道;(4)创新网络支付方式,升级商业银行支付业务;(5)创新网络融资方式,提高商业银行普惠性;(6)借助金融生态系统开发服务场景,拓展商业银行各类业务市场。基于这一现实,本书将银行金融科技词库中的词汇分为战略认知、系统技术、渠道建设、网络支付、资源配置、场景服务六类。其中,战略认知类词汇由商业银行借助银行金融科技进行数字化转型的认知和战略词汇组成,如移动互联、以智兴行、一体两翼、智慧零售等,该类词汇的数量为139;系统技术类词汇由商业银行开发和应用的信息技术名称,以及具有科技性的金融服务功能组成,如深度学习、云账单、指纹登录等,该类词汇的数量为349;渠道建设类词汇由各种网络虚拟银行名称和智能网点名称组成,如你好银行、金 e 顺、手机银行、智慧网点等,该类词汇的数量为129;网络支付类词汇由网络支付方式名称、支付平台名称组成,如农银快 e 付、工银 e 企付、兴 E 付、中银易付等,该类词汇的数量为233;资源配置类词汇由线上资产类产品名称、线上负债类产品名称和投融资 APP 名称组成,如农银 e 贷、中银企 E 贷、云小贷等,该类词汇的数量为766;场景服务类词汇由线上场景银行服务产品名称和线上场景金融服务平台组成,如智慧社区、智慧校园、中银智慧商家等,该类词汇的数量为463。

四、银行金融科技发展指数测算和分析

基于上述研究,本书构建并测算银行金融科技发展指数的步骤为:首先,按照前文提到的分词、识别和统计的步骤,统计出上述六类银行金融科技词汇在2011—2019年29家商业银行年度报告中的词频(统计结果见图3-1)。然后,检验六类银行金融科技词汇的词频数据是否适合采用主成分分析法,检验结果显示,KMO 检验值为0.842,Bartlett 球形度检验值为1012.367,三个主成分因子解释的累计方差为92.994%,说明这六类银行金融科技词汇的词频数据适合采用主成分分析法。最后,以三个主成分因子的解释方差为权重,计算三个主成分因子的加权平均值,并采用 Min-Max 标准化方法对加权平均值进行标准化处理,得到介于0—1的数值,即银行金融科技发展指数。该指数度量的是银行

微观层面上的金融科技,其数值越大,表示银行金融科技发展水平越高;反之,则表示银行金融科技发展水平越低。

由于受篇幅限制,图3-2仅列出了大型国有商业银行、股份制商业银行、城市商业银行和农村商业银行的平均银行金融科技发展指数。图3-2显示,2011—2019年,大型国有商业银行的银行金融科技发展指数最高,股份制商业银行、城市商业银行和农村商业银行依次降低,其中大型国有商业银行和股份制商业银行呈现明显的增长趋势,城市商业银行和农村商业银行发展相对缓慢。2015—2018年,四类商业银行的银行金融科技发展指数均出现了不同程度的下降,这主要是受互联网金融专项整治工作的影响。值得注意的是,这四类商业银行的银行金融科技发展水平的差距随着时间推移而逐渐增大。

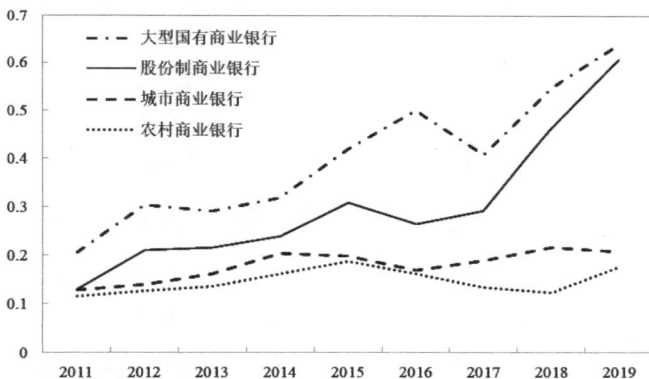

图3-2　2011—2019年四类商业银行平均银行金融科技发展指数

第二节　银行金融科技替代商业银行生产要素

一、柯布—道格拉斯生产函数的基础形式

柯布—道格拉斯生产函数是由美国数学家柯布(C.W. Cobb)和经济学家保罗·道格拉斯(P.H. Douglas)根据1899—1922年美国制造业的

数据共同创造的生产函数。柯布—道格拉斯生产函数在传统生产函数的基础上创新性地引入技术要素，是一种用来广泛分析和预测国家、地区、企业生产的经济数学模型，其函数形式为：

$$Y = AK^{\alpha}L^{\beta} \tag{3.1}$$

式(3.1)中，Y 为产量；A 为技术要素投入，表示那些能够影响产量，但不能归属于劳动和资本的因素；K 为资本量投入；L 为劳动量投入；α 为资本的产出弹性，表示当资本增加1%时，产量平均增长 α%；β 为劳动的产出弹性，表示当劳动增加1%时，产量平均增长 β%。

柯布—道格拉斯生产函数具有诸多优良性质，具体可以概括为以下几点：

（1）当 $\alpha + \beta = 1$ 时，$Y = AK^{\alpha}L^{\beta}$ 是规模报酬不变的生产函数，假设资本和劳动投入扩大 c 倍，那么产量也扩大 c 倍，证明过程如式(3.2)所示：

$$A(cK)^{\alpha}(cL)^{\beta} = Ac^{(\alpha+\beta)}K^{\alpha}L^{\beta} = cAK^{\alpha}L^{\beta} = cY \tag{3.2}$$

（2）当 $\alpha + \beta < 1$ 时，$Y = AK^{\alpha}L^{\beta}$ 是规模报酬递减的生产函数，假设资本和劳动投入扩大 c 倍，那么产量扩大倍数小于 c，证明过程如式(3.3)所示：

$$A(cK)^{\alpha}(cL)^{\beta} = Ac^{(\alpha+\beta)}K^{\alpha}L^{\beta} < cAK^{\alpha}L^{\beta} = cY \tag{3.3}$$

（3）当 $\alpha + \beta > 1$ 时，$Y = AK^{\alpha}L^{\beta}$ 是规模报酬递增的生产函数，假设资本和劳动投入扩大 c 倍，那么产量扩大倍数大于 c，证明过程如式(3.4)所示：

$$A(cK)^{\alpha}(cL)^{\beta} = Ac^{(\alpha+\beta)}K^{\alpha}L^{\beta} > cAK^{\alpha}L^{\beta} = cY \tag{3.4}$$

（4）资本的产出弹性等于资本的边际产出与资本的平均产出的比值。同理，劳动的产出弹性等于劳动的边际产出与资本的平均产出的比值，证明过程如式(3.5)和式(3.6)所示：

$$e_K = \frac{MP_K}{AP_K} = \frac{A\alpha K^{\alpha-1}L^{\beta}}{AK^{\alpha-1}L^{\beta}} = \alpha \tag{3.5}$$

$$e_L = \frac{MP_L}{AP_L} = \frac{AK^\alpha \beta L^{\beta-1}}{AK^\alpha L^{\beta-1}} = \beta \qquad (3.6)$$

（5）资本和劳动的边际产出递减。只要证明资本的边际产出对资本的导数小于0，即可知资本的边际产出递减。同理，可以按照这个思路证明劳动的边际产出递减，证明过程如式（3.7）和式（3.8）所示：

$$\frac{\partial MP_K}{\partial K} = \frac{\partial(\partial Y/\partial K)}{\partial K} = \frac{\partial(A\alpha K^{\alpha-1}L^\beta)}{\partial K} = A\alpha(\alpha-1)K^{\alpha-2}L^\beta < 0 \qquad (3.7)$$

$$\frac{\partial MP_L}{\partial L} = \frac{\partial(\partial Y/\partial L)}{\partial L} = \frac{\partial(AK^\alpha \beta L^{\beta-1})}{\partial L} = AK^\alpha \beta(\beta-1)L^{\beta-2} < 0 \qquad (3.8)$$

（6）资本和劳动的替代弹性为常数 $s = 1$。替代弹性是指在技术水平和投入价格不变的条件下，投入比例的相对变动与边际技术替代率的相对变动之比，证明过程如式（3.9）和式（3.10）所示：

$$MRST_{KL} = \frac{MP_L}{MP_K} = \frac{A\alpha K^{\alpha-1}L^\beta}{A\beta K^\alpha L^{\beta-1}} = \frac{\alpha L}{\beta K} \qquad (3.9)$$

$$\sigma = \frac{\triangle(K/L)/(K/L)}{\triangle MRTS/MRST} = \frac{\triangle(K/L)/(K/L)}{\triangle(\alpha L/\beta K)/(\alpha L/\beta K)} = \frac{\triangle(K/L)/(K/L)}{\triangle(K/L)/(K/L)} = 1 \qquad (3.10)$$

二、银行金融科技替代劳动生产要素

Acemoglu and Restrepo（2018）将整个经济分为不同的任务，每个任务的生产函数都是柯布—道格拉斯形式。他们将工业机器人引入这一模型框架，并分析出工业机器人会对人力劳动形成替代，同时通过全要素生产率这一中介机制影响经济增长。本书借鉴 Acemoglu 和 Restrepo（2018）的模型框架，假设商业银行的经营管理行为由若干任务组成，任何一个任务 x 的区间为 $[N-1,N]$，那么商业银行的总产出 Y_1 等于所有任务产出 $y_1(x)$ 的总和，如式（3.11）所示：

$$\ln Y_1 = \int_{N-1}^{N} \ln y_1(x)\mathrm{d}x \qquad (3.11)$$

商业银行借助银行金融科技推动商业银行数字化转型，促进银行产品和服务线上化、市场营销和业务场景网络化，以及信用评估和风险控制数字化。这可以直接减少商业银行的人工参与度,从而在一定程度上对劳动力形成替代。由于银行金融科技是高技能劳动开发和应用的,商业银行借助银行金融科技对劳动力的替代还可以理解为,高技能劳动对低技能劳动的替代。在完成每个任务时,商业银行会同时使用银行金融科技和劳动力。借鉴杨光和侯钰(2020)的做法,本书将任务 x 的区间分为 $[N-1,I]$ 和 $[I,N]$ 两部分,其中商业银行使用银行金融科技完成任务 x 的区间为 $[N-1,I]$,商业银行使用劳动力完成任务 x 的区间为 $[I,N]$,那么每个任务 x 的生产函数如式(3.12)所示:

$$y_1(x) = \begin{cases} \gamma_f(x)k^\alpha(x)f^{1-\alpha}(x), x \in [N-1,I] \\ \gamma_l(x)k^\alpha(x)l^{1-\alpha}(x), x \in [I,N] \end{cases} \quad (3.12)$$

在式(3.12)中,k 表示完成任务 x 使用的资本量,f 表示银行金融科技的使用量,l 表示完成任务 x 使用的劳动力,γ_f 和 γ_l 分别是使用银行金融科技和劳动力生产的生产效率,而且 $\gamma_f > \gamma_l$。

将式(3.12)代入式(3.11),得到商业银行整体的生产函数如式(3.13)所示:

$$Y_1 = A_1 K^\alpha \left(\frac{F}{I-N+1}\right)^{(1-\alpha)(I-N+1)} \left(\frac{L}{N-I}\right)^{(1-\alpha)(N-I)} \quad (3.13)$$

在式(3.13)中,$A_1 = \exp\left(\int_{N-1}^{I} \ln \gamma_f(x)dx + \int_{I}^{N} \ln \gamma_L(x)dx\right)$,表示商业银行的总体技术水平;$TFP_1 = A_1 \left(\frac{1}{I-N+1}\right)^{(1-\alpha)(I-N+1)} \left(\frac{1}{N-I}\right)^{(1-\alpha)(N-I)}$,表示商业银行全要素生产率(杨光和侯钰,2020)。由于银行金融科技的生产效率大于劳动力,即 $\gamma_f > \gamma_l$,越来越多的商业银行会选择使用银行金融科技完成任务,即 $\frac{\partial A_1}{\partial I} > 0$,这在一定程度上对商业银行劳动力形成替代。与此同时,越来越多的商业银行选择使用银行金融科技完成任务,能够促进商业银行的总体技术水平 A_1 提高,进而促进商业银行全要素生产率 TFP_1 提高,并最终促进商业银行产出 Y_1 的增加。

三、银行金融科技替代资本生产要素

本书借鉴 Acemoglu and Restrepo（2018）的模型框架,假设商业银行的经营管理行为由若干任务组成,任何一个任务 x 的区间为 $[N-1, I]$。为了与前文区分,设定商业银行的总产出为 Y_2,任何一个任务的产出为 $y_2(x)$,商业银行的总产出 Y_2 等于所有任务产出 $y_2(x)$ 的总和,如式（3.14）所示:

$$\ln Y_2 = \int_{N-1}^{N} \ln y_2(x) \mathrm{d}x \qquad (3.14)$$

商业银行借助银行金融科技推动商业银行数字化转型,促进银行产品和服务线上化、市场营销和业务场景网络化,以及信用评估和风险控制数字化。这可以直接减少商业银行资本投入,从而在一定程度上对资本形成替代。借鉴杨光和侯钰（2020）的做法,本书将任务 x 的区间分为 $[N-1, H]$ 和 $[H, N]$ 两部分,其中商业银行使用银行金融科技完成任务 x 的区间为 $[N-1, H]$,商业银行使用资本完成任务 x 的区间为 $[H, N]$,那么每个任务 x 的生产函数如式（3.15）所示:

$$y_2(x) = \begin{cases} \gamma_f(x) f^{\alpha}(x) l^{1-\alpha}(x), x \in [N-1, H] \\ \gamma_k(x) k^{\alpha}(x) l^{1-\alpha}(x), x \in [H, N] \end{cases} \qquad (3.15)$$

在式（3.15）中,f 表示银行金融科技的使用量,l 表示完成任务 x 使用的劳动力,k 表示完成任务 x 使用的资本量,γ_f 和 γ_k 分别是使用银行金融科技和资本生产的生产效率,而且 $\gamma_f > \gamma_k$。

将式（3.15）代入式（3.14）,得到商业银行整体的生产函数如式（3.16）所示:

$$Y_2 = A_2 \left(\frac{F}{H-N+1}\right)^{\alpha(H-N+1)} \left(\frac{K}{N-H}\right)^{\alpha(N-H)} L^{1-\alpha} \qquad (3.16)$$

在式（3.16）中,$A_2 = \exp\left(\int_{N-1}^{H} \ln \gamma_f(x) \mathrm{d}x + \int_{H}^{N} \ln \gamma_k(x) \mathrm{d}x\right)$,表示商业银行的总体技术水平;$TFP_2 = A_2 \left(\frac{1}{H-N+1}\right)^{\alpha(H-N+1)} \left(\frac{1}{N-H}\right)^{\alpha(N-H)}$ 为商业

银行全要素生产率。由于银行金融科技的生产效率大于资本的生产效率,即 $\gamma_f > \gamma_k$,越来越多的商业银行会选择使用银行金融科技完成任务,即 $\frac{\partial A_2}{\partial I} > 0$,这在一定程度上对商业银行资本形成了替代。与此同时,越来越多的商业银行选择使用银行金融科技完成任务,能够促进商业银行的总体技术水平 A_2 提高,进而促进商业银行全要素生产率 TFP_2 也会提高,并最终促进商业银行产出 Y_2 的增加。

第三节　银行金融科技驱动商业银行业务创新

基础模型主要基于微观银行学框架(Freixas and Rochet,2008),以及国内外有关金融创新对货币政策影响机制的文献(Al-Laham et al.,2009)。假设银行业市场为完全竞争市场,存在 N 个相互独立的银行,单个银行不拥有市场力量及市场定价的能力。商业银行在存款市场上从居民方吸收存款(D);在信贷市场对企业提供贷款(L),贷款违约概率为 p;在中间业务市场向居民提供中间业务(T),中间业务收入占利息收入的比重为 b。银行可以根据央行制定的法定存款准备金率(a)上缴存款准备金和超额准备金(E),还可以在同业市场上以同业市场利率(r_M)拆入或拆出资金。

一、微观银行学基础模型

在以上模型假设及条件前提下,单个商业银行 i 的利润等于利息收入 π_{1i} 与中间业务收入 π_{2i} 的和,如式(3.17)所示:

$$\pi_i = \max\{\pi_{1i} + \pi_{2i}\}$$
$$= \max\{r_L(1-p)L_i + r_E E_i + r_M M_i + f_T T_i - r_D D_i - C(L_i, D_i, E_i, T_i)\} \quad (3.17)$$

式(3.17)中,r_L 代表贷款利率,r_D 代表存款利率,r_E 代表央行规定的超额准备金利率,r_M 代表银行同业市场利率,f_T 代表中间业务价格,

$C(L_i, D_i, E_i, T_i)$ 代表银行的整体经营管理成本,该成本是关于存贷款、超额准备金和中间业务的函数,银行经营管理成本随着存贷款及超额准备金的规模增加而增加,即 $C_L > 0, C_D > 0, C_E > 0, C_T > 0$。$M_i$ 是银行 i 在银行同业市场的净头寸。从商业银行资产负债表平衡关系看,银行同业净头寸应该由式(3.18)决定:

$$M_i = D_i - L_i - aD_i - E_i \qquad (3.18)$$

因此,在完全竞争环境下,银行最优决策可以转化为以下的最优化问题:

$$\pi_i = \max\{\pi_{1i} + \pi_{2i}\}$$
$$= \max\{r_L(1-p)L_i + r_E E_i + r_M M_i + f_T T_i - r_D D_i - C(L_i, D_i, E_i, T_i)\} \qquad (3.19)$$
$$\text{s.t. } M_i = D_i - L_i - aD_i - E_i \qquad (3.20)$$
$$\beta = \frac{f_T T_i}{p_{1i}} \qquad (3.21)$$

利用拉格朗日乘数法,分别对贷款 L_i、存款 D_i、超额准备金 E_i 和中间业务 T_i 求一阶导数,得到模型的一阶条件方程:

$$r_M = r_L(1-p) - \frac{\partial C(L_i, D_i, E_i, T_i)}{\partial L_i} \qquad (3.22)$$

$$(1-a)r_M = r_D + \frac{\partial C(L_i, D_i, E_i, T_i)}{\partial D_i} \qquad (3.23)$$

$$r_M = r_E - \frac{\partial C(L_i, D_i, E_i, T_i)}{\partial E_i} \qquad (3.24)$$

$$f_T = \frac{\partial C(L_i, D_i, E_i, T_i)}{\partial T_i} \qquad (3.25)$$

式(3.22)表示银行最优贷款规模由银行同业市场利率及贷款净收益率 $r_L(1-p) - \frac{\partial C(L_i, D_i, E_i, T_i)}{\partial L_i}$ 决定,只有当银行同业市场利率与银行贷款净收益率相等时,贷款规模达到最优水平,否则银行将调整资产结构,以达到利润最大化。式(3.23)表示银行最优存款规模由银行同业市场利率、存款的总成本共同决定。存款总成本等于贷款利率与存款的边际经营成本的总和,即 $r_D + \dfrac{\partial C(L_i, D_i, E_i, T_i)}{\partial D_i}$。只有当银行同业市场利率与银行存款总成本率相等时,银行存款规模达到最优水平。式(3.24)表示当银行同业市场利率与银行超额准备金的净收益率相等时,银行持有的超额准备金规模达到最优水平,超额准备金的需求方程由中央银行外生给定的超额准备金利率及银行同业市场利率构成,即 $E_i^d = E_i(r_E, r_M)$。式(3.25)表示中间业务规模由中间业务价格决定,只有当中间业务价格等于中间业务边际成本 $\dfrac{\partial C(L_i, D_i, E_i, T_i)}{\partial T_i}$ 时,中间业务规模达到最优水平。

二、商业银行市场出清

完全竞争市场条件下,银行的贷款利率 r_L、存款利率 r_D 及银行同业市场利率 r_M 分别由银行贷款市场、银行存款市场及银行同业市场的供求均衡所决定。银行作为贷款供给方、存款需求方及银行同业市场净需求方,分别参与银行贷款市场、银行存款市场及银行同业市场。完全竞争市场的贷款利率 r_L、存款利率 r_D 及银行同业市场利率 r_M 由下列均衡条件决定:

$$L^d(r_L) = \sum_{i=1}^{N} L_i(r_L, r_M) \tag{3.26}$$

$$D^s(r_D) = \sum_{i=1}^{N} D_i(r_D, r_M) \tag{3.27}$$

$$S^s(r_M) = L^d(r_L) + \sum_{i=1}^{N} E_i(r_E, r_M) - (1-a)D^s(r_D) + CB \tag{3.28}$$

$$T^s(f_T) = \sum_{i=1}^{N} T_i(f_T) \tag{3.29}$$

式(3.26)代表银行贷款市场的非利率管制出清条件由经济中的贷款需求函数 $L^d(r_L)$ 和银行业的总贷款供给函数 $\sum_{i=1}^{N} L_i(r_L, r_M)$ 决定。式(3.27)代表银行存款市场的非利率管制出清条件由经济中的银行存款供给函数 $D^s(r_D)$ 和银行业的总存款需求函数 $\sum_{i=1}^{N} D_i(r_D, r_M)$ 决定。式(3.28)代表银行同业市场的非利率管制出清条件由银行同业市场中的资金需求及供给共同决定,$S^s(r_M)$代表非银行机构向同业市场资金的净供给,$L^d(r_L) + \sum_{i=1}^{N} E_i(r_E, r_M) - (1-a)D^s(r_D)$代表银行对同业市场资金的净需求,$CB$项代表中央银行公开市场操作的规模及方向。式(3.29)代表中间业务市场出清条件由中间业务供给函数$T^s(f_T)$和中间业务需求函数$\sum_{i=1}^{N} T_i(f_T)$决定。式(3.26)—(3.29)描述了利率市场化情景下的银行信贷及同业市场均衡。

三、银行金融科技驱动贷款业务创新

依据 Feyzioglu 等(2009)对我国商业银行效率的相关研究结论,假设银行经营成本函数$C(L_i, D_i, E_i, T_i)$可以分解成关于贷款L_i、存款D_i、超额准备金E_i和中间业务T_i的相互独立的二次函数来反映我国银行的这一经营特征。

$$d_i(D_i) = a_{di}D_i + \frac{1}{2}b_{di}D_i^2 \tag{3.30}$$

$$l_i(L_i) = a_{li}L_i + \frac{1}{2}b_{li}L_i^2 \tag{3.31}$$

$$e_i(E_i) = a_{ei}E_i + \frac{1}{2}b_{ei}E_i^2 \tag{3.32}$$

$$f_i(F_i) = a_{ti}T_i + \frac{1}{2}b_{ti}T_i^2 \tag{3.33}$$

将式(3.30)—(3.33)代入基础模型的一阶条件方程(3.22)—(3.25),结果如下所示:

$$r_M = r_L(1-p) - (a_{li} + b_{li}L_i) \tag{3.34}$$

$$(1-a)r_M = r_D + a_{di} + b_{di}D_i \tag{3.35}$$

$$r_M = r_E - a_{ei} - b_{ei}E_i \tag{3.36}$$

$$f_T = a_{ti} - b_{ti}T_i \tag{3.37}$$

进而可以得到商业银行i的贷款供给函数:

$$L_i = \frac{r_L(1-p) - r_M - a_{li}}{b_{li}} \tag{3.38}$$

商业银行 i 的存款需求函数：

$$D_i = \frac{r_M(1-a) - r_D - a_{di}}{b_{di}} \qquad (3.39)$$

商业银行 i 的超额准备金供给函数：

$$E_i = \frac{r_E - a_{ei} - r_M}{b_{ei}} \qquad (3.40)$$

商业银行 i 的中间业务供给函数：

$$T_i(f_T) = \frac{a_{ti} - f_T}{b_{ti}} \qquad (3.41)$$

另外，假设在银行贷款市场、银行存款市场、银行同业市场和中间业务市场上也存在 N 个贷款需求方、存款供给方、银行同业资金供给方和中间业务需求方，基础模型中相关市场的均衡条件可以写成如下形式：

$$L_i^d(r_L) = \frac{r_L(1-p) - r_M - a_{li}}{b_{li}} \qquad (3.42)$$

$$D_i^s(r_D) = \frac{r_M(1-a) - r_D - a_{di}}{b_{di}} \qquad (3.43)$$

$$S^s(r_M) = L^d(r_L) + E_i(r_E, r_M) - (1-a)D_i^s(r_D) + CB_i \qquad (3.44)$$

$$T_i^s(f_T) = \frac{a_{ti} - f_T}{b_{ti}} \qquad (3.45)$$

商业银行借助银行金融科技逐渐摆脱过度依赖客户财务数据获取信息的风险管理方式，转而对其资产价格、账务流水、相关业务活动等流动性数据进行动态和全程监控分析，有助于降低信息不对称，增强商业银行风险控制能力，进而能够降低商业银行贷款违约率 p，这说明银行金融科技促进贷款供给侧改革。在考虑银行金融科技因素之后，贷款供给函数的斜率 $\frac{1-p}{b_{li}}$ 增大，在贷款需求函数不变的情况下，银行贷款市场的均衡贷款规模增大，均衡贷款利率降低，说明在完全市场条件下，银行金融科技能够扩大商业银行贷款业务规模，并降低贷款利率（如图3-3）。

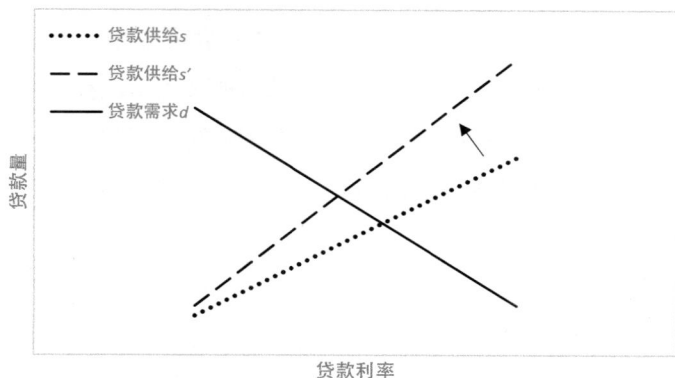

图3-3　银行金融科技对商业银行贷款市场的影响

为了讨论银行金融科技对商业银行经营绩效的影响,将式(3.42)—(3.45)的均衡结果代入目标函数(3.19),并对方程(3.19)等号两边求关于贷款违约概率 p 的一阶导数,结果如式(3.46)所示:

$$\frac{\partial \pi_i}{\partial p} = \frac{r_L}{b_{li}}\left[a_{li} + r_M - (1-p)r_L\right] \qquad (3.46)$$

根据式(3.46)可知,当 $\frac{\partial \pi_i}{\partial p} < 0$ 时,$0 < p < 1 - \frac{a_{li} + r_M}{r_L}$,商业银行的利润随着贷款违约概率的减小而增大;当 $\frac{\partial \pi_i}{\partial p} = 0$ 时,$p = 1 - \frac{a_{li} + r_M}{r_L}$,商业银行的利润达到最大值;当 $\frac{\partial \pi_i}{\partial p} > 0$ 时,$1 - \frac{a_{li} + r_M}{r_L} < p < 1$,商业银行的利润随着贷款违约概率的减小而减小。

四、银行金融科技驱动存款业务创新

商业银行借助银行金融科技开展线上存款业务,一方面拓宽了商业银行存款业务渠道,提高了存款业务受众面;另一方面优化了存款业务服务,提升了存款业务办理效率。这些措施有助于提升商业银行的吸储能力,优化存款业务结构,并降低存款业务资金成本,进而降低存款业务利率 r_D。这说明银行金融科技促进商业银行存款业务供给侧改革。

在考虑银行金融科技因素之后,存款供给函数中的存款业务利率 r_D 降低,存款供给函数左移。在存款需求函数不变的情况下,银行存款市场的均衡存款规模增大,均衡存款利率降低,说明在完全市场条件下,银行金融科技能够扩大商业银行存款业务规模,并降低存款利率(如图3-4)。

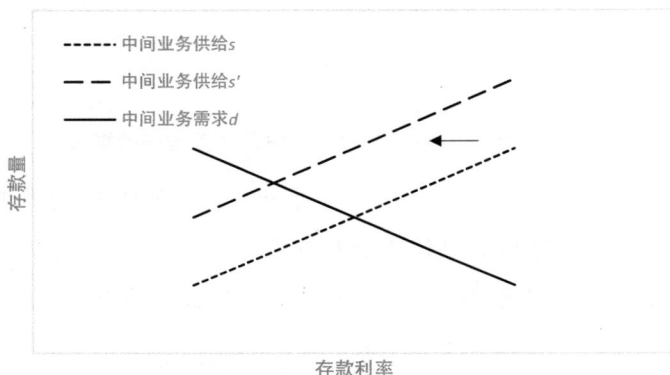

图3-4 银行金融科技对商业银行存款市场的影响

为了讨论银行金融科技对商业银行经营绩效的影响,将式(3.42)—(3.45)的均衡结果代入目标函数(3.19),并对方程(3.19)等号两边求关于存款利率 r_D 的一阶导数,结果如式(3.47)所示:

$$\frac{\partial \pi_i}{\partial r_D} = \frac{r_D - a_{di} - r_M}{b_{di}} \tag{3.47}$$

根据式(3.47)可知,当 $\frac{\partial \pi_i}{\partial r_D} > 0$ 时,$(a_{di} + r_M) < r_D < 1$,表示商业银行利润随着存款利率降低而降低;当 $\frac{\partial \pi_i}{\partial r_D} = 0$ 时,$r_D = a_{di} + r_M$,表示商业银行利润到达最小值;当 $\frac{\partial \pi_i}{\partial r_D} < 0$ 时,$0 < r_D < a_{di} < r_M$,商业银行利润随着存款利率降低而增大。

五、银行金融科技驱动中间业务创新

商业银行借助银行金融科技创新中间业务,如线上支付、智能投顾等,这在很大程度上减少了人力劳动投入,降低了交易成本,进而降低中间业务价格f_T,这说明银行金融科技促进中间业务供给侧改革。

在考虑银行金融科技因素之后,中间业务供给函数中的中间业务价格f_T降低,中间业务供给函数左移。在中间业务需求函数不变的情况下,银行中间业务市场的均衡中间业务规模增大,均衡中间业务价格降低,说明在完全市场条件下,银行金融科技能够扩大商业银行中间业务规模,并降低中间业务价格(见图3-5)。

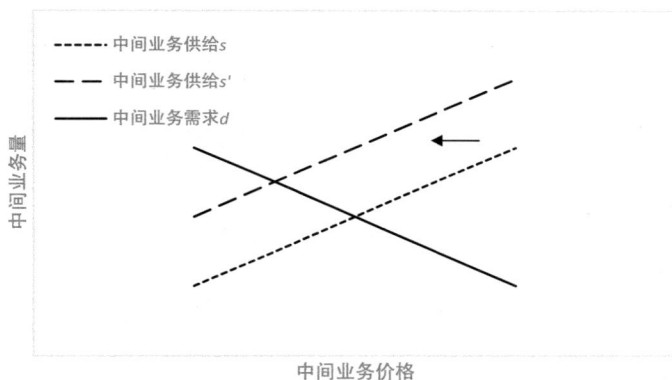

图3-5　银行金融科技对商业银行中间业务市场的影响

为了讨论银行金融科技对商业银行经营绩效的影响,将式(3.42)—(3.45)的均衡结果代入目标函数(3.19),并对方程(3.19)等号两边求关于中间业务价格f_T的一阶导数,结果如式(3.48)所示:

$$\frac{\partial \pi_i}{\partial f_T} = a_{ti} - f_T \qquad (3.48)$$

根据式(3.48)可知,当$\frac{\partial \pi_i}{\partial f_T} > 0$,即中间业务价格$f_T < a_{ti}$时,商业银

行利润随着中间业务价格降低而减少；当 $\dfrac{\partial \pi_i}{\partial f_T} = 0$，即中间业务价格 $f_T = a_{ti}$ 时，商业银行利润达到最大值；当 $\dfrac{\partial \pi_i}{\partial f_T} < 0$，即中间业务价格 $f_T > a_{ti}$ 时，商业银行利润随着中间业务价格降低而增加。

第四章　银行金融科技影响商业银行全要素生产率的实证检验

根据知识基础理论,商业银行金融创新的过程可以被定义为:将知识和技术进行重组和转化,并最终输出为产品和服务的过程。目前,中国商业银行处于数字化转型阶段,银行金融科技是驱动商业银行金融创新的重要因素。因此,银行金融科技对商业银行经营绩效创新性的影响及其影响机制值得深入研究。本章采用归因于技术进步的生产率,即全要素生产率,来衡量商业银行的创新性。全要素生产率的概念最初主要应用于工业、农业、地区和国家经济等领域的研究,后来学者将其拓展至商业银行领域。作为重要的金融机构,商业银行不具有一般意义上的生产行为,即投入资金购买原材料,将原材料加工成商品并出售。商业银行需要投入资金购买的"原材料"是吸收来的资金,"生产"的"商品"是可以满足客户资金需求的服务。但从广义的生产行为看,商业银行也像生产厂商那样,投入一定资金,并创造一定价值。可以认为,商业银行具有广义上的生产行为,进而采用商业银行全要素生产率评价商业银行经营绩效的创新性具有合理性。本章首先采用SBM-undesirable模型和M指数模型测算商业银行全要素生产率,并根据M指数模型的分解式分析出银行金融科技影响商业银行全要素生产率的机制;然后选取2011—2019年29家商业银行为样本,采用随机效应模型实证检验银行金融科技对商业银行全要素生产率的影响及其影响机制。

第一节　商业银行全要素生产率的界定及度量

一、全要素生产率的界定

全要素生产率这一概念最早由 Lewis(1954)提出。后来,一些学者在不同的分析框架下对全要素生产率进行研究,并就全要素生产率增长的基本内涵达成了共识。Solow(1957)建立了著名的索洛增长模型,他在解释经济增长时把经济增长中无法被劳动、资本等有形投入要素解释的部分归因于全要素生产率增长。Babeau 等(1967)指出全要素生产率增长对产出增长率的贡献是产出增长率减去各生产要素增长率后剩余的部分。陈向武(2019)指出全要素生产率增长的"全"并非指所有要素带来的增长,而是指不能归因于劳动和资本等有形要素的增长部分。

二、商业银行全要素生产率的度量

现有文献中度量全要素生产率的方法可以分为参数法、半参数法和非参数法三类,本节采用非参数法中的 Malmquist(M)指数法。采用 M 指数衡量全要素生产率的思路最早由 Caves 等(1982)提出,M 指数通过比值法衡量相邻两期全要素生产率变化,M 指数大于 1 表示全要素生产率有所增长,M 指数小于 1 表示全要素生产率有所降低。将 M 指数由理论指数转变为实证指数,还需要构造生产函数。已有文献大多采用随机前沿分析(SFA)模型和数据包络分析(DEA)模型构造生产函数,本书采用不需要预设生产函数的 DEA 模型中的 SBM-undesirable 模型。SBM-undesirable 模型由 Tone(2004)提出,其不仅保留了 SBM 模型的非径向性和非角向性的优势,而且包含非期望产出。与此同时,Tone(2017)证明了 SBM-undesirable 模型可以与 M 指数模型组合,可用于测算全要素生产率增长指数。这个结论为本章采用SBM-undesirable模型与M指数模型测算全要素生产率提供了理论依据。

（一）理论模型

1. SBM-undesirable模型

假设市场上存在 k 家商业银行，年份记为 t，每家商业银行有 n 种投入 $x^t \in \mathbf{R}_+^n$，m 种期望产出 $y^t \in \mathbf{R}_+^m$，l 种非期望产出 $b^t \in \mathbf{R}_+^l$。k 家商业银行 n 种投入组成的矩阵记为 $X^t = (x_1^t, x_2^t, \cdots, x_k^t) \in \mathbf{R}_+^{n \times k}$；$k$ 家商业银行 m 种期望产出组成的矩阵记为 $Y^t = (y_1^t, y_2^t, \cdots, y_k^t) \in \mathbf{R}_+^{m \times k}$；$k$ 家商业银行 l 种非期望产出组成的矩阵记为 $B^t = (b_1^t, b_2^t, \cdots, b_k^t) \in \mathbf{R}_+^{l \times k}$。式（4.1）定义了第 i 家商业银行的生产可能性集 P。

$$P = \left\{ (x_i^t, y_i^t, b_i^t) : x_i^t \geqslant X^t \boldsymbol{\lambda}^t, y_i^t \geqslant Y^t \boldsymbol{\lambda}^t, b_i^t \geqslant B^t \boldsymbol{\lambda}^t, \boldsymbol{\lambda}^t \geqslant 0 \right\} \quad （4.1）$$

式（4.1）中，$\boldsymbol{\lambda}^t = (\lambda_1^t, \lambda_2^t, \cdots, \lambda_k^t)^T$ 是 k 家商业银行 t 期的密度列向量，$X^t \boldsymbol{\lambda}^t$ 是商业银行 n 种最优投入的列向量，$Y^t \boldsymbol{\lambda}^t$ 是商业银行 m 种期望产出的列向量，$B^t \boldsymbol{\lambda}^t$ 是商业银行 l 种最优非期望产出的列向量。因此，$x_i^t \geqslant X^t \boldsymbol{\lambda}^t$ 表示第 i 家商业银行的实际投入大于或者等于最优投入，$y_i^t \geqslant Y^t \boldsymbol{\lambda}^t$ 表示第 i 家商业银行的实际期望产出大于或者等于最优期望产出，$b_i^t \geqslant B^t \boldsymbol{\lambda}^t$ 表示第 i 家商业银行的实际非期望产出大于或者等于最优非期望产出，即非期望产出具有强可置性。

为了进一步明确商业银行实际生产与理想生产的关系，SBM-undesirable模型中引入松弛变量，将式（4.1）中的不等式关系转化为等式关系，并界定了不完全有效率的第 i 家商业银行从实际生产向理想生产的改进方向，如式（4.2）—（4.5）所示。

$$x_i^t = X^t \boldsymbol{\lambda}^t + s^x \quad （4.2）$$

$$y_i^t = Y^t \boldsymbol{\lambda}^t + s^y \quad （4.3）$$

$$b_i^t = B^t \boldsymbol{\lambda}^t + s^b \quad （4.4）$$

$$s^x \geqslant 0, s^y \geqslant 0, s^b \geqslant 0, \boldsymbol{\lambda}^t \geqslant 0 \quad （4.5）$$

式（4.2）表示不完全有效率的第 i 家商业银行的实际投入 $x_i^t \in \mathbf{R}_+^n$ 减少投入松弛 $s^x \in \mathbf{R}_+^n$ 可以达到最优投入 $X^t\boldsymbol{\lambda}^t$。式（4.3）表示不完全有效率的第 i 家商业银行的实际期望产出 $y_i^t \in \mathbf{R}_+^m$ 增加期望产出松弛 $s^y \in \mathbf{R}_+^m$ 可以达到最优期望产出 $Y^t\boldsymbol{\lambda}^t$。式（4.4）表示不完全有效率的第 i 家商业银行的实际非期望产出 $b_i^t \in \mathbf{R}_+^l$ 减少非期望产出松弛 $s^b \in \mathbf{R}_+^l$ 可以达到最优非期望产出 $B^t\boldsymbol{\lambda}^t$。式（4.5）界定投入松弛向量 s^x 中的任一元素 $s_h^x(\forall h)$、期望产出松弛向量 s^y 中的任一元素 $s_r^y(\forall r)$、非期望产出松弛向量 s^b 中的任一元素 $s_f^b(\forall f)$ 和商业银行密度向量 $\boldsymbol{\lambda}^t$ 中的任一元素 $\boldsymbol{\lambda}_i^t(\forall i)$ 的取值范围都大于或者等于 0。

SBM-undesirable 模型的目标函数如式（4.6）所示。

$$
E_c^t\left(x_i^t, y_i^t, b_i^t\right) = \min \frac{1 - \dfrac{1}{n}\sum_{h=1}^{h=n}\dfrac{s_h^x}{x_{h,i}^t}}{1 + \dfrac{1}{m+l}\left(\sum_{r=1}^{r=m}\dfrac{s_r^y}{y_{r,i}^t} + \sum_{f=1}^{f=l}\dfrac{s_f^b}{b_{f,i}^t}\right)} \tag{4.6}
$$

式（4.6）中，$E_c^t\left(x_i^t, y_i^t, b_i^t\right)$ 表示在规模报酬不变（CRS）的条件下，以 t 期生产前沿面为参考，测算出第 i 家商业银行 t 期生产点 $\left(x_i^t, y_i^t, b_i^t\right)$ 的生产效率。式（4.6）等号右边表示的是非径向、非角向和包含非期望产出的商业银行生产效率，它可以被解析为商业银行投入角度生产效率与产出角度生产效率（包含非期望产出）的乘积。式（4.6）具有两个性质：（1）生产效率 $E_c^t\left(x_i^t, y_i^t, b_i^t\right)$ 是关于松弛变量 $s_h^x(\forall h)$、$s_r^y(\forall r)$ 和 $s_f^b(\forall f)$ 的减函数。（2）生产效率 $E_c^t\left(x_i^t, y_i^t, b_i^t\right)$ 的取值范围是 $[0, 1]$，当松弛变量 $s_h^x(\forall h)$、$s_r^y(\forall r)$ 和 $s_f^b(\forall f)$ 同时等于 0 时，$E_c^t\left(x_i^t, y_i^t, b_i^t\right) = 1$，表示第 i 家商业银行 t 期的生产完全有效率，生产点 $\left(x_i^t, y_i^t, b_i^t\right)$ 位于生产前沿面上；当 $0 < E_c^t\left(x_i^t, y_i^t, b_i^t\right) < 1$ 时，表示第 i 家商业银行 t 期的生产不完全有效率，实际生产点 $\left(x_i^t, y_i^t, b_i^t\right)$ 沿着减少投入、增加期望产出以及减少非期望产出的方向趋近于生产前沿面；当 $E_c^t\left(x_i^t, y_i^t, b_i^t\right) = 0$ 时，表示第 i 家商业银行 t 期的生产完全无效率，实际生产点 $\left(x_i^t, y_i^t, b_i^t\right)$ 沿着减少投入、增加期望产出

以及减少非期望产出的方向趋近于生产前沿面。

2. M 指数模型

Malmquist(1953)指出 M 指数评估的是同一个决策单元不同时期生产效率的变化。"生产效率"即"生产率"的"效率"。其中,生产率是产出与投入的比值,用于衡量一定投入对应的产出;而效率是一定技术条件下,使用资源以满足设定愿望的程度。综合"生产率"和"效率"的含义,可以知道生产效率的内涵是实际生产率达到最优生产率的程度。这说明 M 指数度量的生产效率变化可以反映生产率变化,又因为劳动、资本和土地等传统生产要素的生产率是一定的,因此 M 指数可以反映全要素生产率变化,具体如式(4.7)所示:

$$TFP_{i,t}^{t-1} = \left[\frac{E_c^{t-1}(x_i^t, y_i^t, b_i^t)}{E_c^{t-1}(x_i^{t-1}, y_i^{t-1}, b_i^{t-1})} \times \frac{E_c^t(x_i^t, y_i^t, b_i^t)}{E_c^t(x_i^{t-1}, y_i^{t-1}, b_i^{t-1})} \right]^{\frac{1}{2}} \quad (4.7)$$

式(4.7)是第 i 家商业银行全要素生产率增长指数 $TFP_{i,t}^{t-1}$ 的定义式,其表示第 i 家商业银行 $t-1$ 期生产点 $(x_i^{t-1}, y_i^{t-1}, b_i^{t-1})$ 移动到 t 期生产点 (x_i^t, y_i^t, b_i^t) 所产生的全要素生产率变化。其中,$E_c^{t-1}(x_i^{t-1}, y_i^{t-1}, b_i^{t-1})$ 和 $E_c^t(x_i^t, y_i^t, b_i^t)$ 是生产点与生产前沿面同期的生产效率,$E_c^{t-1}(x_i^t, y_i^t, b_i^t)$ 和 $E_c^t(x_i^{t-1}, y_i^{t-1}, b_i^{t-1})$ 是生产点与生产前沿面不同期的生产效率。$\frac{E_c^{t-1}(x_i^t, y_i^t, b_i^t)}{E_c^{t-1}(x_i^{t-1}, y_i^{t-1}, b_i^{t-1})}$ 表示以 $t-1$ 期生产前沿面为参考,第 i 家商业银行的生产点从 $(x_i^{t-1}, y_i^{t-1}, b_i^{t-1})$ 移动到 (x_i^t, y_i^t, b_i^t) 的全要素生产率变化;同理,$\frac{E_c^t(x_i^t, y_i^t, b_i^t)}{E_c^t(x_i^{t-1}, y_i^{t-1}, b_i^{t-1})}$ 表示以 t 期生产前沿面为参考,第 i 家商业银行的生产点从 $(x_i^{t-1}, y_i^{t-1}, b_i^{t-1})$ 移动到 (x_i^t, y_i^t, b_i^t) 的全要素生产率变化。为了提高测算结果的准确性,M 指数模型对 $\frac{E_c^{t-1}(x_i^t, y_i^t, b_i^t)}{E_c^{t-1}(x_i^{t-1}, y_i^{t-1}, b_i^{t-1})}$ 和

$$\frac{E_c^t(x_i^t, y_i^t, b_i^t)}{E_c^t(x_i^{t-1}, y_i^{t-1}, b_i^{t-1})}$$ 取几何平均值,并将该几何平均值作为度量第 i 家商业银行全要素生产率变化的代理变量,即第 i 家商业银行 t 期全要素生产率增长指数。当 $0 < TFP_{i,t}^{t-1} < 1$ 时,表示第 i 家商业银行 t 期全要素生产率相对于 $t-1$ 期有所降低;当 $TFP_{i,t}^{t-1} = 1$ 时,表示第 i 家商业银行 t 期全要素生产率相对于 $t-1$ 期的保持不变;当 $TFP_{i,t}^{t-1} > 1$ 时,表示第 i 家商业银行 t 期全要素生产率相对于 $t-1$ 期有所增长。

(二)指标选择

选择合适的投入和产出指标,是准确测算商业银行全要素生产率增长指数的前提。国内外学者大多倾向于采取"中介法"选择商业银行的投入和产出指标,其原因是商业银行在社会经济中主要是通过发挥金融中介作用而获取收益,因此本节也采用"中介法"选择商业银行的投入和产出指标。

何平等(2018)采用中介法选择的商业银行投入指标为"员工人数""固定资产"和"所有者权益"。"员工人数"可以衡量商业银行人力资本投入,但因为该指标与其他指标的单位不一致,所以本节选取"应付职工薪酬"代替"员工人数"。"固定资产"可以衡量商业银行物质资本投入,本书沿用这一指标。负债业务是商业银行获取资金的主要方式,获取资金需要付出的资金成本是商业银行的重要投入之一。负债业务具体包括资本金业务、存款业务和借款业务,其中资本金业务吸收的资金是所有者权益,存款业务和借款业务吸收的资金是可贷资金。由于仅存款业务吸收的资金在商业银行资金来源中所占的比重已超过60%,所以"可贷资金"比"所有者权益"更具有代表性,可以反映商业银行的资金成本投入。因此,本节选取的商业银行投入指标包括"应付职工薪酬""固定资产"和"可贷资金"。

蔡跃洲和郭梅军(2009)采用中介法选择的商业银行产出指标为

"利息收入""非利息收入"和"贷款总额"。由于"利息净收入"和"非利息净收入"更能反映商业银行的实际收入,所以本节选取"利息净收入"和"非利息净收入"替代"利息收入""非利息收入"。又因为"利息净收入"可以间接反映"贷款总额",所以本节删除了"贷款总额"这一指标。由于不良贷款会直接对商业银行收入产生负面影响,本节添加了"不良贷款"这一非期望产出指标。因此,本节选取的商业银行产出指标包括"利息净收入""非利息净收入"和"不良贷款"。

(三)测算结果及分析

本节根据上文的理论模型,以及选取的投入和产出指标,运用MaxDEA 8软件,测算出2011—2019年29家商业银行全要素生产率增长指数,受篇幅限制,本节仅展示了2011—2019年四类商业银行的平均全要素生产率增长指数、平均技术水平提高指数和平均技术效率提高指数,如图4-1、图4-2和图4-3所示。

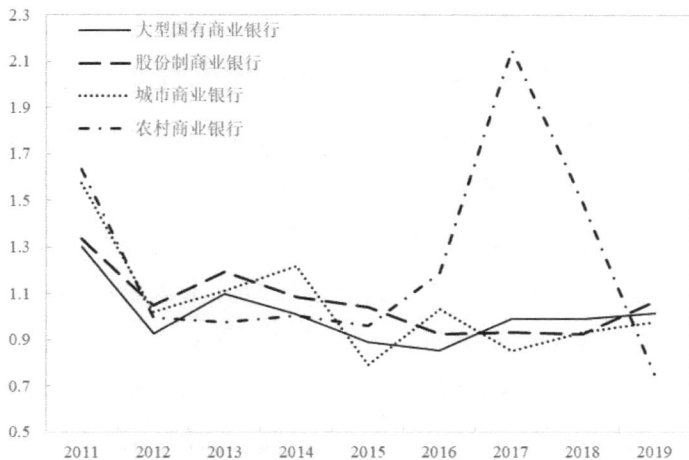

图4-1　2011—2019年四类商业银行平均全要素生产率增长指数

图4-1显示,2011—2019年大型国有商业银行、股份制商业银行、城市商业银行和农村商业银行这四类商业银行的平均全要素生产率增

长指数呈"U型"变化趋势,而且这四类商业银行的平均全要素生产率增长指数交替变化,只有2017—2018年农村商业银行全要素生产率增长指数显著高于大型国有商业银行、股份制商业银行和城市商业银行。这主要是因为2017年北京农商银行处置了大量不良资产,导致北京农商银行的TFP_{2017}^{2016}高达4.02975;2016年天津农商银行因会计准则变更应付职工薪酬大幅下降,导致天津农商银行的TFP_{2017}^{2016}高达2.884637。

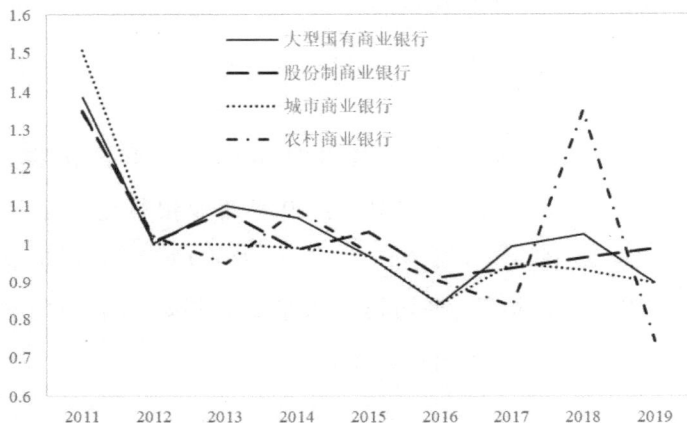

图4-2　2011—2019年四类商业银行平均技术水平提高指数

图4-2显示,2011—2019年大型国有商业银行、股份制商业银行、城市商业银行和农村商业银行这四类商业银行的平均技术水平提高指数整体上呈"U型"变化趋势,而且这四类商业银行的平均技术水平提高指数交替变化,只有2018年农村商业银行技术水平提高指数显著高于大型国有商业银行、股份制商业银行和城市商业银行。这主要是因为2017年北京农商银行处置了大量不良资产,导致北京农商银行技术水平提高指数较高;2016年天津农商银行因会计准则变更使应付职工薪酬大幅下降,导致天津农商银行的技术水平提高指数较高。

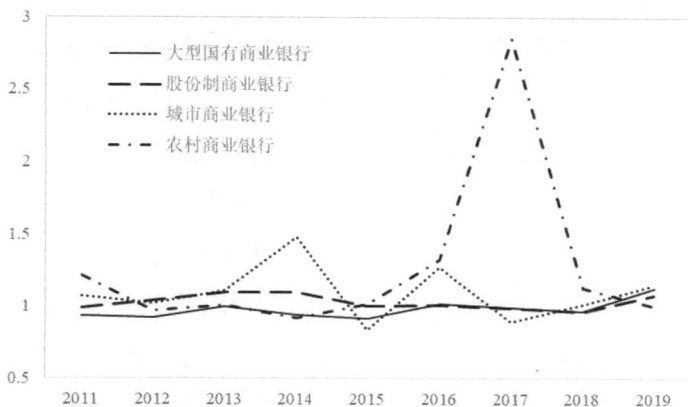

图4-3　2011—2019年四类商业银行平均技术效率提高指数

资料来源:作者根据相关资料整理绘制

图4-3显示,2011—2019年大型国有商业银行、股份制商业银行、城市商业银行和农村商业银行这四类商业银行的平均技术效率提高指数整体呈平稳波动的变化趋势,而且这四类商业银行的平均技术效率提高指数交替变化,只有2017年农村商业银行平均技术效率提高指数显著高于大型国有商业银行、股份制商业银行和城市商业银行。这主要是因为2017年北京农商银行处置了大量不良资产,导致北京农商银行的技术效率提高指数较高;2016年天津农商银行因会计准则变更应付职工薪酬大幅下降,导致天津农商银行的技术效率提高指数较高。

第二节　银行金融科技影响商业银行全要素 生产率的研究假设

银行金融科技促进商业银行全要素生产率增长主要体现在技术驱动的金融创新,具体表现在以下三个方面:一是能够通过促进金融产品创新(王诗卉和谢绚丽,2021),建设线上渠道和线下智慧网点,打造生态圈式经营模式(谢冶春等,2018),提高商业银行盈利性,进而促进商业银行全要素生产率增长;二是能够通过升级商业银行系统和设备,促进管理和服务数字化转型,这不仅能够优化资源配置,还能提高资源利用效率(韩海彬和张莉,2015);三是能够创新信用风险管理框架,提高信用风险分析能力,减少不良贷款(黄益平和邱晗,2021)。

然而,商业银行数字化转型并非一蹴而就,商业银行内部的组织结构、资源配置、调度管理等需要随之转变,商业银行员工还需要具备与数字化转型相适应的技能,这些因素使得数字化管理和服务的效果需要一定时间(刘淑春等,2021)。本节将商业银行借助银行金融科技实现数字化转型的过程概括为四个阶段:一是认知阶段,即商业银行认识到银行金融科技发展的必要性和重要性,并制定出切实可行的发展战略;二是投入阶段,即商业银行聘请银行金融科技专业人才,购买相关软件和硬件,以开展银行金融科技的研发和应用工作;三是内化阶段,即商业银行员工通过培训和实践,逐渐适应新的管理和服务体系;四是价值输出阶段,即商业银行通过银行金融科技提高盈利性,减少摩擦成本,进而实现预期的经济价值。在银行金融科技发展的前三个阶段,商业银行的业务流程、组织架构、资源配置等需要反复调试,企业员工需要逐渐适应新的经营管理模式,这些因素会使实现价值输出的第四个阶段具有时滞性。可以认为,银行金融科技与商业银行全要素生产率之间不是简单的正相关关系,时滞性使得二者之间呈"U型"关系。因此,本节提出研究假设4.1。

研究假设4.1:银行金融科技与商业银行全要素生产率之间呈"U型"关系,即银行金融科技对商业银行全要素生产率的积极影响具有时滞性。

在假设规模报酬不变的DEA模型中,全要素生产率增长指数可以被分解为技术水平提高指数和技术效率提高指数,这表示技术水平提高和技术效率提高是驱动全要素生产率增长的因素(韩海彬和张莉,2015)。其中,技术水平提高采用生产前沿面的扩张进行衡量;技术效率提高采用生产点与生产前沿面的距离缩短进行衡量。本节根据 Chung 等(1997)的全要素生产率增长指数的分解式,及其技术水平提高指数和技术效率提高指数的定义式,论证了上述结论。

$$TFP_{i,t}^{t-1} = TC_{i,t}^{t-1} \times EC_{i,t}^{t-1} \qquad (4.8)$$

在式(4.8)中,技术水平提高指数 $TC_{i,t}^{t-1}$ 还被称为技术变化,其经济学含义是技术水平提高拉动的全要素生产率增长;技术效率提高指数 $EC_{i,t}^{t-1}$ 还被称为效率变化,其经济学含义是技术效率提高拉动的全要素生产率增长,具体分析过程如下:

$$TFP_{i,t}^{t-1} = \left[\frac{E_c^{t-1}(x_i^t, y_i^t, b_i^t)}{E_c^{t-1}(x_i^{t-1}, y_i^{t-1}, b_i^{t-1})} \times \frac{E_c^t(x_i^t, y_i^t, b_i^t)}{E_c^t(x_i^{t-1}, y_i^{t-1}, b_i^{t-1})} \right]^{\frac{1}{2}} \quad (4.9)$$

式(4.9)是 $TFP_{i,t}^{t-1}$ 的定义式,其以生产效率衡量生产点从 $(x_i^{t-1}, y_i^{t-1}, b_i^{t-1})$ 移动到 (x_i^t, y_i^t, b_i^t) 的距离,表示 t 期全要素生产率相对于 $t-1$ 期的变化。式(4.10)和式(4.11)将生产点移动的距离分解为 $TC_{i,t}^{t-1}$ 和 $EC_{i,t}^{t-1}$ 两段。

$$TC_{i,t}^{t-1} = \left[\frac{E_c^{t-1}(x_i^t, y_i^t, b_i^t)}{E_c^{t-1}(x_i^{t-1}, y_i^{t-1}, b_i^{t-1})} \times \frac{E_c^t(x_i^t, y_i^t, b_i^t)}{E_c^t(x_i^{t-1}, y_i^{t-1}, b_i^{t-1})} \right]^{\frac{1}{2}} \quad (4.10)$$

式(4.10)是 $TC_{i,t}^{t-1}$ 的定义式,其以 $t-1$ 期到 t 期生产前沿面的移动距离表示技术水平提高拉动生产点移动的距离。其中,生产前沿面扩张代表最优生产能力提高,生产前沿面收缩代表最优生产能力降低。在实际生产过程中,最优生产能力提高必定会拉动实际生产水平提高,而且在生产效率不变的前提下,生产前沿面的扩张距离等于生产点同向移动距离。因此, $TC_{i,t}^{t-1}$ 度量的生产前沿面扩张距离,就等于技术水平提高拉动的生产点移动距离,即技术水平提高拉动的全要素生产率增长。

$$EC_{i,t}^{t-1} = \frac{E_c^t(x_i^t, y_i^t, b_i^t)}{E_c^{t-1}(x_i^{t-1}, y_i^{t-1}, b_i^{t-1})} \qquad (4.11)$$

式（4.11）是 $EC_{i,t}^{t-1}$ 的定义式，其以生产点从 $\left(x_i^{t-1}, y_i^{t-1}, b_i^{t-1}\right)$ 到 $\left(x_i^t, y_i^t, b_i^t\right)$ 与生产前沿面的距离变化，表示技术效率提高拉动生产点移动的距离。技术效率度量的是生产点距离生产前沿面的距离，在保持技术水平不变的前提下，技术效率提高意味着生产点与生产前沿面之间的距离缩短，技术效率降低意味着生产点与生产前沿面之间的距离拉长。因此，$EC_{i,t}^{t-1}$ 度量的生产点向生产前沿面移动的距离，就是技术效率提高拉动的生产点移动距离，即技术效率提高拉动的全要素生产率增长。

基于上述分析可以明确，$TC_{i,t}^{t-1}$ 不是技术的变化，而是技术水平提高拉动的全要素生产率；$EC_{i,t}^{t-1}$ 不是效率的变化，而是技术效率提高拉动的全要素生产率，进而 $TFP_{i,t}^{t-1}$ 被分解为 $TC_{i,t}^{t-1}$ 和 $EC_{i,t}^{t-1}$ 的经济学含义是，技术水平和技术效率是影响全要素生产率的机制。然而，银行金融科技发展的阶段性问题仍会导致银行金融科技影响商业银行全要素生产率的技术水平机制和技术效率机制具有一定的滞后性，这使得银行金融科技与技术水平提高指数、技术效率提高指数之间呈"U型"关系。因此，本节提出研究假设4.2和研究假设4.3。

研究假设4.2：银行金融科技与技术水平提高指数之间呈"U型"关系，即银行金融科技通过提高技术水平促进商业银行全要素生产率增长的机制具有时滞性。

研究假设4.3：银行金融科技与技术效率提高指数之间呈"U型"关系，即银行金融科技通过提高技术效率促进商业银行全要素生产率增长的机制具有时滞性。

第三节　银行金融科技影响商业银行全要素生产率的研究设计

一、模型构建

为准确估计银行金融科技对商业银行全要素生产率的影响，本节进行 Hausman 检验发现,样本数据适合采用随机效应模型进行实证检验。本节构建的用于检验银行金融科技影响商业银行全要素生产率的实证检验模型如式(4.12)所示。

$$TFP_{i,t}^{t-1} = \lambda_i + \alpha_1 \cdot FinT_{i,t} + \alpha_2 \cdot \left(FinT_{i,t}\right)^2 + \gamma \cdot X_{i,t} + \mu_{i,t} \quad (4.12)$$

式(4.12)中,i 代表商业银行,t 代表年份,$TFP_{i,t}^{t-1}$ 代表全要素生产率增长指数(以 $t-1$ 期为基期),λ_i 代表个体效应,$FinT_{i,t}$ 代表银行金融科技发展指数,$X_{i,t}$ 代表控制变量,$\mu_{i,t}$ 为随机误差项。

如果式(4.12)中的银行金融科技显著影响商业银行全要素生产率,那么可以进一步研究银行金融科技影响商业银行全要素生产率的机制。如果银行金融科技能够显著影响技术水平提高指数,说明技术水平是银行金融科技影响商业银行全要素生产率的机制;如果银行金融科技能够显著影响技术效率提高指数,说明技术效率是银行金融科技影响商业银行全要素生产率的机制。本节构建的用于实证检验银行金融科技影响商业银行全要素生产率机制的实证检验模型如式(4.13)所示。

$$Y_{i,t}^{t-1} = \lambda_i + \beta_1 \cdot FinT_{i,t} + \beta_2 \cdot \left(FinT_{i,t}\right)^2 + \omega \cdot X_{i,t} + \mu_{i,t} \quad (4.13)$$

式(4.13)中,$Y_{i,t}^{t-1}$ 代表技术水平提高指数 $TC_{i,t}^{t-1}$ 或者技术效率提高指数 $EC_{i,t}^{t-1}$,其他变量的内涵与式(4.12)中的相同,此处不再赘述。

二、变量选择

(一)被解释变量

全要素生产率增长指数(TFP)是本节的被解释变量,可以从创新性维度衡量商业银行的经营绩效。当 TFP 的数值介于0和1之间时,表示商业银行当期全要素生产率相对于上一期有所降低;当 TFP 的数值等于1时,表示商业银行当期全要素生产率相对于上一期保持不变;当

TFP 的数值大于 1 时，表示商业银行当期全要素生产率相对于上一期有所增长。上文已采用 SBM-undesirable 模型和 M 指数模型测算出 2011—2019 年 29 家商业银行的全要素生产率增长指数。

技术水平提高指数（TC），可以衡量商业银行技术水平提高对全要素生产率增长的贡献。当 TC 的数值介于 0 和 1 之间时，表示技术水平降低导致商业银行当期全要素生产率相对于上一期有所降低；当 TC 的数值等于 1 时，表示技术水平保持不变使得商业银行当期全要素生产率相对于上一期保持不变；当 TC 的数值大于 1 时，表示技术水平提高促进商业银行当期全要素生产率相对于上一期有所提高。该指数用于检验银行金融科技影响商业银行全要素生产率的机制。

技术效率提高指数（EC），可以衡量商业银行技术效率提高对全要素生产率增长的贡献。当 EC 的数值介于 0 和 1 之间时，表示商业银行技术效率降低导致当期全要素生产率相对于上一期有所降低；当 EC 的数值等于 1 时，表示商业银行技术效率保持不变使得当期全要素生产率相对于上一期保持不变；当 EC 的数值大于 1 时，表示商业银行技术效率提高促进全要素生产率相对于上一期有所提高。该指数用于实证检验银行金融科技影响商业银行全要素生产率的机制。

（二）解释变量

银行金融科技发展指数（$FinT$）是本节的解释变量，可以衡量银行金融科技发展水平。银行金融科技发展指数越大，表示银行金融科技发展水平越高；反之，则说明银行金融科技发展水平越低。前文已采用文本挖掘方法、主成分分析法和 Min-Max 标准化方法测算出 2011—2019 年 29 家商业银行的银行金融科技发展指数。

基于分类关键词的词频数据，本节依次计算战略认知发展指数（$FinT\_cog$）、系统技术发展指数（$FinT\_tech$）、渠道建设发展指数（$FinT\_chan$）、资源配置发展指数（$FinT\_reso$）和场景服务发展指数

（*FinT_scen*）五个银行金融科技发展分指数，并采用这五个银行金融科技发展分指数替换银行金融科技发展指数，对基准回归进行稳健性检验。

（三）控制变量

为控制其他因素对商业银行全要素生产率的影响，本节借鉴已有文献（袁晓玲和张宝山，2009；李兴华等，2014；沈悦和郭品，2015），选取总资产周转率（*tat*）、行业集中度（CR4）和货币供应（M2）作为控制变量。其中，总资产周转率可以衡量全部资产的利用效率，全部资产的利用效率越高，说明销售能力越强，有利于商业银行全要素生产率增长，本节采用营业收入与总资产的比值作为代理变量；行业集中度可以衡量银行业垄断程度，适度的行业集中度有利于发挥规模效应，能够促进商业银行全要素生产率增长，本节采用中国银行业中排名前四的商业银行市场份额之和作为代理变量；货币供应可以衡量货币市场的货币流通量，货币供应增加一方面能提高负债业务的可贷资金量，增加利息支出，另一方面能降低资产业务的贷款利率，减少利息收入，进而不利于商业银行全要素生产率增长，本节采用广义货币供应量的增长率作为代理变量。

上述四类变量的类型、名称、符号和设计如表4-1所示。

表4-1　变量类型、名称、符号和设计

变量类型	变量名称	变量符号	变量设计
被解释变量	全要素生产率增长指数	*TFP*	M指数
	技术水平提高指数	*TC*	由M指数分解得到
	技术效率提高指数	*EC*	由M指数分解得到

续　表

变量类型	变量名称	变量符号	变量设计
解释变量	银行金融科技发展指数	$FinT$	主成分分析法合成
	战略认知发展指数	$FinT\_cog$	战略认知类词频/100
	系统技术发展指数	$FinT\_tech$	系统技术类词频/100
	渠道建设发展指数	$FinT\_chan$	网络渠道类词频/100
	资源配置发展指数	$FinT\_reso$	资源配置类词频/100
	场景服务发展指数	$FinT\_scen$	场景服务类词频/100
控制变量	总资产周转率	tat	营业收入/资产总额
	行业集中度	CR4	排名前四的商业银行市场份额之和
	货币供应	M2	广义货币供应量增长率

第四节　银行金融科技影响商业银行全要素生产率的实证结果

一、基准回归

为了研究银行金融科技对商业银行全要素生产率的影响，本节选取 2011—2019 年中国 29 家商业银行为样本，对式（4.12）进行回归。Hausman 检验结果显示，$P > 0.05$，这表示式（4.12）的样本数据应该采用随机效应模型进行回归。实证结果见表4-2。

表4-2　银行金融科技对商业银行全要素生产率的影响

变量	（1）	（2）
	TFP	*TFP*
FinT	−0.190***	−0.155***
	（0.055）	（0.058）
$(FinT)^2$	0.003***	0.003***
	（0.001）	（0.001）
tat		0.088*
		（0.400）
CR4		0.054***
		（0.012）
M2		−0.049***
		（0.017）
_cons	3.677***	0.294
	（0.733）	（0.017）
Hausman检验	——	0.053
R^2	0.403	0.0817
N	261	261

注：***、**、*分别表示在1%、5%和10%的水平下显著，下同。

表4-2第（1）列显示，在不加入控制变量的情况下，银行金融科技发展指数 *FinT* 的回归系数在1%的显著水平下为−0.190，银行金融科技发展指数二次项$(FinT)^2$的回归系数在1%的显著水平下为0.003，说明银行金融科技与商业银行全要素生产率之间呈"U型"关系，即银行金融科技对商业银行全要素生产率的积极影响具有时滞性，研究假设4.1成立。

表4-2第（2）列显示，在加入控制变量的情况下，银行金融科技发展指数 *FinT* 的回归系数在1%的显著水平下为−0.155，银行金融科技发展指数二次项$(FinT)^2$的回归系数在1%的显著水平下为0.003，说明银

行金融科技与商业银行全要素生产率之间呈"U型"关系,即银行金融科技对商业银行全要素生产率的积极影响具有时滞性,研究假设4.1成立。

表4-2第(2)列还显示,总资产周转率 tat 的回归系数在10%的显著水平下为0.088,说明总资产周转率提高有利于商业银行全要素生产率增长;行业集中度CR4的回归系数在1%的显著水平下为0.054,说明行业集中度提高有利于商业银行全要素生产率增长;货币供应M2的回归系数在1%的显著水平下为−0.049,说明货币供应增加不利于商业银行全要素生产率增长。

二、异质性检验

2015年,商业银行开始成立金融科技公司,兴业银行和平安银行先后建立了"兴业数金"和"金融壹账通"金融科技子公司,这拉开了商业银行借助银行金融科技进行数字化改革的序幕。商业银行以成立金融科技子公司为契机,借助银行金融科技打造直销银行、自建电商、手机银行等线上渠道,以及智慧银行线下渠道,提升客户体验,深化银行金融科技场景化应用,搭建移动金融生态圈。中国银行业协会、普华永道联合发布的《中国银行家调查报告(2019)》显示,2019年有13家商业银行成立了金融科技子公司,近五成的商业银行拥有专门的银行金融科技部门或子公司,超过五成的商业银行计划加大与金融科技公司合作。基于上述分析,本节将总样本分为"有金融科技子公司"和"没有金融科技子公司"两类进行异质性检验。与此同时,本节还以2015年兴业银行成立的第一家银行系金融科技子公司作为银行金融科技进入数字化发展阶段的标志,并将样本区间分为2011—2015年和2016—2019年进行异质性检验,其中2011—2015年为银行金融科技数字化发展阶段之前,2016—2019年为银行金融科技数字化发展阶段之后,回归结果见表4-3。

表 4-3　银行金融科技对商业银行全要素生产率影响的异质性检验

变量	（1）有金融科技子公司	（2）没有金融科技子公司	（3）数字化发展阶段之前	（4）数字化发展阶段之后
FinT	−0.064***	−0.231*	−0.225**	−0.175**
	(0.013)	(0.121)	(0.108)	(0.085)
$(FinT)^2$	0.001***	0.004*	0.004**	0.003**
	(0.000)	(0.002)	(0.002)	(0.001)
tat	0.092***	0.096	0.094**	0.059
	(0.028)	(0.062)	(0.043)	(0.060)
CR4	0.045***	0.068***	0.077***	−0.215
	(0.007)	(0.023)	(0.019)	(0.814)
M2	−0.024***	−0.067**	−0.120**	−0.061
	(0.009)	(0.027)	(0.055)	(0.149)
_cons	−0.789***	0.554	0.471	16.329
	(0.362)	(1.879)	(1.228)	(49.407)
Hausman检验	0.801	0.178	0.284	0.184
R²	0.331	0.360	0.230	0.417
N	126	135	145	116

表 4-3 第（1）列显示，银行金融科技发展指数 *FinT* 的回归系数在 1% 的显著水平下为 −0.064，银行金融科技发展指数二次项 $(FinT)^2$ 的回归系数在 1% 的显著水平下为 0.001。表 4-3 第（2）列显示，银行金融科技发展指数 *FinT* 的回归系数在 10% 的显著水平下为 −0.231，银行金融科技发展指数二次项 $(FinT)^2$ 的回归系数在 10% 的显著水平下为 0.004。通过对比上述回归结果可以发现，银行金融科技与商业银行全要素生

产率之间的"U型"关系在有金融科技子公司的样本中更加显著;同时,有金融科技子公司样本的银行金融科技对商业银行全要素生产率产生积极影响的时滞性程度高于没有金融科技子公司的样本。

表4-3第(3)列显示,银行金融科技发展指数 $FinT$ 的回归系数在5%的显著水平下为-0.225,银行金融科技发展指数二次项 $(FinT)^2$ 的回归系数在5%的显著水平下为0.004。表4-3第(4)列显示,银行金融科技发展指数 $FinT$ 的回归系数在5%的显著水平下为-0.175,银行金融科技发展指数二次项 $(FinT)^2$ 的回归系数在5%的显著水平下为0.003。通过对比上述回归结果可以发现,银行金融科技在数字化发展阶段对商业银行全要素生产率产生积极影响的时滞性程度略高于银行金融科技数字化发展阶段之前。

三、稳健性检验

(一)替换解释变量

为保证基准回归结果的可靠性,本节分别采用"战略认知发展指数""系统技术发展指数""渠道建设发展指数""资源配置发展指数"和"场景服务发展指数"五个指数替换核心解释变量"银行金融科技发展指数",对基准回归进行稳健性检验,回归结果见表4-4。

表4-4 银行金融科技影响商业银行全要素生产率的稳健性检验1

变量	(1)	(2)	(3)	(4)	(5)	(6)
	TFP	TFP	TFP	TFP	TFP	TFP
$FinT$						-0.086**
						(0.043)
$(FinT)^2$						0.002**
						(0.001)

续　表

变量	（1） TFP	（2） TFP	（3） TFP	（4） TFP	（5） TFP	（6） TFP
$FinT\_cog$	−0.340**					
	(0.153)					
$(FinT\_cog)^2$	0.081**					
	(0.037)					
$FinT\_tech$		−0.256**				
		(0.126)				
$(FinT\_tech)^2$		0.048*				
		(0.026)				
$FinT\_chan$			−0.289**			
			(0.132)			
$(FinT\_chan)^2$			0.066*			
			(0.034)			
$FinT\_reso$				−0.685**		
				(0.313)		
$(FinT\_reso)^2$				0.385**		
				(0.176)		
$FinT\_scen$					−0.011***	
					(0.004)	
$(FinT\_scen)^2$					0.008***	
					(0.003)	
tat	0.067**	0.063**	0.078**	0.087*	0.088**	0.046
	(0.033)	(0.030)	(0.038)	(0.050)	(0.038)	(0.033)
CR4	0.057***	0.060***	0.063***	0.066***	0.055***	0.059***
	(0.012)	(0.013)	(0.013)	(0.013)	(0.014)	(0.011)

变量	(1)	(2)	(3)	(4)	(5)	(6)
	TFP	TFP	TFP	TFP	TFP	TFP
M2	−0.053***	−0.048***	−0.046***	−0.048***	−0.060***	−0.029**
	(0.019)	(0.016)	(0.016)	(0.018)	(0.019)	(0.012)
_cons	−1.788***	−0.019***	−0.023***	−2.351***	−0.017**	−1.165**
	(0.673)	(0.007)	(0.007)	(0.701)	(0.008)	(0.587)
随机效应	是	是	是	是	是	是
R^2	0.303	0.147	0.239	0.2815	0.390	0.246
N	261	261	261	261	261	243

表4-4第(1)列显示,战略认知发展指数 $FinT\_cog$ 的回归系数在5%的显著水平下为−0.340,战略认知发展指数二次项 $(FinT\_cog)^2$ 的回归系数在5%的显著水平下为0.081,说明战略认知与商业银行全要素生产率之间呈"U型"关系,战略认知对商业银行全要素生产率的积极影响具有时滞性,研究假设4.1具有稳健性。表4-4第(2)列显示,系统技术发展指数 $FinT\_tech$ 的回归系数在5%的显著水平下为−0.256,系统技术发展指数二次项 $(FinT\_tech)^2$ 的回归系数在10%的显著水平下为0.048,说明系统技术与商业银行全要素生产率之间呈"U型"关系,系统技术对商业银行全要素生产率的积极影响具有时滞性,研究假设4.1具有稳健性。表4-4第(3)列显示,渠道建设发展指数 $FinT\_chan$ 的回归系数在5%的显著水平下为−0.289,渠道建设发展指数二次项 $(FinT\_chan)^2$ 的回归系数在10%的显著水平下为0.066,说明渠道建设与商业银行全要素生产率之间呈"U型"关系,渠道建设对商业银行全要素生产率的积极影响具有时滞性,研究假设4.1具有稳健性。表4-4第(4)列显示,资源配置发展指数 $FinT\_reso$ 的回归系数在5%的显著水平下为−0.685,资源配置发展指数二次项 $(FinT\_reso)^2$ 的回归系数在5%的显著水平下为0.385,说明资源配置与商业银行全要素生产率之间呈

"U型"关系,资源配置对商业银行全要素生产率的积极影响具有时滞性,研究假设4.1具有稳健性。表4-4第(5)列显示,场景服务发展指数 *FinT_scen* 的回归系数在1%的显著水平下为−0.011,场景服务发展指数二次项($FinT\_scen$)² 的回归系数在1%的显著水平下为0.008,说明场景服务与商业银行全要素生产率之间呈"U型"关系,场景服务对商业银行全要素生产率的积极影响具有时滞性,研究假设4.1具有稳健性。

(二)删除异常值

为了保证基准回归结果的可靠性,本节删除了全要素生产率增长指数异常的天津农商银行和北京农商银行的样本数据进行回归,回归结果如表4-4第(6)列所示。其中,银行金融科技发展指数 *FinT* 的回归系数在5%的显著水平下为−0.086,银行金融科技发展指数二次项($FinT$)² 的回归系数在5%的显著水平下为0.002,说明银行金融科技与商业银行全要素生产率之间呈"U型"关系,即银行金融科技对商业银行全要素生产率的积极影响具有时滞性,研究假设4.1成立。

(三)内生性检验

尽管上述实证检验结果显示,银行金融科技与商业银行全要素生产率之间存在显著的"U型"关系,但是仍然需要进一步识别其因果关系。理论上,银行金融科技是影响商业银行全要素生产率的重要因素,但是不排除商业银行全要素生产率的增长会影响银行金融科技的可能性。因此,有必要对基准回归结果进行内生性检验。因为采用GMM和SYS-GMM方法对短面板数据进行分析会产生较大偏差(刘淑春等,2021),所以本节采用工具变量法进行内生性检验。

本节选取互联网普及率(*inter*)和非银行金融科技公司规模(*comp*)作为工具变量。理论上,互联网普及率和非银行金融科技公司规模与商业银行全要素生产率之间没有直接关系,即两个工具变量满足外生性条件。同时,互联网普及率和非银行金融科技公司规模会影响银行金融科技发展,即两个工具变量满足相关性条件,检验结果见表4-5。

表4-5　银行金融科技影响商业银行全要素生产率的稳健性检验2

工具变量		inter	comp
过度识别检验	P值	2.943	
弱工具变量检验	最小特征值的统计量	18.068	15.842
	真实显著水平为15%的临界值	8.960	8.960
Hausman检验	P值	0.528	

本节首先对工具变量进行过度识别检验,P值为2.934,故接受工具变量具有外生性的原假设;然后分别对两个工具变量进行弱工具变量检验,其中互联网普及率的最小特征值的统计量为18.068,大于对应的临界值8.960,这表示接受真实显著水平不超过15%,即拒绝互联网普及率为弱工具变量的原假设。非银行金融科技公司规模的最小特征值的统计量为15.842,大于对应的临界值8.960,这表示接受真实显著水平不超过15%,即拒绝非银行金融科技公司规模为弱工具变量的原假设。弱工具变量检验结果说明两个工具变量满足相关性条件。因此,本节选取的工具变量是有效的,进而可以用来验证实证模型是否存在内生性问题,Hausman检验结果显示,P值为0.528,接受所有解释变量均为外生的原假设,说明本节所做的基准回归不存在内生性问题。

四、机制检验

为深化所做的研究,本节继续对银行金融科技影响商业银行全要素生产率的机制进行实证检验。由前文理论分析可知,技术水平和技术效率是影响全要素生产率的两个重要渠道。前文测算的技术水平提高指数的经济学含义是技术水平提高拉动的全要素生产率增长,技术效率提高指数的经济学含义是技术效率提高拉动的全要素生产率增长。因此,可以通过实证检验银行金融科技指数对商业银行技术水平提高指数和技术效率提高指数的影响,判断技术水平和技术效率是否是银行金融科技影响商业银行全要素生产率的机制,实证检验结果见表4-6。

表4-6　银行金融科技影响商业银行全要素生产率的机制

变量	(1) TC	(2) TC	(3) TC	(4) TC
$FinT$	−0.082***	−0.258*	−0.156**	−1.839***
	(0.025)	(0.146)	(0.066)	(0.710)
$(FinT)^2$	0.001***	0.299*	0.003**	1.599**
	(0.0004)	(0.179)	(0.001)	(0.627)
tat		3.851***		8.904
		(1.289)		(6.636)
CR4		6.154***		−1.794**
		(0.941)		(0.733)
M2		−2.837***		−2.855
		(0.420)		(2.323)
_cons	2.165***	−2.428***	3.199***	2.579***
	(0.315)	(0.525)	(0.903)	(0.528)
Hausman检验	——	0.991	——	0.053
R^2	0.028	0.189	0.467	0.399
N	259	259	259	259

表4-6第(1)列显示,在不加入控制变量的情况下,银行金融科技发展指数$FinT$的回归系数在1%的显著水平下为−0.082,银行金融科技发展指数二次项$(FinT)^2$的回归系数在1%的显著水平下为0.001,说明银行金融科技与技术水平提高拉动的全要素生产率之间呈"U型"关

系。表4-6第（2）列显示，在加入控制变量的情况下，银行金融科技发展指数 $FinT$ 的回归系数在10%的显著水平下为−0.258，银行金融科技发展指数二次项 $(FinT)^2$ 的回归系数在10%的显著水平下为0.299，说明银行金融科技与技术水平提高拉动的全要素生产率之间呈"U型"关系，这表示技术水平是银行金融科技对商业银行全要素生产率影响的渠道，但是银行金融科技发展周期长、投入规模大、效果显现迟的特点使得技术水平的传导机制具有时滞性，研究假设4.2成立

表4-6第（3）列显示，在不加入控制变量的情况下，银行金融科技发展指数 $FinT$ 的回归系数在5%的显著水平下为−0.156，银行金融科技发展指数二次项 $(FinT)^2$ 的回归系数在5%的显著水平下为0.003，说明银行金融科技与技术效率提高拉动的全要素生产率之间呈"U型"关系。表4-6第（4）列显示，在加入控制变量的情况下，银行金融科技发展指数 $FinT$ 的回归系数在1%的显著水平下为−1.839，银行金融科技发展指数二次项 $(FinT)^2$ 的回归系数在5%的显著水平下为1.599，说明银行金融科技与技术效率提高拉动的全要素生产率之间呈"U型"关系，这表示技术效率是银行金融科技对商业银行全要素生产率影响的渠道，同样由于银行金融科技发展周期长、投入规模大、效果显现迟的特点使得技术效率的传导机制具有时滞性，研究假设4.3成立。

第五章 银行金融科技影响商业银行经营效率的实证检验

高效性是科技赋予数字经济的优势,也是商业银行数字化转型升级的重要内容。具体来讲,商业银行经营绩效的高效性是指商业银行经营管理效率,是对商业银行资产的利用率、资金周转率、金融服务效率等内容的综合评价。因此,银行金融科技对商业银行经营绩效创新性的影响及其影响机制值得深入研究。本章采用DEA模型测算的成本效率和收入效率来衡量商业银行经营绩效的高效性,并将成本效率和收入效率合称为经营效率,其中经营效率是商业银行使用有限资源开展经济活动的假设前提下,使得实际经营成果达到理想情况的程度。当银行金融科技同时促进商业银行成本效率和收入效率提高时,说明银行金融科技有利于提高商业银行经营绩效的高效性;反之,则说明银行金融科技未能显著提高商业银行经营绩效的高效性。同时,银行金融科技影响商业银行成本效率和收入效率的渠道,也是银行金融科技影响商业银行经营绩效高效性的渠道。

第一节 商业银行经营效率的界定及测算

一、经营效率的界定

古典经济学代表人物亚当·斯密在其《国民财富的性质和原因的研究》一书中指出劳动分工对企业经营效率的提高具有重要影响。企业生产是劳动分工的必然选择。社会生产的多样性、复杂性使得任何一个企业都难以包揽从初始资源到最终产品的各个生产制造环节和工艺,因此每一个企业都在社会大生产体系中承担着部分环节和内容。正是因为劳动分工和企业分工的进一步纵深发展,使得企业生产经营活动愈发专业化。在企业内部的生产经营中,通过建立分工和协作机制,采用一定的分工和专业化生产运作方式,可以提高生产的熟练程度,节约劳动时间和生产资料,降低管理的复杂程度,并推动技术进步这些措施能够直接或者间接地提高企业的经营效率。

为了明确"经营效率"的定义,本节将经营效率拆分为"经营"和"效率"两部分,并分别对"经营"和"效率"进行定义,进而准确定义经营效率。新古典经济学把企业经营行为抽象为生产函数,在已知投入要素价格和产品价格的前提下,可以计算得到成本函数、收入函数和利润函数。其中,成本函数是企业实现成本最小化经营决策的集合,收入函数是企业实现收入最大化经营决策的集合,利润函数是企业实现利润最大化经营决策的集合,进而将生产经营的目标抽象为成本最小化、收入最大化和利润最大化。因此,可以认为"经营"是企业以最少的资源消耗,创造出尽可能多且能满足人们需求的产品和服务,进而获得最大收益的经济活动。新古典经济学对效率的研究集中于市场配置效率,市场配置效率理论是形成企业经营效率理论的重要思想来源。Frrell(1957)在古典经济学的理论基础上,运用数据包络分析界定"效率"的概念,即"效率"是企业在一定技术条件下,使用有限资源达到设定经营目标的程度。因此,本书认为"经营效率"是企业使用有限资源开展经济活动,使得实际经营成果达到理想情况的程度。

二、商业银行经营效率的度量

目前测算企业经营效率的主流方法是"前沿分析法",根据是否需要估计代表前沿面的生产函数中的参数,前沿分析法大致分为两类:一类是数据包络分析(data envelopment analysis,DEA),另一类是随机前沿分析(stochastic frontier analysis,SFA)。虽然这两种方法都可以刻画"前沿效率",但是这两种分析方法因各自假设和对数据的处理过程的不同,有各自的适用情形。DEA模型是一种测度效率的非参数模型,其将每个样本企业都视为将多因素的投入转化为多因素产出的责任实体,直接利用每个观测样本单元的输入和输出数据,利用极点的思维,通过运用数学规划方法计算出每个观测样本单元相对于那些生产最优决策单元的相对效率。第一个DEA模型——CCR模型由Charnese等(1978)提出,后来一些学者基于CCR模型拓展出一系列的DEA模型,如BCC模型(Banker et al.,1984)、径向超效率模型(Andersen and Petersen,1993)、DDF模型(Chung et al.,1997)、SBM模型(Tone,2001)和SBM-undesirable模型(Tone,2004)等。SFA是一种测算经营效率的参数方法。SFA模型与DEA模型的不同之处主要有三点:一是采用SFA模型测算企业经营效率需要预设表示生产前沿的生产函数,并将其作为生产前沿;二是采用样本数据估计生产函数中的参数;三是非效率成分分解环境因素导致的非效率和随机误差导致的非效率两部分,也就是说,随机前沿分析把传统的计量回归方程的随机误差项分解为两个随机误差项。SFA模型最早由 Aigner等(1977)和 Meeusen和 Julien(1977)提出。

庞淑娟和孟祥南(2015)指出 DEA模型的优势体现在以下三个方面:一是 DEA模型的假设和约束条件较少,其能够根据已有的数据产生前沿面,不需要对前沿面设定生产函数。而SFA模型需要设定生产函数,其设定的生产函数分布情况往往与实际情形存在偏差,因而找出准确刻画商业银行经营效率的生产函数十分困难;二是 DEA模型的测算结果无量纲,不受投入产出数据单位影响;三是 DEA模型中的权重由线性规划得到,不需要事先测算或设定。SFA模型的主要优势是考虑了随机扰动项对非效率部分的影响,而 DEA模型假设任何因素导致的偏离都归属于非效率。

(一)理论模型

假设市场上存在 I 家商业银行,每家商业银行有 m 种投入,记为 $x \in \mathbf{R}_+^m$,在已知投入价格的前提下,每家商业银行投入对应的成本,记为 $\bar{x} \in \mathbf{R}_+^m$;每家商业银行有 n 种产出 $y \in \mathbf{R}_+^n$,在已知产出价格的前提下,每家商业银行产出对应的收入,记为 $\bar{y} \in \mathbf{R}_+^n$。$I$ 家商业银行 m 种投入组成的矩阵,记为 $X = (x_1, \cdots, x_I) \in \mathbf{R}^{m \times I}$;$I$ 家商业银行 m 种成本组成的矩阵,记为 $\bar{X} = (\bar{x}_1, \cdots, \bar{x}_I) \in \mathbf{R}^{M \times I}$;$I$ 家商业银行 n 种产出组成的矩阵,记为 $Y = (y_1, \cdots, y_I) \in \mathbf{R}^{n \times I}$;$I$ 家商业银行 n 种收入组成的矩阵,记为 $\bar{Y} = (\bar{y}_1, \cdots, \bar{y}_I) \in \mathbf{R}^{n \times I}$。

1. 新成本效率模型

根据 Tone(2002)提出的新成本效率模型(New Cost Efficiency Model),第 i 家商业银行的成本效率可以表示为:

$$ce_i = \frac{e_c \bar{x}_i^*}{e_c \bar{x}_i} \tag{5.1}$$

式(5.1)中,$e_c \in \mathbf{R}_+^m$ 是成本权重的列向量,第 i 家商业银行的成本效率 ce_i 等于第 i 家商业银行理论最小成本加权平均值 $e_c \bar{x}_i^*$ 与实际成本加权平均值 $e_c \bar{x}_i$ 的比值。定义和计算第 i 家商业银行理论最小成本加权平均值 $e_c \bar{x}_i^*$ 的线性规划式可以表示为:

$$e_c \bar{x}_i^* = \min e_c \bar{x} \tag{5.2}$$

$$\text{s.t.} \quad \bar{x} \geqslant \bar{X} \lambda \tag{5.3}$$

$$y_i \leqslant Y\lambda \tag{5.4}$$

$$\lambda \geqslant 0 \tag{5.5}$$

式(5.2)表示第 i 家商业银行理论最小成本的加权平均值 $e_c \bar{x}_i^*$ 等于样本商业银行中实际成本加权平均值 $e_c \bar{x}$ 的最小值。式(5.3)中,λ 是 I 家商业银行权重的列向量,样本商业银行的实际成本 $\bar{x}$ 大于或等于 I 家商业银行实际成本的加权平均值 $\bar{X}\lambda$。式(5.4)表示第 i 家商业银行实

际产出 y_i 小于或等于 I 家商业银行实际产出的加权平均值 $Y\lambda$。式（5.5）表示 I 家商业银行权重均大于或等于 0。

2. 新收入效率模型

根据 Tone（2002）提出的新收入效率模型（New Revenue Efficiency Model），第 i 家商业银行的收入效率可以表示为：

$$re_i = \frac{e_r \bar{y}_i}{e_r \bar{y}_i^*} \tag{5.6}$$

式（5.6）中，$e_r \in \mathbf{R}_+^n$ 是收入权重的行向量，第 i 家商业银行收入效率 re_i 等于第 i 家商业银行实际收入加权平均值 $e_r\bar{y}_i$ 与理论最大收入加权平均值 $e_r\bar{y}_i^*$ 的比值。定义和计算第 i 家商业银行理论最大收入加权平均值 $e_r\bar{y}_i^*$ 的线性规划式可以表示为：

$$e_r\bar{y}_i^* = \max e_r\bar{y} \tag{5.7}$$

$$\text{s.t. } \bar{y} \geqslant \bar{Y}\lambda \tag{5.8}$$

$$x_i \leqslant X\lambda \tag{5.9}$$

$$\lambda \geqslant 0 \tag{5.10}$$

式（5.7）表示第 i 家商业银行理论最大收入的加权平均值 $e_r\bar{y}_i^*$ 等于样本商业银行中实际收入加权平均值 $e_r\bar{y}$ 的最大值。式（5.8）表示样本商业银行实际收入 $\bar{y}$ 小于或等于 I 家商业银行实际收入的加权平均值 $\bar{Y}\lambda$。式（5.9）表示第 i 家商业银行实际投入 x_i 大于或等于 I 家商业银行实际投入的加权平均值 $X\lambda$。式（5.10）表示 I 家商业银行权重均大于或等于 0。

（二）指标选择

为测算商业银行成本效率和收入效率的具体数值，需要选择合适的指标去度量理论模型中的投入、产出、投入价格和产出价格。国内外学者普遍采用中介法选择商业银行的投入、产出、投入价格和产出价格的度量指标，其基本思路是：商业银行在投入一定人力、资金和固定资产之后,以金融中介的身份开展资产负债业务、中间业务,以及投资业务。其中,资产负债业务主要是指商业银行通过有偿方式吸收存款者、中央银行和其他金融机构的闲置资金,并将这部分资金以一定的利率融通给贷款者,以获得利息收入;中间业务主要是指商业银行通过替客户办理各类金融服务,以收取手续费及佣金;投资业务主要是指商业银行通过购买有价证券,以获取投资收益。为测算商业银行成本效率和收入效率的具体数值,本节根据中介法的基本思路,特别地借鉴了相关文献(Berger and Humphrey,1991;罗小伟、刘朝,2016)所做的研究,选取商业银行投入、产出、投入价格和产出价格的度量指标(如表5-1)。

表5-1 商业银行投入、产出、投入价格和产出价格的指标

指标类型	指标名称	指标符号	指标定义
投入	人力资本	$x_{1,i}$	人力资本=员工人数
	存款类负债	$x_{2,i}$	存款类负债=吸收存款+向中央银行借款+同业和其他金融机构存放款项
	固定资产	$x_{3,i}$	固定资产=固定资产净值
产出	贷款类资产	$y_{1,i}$	贷款类资产=现金及存放中央银行款项+存放同业和其他金融机构款项+发放贷款及垫款
	投资类资产	$y_{2,i}$	2017年会计准则修订前,投资类资产=交易性金融资产+可供出售金融资产+持有至到期投资。2017年会计准则修订后,投资类资产=以公允价值计量且其变动计入当期损益的金融资产+以公允价值计量且其变动计入其他综合收益的金融资产+以摊余成本计量的金融资产
	中间业务规模	$y_{3,i}$	中间业务规模=手续费及佣金支出。因为中间业务种类繁多,各类中间业务量的单位不一致,所以本书不采用中间业务量来反映中间业务规模。又因为在大多数情况下,中间业务不占用商业银行资金,手续费及佣金支出是中间业务的主要成本,而且中间业务规模越大,手续费及佣金支出越高,所以本书选取手续费及佣金支出反映中间业务规模

续　表

指标类型	指标名称	指标符号	指标定义
投入价格	人力资本价格	$c_{1,i}$	人力资本价格=应付职工薪酬/员工人数
	存款类负债价格	$c_{2,i}$	存款类负债价格=利息支出/存款类负债
	固定资产价格	$c_{3,i}$	固定资产价格=固定资产折旧/固定资产净值
产出价格	贷款类资产价格	$p_{1,i}$	贷款类资产价格=利息收入/贷款类资产
	投资类资产价格	$p_{2,i}$	投资类资产价格=投资收益/投资类资产。当商业银行投资收益为负数时,按照上式计算出的投资类资产价格也是负数,但投资类资产价格为负数不符合常规,所以本书将投资类资产价格为负数的统一设定为零
	中间业务价格	$p_{3,i}$	中间业务价格=手续费及佣金收入/手续费及佣金支出。手续费及佣金收入与手续费及佣金支出的比值表示单位中间业务投入可以获得的收入,用于反映中间业务价格

注:投入、产出、投入价格和产出价格度量指标的数据主要来源于样本商业银行年度报告和国泰安数据库。

(三)测算结果及分析

本节运用DEA-Solver Pro13.1软件测算出2011—2019年29家商业银行的成本效率和收入效率。受篇幅限制,本节仅列出5家大型国有商业银行、9家股份制商业银行、11家城市商业银行和4家农村商业银行这四类样本商业银行的平均成本效率和平均收入效率(如图5-1)。

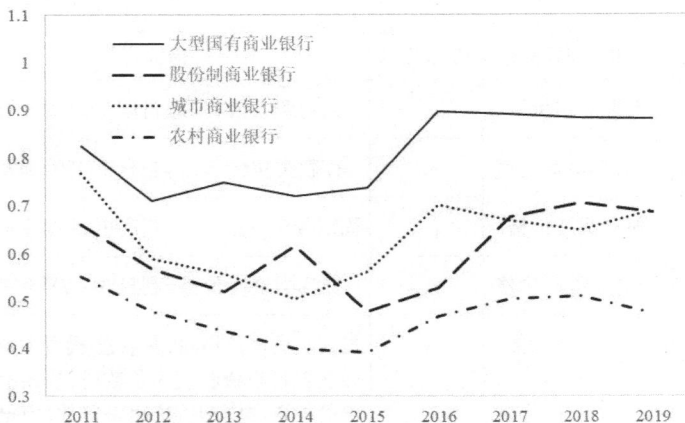

图5-1　2011—2019年四类商业银行的平均成本效率

图5-1显示，在2011—2016年，大型国有商业银行、股份制商业银行、城市商业银行和农村商业银行的平均成本效率整体呈"U型"变化趋势；在2016—2019年，上述四类商业银行的平均成本效率波动较小。整体上看，大型国有商业银行的平均成本效率最高，农村商业银行的平均成本效率最低，股份制商业银行和城市商业银行的成本效率交替变化，位居大型商业银行和农村商业银行之间。

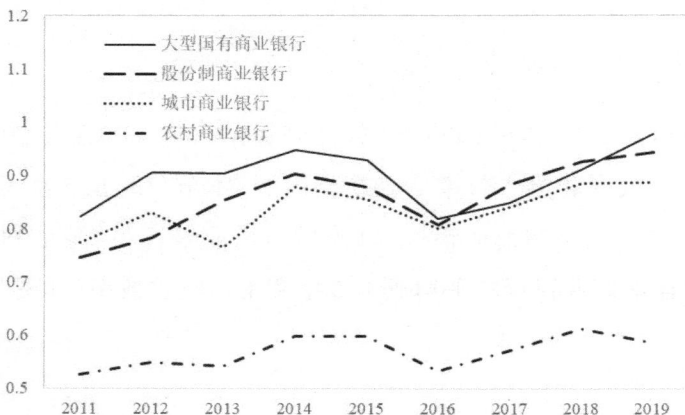

图5-2　2011—2019年四类商业银行的平均收入效率

资料来源:作者根据相关资料整理绘制

图5-2显示,在2011—2019年,大型国有商业银行、股份制商业银行、城市商业银行和农村商业银行的平均收入效率呈平稳波动趋势。其中,2014年是四类商业银行平均收入效率的波峰,2016年是四类商业银行平均收入效率的波谷。整体来看,大型国有商业银行、股份制商业银行和城市商业银行的平均收入效率呈交替领先状态,且明显高于农村商业银行的收入效率。

第二节　银行金融科技影响商业银行经营效率的研究假设

Schumpeter(1912)的创新理论认为,企业创新是利用知识和技术打破原有的生产函数,并建立全新的生产函数,对劳动、资本、土地等生产要素进行重新组合,以节省或者替代生产要素。银行金融科技通过大数据、云计算、人工智能和区块链等信息技术推动商业银行数字化转型,这意味着银行金融科技促进了银行产品和服务线上化、市场营销和业务场景网络化,以及信用评估和风险控制数字化,进而可以直接减少商业银行的人工参与度、资金使用成本、固定资产投入和经营管理费用(李运达等,2020)。根据Schumpeter的创新理论可以认为,银行金融科技能够节约或者替代劳动、资本、土地等基本生产要素,降低商业银行经营成本,缩小实际成本与理论最小成本之间的差距,进而有利于提高商业银行成本效率。因此,本节提出研究假设5.1。

研究假设5.1:银行金融科技有利于提高商业银行成本效率。

Milgrom和Robert(1990)提出的互补机制理论认为,企业信息技术投入通过技术进步产生的直接效应,以及组织结构、人力资本和决策流程协同形成的间接效应共同提高企业营业收入。按照互补机制的理论分析框架,一方面银行金融科技能够创新经营模式,将银行产品和服务嵌入社会公众的网络生活场景,这不仅可以使金融服务覆盖物理网点难以触及的偏远区域,开辟新市场(李运达等,2020),还可以拓宽银行的业务渠道(刘孟飞和蒋维,2020)、增强获客能力、扩大业务规模,进而直接增加商业银行营业收入;另一方面,银行金融科技能够改善商业银行的组织结构、管理模式和决策流程,虽然这些改进不能直接提高商业银行的营业收入,但它们是提高商业银行营业收入的重要互补性要素,并能够直接影响商业银行的业务服务效率和资产利用效率(Feng and Wu,2018),进而间接增加商业银行的营业收入。银行金融科技的这两方面影响能够缩小商业银行实际收入与理论最大收入之间的差距,进而有利于提高商业银行的收入效率。因此,本节提出研究假设5.2。

研究假设5.2:银行金融科技有利于提高商业银行收入效率。

余晶晶等(2019)指出,企业经营的目标是以最小成本创造出尽可能多且能满足人们需求的产品和服务,进而获得最大利润的经济活动,而且企业追求利润最大化所需要的成本不一定是最小化成本,即减少成本和增加利润是企业开展经营活动的两个基本目标。利润等于收入与成本的差值,利润在一定程度上综合反映了企业的收入和成本情况。为深入研究商业银行经营效率,本书没有采用可以同时反映成本效率和收入效率的复合指标——利润效率来度量商业银行经营效率,而是采用成本效率和收入效率两个指标分别考察商业银行经营效率。当商业银行成本效率和收入效率都提高时,商业银行经营效率就一定会提高。因此,本节提出研究假设5.3。

研究假设5.3:银行金融科技有利于提高商业银行经营效率。

银行金融科技需要投入大量资金聘请专业化水平高和创新性强的人才。高技能员工的知识和创新性一方面能够促进商业银行业务流程的数字化再造,降低交易成本,促进智能设备对低技能员工的替代(孙湘湘和周小亮,2018);另一方面能够向低技能员工传输知识和技能,形成技术扩散效应,进一步提高商业银行创新性(赵宸宇等,2021),进而有利于提高成本效率。为应对互联网公司跨界经营形成的挑战,商业银行应借助银行金融科技,特别是大数据、云计算和人工智能等信息技术发展大科技风险控制,提高商业银行风控水平,进而有利于减少商业银行不良贷款。因此,本节提出研究假设5.4(a)和5.4(b)。

研究假设5.4(a):银行金融科技能够通过提高高技能员工占比来提高商业银行成本效率。

研究假设5.4(b):银行金融科技能够通过减少不良贷款来提高商业银行成本效率。

银行金融科技能够提高商业银行获取信息的能力,降低商业银行与客户之间的信息不对称程度,这不仅有利于深耕由小微企业组成的"长尾市场"(金洪飞等,2020),扩大资产业务规模,而且能够提高资本充足率,提高商业银行风险防范能力(顾海峰、张亚楠,2018),减少不良贷款,进而增加利息收入;同时,银行金融科技还能够促进中间业务的创新和竞争(申创和赵胜民,2017),进而提升中间业务的服务效率和客户体验,增强中间业务客户黏性和活跃度,增加中间业务收入。Ariff和Can(2008)研究发现,中间业务收入提高对改善中国的商业银行收入结构和收入效率具有显著正向影响。概言之,银行金融科技可以增加利息收入和中间业务收入,提高商业银行收入效率,进而有利于提高商业银行经营效率。因此,本节提出研究假设5.5(a)和5.5(b)。

研究假设5.5(a):银行金融科技能够通过增加利息收入来提高商业银行收入效率。

研究假设5.5(b):银行金融科技能够通过增加中间业务收入来提高商业银行收入效率。

第三节 银行金融科技影响商业银行经营效率的研究设计

一、模型构建

(一)总体效应模型

成本效率和收入效率是介于0和1之间的受限被解释变量。为保证估计结果的一致性和可靠性,本节采用Tobit模型研究银行金融科技对商业银行成本效率和收入效率的总体效应。同时,考虑到样本商业银行具有个体异质性,即商业银行具有个体效应,本节采用随机效应Tobit模型对样本数据进行回归分析,并构建了用于检验总体效应的随机效应Tobit模型,具体如下:

$$Y_{i,t} = \alpha_0 + \alpha_1 \cdot FinT_{i,t} + \beta \cdot X_{i,t} + \mu_i + \varepsilon_{i,t} \qquad (5.11)$$

式(5.11)中,i代表商业银行,t代表年份,$Y_{i,t}$代表成本效率或收入效率,$FinT_{i,t}$代表银行金融科技发展指数,$X_{i,t}$代表控制变量,μ_i代表个体效应,$\varepsilon_{i,t}$代表随机干扰项。

(二)中介效应模型

如果银行金融科技能够显著影响商业银行成本效率和收入效率,那么说明银行金融科技会明显影响商业银行经营效率。本节进一步采用中介效应模型,实证检验银行金融科技影响商业银行经营效率的中介效应。本节构建的用于检验中介效应的模型如下:

$$M_{i,t} = \theta_0 + \theta_1 \cdot FinT_{i,t} + \lambda \cdot X_{i,t} + \mu_i + \varepsilon_{i,t} \qquad (5.12)$$

$$Y_{i,t} = \rho_0 + \rho_1 \cdot M_{i,t} + \rho_2 \cdot FinT_{i,t} + \eta \cdot X_{i,t} + \mu_i + \varepsilon_{i,t} \qquad (5.13)$$

式(5.12)和式(5.13)中,$M_{i,t}$代表中介变量,其他变量的内涵与式(5.11)中的相同,此处不再赘述。

式(5.12)用于实证检验银行金融科技发展指数 $FinT_{i,t}$ 对中介变量 $M_{i,t}$ 的影响,式(5.13)用于实证检验中介变量 $M_{i,t}$ 对商业银行成本效率或收入效率 $Y_{i,t}$ 的影响。如果式(5.12)中的回归系数 θ_1 和式(5.13)中的回归系数 ρ_1 都显著,那就说明中介变量 $M_{i,t}$ 具有中介效应。如果式(5.12)中的回归系数 θ_1 和式(5.13)中的回归系数 ρ_1 仅有一个显著,则需要采用Sobel检验方法进一步验证中介变量 $M_{i,t}$ 是否具有中介效应。若通过了Sobel检验,就说明中介变量 $M_{i,t}$ 具有中介效应;反之,则说明中介变量 $M_{i,t}$ 不具有中介效应。

二、变量选择

(一)被解释变量

经营效率是本节的被解释变量,其可以从高效性的角度衡量商业银行的经营绩效。为了更深入地研究经营效率,本节将经营效率解构为成本效率(ce)和收入效率(re)。成本效率可以衡量商业银行实际成本与理论最小成本的差距,成本效率提高说明商业银行实际成本与理论最小成本的差距缩小;反之,则说明商业银行实际成本与理论最小成本的差距扩大。前文已采用新成本效率模型测算出商业银行成本效率。收入效率可以衡量商业银行实际收入与理论最大收入的差距,收入效率提高说明商业银行实际收入与理论最大收入的差距缩小;反之,则说明商业银行实际收入与理论最大收入的差距扩大。前文已采用新收入效率模型测算出商业银行收入效率。

(二)解释变量

银行金融科技发展指数(FinT)是本节的解释变量,其可以衡量银行金融科技发展水平。前文已采用网络爬虫技术、文本挖掘技术、主成分分析法和Min-Max标准化方法测算出银行金融科技发展指数。

基于分类关键词的词频数据,本节进行银行金融科技发展分层次因子分析,依次计算战略认知发展指数($FinT\_cog$)、系统技术发展指数($FinT\_tech$)、场景服务发展指数($FinT\_scen$)、网络支付发展指数($FinT\_pay$)、资源配置发展指数($FinT\_reso$)、渠道建设发展指数($FinT\_chan$)这六个银行金融科技发展分指数。本节采用这六个银行金融科技发展分指数替换银行金融科技发展指数,对基准回归进行稳健性检验。

(三)控制变量

银行金融科技是影响商业银行成本效率和收入效率的解释变量。为确保实证检验模型中解释变量估计系数的一致性、有效性和无偏性,本书借鉴相关文献(张金清、吴有红,2010;李小胜、郑智荣,2015)所做的研究,选取资本充足率(car)、资金成本($cost$)、通货膨胀率(CPI)作为商业银行成本效率的控制变量。资本充足率可以衡量商业银行在遭受损失时能以自有资本承担损失的程度,反映商业银行抗风险能力。商业银行资本充足率越高,抗风险能力越强,有利于提高商业银行成本效率。资金成本可以衡量负债业务的成本,本节采用利息支出与可贷资金的比值作为代理变量,资金成本越低,商业银行的成本效率越高。通货膨胀率可以衡量宏观经济的物价水平,通货膨胀率越高,名义利率越高,商业银行吸储能力越强,负债业务结构得以优化,进而有利于提高商业银行成本效率。

借鉴相关文献(李小胜、郑智荣 2015;罗小伟、刘朝,2016;余晶晶等,2019)所做的研究,本书选取存贷比(ldr)、总资产周转率(tat)和货币供应(M2)作为商业银行收入效率的控制变量。存贷比可以衡量商业银行贷款业务的配置效率,存贷比越高,商业银行利息收入越高,进而有利于提高商业银行收入效率。总资产周转率可以衡量全部资产的利用效率,全部资产的利用效率越高,销售能力越强,进而有利于提高商业银行收入效率。货币供应可以衡量社会货币流通量,货币供应越高,商业银行负债业务的资金成本越高,利息净收入越低,从而不利于提高商业银行收入效率。

（四）中介变量

根据前文所做的经济学分析,银行金融科技主要是通过提高高技能员工占比(hig_edu)和减少不良贷款(npl)这两个重要渠道提高商业银行成本效率,进而提高商业银行经营效率。其中,高技能员工占比采用研究生及以上学历占比的自然对数进行度量,不良贷款采用不良贷款增长率进行度量。

同理,银行金融科技主要是通过增加利息收入($inter\_inc$)和增加中间业务收入($media$)来提高商业银行收入效率,进而提高商业银行经营效率。其中,利息收入采用利息净收入的自然对数进行度量;中间业务收入采用手续费及佣金净收入的自然对数进行度量。

本节所构建的实证模型中,所选取变量的类型、名称、符号和设计如表5-2所示。

表5-2　变量类型、名称、符号和设计

变量类型	变量名称	变量符号	变量设计
被解释变量	成本效率	ce	理论最小成本/实际成本
	收入效率	re	实际收入/理论最大收入
解释变量	银行金融科技发展指数	$FinT$	主成分分析法合成
	战略认知发展指数	$FinT\_cog$	战略认知类词频/100
	系统技术发展指数	$FinT\_tech$	系统技术类词频/100
	资源配置发展指数	$FinT\_reso$	资源配置类词频/100
	网络支付发展指数	$FinT\_pay$	网络支付类词频/100
	场景服务发展指数	$FinT\_scen$	场景服务类词频/100
	渠道建设发展指数	$FinT\_chan$	渠道建设类词频/100

续　表

变量类型	变量名称	变量符号	变量设计
控制变量	资本充足率	*car*	资本总额/风险加权资产
	资金成本	*cost*	利息支出/可贷资金
	通货膨胀率	CPI	居民消费价格指数(上一年=100)
	存贷比	*ldr*	贷款总额/存款总额
	总资产周转率	*tat*	营业收入/资产总额
	货币供应	M2	广义货币供应量增长率
中介变量	高技能员工占比	*hig_edu*	研究生及以上学历占比的自然对数
	不良贷款	*npl*	不良贷款增长率
	利息收入	*inter_inc*	利息净收入的自然对数
	中间业务收入	*media*	手续费及佣金净收入的自然对数

注:成本效率、收入效率和银行金融科技发展指数的数据均由前文测算得到,控制变量和中介变量的数据主要来源于国泰安数据库和国家统计局。

第四节　银行金融科技影响商业银行经营效率的实证结果

一、基准回归

当银行金融科技有利于提高商业银行成本效率和收入效率时,银行金融科技一定有利于提高商业银行经营效率。为分析银行金融科技对商业银行经营效率的影响,本节以2011—2019年29家商业银行为样本,采用随机效应Tobit模型实证对式(5.11)进行回归,实证检验银行金融科技对商业银行成本效率的影响,实证检验结果见表5-3;实证检验银行金融科技对商业银行收入效率的影响,实证检验结果见表5-4。

表5-3　银行金融科技对商业银行成本效率的影响

变量	（1）	（2）
FinT	0.181***	0.195**
	(0.061)	(0.054)
car		0.028***
		(0.006)
cost		−0.133***
		(0.017)
CPI		0.013***
		(0.007)
_cons	0.607***	−0.797*
	(0.025)	(0.753)
个体效应	控　制	控　制
N	261	261

　　表5-3第（1）列显示,在不加入控制变量情况下,银行金融科技发展指数 *FinT* 的回归系数在1%显著水平下为0.181,说明银行金融科技与商业银行成本效率显著正相关。表5-3第（2）列显示,在加入控制变量情况下,银行金融科技发展指数 *FinT* 的回归系数在1%显著水平下为0.195,也说明银行金融科技与商业银行成本效率显著正相关。因此,研究假设5.1成立,即银行金融科技有利于提高商业银行成本效率。

　　表5-3第（2）列还显示,资本充足率 *car* 的回归系数在1%显著水平下为0.028,说明资本充足率与商业银行成本效率显著正相关;资金成本 *cost* 的回归系数在1%显著水平下为−0.133,说明资金成本降低有利于提高商业银行成本效率;通货膨胀率CPI的回归系数在1%显著水平下为0.013,说明通货膨胀率与商业银行成本效率正相关。

表5-4　银行金融科技对商业银行收入效率的影响

变量	（1）	（2）
FinT	0.246***	0.132***
	(0.042)	(0.051)
ldr		0.141*
		(0.078)
tat		0.031*
		(0.017)
M2		−0.009***
		(0.003)
_cons	0.778***	0.730***
	(0.018)	(0.072)
个体效应	控制	控制
N	261	261

表5-4第（1）列显示，在不加入控制变量的情况下，银行金融科技发展指数 *FinT* 的回归系数在1%显著水平下为0.246，说明银行金融科技与商业银行收入效率显著正相关。表5-4第（2）列显示，在加入控制变量的情况下，银行金融科技发展指数 *FinT* 的回归系数在1%显著水平下为0.132，也说明银行金融科技与商业银行收入效率显著正相关。因此，研究假设5.2成立，即银行金融科技有利于提高商业银行收入效率。

表5-4第（2）列还显示，存贷比 *ldr* 的回归系数在10%显著水平下为0.141，说明存贷比与商业银行收入效率显著正相关；总资产周转率 *tat* 的回归系数在10%显著水平下为0.031，说明总资产周转率与商业银行收入效率显著正相关；货币供应M2的回归系数在1%显著水平下为−0.009，说明货币供应与商业银行收入效率显著正相关。

银行金融科技影响商业银行成本效率的实证检验结果表明研究假

设5.1成立,即银行金融科技有利于提高商业银行成本效率。同时,银行金融科技影响商业银行收入效率的实证检验结果表明研究假设5.2也成立,即银行金融科技有利于提高商业银行收入效率。根据前文理论分析可以判定研究假设5.3也一定成立,即银行金融科技有利于提高商业银行经营效率。

二、异质性检验

理论上看,商业银行是否拥有金融科技子公司会影响商业银行发展银行金融科技的成本和收入,为了对此进行验证,本节将总样本分为"有金融科技子公司"和"没有金融科技子公司"两部分,实证检验其影响商业银行成本效率和收入效率的异质性,回归结果见表5-5。

表5-5　银行金融科技对商业银行成本效率影响的异质性检验

变量	(1) 有金融科技子公司	(2) 没有金融科技子公司
$FinT$	0.114	0.362***
	(0.070)	(0.116)
car	0.033***	0.024***
	(0.010)	(0.009)
$cost$	−0.186***	−0.106***
	(0.024)	(0.026)
CPI	0.007	0.025**
	(0.009)	(0.011)
$\_cons$	−0.063	−1.948
	(0.942)	(1.187)
个体效应	控制	控制
N	261	261

表5-5第(1)列显示,银行金融科技发展指数 *FinT* 的回归系数不显著。表5-5第(2)列显示,银行金融科技发展指数 *FinT* 的回归系数在1%的显著水平下为0.362。这说明成立金融科技子公司增加了商业银行成本,进而不利于提高商业银行成本效率,没有成立金融科技子公司的商业银行会显著提高商业银行成本效率。

表5-6　银行金融科技对商业银行收入效率影响的异质性检验

变量	（1）	（2）
	有金融科技子公司	没有金融科技子公司
FinT	0.177***	0.006
	(0.051)	(0.099)
ldr	0.248**	0.160
	(0.110)	(0.123)
tat	0.130***	−0.018
	(0.027)	(0.022)
M2	−0.009*	−0.008
	(0.005)	(0.004)
_cons	0.387***	0.823***
	(0.143)	(0.091)
个体效应	控制	控制
N	261	261

表5-6第(1)列显示,银行金融科技发展指数 *FinT* 的回归系数在1%的显著水平下为0.177。表5-6第(2)显示,银行金融科技发展指数 *FinT* 的回归系数不显著。这说明成立金融科技子公司有利于提高商业银行收入效率。

三、稳健性检验

(一)替换解释变量

为保证银行金融科技影响商业银行成本效率的基准回归结果具有可靠性,本节分别采用"战略认知发展指数""系统技术发展指数""场景服务发展指数""网络支付发展指数"和"资源配置发展指数"五个指数替换核心解释变量"银行金融科技发展指数",对基准回归进行稳健性检验,回归结果见表5-7。

表5-7 银行金融科技对商业银行成本效率影响的稳健性检验

变量	(1)	(2)	(3)	(4)	(5)
$FinT\_cog$	0.037**				
	(0.016)				
$FinT\_tech$		0.029**			
		(0.014)			
$FinT\_scen$			0.162***		
			(0.040)		
$FinT\_pay$				0.443***	
				(0.124)	
$FinT\_reso$					0.132***
					(0.036)
car	0.030***	0.032***	0.025***	0.032***	0.035***
	(0.006)	(0.006)	(0.006)	(0.006)	(0.006)
$cost$	−0.138***	−0.134***	−0.136***	−0.123***	−0.125***
	(0.017)	(0.017)	(0.017)	(0.017)	(0.017)

续　表

变量	（1）	（2）	（3）	（4）	（5）
CPI	0.010	0.011	0.012*	0.015**	0.012*
	(0.007)	(0.007)	(0.007)	(0.007)	(0.007)
_cons	−0.418	−0.534	−0.568	−1.040	−0.761
	(0.745)	(0.762)	(0.731)	(0.765)	(0.757)
个体效应	控制	控制	控制	控制	控制
N	261	261	261	261	261

表 5-7 第（1）列显示，战略认知发展指数 $FinT\_cog$ 的回归系数在 5% 的显著水平下为 0.037，说明战略认知与商业银行成本效率正相关，即研究假设 5.1 具有稳健性。表 5-7 第（2）列显示，系统技术发展指数 $FinT\_tech$ 的回归系数在 5% 的显著水平下为 0.029，说明系统技术与商业银行成本效率正相关，即研究假设 5.1 具有稳健性。表 5-7 第（3）列显示，场景服务发展指数 $FinT\_scen$ 的回归系数在 1% 的显著水平下为 0.162，说明场景服务与商业银行成本效率正相关，即研究假设 5.1 具有稳健性。表 5-7 第（4）列显示，网络支付发展指数 $FinT\_pay$ 的回归系数在 1% 的显著水平下为 0.443，说明网络支付与商业银行成本效率正相关，即研究假设 5.1 具有稳健性。表 5-7 第（5）列显示，资源配置发展指数 $FinT\_reso$ 的回归系数在 1% 的显著水平下为 0.132，说明资源配置与商业银行成本效率正相关，即研究假设 5.1 具有稳健性。

为保证银行金融科技影响商业银行收入效率的基准回归结果具有可靠性，本节分别采用"战略认知发展指数""系统技术发展指数""渠道建设发展指数"和"场景服务发展指数"四个指数替换核心解释变量"银行金融科技发展指数"，对基准回归进行稳健性检验，回归结果见表 5-8。

表 5-8　银行金融科技对商业银行收入效率影响的稳健性检验

变量	（1）	（2）	（3）	（4）
FinT_cog	0.052***			
	(0.015)			
FinT_tech		0.022**		
		(0.011)		
FinT_chan			0.520***	
			(0.018)	
FinT_scen				0.067*
				(0.038)
ldr	0.127*	0.165**	0.175**	0.172**
	(0.076)	(0.077)	(0.074)	(0.077)
tat	3.216*	2.904*	3.143*	2.938*
	(1.686)	(1.715)	(1.697)	(1.718)
M2	−0.007**	−0.009***	−0.011***	−0.009*
	(0.003)	(0.003)	(0.003)	(0.003)
_cons	0.716	0.734***	0.731***	0.734***
	(0.072)	(0.073)	(0.072)	(0.073)
个体效应	控制	控制	控制	控制
N	261	261	261	261

表 5-8 第（1）列显示，战略认知发展指数 *FinT_cog* 的回归系数在 1% 的显著水平下为 0.052，说明战略认知与商业银行收入效率正相关，即研究假设 5.2 具有稳健性。表 5-8 第（2）列显示，系统技术发展指数 *FinT_tech* 的回归系数在 5% 的显著水平下为 0.022，说明系统技术与商业银行收入效率正相关，即研究假设 5.2 具有稳健性。表 5-8 第（3）列显示，渠道建设发展指数 *FinT_chan* 的回归系数在 1% 的显著水平下为

0.520,说明系统技术与商业银行收入效率正相关,即研究假设5.2具有稳健性。表5-8第(3)列显示,场景服务发展指数 $FinT\_scen$ 的回归系数在10%的显著水平下为0.067,说明场景服务与商业银行收入效率正相关,即研究假设5.2具有稳健性。

通过上述分析可知,研究假设5.1,即银行金融科技有利于提高商业银行成本效率的结论具有稳健性;研究假设5.2,即银行金融科技有利于提高商业银行收入效率的结论具有稳健性。根据前文理论分析可以判定研究假设5.3,即银行金融科技有利于提高商业银行经营效率的结论也具有稳健性。

(二)内生性检验

尽管上述实证检验结果显示,银行金融科技有利于提高商业银行经营效率,但是仍然需要进一步识别其因果关系。理论上,银行金融科技是影响商业银行经营效率的重要因素,但是不排除商业银行经营效率反过来会影响银行金融科技的可能性。因此,有必要对基准回归结果进行内生性检验。因为采用GMM和SYS-GMM方法对短面板数据进行分析会产生较大偏差(刘淑春等,2021),所以本节采用工具变量法进行内生性检验。

本节选取互联网普及率作为工具变量,对总体效应回归结果进行稳健性检验,其主要理由是:(1)互联网的普及是商业银行发展银行金融科技的基础,互联网普及率与银行金融科技发展指数密切相关,能够满足相关性假设。(2)互联网普及率不会直接影响商业银行经营效率,而只能通过银行金融科技影响商业银行经营效率,能够满足外生性假设。因此,本节采用2SLS估计方法对基准回归结果进行稳健性检验。其中,第一阶段回归用于分析互联网普及率与银行金融科技发展指数的相关性;第二阶段回归用于分析银行金融科技发展指数拟合值对商业银行成本效率和收入效率的影响,回归结果见表5-9。

表5-9 银行金融科技影响商业银行经营效率的稳健性检验

变量	(1)	(2)
	ce	*re*
第一阶段回归		
internet	1.422***	1.156***
	(0.202)	(0.251)
第二阶段回归		
$\widehat{FinT}$	0.521***	0.539***
	(0.119)	(0.174)
控制变量	控制	控制
个体效应	控制	控制
不可识别检验(Kleibergen-Paap LM统计量)	59.259***	33.354***
弱识别检验(Cragg-Donald Wald F统计量)	52.417	26.052
调整 R^2	0.355	0.412
N	261	261

表5-9第(1)列显示,不可识别检验的Kleibergen-Paap LM统计量在1%显著水平下为59.259,说明互联网普及率与银行金融科技发展指数相关,满足相关性假设的要求;弱识别检验的Cragg-Donald Wald F统计量为52.417,说明互联网普及率不是弱工具变量。可以认为,互联网普及率是有效的工具变量。表5-9第(1)列中第一阶段回归的结果显示,互联网普及率*internet*的回归系数在1%显著水平下为1.422,说明互联网普及率与银行金融科技发展指数正相关;表5-9第(1)列中第二阶段回归的结果显示,银行金融科技发展指数拟合值$\widehat{FinT}$的回归系数在1%显著水平下为0.521,说明银行金融科技与商业银行成本效率正相关。因此,研究假设5.1具有稳健性,即银行金融科技有利于提高商业银行成本效率。

表5-9第（2）列显示，不可识别检验的 Kleibergen-Paap LM 统计量在1%显著水平下为33.354，说明互联网普及率与银行金融科技发展指数相关，满足相关性假设的要求；弱识别检验的 Cragg-Donald Wald F 统计量为26.052，说明互联网普及率不是弱工具变量。可以认为，互联网普及率是有效的工具变量。表5-9第（2）列中第一阶段回归的结果显示，互联网普及率 $internet$ 的回归系数在1%显著水平下为1.156，说明互联网普及率与银行金融科技发展指数正相关；表5-9第（2）列中第二阶段回归的结果显示，银行金融科技发展指数拟合值 $\widehat{FinT}$ 的回归系数在1%显著水平下为0.539，说明银行金融科技与商业银行收入效率正相关。因此，研究假设5.2具有稳健性，即银行金融科技有利于提高商业银行收入效率。

通过上述分析可知，在考虑了内生性问题之后，研究假设5.1和研究假设5.2的结论具有稳健性，进而研究假设5.3，即银行金融科技有利于提高商业银行经营效率的结论也具有稳健性。

四、机制检验

为深化所做的研究，本节继续对银行金融科技影响商业银行经营效率的机制进行实证检验。由于银行金融科技是从成本效率和收入效率两个方面影响商业银行经营效率的，本节研究银行金融科技影响商业银行成本效率和收入效率的机制，进而判定银行金融科技影响商业银行经营效率的机制。

（一）银行金融科技影响商业银行成本效率的机制

根据前文所做的经济学分析，本节选取高技能员工占比（hig_edu）和不良贷款（npl）作为中介变量，并以2011—2019年29家商业银行为样本，同时对式（5.12）和式（5.13）进行实证检验，回归结果见表5-10。

表 5-10　银行金融科技影响商业银行成本效率的机制

变量	(1)	(2)	(3)	(4)
	hig_edu	*ce*	*npl*	*ce*
hig_edu		0.022*		
		(0.012)		
npl				−0.103***
				(0.025)
FinT	1.110***	0.125**	−0.223**	−0.103***
	(0.164)	(0.063)	(0.103)	(0.054)
car	0.029	0.030***	−0.029**	0.026***
	(0.019)	(0.006)	(0.012)	(0.006)
cost	0.120**	−0.128***	0.047	−0.128***
	(0.054)	(0.017)	(0.031)	(0.017)
CPI	−0.154***	0.017**	−0.094***	0.003
	(0.019)	(0.007)	(0.017)	(0.007)
_cons	22.429***	−1.284*	10.125***	0.307
	(2.079)	(0.780)	(1.821)	(0.769)
个体效应	控制	控制	控制	控制
N	261	261	261	261

表 5-10 第（1）列显示，银行金融科技发展指数 *FinT* 的回归系数在 1% 显著水平下为 1.110，说明银行金融科技有利于增加商业银行高技能员工占比。表 5-10 第（2）列显示，高技能员工占比 *hig_edu* 的回归系数在 10% 显著水平下为 0.022，说明高技能员工占比增加有利于提高商业银行成本效率。可以认为，研究假设 5.4（a）成立，即银行金融科技能够通过提高高技能员工占比来提高商业银行成本效率。

表 5-10 第（3）列显示，银行金融科技发展指数 *FinT* 的回归系数在 5% 显著水平下为 −0.223，说明银行金融科技有利于减少商业银行不良

贷款。表5-10第（4）列显示，不良贷款 *npl* 的回归系数在1%显著水平下为-0.103，说明不良贷款减少有利于提高商业银行成本效率。可以认为，研究假设5.4（b）成立，即银行金融科技能够通过减少不良贷款来提高商业银行成本效率。

（二）银行金融科技影响商业银行收入效率的机制

根据前文所做的经济学分析，本节选取利息收入（*inter_inc*）和中间业务收入（*media*）作为中介变量，并以2011—2019年29家商业银行为样本，同时对式（5.12）和式（5.13）进行实证检验，回归结果见表5-11。

表5-11 银行金融科技影响商业银行收入效率的机制

变量	（1）	（2）	（3）	（4）
	inter_inc	*re*	*media*	*re*
inter_inc		0.151***		
		(0.016)		
media				0.074***
				(0.012)
FinT	2.077***	-0.118*	2.600***	-0.001
	(0.268)	(0.062)	(0.414)	(0.067)
ldr	-6.335***	2.502***	-10.647***	2.508***
	(2.204)	(0.448)	(3.384)	(0.518)
tat	1.047**	0.218**	2.702***	0.151
	(0.508)	(0.103)	(0.776)	(0.115)
M2	-0.694	0.141	-2.334	0.188
	(1.115)	(0.214)	(1.713)	(0.243)
_cons	11.584***	-1.402***	8.981***	-0.323*
	(0.607)	(0.218)	(0.903)	(0.156)

变量	（1）	（2）	（3）	（4）
	inter_inc	*re*	*media*	*re*
个体效应	控制	控制	控制	控制
N	261	261	261	261

表 5-11 第（1）列显示，银行金融科技发展指数 *FinT* 的回归系数在 1% 显著水平下为 2.077，说明银行金融科技有利于增加商业银行利息收入。表 5-11 第（2）列显示，利息收入 *inter_inc* 的回归系数在 1% 显著水平下为 0.151，说明利息收入增加有利于提高商业银行收入效率。可以认为，研究假设 5.5（a）成立，即银行金融科技能够通过增加利息收入来提高商业银行收入效率。

表 5-11 第（3）列显示，银行金融科技发展指数 *FinT* 的回归系数在 1% 显著水平下为 2.600，说明银行金融科技有利于增加商业银行中间业务收入。表 5-11 第（4）列显示，中间业务收入 *med_inc* 的回归系数在 1% 显著水平下为 0.074，说明中间业务收入增加有利于提高商业银行收入效率。可以认为，研究假设 5.5（b）成立，即银行金融科技能够通过增加中间业务收入来提高商业银行收入效率。

（三）银行金融科技影响商业银行经营效率的机制

前文实证检验表明，银行金融科技主要通过提高高技能员工占比和减少不良贷款来提高商业银行成本效率；银行金融科技主要通过增加利息收入和中间业务收入来提高商业银行经营效率。根据前文理论分析可知，银行金融科技影响商业银行成本效率和收入效率的渠道也是银行金融科技影响商业银行经营效率的渠道。因此，提高高技能员工占比，减少不良贷款，增加利息收入，以及增加中间业务收入是银行金融科技提高商业银行经营效率的主要渠道。

第六章 银行金融科技影响商业银行资产收益率的实证检验

微观经济学和企业理论都假定利润最大化是企业的经营目标。商业银行经营的三性原则也指出,盈利性是评价商业银行经营绩效的核心指标,也是商业银行经营绩效的最终体现。理论界和实务界普遍认为,银行金融科技驱动的金融创新能够降低商业银行经营成本,并创造新的收入增长点。因此,银行金融科技对商业银行经营绩效创新性的影响及其影响机制值得深入研究。借鉴相关文献,本章采用资产收益率评价商业银行经营绩效的盈利性,选取2011—2019年29家商业银行为样本,构建随机效应模型和中介效应模型,实证检验银行金融科技对商业银行经营绩效盈利性的影响及其影响机制。

第一节 银行金融科技影响商业银行资产收益率的研究假设

资产收益率又称资产回报率,可以衡量每单位资产创造的净利润。资产收益率是衡量商业银行盈利能力的重要指标,该指标的数值越大表示商业银行盈利性越强。关于银行金融科技能否提高商业银行总资产收益率,国内外文献对此研究较少,但是学者普遍认为信息技术改变了传统经济中的利润递减规律,呈现出明显的边际利润递增特征,进而有利于提高企业盈利性,如李建军和王德(2015)指出信息传递成本几乎为零,并将这种特性称为技术的累积性增值,这使得经营模式转变后的商业银行边际成本降低。杨德明和刘泳文(2018)研究表明,在互联网时代,企业提供的个性化和差异化服务有助于提升企业应用收入;张骁等(2019)指出企业信息化改造是企业跨界的颠覆性创新,其能促进企业生产流程重塑和商业模式创新,进而有利于提高企业营业收入。

银行金融科技提升商业银行盈利能力主要体现在以下三个方面:一是银行金融科技以场景化和平台化为经营理念,加强资产类、负债类、支付结算类和代理类业务在政务、产业和消费等领域的合作,打造开放、合作、共赢的生态圈,这在一定程度上形成客户聚集效应(Kao and Hwang,2010),即降低商业银行搜寻匹配成本、客户违约成本、营销成本和获客成本,有利于提高商业银行盈利性。二是银行金融科技能够促进资产类、负债类、支付结算类业务产品多样化发展,增强商业银行各类业务竞争力,优化商业银行收入结构,进而有利于提高商业银行盈利性。三是银行金融科技通过提高商业银行风险管理能力,提高商业银行风险承担能力,增加风险资产占比,进而增加商业银行风险资产盈利性。具体来讲,银行金融科技扩容了商业银行风险数据源,打破了传统商业银行风险数据的结构,使得数据维度得到丰富,数据粒度得到细化,数据延展面得到拓宽,提升了数据准确性和客户甄别度;银行金融科技变革了商业银行风险管理模型和方法,其中,"大数据 + 云计算"技术为商业银行内部评级体系带来了优化和升级,拓宽了观测视角和数据变量,从而提升了模型的精准度。

值得注意的是,上述内容论证的是银行金融科技发展的价值输出阶段。在此之前,银行金融科技需要经历认知阶段、投入阶段和内化阶段,这三个阶段使得银行金融科技对商业银行资产收益率的促进作用具有时滞性。具体来讲,在银行金融科技发展的认知阶段和投入阶段,商业银行需要投入大量的设计、开发、推广、调试等费用,这增加了商业银行的固定成本(谢平等,2015),进而不利于商业银行资产收益率的提高。在银行金融科技发展的内化阶段,商业银行需要对其经营管理模式做出调整,这会产生一定的摩擦成本和协调成本,企业员工需要逐渐适应新的经营管理模式,这会产生一定的操作成本,进而不利于商业银行资产收益率的提高。综合上述分析可知,银行金融科技与商业银行资产收益率之间不是简单的正相关关系,时滞性使得二者之间呈"U型"关系。因此,本节提出研究假设6.1。

研究假设6.1:银行金融科技与商业银行资产收益率之间呈"U型"关系,即银行金融科技对商业银行资产收益率的积极影响具有时滞性。

商业银行发展银行金融科技需要投入大量资金聘请专业化水平高和创新性强的人才,即高技能员工。然而,目前关于高技能员工占比与商业银行资产收益率之间关系的研究还较少,但这一领域的研究为本书提供了有益的启示。高技能员工的知识和创新性一方面能够促进商业银行业务流程的数字化再造,降低交易成本,促进智能设备对低技能员工的替代(孙湘湘和周小亮,2018);另一方面,根据"干中学"理论(Arrow,1962)可知,高技能员工会通过知识外溢过程向低技能员工传输知识和技能,形成技术扩散效应,进一步提高商业银行团队的营销能力、运营能力和创新性,银行总体的生产和服务效率提高,资产收益率得到改善(赵宸宇等,2021)。然而,在银行金融科技发展的认知阶段、投入阶段和内化阶段,高技能员工的高额薪酬形成的挤占效应,以及高技能员工创新过程产生摩擦成本和协调成本,不利于提高商业银行资产收益率。当银行金融科技发展到价值输出阶段,技术扩散效应形成,商业银行对高技能员工的需求量将会减少,挤占效应减少甚至消失,同时摩擦成本和协调成本也会减少,进而高技能员工占比对商业银行资产收益率的促进作用才能发挥出来。因此,本节提出研究假设6.2。

研究假设6.2:高技能员工占比的中介效应是非线性的,即高技能员工占比是银行金融科技影响商业银行资产收益率的渠道。

长期以来,中间业务一直是商业银行的次要业务,中间业务收入占比较低。随着利率市场化基本完成和互联网金融的迅速发展,商业银行资产负债业务的利差不断缩小,借助银行金融科技创新中间业务,提高中间业务收入占比已成为商业银行业务转型的重要任务,也是商业银行构筑竞争优势、持续获得超额利润的源泉。银行金融科技以场景化和平台化为经营理念,助力支付结算类、代理类和智能投顾类等中间业务创新,这在一定程度上形成客户聚集效应(Kao and Hwang,2010),有利于提升中间业务的盈利性,提升中间业务收入占比,促进商业银行盈利结构的优化(顾海峰和闫君,2019),进而有利于提高商业银行资产收益率。具体而言,商业银行一方面借助银行金融科技深耕政务、产业和消费等领域,建设开放、合作、共赢的生态圈,创造多元化银行服务场景,加速拓展中间业务市场;另一方面,借助银行金融科技建设金融服务和管理平台,实现客户个性化服务,提高中间业务服务效率和质量。然而,在银行金融科技发展的认知阶段、投入阶段和内化阶段,中间业务创新过程中产生摩擦成本和协调成本,员工在适应新的中间业务流程过程中产生操作风险,不利于提高中间业务收入占比,进而不利于提高商业银行资产收益率;当银行金融科技发展到价值输出阶段,摩擦成本、协调成本和操作风险降低,中间业务创新来优化商业银行盈利结构,中间业务收入占比提高,进而有利于提高商业银行资产收益率。因此,本节提出研究假设6.3。

研究假设6.3:中间业务创新的中介效应是非线性的,即中间业务创新是银行金融科技影响商业银行资产收益率的渠道。

第二节　银行金融科技影响商业银行资产收益率的研究设计

一、模型构建

为准确估计银行金融科技对商业银行资产收益率的影响,本节利用 Hausman 检验发现,样本数据适合采用随机效应模型进行实证检验。本节构建的用于检验银行金融科技影响商业银行资产收益率的实证检验模型如式(6.1)所示。

$$ROA_{i,t} = \lambda_i + \alpha_1 \cdot FinT_{i,t} + \alpha_2 \cdot \left(FinT_{i,t}\right)^2 + \gamma \cdot X_{i,t} + \mu_{i,t} \quad (6.1)$$

式(6.1)中,i代表商业银行,t代表年份,$ROA_{i,t}$代表总资产收益率,λ_i代表个体效应,$FinT_{i,t}$代表银行金融科技发展指数,$X_{i,t}$代表控制变量,$\mu_{i,t}$为随机误差项。

如果实证检验结果显示,银行金融科技与商业银行总资产收益率之间呈显著的"U型"关系,那么可以采用中介效应模型进一步研究银行金融科技影响商业银行资产收益率的机制,如式(6.2)和式(6.3)所示。

$$M_{i,t} = \lambda_i + \beta_1 \cdot FinT_{i,t} + \beta_2 \cdot \left(FinT_{i,t}\right)^2 + \omega \cdot X_{i,t} + \mu_{i,t} \quad (6.2)$$

$$ROA_{i,t} = \lambda_i + \theta \cdot M_{i,t} + \delta_1 \cdot FinT_{i,t} + \delta_2 \cdot \left(FinT_{i,t}\right)^2 + \eta \cdot X_{i,t} + \mu_{i,t} \quad (6.3)$$

式(6.2)和式(6.3)中,$M_{i,t}$代表中介变量,其他变量的内涵与式(6.1)中的相同,此处不再赘述。

式(6.2)用于实证检验银行金融科技发展指数$FinT_{i,t}$对中介变量$M_{i,t}$的影响。式(6.3)用于实证检验中介变量$M_{i,t}$对商业银行总资产收益率$ROA_{i,t}$的影响。如果式(6.2)中的回归系数β_1或者β_2,以及式(6.3)中的回归系数θ显著,那么中介变量$M_{i,t}$具有中介效应。如果式(6.2)中的回归系数β_1和β_2,以及式(6.3)中的回归系数θ仅有一个显著,则需要采用Sobel检验进一步验证中介变量$M_{i,t}$是否具有中介效应。若通过了Sobel检验,那么中介变量$M_{i,t}$具有中介效应;反之,中介变量$M_{i,t}$不具有中介效应。

二、变量选择

(一)被解释变量

资产收益率(ROA)是本节的被解释变量,其等于净利润与平均资产总额的比值,可以从盈利性的维度衡量商业银行经营绩效。该指标被广泛用于度量商业银行盈利性(宋常和李晓楠,2021;祝继高等,2020)。总资产收益率越高,说明商业银行单位资产创造的净利润越高,即资产利用效果越好;反之,则说明商业银行资产利用效果较差。

(二)解释变量

银行金融科技发展指数($FinT$)是本节的核心解释变量,可以衡量银行金融科技发展水平。银行金融科技发展指数越大,说明银行金融科技发展水平越高;反之,则说明银行金融科技发展水平越低。前文已采用文本挖掘方法、主成分分析法和 Min-Max 标准化方法测算出2011—2019 年 29 家银行金融科技发展指数。基于分类关键词的词频数据,本节对银行金融科技发展进行分层次因子分析,依次计算战略认知发展指数($FinT\_cog$)、渠道建设发展指数($FinT\_chan$)和场景服务发展指数($FinT\_scen$)三个银行金融科技发展分指数,并采用这三个银行金融科技发展分指数替换银行金融科技发展指数,对基准回归进行稳健性检验。

(三)控制变量

为控制其他因素对商业银行资产收益率的影响,本节借鉴已有文献(金洪飞等,2020;李运达等,2020),选取银行规模($scale$)、权益负债比率(edr)和 GDP 增速(GDP)作为控制变量。其中,银行规模采用员工数量的自然对数进行衡量,银行规模越大,商业银行盈利性越强,进而有利于提高商业银行资产收益率;权益负债比率采用所有者权益与负债总额的比值进行衡量,权益负债比率越高,商业银行抗风险能力越强,进而有利于提高商业银行资产收益率;GDP 增速采用 GDP 增长率进行衡量,GDP 增速越快,宏观经济发展势头越好,进而有利于提高商业银行资产收益率。

（四）中介变量

根据研究假设 6.2 和研究假设 6.3 的理论分析，本节选取高技能员工占比（*hig_edu*）和中间业务创新（*media*）作为中介变量，并分别采用研究生及以上学历占比和非利息收入占比进行度量，用于研究银行金融科技影响商业银行资产收益率的机制。

上述四类变量的类型、名称、符号和设计如表 6-1 所示。

表 6-1 变量类型、名称、符号和设计

变量类型	变量名称	变量符号	变量设计
被解释变量	总资产收益率	*ROA*	净利润/平均资产总额
解释变量	银行金融科技发展指数	*FinT*	主成分分析法合成
	战略认知发展指数	*FinT_cog*	战略认知类词频/100
	渠道建设发展指数	*FinT_chan*	渠道建设类词频/100
	场景服务发展指数	*FinT_scen*	场景服务类词频/100
控制变量	银行规模	*scale*	ln（员工数量）
	权益负债比率	*edr*	所有者权益/负债总额
	GDP增速	GDP	GDP增长率
中介变量	高技能员工占比	*hig_edu*	研究生及以上学历占比
	中间业务创新	*media*	非利息收入占比

第三节　银行金融科技影响商业银行资产收益率的实证结果

一、基准回归

为了研究银行金融科技对商业银行资产收益率的影响，本节选取

2011—2019 年 29 家商业银行为样本，Hausman 检验结果显示，$P > 0.05$，这表示式（4.12）的样本数据应该采用随机效应模型进行回归，实证结果见表 6-2。

表 6-2　银行金融科技对商业银行资产收益率的影响

变量	（1）	（2）
FinT	−1.272***	−0.549***
	（0.210）	（0212）
$(FinT)^2$	0.932***	0.478**
	（0.255）	（0.240）
scale		0.034**
		（0.015）
edr		0.020**
		（0.990）
GDP		0.103***
		（0.012）
_cons	1.226***	0.015
	（0.045）	（0.164）
随机效应	是	是
R^2	0.245	0.404
N	261	261

表 6-2 第（1）列显示，在不加入控制变量的情况下，银行金融科技发展指数 *FinT* 的回归系数在 1% 的显著水平下为 −1.272，银行金融科技发展指数二次项 $(FinT)^2$ 的回归系数在 1% 的显著水平下为 0.932，说明银行金融科技与商业银行资产收益率之间呈"U 型"关系，即银行金融科技对商业银行资产收益率的积极影响具有时滞性，研究假设 6.1 成立。

表6-2第（2）列显示，在加入控制变量的情况下，银行金融科技发展指数 *FinT* 的回归系数在1%的显著水平下为−0.549，银行金融科技发展指数二次项 $(FinT)^2$ 的回归系数在5%的显著水平下为0.478，说明银行金融科技与商业银行资产收益率之间呈"U型"关系，研究假设6.1成立，即在银行金融科技发展的认知阶段、投入阶段和内化阶段，商业银行的业务流程、组织架构、资源配置需要反复调试，企业员工需要逐渐适应新的经营管理模式，这些因素导致银行金融科技发展的价值输出阶段具有时滞性。表6-2第（2）列还显示，银行规模 *scale* 的回归系数在5%的显著水平下为0.034，说明银行规模的提高有利于提高商业银行资产收益率；权益负债比率 *edr* 的回归系数在5%的显著水平下为0.020，说明权益负债比率的提高有利于提高商业银行资产收益率；GDP增速的回归系数在1%的显著水平下为0.103，说明GDP增速的提高有利于提高商业银行资产收益率。

二、异质性检验

2015年，商业银行开始成立金融科技公司，兴业银行和平安银行先后建立了"兴业数金"和"金融壹账通"金融科技子公司，这拉开了商业银行借助银行金融科技进行数字化改革的序幕。商业银行以成立金融科技子公司为契机，借助银行金融科技打造直销银行、自建电商、手机银行等线上渠道，以及智慧银行线下渠道，提升客户体验，深化银行金融科技场景化应用，从而搭建移动金融生态圈。中国银行业协会、普华永道联合发布的《中国银行家调查报告（2019）》显示，2019年有13家商业银行成立了金融科技子公司，近五成的商业银行拥有专门的银行金融科技部门或子公司，超过五成的商业银行计划加大与金融科技公司合作。基于上述分析，本节将总样本分为"有金融科技子公司"和"没有金融科技子公司"两类进行异质性检验，回归结果见表6-3。

表6-3　银行金融科技对商业银行资产收益率影响的异质性检验

变量	（1）	（2）
	有金融科技子公司	没有金融科技子公司
$FinT$	−0.875***	−0.394
	（0.241）	（0.311）
$(FinT)^2$	0.617**	0.484
	（0.284）	（0.338）
scale	0.084***	−0.132**
	（0.020）	（0.052）
edr	−0.035***	0.042***
	（0.013）	（0.014）
GDP	0.053***	0.087***
	（0.015）	（0.019）
_cons	0.546**	0.608*
	（0.015）	（0.346）
随机效应	是	是
R^2	0.591	0.420
N	126	135

表6-3第（1）列显示，银行金融科技发展指数 $FinT$ 的回归系数在 1% 的显著水平下为−0.875，银行金融科技发展指数二次项 $(FinT)^2$ 的回归系数在 5% 的显著水平下为 0.617，说明有金融科技子公司样本的银行金融科技与商业银行资产收益率之间呈"U 型"关系。表6-3第（2）列显示，银行金融科技发展指数 $FinT$ 的回归系数和银行金融科技发展指数二次项 $(FinT)^2$ 的回归系数不显著，说明没有金融科技子公司样本的银行金融科技与商业银行资产收益率之间呈显著的"U 型"关系。

三、稳健性检验

(一)替换解释变量

为保证银行金融科技影响商业银行资产收益率的基准回归结果具有可靠性,本节基于分类关键词的词频数据,进行银行金融科技分层次因子分析,依次计算战略认知发展指数($FinT\_cog$)、渠道建设发展指数($FinT\_chan$)和场景服务发展指数($FinT\_scen$)三个指数,并将这三个指数分别替换核心解释变量"银行金融科技发展指数",对基准回归进行稳健性检验。回归结果见表6-4。

表6-4　银行金融科技对商业银行资产收益率影响的稳健性检验1

变量	(1)	(2)	(3)
$FinT\_cog$	−0.145***		
	(0.056)		
$(FinT\_cog)^2$	0.028*		
	(0.016)		
$FinT\_chan$		−0.121*	
		(0.063)	
$(FinT\_chan)^2$		0.031*	
		(0.017)	
$FinT\_scen$			−0.693***
			(0.133)
$(FinT\_scen)^2$			0.496***
			(0.123)
$scale$	0.039**	0.040**	0.053***
	(0.017)	(0.018)	(0.017)

变量	（1）	（2）	（3）
edr	5.771**	1.467	3.042***
	(1.190)	(0.980)	(0.981)
GDP	2.330**	0.112***	0.090***
	(1.004)	(0.010)	(0.011)
_cons	−0.023	−0.086	−0.068
	(0.160)	(0.160)	(0.152)
随机效应	是	是	是
R^2	0.417	0.406	0.465
N	261	261	261

表 6-4 第（1）列显示，战略认知发展指数 *FinT_cog* 的回归系数在 1% 的显著水平下为 −0.145，战略认知发展指数二次项 $(FinT\_cog)^2$ 的回归系数在 10% 的显著水平下为 0.028，说明战略认知与商业银行资产收益率之间呈"U 型"关系，即银行金融科技对商业银行资产收益率的积极影响具有时滞性，研究假设 6.1 具有稳健性。表 6-4 第（2）列显示，渠道建设发展指数 *FinT_chan* 的回归系数在 10% 的显著水平下为 −0.121，渠道建设发展指数二次项 $(FinT\_chan)^2$ 的回归系数在 10% 的显著水平下为 0.031，说明渠道建设与商业银行资产收益率之间呈"U 型"关系，即银行金融科技对商业银行资产收益率的积极影响具有时滞性，研究假设 6.1 具有稳健性。表 6-4 第（3）列显示，场景服务发展指数 *FinT_scen* 的回归系数在 1% 的显著水平下为 −0.693，场景服务发展指数二次项 $(FinT\_scen)^2$ 的回归系数在 1% 的显著水平下为 0.496，说明场景服务与商业银行资产收益率之间呈"U 型"关系，即银行金融科技对商业银行资产收益率的积极影响具有时滞性，研究假设 6.1 具有稳健性。

(二)内生性检验

尽管上述实证检验结果显示,银行金融科技与商业银行资产收益率之间存在显著的"U型"关系,但是仍然需要进一步识别其因果关系。理论上,银行金融科技是影响商业银行资产收益率的重要因素,但是不排除商业银行资产收益率会影响银行金融科技的可能性。因此,有必要对基准回归结果进行内生性检验。因为采用GMM和SYS-GMM方法对短面板数据进行分析会产生较大偏差(刘淑春等,2021),所以本节采用工具变量法进行内生性检验。

本节选取非银行金融科技公司规模(comp)作为工具变量。理论上,非银行金融科技公司规模与商业银行资产收益率之间没有直接关系,即工具变量满足外生性条件。同时,非银行金融科技公司规模会影响银行金融科技,即工具变量满足相关性条件。统计上,本节对非银行金融科技公司规模进行弱工具变量检验,检验结果显示,最小特征值的统计量为1.533不超过名义显著水平15%,说明工具变量非银行金融科技公司规模满足相关性条件。因此,本节选取的工具变量是有效的,进而可以用来验证实证模型是否存在内生性问题,检验结果 P 值为0.000,说明本节所做的基准回归存在内生性问题。本节采用2SLS估计方法对基准回归结果进行稳健性检验,回归结果见表6-5。

表6-5　银行金融科技对商业银行资产收益率影响的稳健性检验2

变量	(1)
第一阶段回归	
comp	0.035***
	(0.017)
第二阶段回归	
FinT	−0.103**
	(0.048)

续　表

变量	（1）
$(FinT)^2$	0.105**
	（0.051）
控制变量	控制
弱识工具变量检验	1.533
内生性检验	0.000
调整 R^2	0.546
N	261

注：内生性检验对应的结果是 P 值。

表 6-5 中第一阶段回归的结果显示，非银行金融科技公司增长 *comp* 的回归系数在 1% 的显著水平下为 0.035，说明非银行金融科技公司增长与银行金融科技发展指数正相关；表 6-5 第中第二阶段回归的结果显示，银行金融科技发展指数 *FinT* 的回归系数在 5% 的显著水平下为 -0.103，银行金融科技发展指数二次项 $(FinT)^2$ 的回归系数在 5% 的显著水平下为 0.105，说明银行金融科技与商业银行资产收益率之间呈"U 型"关系，即研究假设 6.1 的结论具有稳健性。

四、机制检验

基准回归结果显示，银行金融科技与商业银行资产收益率之间呈显著的"U 型"关系，而且该结论具有稳健性。为进一步实证检验银行金融科技影响商业银行资产收益率的机制，本节根据研究假设 6.2 和研究假设 6.3 的理论分析，选取高技能员工占比和中间业务收入占比作为中介变量，同时对式（6.2）和式（6.3）进行回归，回归结果见表 6-6。

表 6-6　银行金融科技对商业银行资产收益率影响的机制检验

变量	（1）	（2）	（3）	（4）
	hig_edu	ROA	media	ROA
hig_edu		−1.211***		
		（0.450）		
media				0.418***
				（0.098）
FinT	0.086***	−0.523**	−0.435***	−0.471**
	（0.026）	（0.219）	（0.131）	（0.214）
$(FinT)^2$	−0.059**	0.330	0.359**	0.270
	（0.028）	（0.228）	（0.140）	（0.224）
scale	−0.002	0.045**	−0.019**	0.061***
	（0.004）	（0.018）	（0.008）	（0.017）
edr	0.070	2.418**	−0.861	2.910***
	（0.121）	（0.978）	（0.592）	（0.964）
GDP	−0.013***	0.080***	0.013*	0.091***
	（0.001）	（0.013）	（0.007）	（0.011）
_cons	0.194***	0.235	0.926***	−0.436**
	（0.028）	（0.185）	（0.084）	（0.181）
随机效应	是	是	是	是
Sobel检验	——		——	
R^2	0.592	0.457	0.233	0.467
N	261	261	261	261

表 6-6 第（1）列显示，银行金融科技发展指数 FinT 的回归系数在 1% 的显著水平下为 0.086，银行金融科技发展指数二次项 $(FinT)^2$ 的回归系数在 5% 的显著水平下为 −0.059，说明银行金融科技与商业银行高技能员工占比之间呈"倒 U 型"关系，即从短期看，银行金融科技有利于提高高技能员工占比，但从长期看，银行金融科技发展到一定阶段时，高技能员工形成技术扩散效应，商业银行对高技能员工需求量减少。表 6-6 第（2）列显示，高技能员工占比 hig_edu 的回归系数在 1% 的显著

水平下为-1.211,说明高技能员工占比降低有利于提高商业银行资产收益率。这表示从短期看高技能员工占比降低,有利于减弱聘请高技能员工花费资金的挤占效应,进而有利于提高商业银行资产收益率;从长期看,技术扩散效应使得高技能员工占比降低,进而有利于提高商业银行资产收益率。可以认为,高技能员工占比的中介效应是非线性的,即银行金融科技对低技能员工的替代效应是银行金融科技影响商业银行资产收益率的机制,研究假设6.2成立。

表6-6第(3)列显示,银行金融科技发展指数 $FinT$ 的回归系数在1%的显著水平下为-0.435,银行金融科技发展指数二次项 $(FinT)^2$ 的回归系数在5%的显著水平下为0.359,说明银行金融科技与中间业务创新之间呈"U型"关系,即从短期看,银行金融科技不利于中间业务创收,但从长期看,银行金融科技有利于中间业务创收。表6-6第(4)列显示,中间业务创新 $media$ 的回归系数在1%的显著水平下为0.418,说明中间业务创新提高有利于提高商业银行资产收益率。可以认为,中间业务创新的中介效应是非线性的,即中间业务创新是银行金融科技影响商业银行资产收益率的渠道,研究假设6.3成立。

第七章　研究结论与政策建议

第一节　研究结论

本书选取2011—2019年29家商业银行为样本,首先根据样本商业银行年度报告的文本信息构建银行金融科技发展指数;然后选取全要素生产率衡量商业银行创新性,选取经营效率衡量商业银行高效性,选取资产收益率衡量商业银行盈利性;最后实证检验银行金融科技对商业银行经营绩效的影响及其影响机制,得出了以下主要结论。

本书实证检验银行金融科技对商业银行全要素生产率的影响及其影响机制的结论是:(1)银行金融科技与商业银行全要素生产率之间呈"U型"关系,银行金融科技对商业银行全要素生产率的积极影响具有时滞性,即在银行金融科技发展的认知阶段、投入阶段和内化阶段,商业银行的业务流程、组织架构、资源配置需要反复调试,企业员工需要逐渐适应新的经营管理模式,这些因素导致银行金融科技发展的价值输出阶段具有时滞性。(2)银行金融科技与技术水平提高指数之间呈"U型"关系,说明银行金融科技通过提高技术水平促进商业银行全要素生产率增长的机制具有时滞性。这主要是因为银行金融科技发展的阶段性问题使得商业银行技术水平的提高具有一定的时滞性。(3)银行金融科技与技术效率提高指数之间呈"U型"关系,说明银行金融科技通过提高技术效率促进商业银行全要素生产率增长的机制具有时滞性。这主要是因为银行金融科技发展的阶段性问题使得商业银行技术效率的提高具有一定的时滞性。

本书实证检验银行金融科技对商业银行经营效率的影响及其影响机制的结论是：(1)银行金融科技有利于提高商业银行成本效率。这主要是因为银行金融科技能够节约或者替代劳动、资本、土地等基本生产要素，降低商业银行经营成本，缩小实际成本与理论最小成本之间的差距。(2)银行金融科技有利于提高商业银行收入效率。这主要是因为银行金融科技借助网络平台，形成平台聚集效应，直接增加商业银行经营收入，同时银行金融科技能够改善组织结构、管理模式和决策流程，提高商业银行的业务服务效率和资产利用效率，进而间接增加商业银行经营收入，缩小实际收入与理论最大收入之间的差距，提高商业银行收入效率。(3)银行金融科技有利于提高商业银行经营效率。这主要是因为成本效率和收入效率从成本和收入两个方面综合反映了商业银行经营效率，当商业银行成本效率和收入效率都提高时，商业银行经营效率就一定会提高。(4)银行金融科技主要通过提高高技能员工占比和减少不良贷款的机制提高商业银行成本效率，进而提高商业银行经营效率。这主要是因为银行金融科技能够促进商业银行业务流程的数字化再造，降低交易成本，促进智能设备对低技能员工的替代，节约商业银行经营成本。同时，大数据技术能够提高商业银行风险管理水平，进而有利于减少商业银行不良贷款。(5)银行金融科技主要通过增加利息收入和中间业务收入的机制提高商业银行收入效率，进而提高商业银行经营效率。这主要是因为银行金融科技解决了信息不对称问题，开拓了长尾市场，扩大了信贷业务规模。同时，银行金融科技促进了中间业务创新，提升了中间业务收入。

本书实证检验银行金融科技对商业银行资产收益率的影响及其影响机制的结论是：(1)银行金融科技与商业银行资产收益率之间呈"U型"关系，说明银行金融科技对商业银行资产收益率的积极影响具有时滞性。这主要是因为在银行金融科技发展的认知阶段、投入阶段和内化阶段,商业银行的业务流程、组织架构、资源配置需要反复调试,企业员工需要逐渐适应新的经营管理模式,这些因素导致银行金融科技发展的价值输出阶段具有时滞性。(2)高技能员工占比的中介效应是非线性的,表明高技能员工占比是银行金融科技影响商业银行资产收益率的渠道。这主要是因为在银行金融科技发展的认知阶段、投入阶段和内化阶段,高技能员工的高额薪酬形成的挤占效应,以及高技能员工创新过程产生摩擦成本和协调成本,不利于提高商业银行资产收益率。当银行金融科技发展到价值输出阶段,技术扩散效应形成,商业银行对高技能员工的需求量减少,挤占效应减少甚至消失,同时摩擦成本和协调成本减少,进而高技能员工占比对商业银行资产收益率的促进作用才发挥出来。(3)中间业务创新的中介效应是非线性的,表明中间业务创新是银行金融科技影响商业银行资产收益率的渠道。这主要是因为在银行金融科技发展的认知阶段、投入阶段和内化阶段,中间业务创新过程中产生摩擦成本和协调成本,员工在适应新的中间业务流程过程中产生操作风险,不利于提高中间业务收入占比,进而不利于提高商业银行资产收益率;当银行金融科技发展到价值输出阶段时,摩擦成本、协调成本和操作风险降低,中间业务创新有利于优化商业银行盈利结构,中间业务收入占比提高,进而有利于提高商业银行资产收益率。

综合上述研究结论可知,银行金融科技有利于提高商业银行全要素生产率、经营效率和资产收益率。这说明银行金融科技从创新性、高效性和盈利性三个方面促进了商业银行经营绩效的提高,可以认为银行金融科技有利于提高商业银行经营绩效。由于银行金融科技对商业银行全要素生产率、资产收益率的促进作用具有时滞性,银行金融科技对商业银行经营绩效的促进作用也具有时滞性。与此同时,银行金融科技影响商业银行全要素生产率、经营效率和资产收益率的机制,也是银行金融科技影响商业银行经营绩效的机制。具体来讲,银行金融科技促进商业银行经营绩效的机制包括：提高技术水平，提高技术效率，提高技能员工占比，减少不良贷款，增加利息收入，增加中间业务收入，促进中间业务创新。

第二节　政策建议

大部分中小型商业银行在借助银行金融科技驱动数字化转型时，普遍面临以下三类问题，一是困于转型能力不够而"不会转"；二是转型成本偏高而"不能转"；三是转型阵痛期较长而"不敢转"。结合上述研究结论，本书从银行金融科技推动银行的创新性、高效性和盈利性发展三个方面提出政策建议。

基于银行金融科技对全要素生产率影响研究的结论，本书提出的建议主要是：（1）推动银行金融科技均衡发展。商业银行要坚持银行金融科技驱动创新发展的理念，进一步提升银行金融科技在战略认知、渠道建设、数字化产品、场景服务等方面的研发与应用，善于运用银行金融科技手段优化商业银行的产品与服务、业务流程、内部控制，以及风险防范机制，保障银行金融科技均衡发展。（2）健全银行金融科技投入信息披露制度。由于银行金融科技具有投资量大和投资周期长的特点，商业银行在保证银行金融科技资金支持充足的前提下，要建立相关金融科技投入信息披露制度，以保证银行金融科技投入资金使用的规范性，而且要讲求银行金融科技投入的实际效果，减少不必要的开支，切忌盲目跟风。（3）推进商业银行管理同步转型。商业银行要顺应经济社会的数字化转型趋势，在研发与应用银行金融科技的同时，要提高商业银行内部组织结构、人力资本和决策流程等互补性管理要素的建设，降低组织管理低效性对银行金融科技效用发挥的负面影响。

基于银行金融科技对银行经营效率影响研究的结论，本书提出的主要建议是:(1)商业银行要充分认识银行金融科技发展对提高商业银行经营效率的重要作用,善于运用银行金融科技优化经营模式、产品和服务、业务流程,以及风险控制等,为提高商业银行经营效率夯实基础。(2)提高银行经营成本效率。商业银行要通过银行金融科技发展,大力提高对人力劳动的替代率,取消不必要的工作岗位,减少不合理的员工支出;要通过银行金融科技发展,拓展负债业务,改善负债结构,降低资金成本;要通过银行金融科技发展,推进银行业务线上化,降低业务开展对物理网点的依赖,减少固定资产投入,进而提高商业银行成本效率。(3)提高银行收入效率。商业银行要通过银行金融科技发展,增强风险管理能力,降低不良贷款率,增加利息收入;要通过银行金融科技发展,创新中间业务产品和服务,改善中间业务客户体验,增加中间业务收入,进而提高商业银行收入效率。只有通过发展银行金融科技,同时提高商业银行的成本效率和收入效率,才能充分发挥银行金融科技对提高商业银行经营效率的积极作用。

基于银行金融科技对银行资产收益率影响研究的结论,本书提出的主要建议是:(1)推动中间业务创新发展。以场景化和平台化为经营理念,助力支付结算类、代理类和智能投顾类等中间业务实现创新,发挥客户聚集效应,形成规模经济;借助银行金融科技深耕政务、产业和消费等领域,建设开放、合作、共赢的生态圈,创造多元化银行服务场景,加速拓展中间业务市场;探索运用机器学习、生物识别、自然语言处理等新一代人工智能技术,提升多媒体数据处理和理解能力,打造个性化、智能化和场景化中间业务,提高中间业务服务效率和质量;探索运用敏捷开发、灰度发布、开发运维一体化等方法提升中间业务创新研发质量与效率。(2)推进人力资源管理同步转型。科技型人才是银行金融科技发展的基石,商业银行要打破部门身份和地域界限,建立人才直达通道,提供有吸引力的福利条件;要建立合理公平的竞争机制,建立科学有效的绩效评价机制,建立明确的员工升职渠道,不断调动各类人才的积极性;要增加员工适应数字化转型的培训,保证在职员工素养与时俱进,提升对数字化、智能化服务环境的适应性,降低不必要的操作风险。

主要参考文献

［1］CHENG M Y, QU Y, 2020. Does bank FinTech reduce credit risk? Evidence from China［J］. Pacific-Basin Finance Journal（63）：101-398.

［2］张金清,李柯乐,张剑宇,2022. 银行金融科技如何影响企业结构性去杠杆?［J］. 财经研究,48（1）：64-77.

［3］李学峰,杨盼盼,2021. 金融科技、市场势力与银行风险［J］. 当代经济科学,43（1）：45-57.

［4］李琴,裴平,2021. 银行系金融科技发展与商业银行经营效率——基于文本挖掘的实证检验［J］. 山西财经大学学报,43（11）：42-56.

［5］谢平,邹传伟,2012. 互联网金融模式研究［J］. 金融研究（12）：11-22.

［6］TANG H, 2019. Peer-to-peer Lenders Versus Banks：Substitutes or Complements?［J］. The Review of Financial Studies （5）：1900-1938.

［7］PHAN D H B, NARAYAN P K, RAHMAN R E, et al, 2020. Do Financial Technology Firms Influence Bank Performance?［J］. Pacifc-Basin Finance Journal forthcoming （62）：101-210.

［8］刘孟飞,王琦,2021. 互联网金融对商业银行绩效的影响机理与异质性研究［J］. 经济理论与经济管理,41（8）：78-95.

［9］周光友,施怡波,2015. 互联网金融发展、电子货币替代与预防性货币需求［J］. 金融研究（5）：67-82.

［10］刘澜飚,齐炎龙,张靖佳,2016.互联网金融对货币政策有效性的影响——基于微观银行学框架的经济学分析［J］.财贸经济,37（1）:61-73.

［11］战明华,张成瑞,沈娟,2018.互联网金融发展与货币政策的银行信贷渠道传导［J］.经济研究,53（04）:63-76.

［12］CHRISTENSEN C M, 2013. The Innovator's Dilemma: The Revolutionary Book That Will Chang the Way You Do Business［J］.Journal of Information Systems,27（1）:333-335.

［13］胡东婉,朱安琪,2018.商业银行非利息收入结构化差异与经营绩效关系研究——基于35家上市银行实证数据［J］.经济学家（6）:82-87.

［14］宋常,李晓楠,2021.城市商业银行属地原则放松对银行绩效的影响——基于重力去管制模型［J］.经济理论与经济管理,41（1）:96-112.

［15］周边,黄叶苊,周舒鹏,2021.法定数字货币与商业银行绩效［J］.国际金融研究（10）:56-66.

［16］YAO T, SONG L, 2023. Fintech and the Economic Capital of Chinese Commercial Bank's Risk: Based on Theory and Evidence［J］. International Journal of Finance and Economics,28（2）:2109-2123.

［17］FENG Z, WU Z, 2018.Technology Investment, Firm Performance and Market Value: Evidence from Banks［R］. Working Paper.

［18］邱晗,黄益平,纪洋,2018.金融科技对传统银行行为的影响——基于互联网理财的视角［J］.金融研究（11）:17-29.

［19］封思贤,郭仁静,2019.数字金融、银行竞争与银行效率［J］.改革（11）:75-89.

［20］潘长春,李晓,2018.M2指标失效与货币政策转型——基于货币创造渠道结构分解的视角［J］.经济学家（2）:28-35.

[21]李运达,陈伟,周华东,2020.金融科技、生产率悖论与银行盈利能力[J].财经科学(11):1-16.

[22]顾海峰,张亚楠,2018.金融创新、信贷环境与银行风险承担——来自2006—2016年中国银行业的证据[J].国际金融研究(9):66-75.

[23]金洪飞,李弘基,刘音露,2020.金融科技、银行风险与市场挤出效应[J].财经研究,46(5):52-65.

[24]郭丽虹,朱柯达,2021.金融科技、银行风险与经营业绩——基于普惠金融的视角[J].国际金融研究(7):56-65.

[25]盛天翔,范从来,2020.金融科技、最优银行业市场结构与小微企业信贷供给[J].金融研究(6):114-132.

[26]黄锐,赖晓冰,唐松,2020.金融科技如何影响企业融资约束?——动态效应、异质性特征与宏微观机制检验[J].国际金融研究(6):25-33.

[27]徐晓萍,李弘基,戈盈凡,2021.金融科技应用能够促进银行信贷结构调整吗?——基于银行对外合作的准自然实验研究[J].财经研究,47(6):92-107.

[28]李建军,姜世超,2021.银行金融科技与普惠金融的商业可持续性——财务增进效应的微观证据[J].经济学(季刊),21(3):889-908.

[29]杨望,徐慧琳,谭小芬,等,2020.金融科技与商业银行效率——基于DEA-Malmquist模型的实证研究[J].国际金融研究(7):56-65.

[30]谢婼青,李世奇,张美星,2021.金融科技背景下普惠金融对商业银行盈利能力的影响研究[J].数量经济技术经济研究,38(8):145-163.

[31]何晓群,2015.多元统计分析[M].4版.北京:中国人民大学出

版社：332.

[32]CHARNESE A，COOPER W W，RHODES E，1978. Measuring the Efficiency of Decision Making Units［J］.European Journal of Operational Research，2(6)：429-444.

[33]成刚.数据包络分析方法与MaxDEA软件[M].北京：知识产权出版社，2014.

[34]MALMQUIST S，1952.Index Number and Indifference Curves［J］. Trabajos de Estatistica，4(01)：209-242.

[35]CAVES D W，CHRISTENSEN L R，DIEWERT W E，1982.The Economic Theory of Index Numbers and the Measurement of Input，Output and Productivity［J］. Econometrica（50）：1393-1414.

[36]FARE R，GROSSKOPF S，NORRIS M，ZHANG Z Y，1994. Producity Growth，Technical Progress，and Efficiency Change in Industrialized Countries［J］. American Economic Review（84）：66-83.

[37]TONE K，2017. RADIAL DEA Model［J］.Advances in DEA Theory and Applications：With Extensions to Forecasting Models，1-10.

[38]MA Y，LIU D，2017. Introduction to the Special Issue on Crowdfunding and Fintech［J］. Financial Innovation，3(1)：8.

[39]FORTNUM D，POLLARI I，MEAD W，et al，2017. The Pulse of Fntech Q1 2017：Global Analysis of Investment in Fntech［M］. New York：KPMG technical report.

[40]沈悦，郭品，2015.互联网金融、技术溢出与商业银行全要素生产率[J].金融研究（3）：160-175.

[41]BARBERIS J，2014. The Rise of FinTech：Getting Hong Kong to Lead the Digital Financial Transition in APAC［R］. Fintech Report. Fintech HK.

[42]黄益平，黄卓，2018.中国的数字金融发展：现在与未来[J].经济学（季刊），17(4)：1489-1502.

［43］谢平，邹传伟，刘海二，2015.互联网金融的基础理论［J］.金融研究（8）：1-12.

［44］黄浩，2018.数字金融生态系统的形成与挑战——来自中国的经验［J］.经济学家（4）：80-85.

［45］谢绚丽，沈艳，张皓星，等，2018.数字金融能促进创业吗？——来自中国的证据［J］.经济学（季刊），17（4）：1557-1580.

［46］郭峰，王靖一，王芳，等，2020.测度中国数字普惠金融发展：指数编制与空间特征［J］.经济学（季刊），19（4）：1401-1418.

［47］贾立文，万鹏，2019.保险科技对财产保险公司业绩影响的实证分析——基于DID模型［J］.江汉学术，38（1）：70-77.

［48］袁康，邓阳立，2019.道德风险视域下的金融科技应用及其规制——以证券市场为例［J］.证券市场导报（7）：13-19，40.

［49］张晓朴，姚勇，等，2018.未来智能银行：金融科技与银行新生态［M］.北京：中信出版社：330.

［50］ARMSTRONG K，2014. Big Data：A Revolution That Will Transform How We Live，Work，and Think［J］. Information，Communication and Society，17（10）：1300-1302.

［51］余宣杰，姜欣荣，2019.银行大数据应用［M］.北京：机械工业出版社：264.

［52］ARMSTRONG M，BARON A，1998. Performance Management：The New Realities［M］. London：Chartered Institute of Personnel and Development.

［53］贾建锋，唐贵瑶，李俊鹏，等，2015.高管胜任特征与战略导向的匹配对企业绩效的影响［J］.管理世界（2）：120-132.

［54］仲伟周，曹永利，SONG S F，2006.我国非营利组织的绩效考核指标体系设计研究［J］.科研管理（3）：116-122，74.

［55］程卓蕾，孟溦，齐力，等，2010.构建测量组织战略绩效的指标体系方法研究［J］.科研管理，31（3）：106-112.

[56]尚虎平,李逸舒,2011.一种概念界定的工具:原子图谱法——以"绩效"、"政府绩效"、"政府绩效评估"概念为例[J].甘肃行政学院学报(4):15-29,126.

[57]彭剑锋,2003.人力资源管理概论[M].上海:复旦大学出版社:507.

[58]张克英,吴晓曼,李仰东,2018.顾企互动对服务创新及企业绩效的影响研究[J].科研管理,39(11):69-78.

[59]COOPER R G,KLEINSCHMIDT E J,1987. New Products:What Separates Winners from Losers?[J]. Journal of Product Innovation Management,4(3):169-184.

[60]SHETH J N,SISODIA R S,SHARMA A,2000. The Antecedents and Consequences of Customer Centric Marketing[J]. Journal of the Academy of Marketing Science,28(1):55-66.

[61]关新红,2003.构建合理的商业银行绩效评价体系[J].中央财经大学学报(7):17-21.

[62]刘艳妮,张航,邝凯,2011.商业银行股权结构与经营绩效的关系——基于上市银行的实证分析[J].金融论坛,16(7):37-43.

[63]顾海峰,李丹,2013.基于因子分析的中国商业银行经营绩效评价研究:来自2010—2011年上市银行的经验证据[J].金融监管研究(1):93-109.

[64]傅勇,邱兆祥,王修华,2011.我国中小银行经营绩效及其影响因素研究[J].国际金融研究(12):80-87.

[65]谢赤,钟赞,2002.熵权法在银行经营绩效综合评价中的应用[J].中国软科学(9):109-111,108.

[66]周春喜,2003.商业银行经营绩效综合评价研究[J].数量经济技术经济研究(12):98-101.

[67]叶静怡,钟贞,2004.我国股份制商业银行经营绩效分析[J].

经济学动态(11):52-56.

[68]戴淑庚,廖家玲,2012.海峡两岸银行业绩效比较研究[J].国际金融研究(10):85-96.

[69]袁云峰,张波,2004.商业银行经营绩效综合评价体系研究[J].国际金融研究(12):28-32.

[70]杨淑萍,赵秀娟,2009.基于层次分析模型的商业银行绩效评价[J].求索(6):35-37.

[71]谭兴民,宋增基,杨天赋,2010.中国上市银行股权结构与经营绩效的实证分析[J].金融研究(11):144-154.

[72]刘孟飞,张晓岚,张超,2012.我国商业银行业务多元化、经营绩效与风险相关性研究[J].国际金融研究(8):59-69.

[73]申创,刘笑天,2017.互联网金融、市场势力与商业银行绩效[J].当代经济科学,39(5):16-29,124.

[74]杨雁,2013.上市商业银行高管薪酬与经营绩效关系研究:基于9家上市商业银行2008—2012年的面板数据[J].当代经济科学,35(6):62-66.

[75]刘信群,刘江涛,2013.杠杆率、流动性与经营绩效:中国上市商业银行2004—2011年面板数据分析[J].国际金融研究(3):88-95.

[76]李红卫,叶晴,2005.商业银行经营绩效评价研究[J].南方金融(3):12-14.

[77]迟国泰,朱战宇,徐珍,1999.基于"三性"分析的商业银行经营绩效综合评价模型[J].中国管理科学,7(4):58-68.

[78]夏冠军,2004.我国商业银行的经营绩效分析[J].运筹与管理(2):145-149.

[79]艾林,曹国华,2013.商业银行盈余管理与经营绩效[J].管理世界(11):174-175.

[80]潘清泉,唐刘钊,2015.技术关联调节下的企业知识基础与技

术创新绩效的关系研究[J].管理学报(12):1788-1796.

[81]谭政勋,李丽芳,2016.中国商业银行的风险承担与效率——货币政策视角[J].金融研究(6):112-126.

[82]周晶,陶士贵,2019.结构性货币政策对中国商业银行效率的影响——基于银行风险承担渠道的研究[J].中国经济问题(3):25-39.

[83]罗小伟,刘朝,2016.资本监管、币政策与商业银行效率研究[J].经济管理,38(2):127-139.

[84] AIELLO F, BONANNO G, 2016. Bank Efficiency and Local Market Conditions：Evidence from Italy [J]. Journal of Economics and Business, 83(3):70-90.

[85]申创,赵胜民,2017.市场竞争度、非利息业务对商业银行效率的影响研究[J].数量经济技术经济研究,34(9):145-161.

[86]LEE C C, LI X, YU C H, et al, 2021. Does Fintech Innovation Improve Bank Efficiency？ Evidence from China's Banking Industry [J]. International Review of Economics and Finance, 74(3):468-483.

[87] BERGER A, DAVIES S, FLANNERY M, 2000. Comparing Market and Supervisory Assessments of Bank Performance：Who Knows What When?[J]. Journal of Money, Credit and Banking, 32(3):641-667.

[88] LIN X, ZHANG Y, 2009. Bank Owership Reform and Bank Performance in China[J]. Journal of Banking and Finance, 33(1):20-29.

[89]李广子,张翼,2016.非信贷业务与银行绩效[J].国际金融研究(10):49-62.

[90] VAN HOME, JAMES C, 1985. Of Fiancial Innovations and Excesses[J]. Journal of Finance, 40(3):621-636.

[91]AKERLOF G A, 1970. The Market for Lemons：Quality Uncertainty and the Market Mechanism[J]. The Quarterly Journal of Economics, 84(3):488-500.

［92］仵志忠，1997.信息不对称理论及其经济学意义［J］.经济学动态（1）：66-69.

［93］黄益平，邱晗，2021.大科技信贷：一个新的信用风险管理框架［J］.管理世界，37（2）：12-21，50，2，16.

［94］ROCHET J C，Tirole J，2003. Platform Competition in Two-sided Markets［J］. Journal of the European Economic Association，1（4）：990-1029.

［95］ROCHET J C，Tirole J，2006. Two-Sided Markets ： A Progress Report［J］. The Rand Journal of Economics，37（3）：645-667.

［96］GABSZEWICZ J J，Wauthy X，2004. Two-sided Markets and Price Competition with Multihoming［J］.DOI：10.2139/ssrn.975897.

［97］ARMSTRONG M，2006. Competition in Two-Sided Markets［J］. The Rand Journal of Economics，37（3）： 668-691.

［98］EVANS D S，2003. The Antitrust Economies of Mult-Sided Platform Markets［J］. Yale Journal on Regulation（20）：325-381.

［99］BAIN J S，1959. Industrial Organization［M］. New York：Harvard University Press.

［100］SCHERER F M，1970. Industrial Market Structure and Economic Performance［M］. Boston：Houghton Mifflin Harcourt.

［101］STIGLER G J，1968. The Organization of Industry［M］. Illinois：Irvin Press.

［102］POSNER R A，1976. Antitrust Law：An Economic Perspective［M］.Chicago：University of Chicago Press.

［103］BORK R H，1978. The Antitrust Paradox［M］. New York：The Free Press.

［104］DIXIT A K，Stiglitz J E，1979. Monopolistic Competition and Optimum Product Diversity［J］. The American Economic Review，69（5）：961-963.

［105］SCHMALENSEE R，1982. Antitrust and the New Industrial Economics［J］. The American Economic Review，72（2）：24-28.

［106］WEITZMAN M，1983. Contestable Markets：An Uprising in the Theory of Industry Structure：Comment［J］. The American Economic Review，73（3）：486-487.

［107］SALOP S，SCHEFFMAN D，1987. Cost-Raising Strategies［J］. The Journal of Industrial Economics，36（01）：19-34.

［108］SHAPIRO C，VARIAN H R，1998. Information Rules：A Strategic Guide to the Network Economy［M］. Cambridge：Harvard Business School Press.

［109］LITAN R E，SHAPIRO C，2001. Antitrust Policy During the Clinton Administration［J］. Competition Policy Center，Working Paper Series.

［110］ORDOVER J A，SALONER G，SALOP S C，1990. Equilibrium Vertical Foreclosure［J］. American Economic Review，80（1）：127-142.

［111］李春涛，闫续文，宋敏，等，2020.金融科技与企业创新——新三板上市公司的证据［J］.中国工业经济（1）：81-98.

［112］杨松令，刘梦伟，张秋月，2021.中国金融科技发展对资本市场信息效率的影响研究［J］.数量经济技术经济研究，38（8）：125-144.

［113］宋敏，周鹏，司海涛，2021.金融科技与企业全要素生产率——"赋能"和信贷配给的视角［J］.中国工业经济（4）：138-155.

［114］丁娜，金婧，田轩，2020.金融科技与分析师市场［J］.经济研究，55（9）：74-89.

［115］赵宸宇，王文春，李雪松，2021.数字化转型如何影响企业全要素生产率［J］.财贸经济，42（7）：114-129.

［116］杨德明，陆明，2017.互联网商业模式会影响上市公司审计费用么?［J］.审计研究（6）：84-90.

［117］黄群慧，余泳泽，张松林，2019.互联网发展与制造业生产率

提升:内在机制与中国经验[J].中国工业经济(8):5-23.

[118]沈国兵,袁征宇,2020.企业互联网化对中国企业创新及出口的影响[J].经济研究,55(1):33-48.

[119]王宇,王铁男,易希薇,2020.R&D投入对IT投资的协同效应研究——基于一个内部组织特征的情境视角[J].管理世界,36(7):77-89.

[120]孟庆斌,杨俊华,鲁冰,2017.管理层讨论与分析披露的信息含量与股价崩盘风险——基于文本向量化方法的研究[J].中国工业经济(12):132-150.

[121]段江娇,刘红忠,曾剑平,2017.中国股票网络论坛的信息含量分析[J].金融研究(10):178-192.

[122]王靖一,黄益平,2018.金融科技媒体情绪的刻画与对网贷市场的影响[J].经济学(季刊),17(4):1623-1650.

[123]JIANG F, LEE J, MARTIN X, et al, 2019. Manager Sentiment and Stock Returns [J]. Journal of Financial Economics, 132(1):126-149.

[124]ACEMOGLU D, RESTREPO P, 2018. Modeling Automation[J]. AEA Papers and Proceedings(108):48-53.

[125]杨光,侯钰,2020.工业机器人的使用、技术升级与经济增长[J].中国工业经济(10):138-156.

[126]FREIXAS X, ROCHET J, 2008. Microeconomics of Banking [M]. Cambridge: MIT Press.

[127]AL-LAHAM M, AL-TARAWNEH H, ABDALLAT N, 2009. Development of Electronic Money and Its Impact on the Central Bank Role and Monetary Policy [J]. Journal of Issues in Informing Science & Information Technology, 6.

[128]FEYZIOGLU T, PORTER N, TAKATS E, 2009. Interest Rate Lberalization in China [J]. IMF Working Paper(9):171.

［129］LEWIS W A，1954. Economic Development with Unlimited Supplies of Labor［J］. The Manchester School，22（2）：139-191.

［130］SOLOW R M，1957. Technical Change and the Aggregate Production Function［J］. The Review of Economics and Statistics，39（3）：312-320.

［131］BABEAU A，DENISON E F，POULLIER J，1969. Why Growth Rates Differ，Postwar Experience in Nine Western Countries［J］. Revue économique，20（5）：915.

［132］陈向武，2019.科技进步贡献率与全要素生产率:测算方法与统计现状辨析［J］.西南民族大学学报（人文社科版）,40（7）:107-115.

［133］祝继高，饶品贵，鲍明明，2012.股权结构、信贷行为与银行绩效——基于我国城市商业银行数据的实证研究［J］.金融研究（7）:48-62.

［134］何平，杨早立，刘显球，等，2018.不良贷款约束下我国上市商业银行全要素生产率时序演变及其驱动因素研究——基于非期望产出的 Malmquist-luenberger 和 Tobit 模型［J］.运筹与管理,27（4）:162-172.

［135］蔡跃洲，郭梅军，2009.我国上市商业银行全要素生产率的实证分析［J］.经济研究,44（9）:52-65.

［136］王诗卉，谢绚丽，2021.经济压力还是社会压力:数字金融发展与商业银行数字化创新［J］.经济学家（1）:100-108.

［137］谢治春，赵兴庐，刘媛，2018.金融科技发展与商业银行的数字化战略转型［J］.中国软科学（8）:184-192.

［138］韩海彬，张莉，2015.农业信息化对农业全要素生产率增长的门槛效应分析［J］.中国农村经济（8）:11-21.

［139］刘淑春，闫津臣，张思雪，等，2021.企业管理数字化变革能提升投入产出效率吗［J］.管理世界,37（5）:170-190,13.

［140］CHUNG Y，FARE R，GROSSKOPH S，1997. Productivity and

Undesirable Outputs：A Directional Distance Function Approach［J］．Journal of Environmental Management，51（3）：229-240．

［141］袁晓玲，张宝山，2009.中国商业银行全要素生产率的影响因素研究——基于DEA模型的Malmquist指数分析［J］.数量经济技术经济研究，26（4）：93-104，116．

［142］李兴华，秦建群，孙亮，2014.经营环境、治理结构与商业银行全要素生产率的动态变化［J］.中国工业经济（1）：57-68．

［143］FARRELL M J，1957．The Measurement of Productive Efficiency［J］．Journal of the Royal Statistical Society，（3）：253-281．

［144］BANKER R D，CHARNES A，COOPER W W，1984．Some Models for Estimating Technical and Scale Inefficiencies in Data Envelopment Analysis［J］．Management Science，30（9）：1078-1092．

［145］ANDERSEN P，PETERSEN N C，1993．A Procedure for Ranking Efficient Units in Data Envelopment Analysis［J］．Management ence，39（10）：1261-1264．

［146］TONE K，2001．A Slacks-Based Measure of Efficiency in Data Envelopment Analysis［J］．European Journal of Operational Research，130（3）：498-509．

［147］AIGNER D，LOVELL C，SCHMIDT P，1977．Formulation and Estimation of Stochastic Frontier Production Function Models［J］．Journal of Econometrics，6（1）：21-37．

［148］MEEUSEN W，JULIEN V D B，1977．Efficiency Estimation from Cobb-Douglas Production Functions with Composed Error［J］．International Economic Review，18（2）：435-444．

［149］庞淑娟，孟祥南，2015.中外银行经营效率测算及多阶段比较［J］.金融论坛，20（8）：47-56．

［150］TONE K，2002．A Strange Case of the Cost and Allocative

Efficiencies in DEA〔J〕. Journal of the Operational Research Society，53（11）：1225-1231.

〔151〕BERGER A N，HUMPHREY D B，1991. Efficiency of Financial Institutions：International Survey and Directions for Future Research〔J〕. Social Science Electronic Publishing，5（1）：49-51.

〔152〕约瑟夫·熊彼特，1990.经济发展理论，2019年版〔M〕.何畏，易家详，译.北京：商务印书馆.

〔153〕MILGROM P，ROBERTS J，1990. The Economics of Modern Manufacturing：Technology，Strategy and Organization〔J〕. American Economic Review，80（3）：511-528.

〔154〕刘孟飞，蒋维，2020.金融科技促进还是阻碍了商业银行效率?——基于中国银行业的实证研究〔J〕.当代经济科学，42（3）：56-68.

〔155〕余晶晶，何德旭，仝菲菲，2019.竞争、资本监管与商业银行效率优化——兼论货币政策环境的影响〔J〕.中国工业经济（8）：24-41.

〔156〕孙湘湘，周小亮，2018.服务业开放对制造业价值链攀升效率的影响研究——基于门槛回归的实证分析〔J〕.国际贸易问题（8）：94-107.

〔157〕ARIFFM，CAN L，2008. Cost and Profit Efficiency of Chinese Banks：A Non-Parametric Analysis〔J〕. China Economic Review，19（2）：260-273.

〔158〕张金清，吴有红，2010.外资银行进入水平影响商业银行效率的"阈值效应"分析——来自中国商业银行的经验证据〔J〕.金融研究（6）：60-74.

〔159〕李小胜，郑智荣，2015.中国上市银行效率及其影响因素——基于两阶段SBM模型的实证研究〔J〕.中国经济问题，4（4）：24-32.

〔160〕李建军，王德，2015.搜寻成本、网络效应与普惠金融的渠道价值——互联网借贷平台与商业银行的小微融资选择比较〔J〕.国际金

融研究(12):56-64.

[161]杨德明,刘泳文,2018."互联网+"为什么加出了业绩[J].中国工业经济(5):80-98.

[162]张骁,吴琴,余欣,2019.互联网时代企业跨界颠覆式创新的逻辑[J].中国工业经济(3):156-174.

[163] KAO C, HWANG S N, 2010. Efficiency Measurement for Network Systems: IT Impact on Firm Performance [J]. Decision Support Systems, 48(3):437-446.

[164] ARROW K J, 1962. The Economic Implication of Learning by Doing [J]. Review of Economics and Statistics, 29(6):155-173.

[165]顾海峰,闫君,2019.互联网金融与商业银行盈利:冲击抑或助推——基于盈利性与盈利结构的双重视角[J].当代经济科学,41(4):100-108.

安徽师范大学徽学普及丛书

品读徽州

邵宝振 著

安徽师范大学出版社

· 芜湖 ·

图书在版编目（CIP）数据

品读徽州 / 邵宝振著 .—芜湖 : 安徽师范大学出版社 , 2019.1

ISBN 978-7-5676-3167-0

Ⅰ.①品… Ⅱ.①邵… Ⅲ.①安徽—概况 Ⅳ.①K925.4

中国版本图书馆CIP数据核字（2017）第230250号

品读徽州

PINDU HUIZHOU

邵宝振◎著

责任编辑：孙新文　蒋　璐

装帧设计：任　彤

出版发行：安徽师范大学出版社

　　　　　芜湖市九华南路189号安徽师范大学花津校区　　邮政编码：241002

网　　　址：http://www.ahnupress.com/

发 行 部：0553-3883578　5910327　5910310（传真）　　E-mail：asdcbsfxb@126.com

印　　刷：虎彩印艺股份有限公司

版　　次：2019年1月第1版

印　　次：2019年1月第1次印刷

规　　格：700 mm×1000 mm　1/16

印　　张：17.25

字　　数：284千字

书　　号：ISBN 978-7-5676-3167-0

定　　价：49.80元

序

王世华

歙县地方志办公室主任邵宝振先生嘱我为其著作《品读徽州》作序，忝为好友，不敢以不文辞。我和宝振先生虽然认识不久，却一见如故。那时他还在歙县档案局副局长任上，言谈之中，深感宝振先生彬彬儒雅，气度自华。此后我们有多次交往，友谊也越来越深。

我之所以愿意捉笔为序，不仅在于宝振先生是我的好友，更在于《品读徽州》是部好书。拜读过后，深感受益匪浅。"品读"二字，饶有意味。徽州真是一方无比神奇的土地。上苍如此慷慨，赋予此地如此美丽的自然环境；但上苍又是公平的，自然环境美，并不意味着人们就可以坐享其成。由于人口众多，土地奇少，徽州人必须出外谋生，也真是应了那句老话："不遇盘根错节，不足以成大器。"几百年来，徽州人"岭南塞北，饱谙寒暑之劳；吴越荆襄，频历风波之险"，吃尽了千辛万苦，前赴后继，万难不屈，不仅赢得了富甲一方、令人咋舌的财富，更催生了光辉灿烂、博大精深的徽州文化。使得徽州不仅自然景观堪称无比，人文景观也可谓人间独步。不能不令人生出一种"羡慕""嫉妒""恨"的感觉。要了解徽州，非要好好"品读"不可，而且要永远"品读"下去。

宝振先生的大著可谓是对徽州初次"品读"的体会。全书分为"风光绝佳处""物华天宝地""人杰竞风流""商业风云录""艺苑谱春秋""民俗殊可观"六辑，七十篇文章，近三十万字，从山水、物产到人物、艺术、民俗各个方面，涵盖面也是相当广泛了。

宝振先生生于斯、长于斯，是地地道道的徽州人，对家乡有着深深的情结。他从心底热爱这里的一山一水、一草一木，更热爱这里的人物，对他们倾注了深厚的感情。哪怕是写一村一园、一塔一桥、一方水口、一座城门、一条古道、一个古寺、一个人物、一桩史事，作者都怀着一片赤子之心，满怀深情地给予细致入微的描写，使人读后受到深刻的感染，对自然景观萌发出也要去领略一番的迫切欲望，对历史人物油然而生出一种敬意。

宝振先生的文学功底很扎实。书中不少篇章的文字既优美又清新，有一种"清水出芙蓉，天然去雕饰"的风韵。如果静下心来细细阅读，慢慢品味，真是一种心灵上的享受。它反映出宝振先生较强的文字表达能力，由此我忽然联想起历史上的徽商。作为一名徽商研究者，我阅读过一些关于徽商的资料，每每被徽商的儒雅所震撼。仅举一例，一位极普通的徽商吴廷枚在女儿出嫁时写了一首《嫁女》诗送给女儿："年刚十七便从夫，几句衷肠要听吾。只当兄弟和妯娌，譬如父母事翁姑。重重姻娅厚非泛，薄薄妆奁胜似无；一个人家好媳妇，黄金难买此称呼。"（嘉庆《东台县志》卷三十《传十一·流寓》，清道光十年增刻本）一个名不见经传的商人能写出如此崇高境界的诗什，多么难能可贵！我总觉得徽商的"贾而好儒"，绝非仅仅停留在表面，更不是像有人讥讽的所谓附庸风雅，徽商的"贾而好儒"已经融化在血液中，并已转化成徽州人的文化基因代代相传了。宝振先生虽不是商人，但也是一位普通的徽州人，他正是秉承着徽州人"好儒"的文化基因，钟情于传统文化，勤奋学习，锻造了自己深厚的文学功底，才写出如此清美优雅的文字来。

此书的价值不仅仅供人们阅读欣赏，还介绍了不少稀见的资料，具有相当的学术价值。比如近代大家许承尧，清光绪三十年（1904）进士，授翰林院庶吉士。人们一般只知道他的著作《歙事闲谭》，谁知道他还是一位大收藏家呢。作者专写一篇《徽州收藏大家——许承尧》，介绍了许氏"半生用笔辛苦，未买双亩田"，大部分收入都用于收藏的情况。他的主要"财富"就是古籍、字画，并自建"檀干书藏"，集中保管，命长子负责管理。人们更不知道，1947年临终前许承尧留下遗嘱，所有这些藏品，在他身后子孙不得分散。中华人民共和国成立初，其后代将这些宝物珍品全部捐赠给政府。本书介绍了歙县档案馆保存的1953年《皖南人民文物馆接收歙县人民政府交来歙县许承尧文物、古书清册》。据统计，许氏共捐赠文物有3 815种，其中古籍14 571册，古玩字画910件。这就使我们更加深了对许承尧的了解，更为他的高尚精神所感动。又如常熟的徽州会馆，人们知之甚少，作者利用去常熟探亲的机会专门对此进行了考察，书中公布了常熟《徽州会馆碑》全文，按原貌迁建的徽州会馆布局以及在常熟经营的著名徽商，这些资料对研究徽商都很有价值。再如茶叶是徽商经营的主要行业，一般只知道经营茶叶需要"茶引"，但我们对"茶引"的原貌就像雾里看花一样，总是说不清、道不明。可喜的是本书公布了一份清同治八年（1869）六月"永盛怡记茶行""请引单"的内容，这真是十分珍贵。至于书中《茶庄竹枝词》《"沙溪凌"的传说》《"胙筹"解读》等篇也给我们提供了难得的新资料。

　　总之，"品读"此书，不仅是一种精神享受，而且能得到很多启示，加深了我们对徽州这块神奇土地的了解。无论是普通大众还是专业工作者都值得一读。

　　徽州的确是一幅看不完的长卷、一部读不尽的大书。《品读徽州》只是宝振先生初次"品读"徽州的结晶，我相信他会继续"品读"下去，衷心期待宝振先生更多的华章问世。

2017年10月26日

（本文作者系安徽省徽学学会会长、安徽师范大学原副校长）

序

不为繁华易素心

洪振秋

近期，我正在写作《新安文学》一书，其中涉及民国和现代的文人较多。尤其是诗人许承尧和文史掌故大家郑逸梅先生，他们不仅是集大成的学问家，在考据上独树一帜，著作斐然，而且也是很著名的文学大家。当然，这些是离不开物华天宝的徽州，以及他们自身的博学多才。他们博览群书，通晓古今，自然而然地形成了集大成的洋洋大观之气象。于是触类旁通，左右逢源，偶尔迸发出的文思，便自然天成，或情泄、或追忆、或哲思，皆可以成为经典文章。之所以有这些想法，是因为我手上正捧着徽州才子邵宝振先生散文集《品读徽州》的书稿，便油然而生了许多想法。

邵先生的散文集《品读徽州》经过他多年的辛勤耕耘，终于有了沉甸甸的收获。他邀我为这本书作序，令我诚惶诚恐。邵先生颇具君子之风，多才多艺，大学中文科班出身，又锲而不舍，佳作迭出，作为生活于同一座徽州古城的文友，又是本书的第一读者，为之高兴，盛情难却。

暖风晓月，陌上花开，新柳正抽鹅黄嫩叶时，我便开始品读这部厚厚的书集，犹如走过博大精深的徽州、婉约的江南。作家用清纯的笔墨写着淡然而沉静的文章，将徽州世间的浮云流水揽入亦喜亦忧的纷然思绪；让世人渐入佳境，慢慢品读着"风光绝佳处""物华天宝地""人杰竞风流""商业风云录""艺苑谱春秋""民俗殊可观"，一篇章节，一个世界，一种境界，涉及徽州自然和人文景观、人物风流、世态风俗等方面，其中融进了作家自身的人生见解、气质情感。不趋时，不媚俗，实在令人敬佩。

这是一部聚众多美文的散文集，而且是以徽州为背景的著作，作者生于徽州，长于徽州，又长期在多个岗位上工作，由此使其不仅有丰富的阅历，更深深地领略着博大精深的徽州文化。他熟知徽州大地的山水绝佳，物华天宝，又兴趣广泛，博学多才。作者极易掌握程朱理学、徽商的兴衰、新安医学、新安画派、徽州建筑等，可以说是信手拈来，疾笔如风。如《水墨徽州》以朴实见长，情感朴实，文字自然清新；《家乡的雪》情感浓郁，语言朴实雕琢。总之，作者的情感表现，或含蓄蕴藉，令人回味；或清新隽永，令人耳目一新；或情致盎然，让人激动拍案。像《风雨廊桥》《走过渔梁》《渔梁坝情思》《徽州民歌》《十里红云做嫁妆——记徽州红妆馆》《年味》，都是品读徽州中不可多得的佳作。

邵宝振先生长期在文史性质的单位工作多年，故书中许多文章史料翔实，确凿可信，是本书的一大特色。他也是一个"庖丁解牛"的高手，书中无论是写名宦、名医、名家，还是《徽州版画》《徽州墨模》《徽州佃仆制与科举考试》，事事有来由，件件有出处，这就让读者在文章中能触摸到一个有血有肉的徽州，尤其显得珍贵。

人物亲切，性格突出，让读者阅后由衷赞叹，如《徽州灯会》《承狮麒麟舞》《徽州茶俗》等，里面尽是一些农、工、商、诸色匠人等，他们手中的灯饰也是千姿百态，风格独具，各色人物亦是争奇斗艳，精彩纷呈。麒麟舞中神仙、财神、童子各自情态万般，栩栩如生。茶俗中的新娘子在拜堂时娇羞可爱，欲罢还休的情态令人难忘。当然，在浪漫婉约的徽州，许多恋情表现在《徽州婚俗》《徽州民歌》中，还有《独具韵味的商妇信函》里。读者只要认真阅读，便会从中看见他们的音容笑貌，体会到那种才子佳人似水柔情的缠绵爱恋，以及徽州人的品格、气质、思想和对人生观的价值取向。

莫道辛苦无人知，回眸一看值千金。这本字字珠玑的集子，不仅让读者认识了徽州，领略了徽州风采和卓越气质，同时也使读者更加了解徽学。随着时间的流逝，会越来越显现出不可替代的文学底蕴。

写到这里，我就情不自禁地想起元代散曲名家冯子振《西湖梅》中的那句"不为繁华易素心"。邵先生始终能够苦守着文化人的良知和操守，他满腹经纶，才华横溢，但始终为人低调、谦逊，是一个地地道道的谦谦君子。或许，他所做的一切"并不浪漫，没有写下轰烈的故事"，然而他那"不为繁华易素心"的情操，却使人禁不住在茫茫人海中向他再三凝望了。因为作家于书海中求索，是文人可贵之处，亦恰是文章魅力所在。文章一事，无非与时相生，与道俱成。所以，不论拈花微笑，悠然静观，或是谨言论世，寄慨古今，邵先生笔下字字都是写心之言。我的水平有限，只是雾里看花，令人心醉而已，只有班门弄斧一番，以之为序也。

2017年10月18日书于徽州问政山下竹风斋

（本文作者系中国作家协会会员）

前　言

　　人生之幸，莫如生在徽州；人生之福，莫如住在徽州；人生之庆，莫如创业在徽州。徽州，是你访古寻幽的佳处；徽州，是你颐养性情的园林；徽州，是你圆梦创业的乐土。徽州，是一部演绎千年的风情大剧，每个人都可以找到灵魂的栖息地；徽州，是一部一辈子也读不完的厚重的书，品读之间，你会发现，懂得越多，爱得越深！

　　徽州之美，美在山水。我曾多次短暂的离开徽州，但当车子一驶入徽州大地，我仍然被徽州的山水所吸引，所感动，而且，感受一次比一次强烈。感谢大自然的鬼斧神工，将位于祖国东南腹地的这一方山水塑造得如此美轮美奂，在徽州的山水间徜徉，打开相机，随意地取一个镜头，就是一幅秀美的山水画卷。这里，有黄山的奇异与灵动，犹如一位顶级的魔术大师，轻轻一掀斗篷，就是一个变幻的世界，仿佛梦境，仿佛仙境；这里，有白岳的清幽与俊秀，紫衣赭裳、丹崖耸翠，犹如一位仙风道骨的道长，微微一摆拂尘，就有万千气象；更不用说婉约、明丽的新安江，犹如少女的曼曼舞姿，一笑一颦之间，就留下了处处的绝佳胜景。一年四季，变幻莫测，撩人情思。春日，那大片大片铺陈在田野与山岗上的金黄色，彰显了徽州的大气与高贵；夏日，喧闹与欢腾的江水，展现了徽州的豪迈与奔放；秋日，大把大把的火红，演绎着徽州的浪漫与激情；冬日，怒放的梅花与冰雪夜话，显示了徽州的睿智与从容。山水是大自然对于徽州儿女的馈赠，千姿百媚，有清幽之美、灵秀之美、峻峭之美、挺拔之美。

　　徽州之美，美在民俗。我常常独自行走于徽州的山乡，让心灵接受徽州淳朴民风的洗涤。走街串巷，青青的石板路、高高的马头墙，牌坊、祠堂、古塔、民宅，恍惚完成了一次穿越，来到了明清的古街。远处巷口石头粿的香味，远远地侵入人们的嗅觉，吸引着我；竹板敲响，现煎现吃的

・ 1 ・

毛豆腐，撩动你味觉的每一个细胞，问政笋、石鸡、桃花鳜，每一样美味都会让人久久回味。村口咿呀的水车，将我拉回了儿时的记忆；油坊的撞击声，仿佛天外的响鼓声声。冻米糖、桂花糕、油豆腐渲染着浓浓的年味；跳钟馗、叠罗汉、抬阁、得胜鼓，每个表演项目都寄予了徽州人的期盼与愿望。庙会、灯会、献彩会，人流如潮，洋溢着浓浓的徽风遗韵。淳朴的乡民，总是热情地将远方来客请入家中，捧出葵花籽、山核桃、山芋干等土特产，塞入人们的怀中。徽州民俗，是千百年的人文积淀，有着古朴之美、醇厚之美、雅致之美。

徽州之美，美在文化。我接触过许多来徽州的文化人，他们说，徽州文化渗透在徽州社会生活的方方面面，在徽州可不敢随意说话，怕一不小心就说错了。"十户之村，不废诵读"，与村镇一起醒来的，是孩童的读书声；与桂花树一起栽下的，是学子的捷报。身背包袱雨伞挺立船头的，除了商贾，还有学人。书籍与算盘的结合，成就了一代代的徽州儒商；刻刀与文化的结合，打造了徽州出版业的高峰；徽墨歙砚与宣纸的结合，让书香传承千年。在书香的浸润下，胡适、黄宾虹、王茂荫……一个个饱学之士从徽州走向全国，走向世界。哪怕是匠人，他们的智慧与才干，凝固在一组组的木雕、砖雕、石雕之中，将现代人的目光从问号拉成了感叹号。东瓶西镜，一个不经意的摆设，就有一段丰富的文化内涵；民歌戏曲，村妇老妪的口中，会有一段长长的明清史；偏僻山乡，老伯刚放下了锄头，就铺开宣纸，拿起了画笔。物化的建筑、典藏的古籍、浩瀚的文物、远去的名人，徽州处处彰显着文化的魅力，在不知不觉中感染着我们。一块瓦当、一片瓷片、一堵城墙，皆透露出丰富的历史文化信息。文化之美，美在儒雅、美在大气、美在睿智。

一生痴绝处，圆梦到徽州。徽州的山水等着你，登黄山诸峰，一览五岳风光；访齐云诸岩，一睹名山胜景；走村镇，穿小巷，处处风光处处景。说不定哪座老宅中，就飘出了悠扬的丝竹声，抬头的中堂上悬挂着一幅唐伯虎的名画。到徽州，一切皆有可能。到徽州，可圆了徽州的山水梦；到徽州，可圆了访古寻幽梦。许多到了徽州的人，爱上了徽州的山水，被徽州浓郁的民俗风情所感染，以至于在这里居家创业，徽州，同样圆了他们的创业梦。

徽州是你约定千年的情人，她娴静、素雅、落落大方；徽州是一杯被山谷幽兰香草浸润的绿茶，香而不腻；徽州，是一部演绎的长篇历史史诗，需要细细品读。

选择徽州，是你一生无悔的抉择！

目 录

第一辑 风光绝佳处

水墨徽州 …………………………………………… 3

住在徽州 …………………………………………… 5

美哉，徽州水口 …………………………………… 7

徽州古城门 ………………………………………… 10

徽州古塔 …………………………………………… 12

风雨廊桥 …………………………………………… 15

徽派园林艺术 ……………………………………… 18

浦口风光入画图 …………………………………… 21

寻访歙城四大名泉 ………………………………… 24

徽杭古道行 ………………………………………… 27

问政古道风景独美 ………………………………… 34

探访文昌古道 ……………………………………… 39

走过渔梁 …………………………………………… 45

走进柔川 …………………………………………… 47

春日小岩访古寺 …………………………………… 49

渔梁坝情思 ………………………………………… 53

第二辑 物华天宝地

中国四大古城 ……………………………………… 59

新安"四宝堂" ···················· 63

徽州茶香香千年 ···················· 69

徽　菜 ···························· 71

游千年府城，品百味小吃 ·········· 78

三潭枇杷熟了 ······················ 82

徽派盆景 ·························· 85

徽州古树 ·························· 88

罕见的古樟树禁伐碑 ·············· 91

第三辑　人杰竞风流

舒　雅——徽州历史上的第一位状元郎 ·········· 97

新安名医张扩 ···················· 100

"御书楼"拾遗 ···················· 103

恩耀两牌坊 ······················ 106

献书四大家 ······················ 108

江南大儒汪宗沂 ·················· 111

新安"印痴"汪启淑 ·············· 114

黄宾虹主办的民国小报——《沪黄报》 ·········· 117

徽州收藏大家——许承尧 ·········· 120

生活即教育 ······················ 127

茶商洪斌彩 ······················ 130

第四辑　商业风云录

四大行业逞英豪 ·················· 135

徽商古道 ·························· 143

风雨新安江 ······················ 146

常熟徽州会馆 ···················· 150

"茶引"小解 ······················ 156

"说帖"里的徽州学徒 …………………………………………159

"鱼鳞册"里乾坤大 …………………………………………162

徽州田赋与"庚子赔款" …………………………………165

第五辑 艺苑谱春秋

漫谈徽商的文化消费 …………………………………………169

苏浙与徽州的一次文艺盛会 …………………………………173

李白歙州访宣平 …………………………………………176

徽州楹联 …………………………………………………178

富庶风雅地，飞鸿石上留——记徽州书法刻石 …………180

《桃花书屋石刻》赏析 …………………………………183

徽州禁碑 …………………………………………………187

徽派篆刻中的"歙四子" …………………………………190

徽州版画 …………………………………………………193

徽州墨模 …………………………………………………196

茶庄竹枝词 ………………………………………………199

邓石如与徽州的不解之缘 ………………………………202

第六辑 民俗殊可观

徽州民歌 …………………………………………………207

十里红云做嫁妆——记徽州红妆馆 ……………………215

独具韵味的商妇信函 ……………………………………218

徽州灯会 …………………………………………………222

承狮麒麟舞 ………………………………………………225

徽州婚俗 …………………………………………………228

上叶古村访高庙 …………………………………………231

徽州茶俗 …………………………………………………235

商俗拾遗 …………………………………………………238

"沙溪凌"的传说 …………………………………………243

"胙筹"解读 …………………………………………246

徽州佃仆制与科举考试 …………………………………249

年　味 …………………………………………252

家乡的雪 …………………………………………255

后　记 …………………………………………258

第一辑 风光绝佳处

水墨徽州

　　青山逶迤，绿水蜿蜒，树影婆娑，粉墙黛瓦马头墙，错落有致，桥吐新月，塔摩苍穹……这就是徽州，清新、淡雅，深邃而不张扬，含蓄而富有魅力，如一坛陈年的桂花酒，香醇绵甜，令人痴迷；更像一幅清雅的水墨画，徐徐为你打开，让你徜徉其中，沉醉其中。

　　小河流淌，杨柳依依，思绪随着春分在你的怀中荡漾。我的眼前是群山环绕的谷地，"路转溪桥忽见"，就是"桃花源里人家"。漫山遍野的油菜花与青绿的山峦交相辉映，煞是赏心悦目。村旁院落与远处的山岗时时点缀着一树两树的桃李，红的像火，白的像雪。粉墙黛瓦的建筑掩映在绿色中，明暗相间。几缕炊烟袅袅娜娜，嬉笑的孩童骑在暮归的老牛身上，带着浓浓的青草香；风中有丝丝缕缕的甜味，村庄仿佛浸润在透明的薄牛奶中。最好是下点小雨噢，细细的雨帘，是随意挥洒的神笔，有勾勒、有渲染、有留白，有灵动的轻雾，慢慢地，远山便笼上了一层面纱，时隐时现，这是徽州村落寻常的景色。春听雨打芭蕉，夏观翠荷竞妍，秋闻丹桂飘香，冬赏腊梅傲雪。四时之景，皆能撩你情怀，犹如水墨丹青，满纸烟云，美不胜收。

　　朗天丽日，呼朋唤友，步步登高，沿着曲折盘旋的登山小道，观一路的山花烂漫，与一林的鸟儿唱和，仿佛与大自然做一次亲密的约会，静心感受，悉心发现，在信步之间，你会有意想不到的收获。或有一只不知名的五彩小鸟闯进你的眼帘；或有一只毛茸茸的小松鼠在荡着秋千；或有一蕨、一笋、一蘑菇。紧三步慢两步，不徐不疾，谈笑之间，就不觉登上了山顶，眼前豁然开朗，如画美景尽收眼底。以徽派建筑为代表的江南民居别具特色，独有神韵。美丽的弧线在蓝天白云的映衬下，显得格外醒目，大面积的白墙与黑色的屋脊线，形成了强烈的反差，给人以震撼。远处群山连绵起伏，近处流水潺潺，山光水色，朦胧而富有诗居三十载，筑室南山巅。静夜玩明月，闲朝饮碧泉。樵人歌垄上，谷鸟戏岩前。乐矣不知老，都忘甲子年。"李白咏之，赞叹不已，遂专程来歙州寻访许宣平。流连徘徊，感慨系之，写下了"人行明镜中，鸟度屏风里"，"槛外一条溪，几回流碎月"的千古名句，留下了"太白楼""碎月滩""望仙桥"等名胜古迹。

郁达夫在他的《出昱岭关记》中对徽州山水做了优美、生动的描述，林语堂对歙县的三阳坑大为赞赏，说："瑞士的山村，简直和这里一样，不过人家稍为整齐一点，山上的杂草树木要多一点而已。"其实，在徽州，像三阳坑这样宁静幽美、古朴典雅，如一幅流动的中国山水画一样的小山村，可以说是星罗棋布。住在徽州，是我一生的幸福。春时可泛舟新安，垂钓江中；夏至登黄山之巅，观云海日出；秋上白岳看万山红遍，参禅悟道；冬时三五朋友，烫酒烹茶，挥洒丹青。其情其景，乐哉悠哉！

近年来，徽州各地城镇建设日新月异，为古老的城市增添了许多现代气息。特别令人玩味的是夜景，朦胧的月光挑起高翘的屋檐，弯弯的小桥，婆娑的树影，倒映在斑驳的江水之中，令人想起苏州河那样的神秘而幽静。徽杭高速的开通，拉近了徽州与江浙地区的距离，许多有识之士纷纷到徽州买房置业。住在徽州，实在是美不胜收！李白有诗云："闻说金华渡，东连五百滩……他年一携手，摇艇入新安。"

美哉，徽州水口

　　徽州，以其独具魅力的自然景观与人文景观吸引着八方来客。徽州古村落正是寻梦徽州的好去处，而水口乃是村落建筑中的点睛之笔，蕴含着丰富的人文价值和美学价值，体现了古徽州人民的审美理想，是徽派园林建筑的重要组成部分。

　　徽州，地处江南丘陵地带，周围群山环抱，境内丘陵起伏，山谷连绵，溪水纵横，山环雾绕，云蒸霞蔚。在那山岭环峙，水流萦回之处，形成了许多大大小小的谷地，徽州的许多村落就依此谷地而建。水口，即一村流水之出口，两山夹峙，众水汇集，为村之门户。如歙县桂溪（今绍濂乡小溪村）的水口"群峰环翠，水流潆回，林木茂盛，土地肥美。中夷广而外扼"（嘉庆《桂溪项氏族谱》）。徽州水口，巧借自然山水，广植佳木、翠竹，筑建桥梁、亭塔、楼阁，以利镇锁，聚集财气，从而丰富了村落景观，改善了人居环境，形成了"绿树村边合，青山郭外斜"的如诗如画的乡村田园风光，成为徽商荣归故里、清逸闲适、陶冶性情、颐养天年的理想家园。

　　徽州水口，具有自然的和谐美。徽商是典型的儒商，受儒家思想的影响，崇尚自然，以"和"为上，强调人与自然、自然与社会的和谐相生，追求天人合一、返璞归真的生活理想。表现在园林上就是充分利用自然山水、因势利导、顺势而生、障空补缺、风卷云舒、行云流水，和谐恬美的山水园林，给人一种恬淡平和、心清气静、澄怀致远的意境美。如黟县宏村水口，巧用真山真水，顺势而发，妙然天成。村口是一片古树林，现尚存古枫杨和古银杏树各一株，浓荫遮蔽，郁郁苍苍；一条二尺多宽的水渠，曲曲折折，流经月沼，汇入南湖，湖面如镜，波光粼粼；湖中广植清荷，亭亭净植；岸边杨柳依依，和风拂面；如月的拱桥穿湖而过，山光水色，相映成趣；桥尽处，便是一座书院，子曰诗云，书声琅琅。四周群山逶迤，牛卧马驰，莺歌燕舞，移步异景，皆成画图。远山、近水、人家，有机构成了宏村水口的美景。

徽州水口，具有含蓄的婉约美。一亩乃至数亩之地，通过营林造桥，蓄水置亭，形成花树掩映，林木幽深，池水荡漾的景致，迂回曲折的道路或隐或现，营造出一个"山重水复疑无路，柳暗花明又一村"的深邃意境，给人以一波三折、一唱三叹的婉约美。徽州水口还丰富了村落景观层次，起到了很好的铺垫与渲染的效果，更激起人们探古访幽的兴趣。如黟县的西递水口，水口处于两山夹峙处，山势蜿蜒、水流潺潺、古木参天、石径穿云、小桥弯弯、鸟翔猿鸣、山重水复，行数里，豁然开朗，乃是桃花源里人家。清代曹文埴这样描绘西递："青山云外深，白屋烟中出。双溪左右环，群木高下密。曲径如弯弓，连墙若比栉。自入桃源来，墟落此第一。"正是这样曲折、婉约的水口，外人不易觉察此处尚有良田美景，使西递人得以怡然耕读，繁衍生息。

徽州水口，具有典丽、秀雅的意境美。徽州处处皆是青山绿水，风景宜人，而水口的营造，蕴含着丰富的人文色彩。雄村水口"缘溪之曲，筑平堤，艺佳树，苍翠无际，隐隐如画图"（清·沈德潜《竹山书院记》），并"于溪干建文阁，创书院，修社祠，筑园亭，植花木。每一登眺，则云山苍翠，俨然画屏，暮霭朝岚，俯仰万态"（清·曹学诗《所得乃清旷赋》）。唐模水口，依山傍水，景秀林深，清溪十里，鸟语花香，踏涧穿林，有一座高大的八角古亭兀立，八角上各悬一只铁马，清风徐来，叮当悦耳，催人奋进。一条青石板古道，蜿蜒前伸，缘溪而进，便是檀干园，素有"小西湖"之美称，园内有桃花林、白堤、蜈蚣桥、玉带桥、三潭印月、响松亭、湖心亭、镜亭等景点。镜亭内壁嵌有苏轼、黄庭坚、米芾、董其昌、文徵明等宋元明清的书法名家石刻。清末翰林许承尧曾为檀干园写下一副著名的长联："喜桃露春浓，荷云夏净，桂风秋馥，梅雪冬妍，地僻历俱忘，四序且凭花事告；看紫霞西耸，飞布东横，天马南驰，灵金北倚，山深人不觉，全村同在画中居。"丰富灿烂的徽州文化为水口园林注入了意境深远、秀丽典雅的意境美。

徽州水口，具有古风悠悠的古朴美。古木参天，绿影婆娑；古桥遗韵，似水流年；古亭翼然，犹闻吟咏。许村水口的高阳桥诉说着徽商离别亲人、云走四方、关山万里、生死浮沉的故事；八角亭述说着当年文人雅士吟诗作赋、把玩奇珍、品评书画的盛况；双寿承恩坊述说着百岁老人恩爱有加、福泽恩荣的典故。漫步徽州水口，思古之情油然而生。

徽州水口，具有丰富的美学价值，它是徽派园林建筑与徽州山水的有机结合，是村落的命脉与活力的源泉。

徽州古城门

在冷兵器时代，高筑城楼，因势凭险，易守难攻，历朝历代皆以修筑城池为要务。

史载，东汉末年，毛甘筑城于乌聊（今歙城长青山）。唐越国公汪华在隋义宁中称吴王时，将新安郡自休宁万安山迁至乌聊山，始筑郡城。城东半抱山，西半据平麓，扬之水顺城东北而西为练溪，环东南隅而下歙浦，因之为池。山溪之险，天造地设。

徽州古城门多为六门，作为出入城池之用。据民国《歙县志》记载，宋宣和四年，知州卢宗原于旧州城修筑罗城，"启六门，东曰富州，西曰丰乐，南曰表城，西南曰紫阳，北曰通济，东北曰太平。皆为楼，又环以敌楼，不复为子城，而于州治之南数百步为谯楼"。明弘治年间的《徽州府志》记载，休宁县"宋城九里三十步，启六门，东曰迎春，西曰忠孝，南曰班政，北曰良安，东南曰牧宁，西南曰美俗"。黟县"宋初城周二里，三百五十步，有六门"。

几千年的徽州文化也赋予了城门不同的含义，东、西、南、北四门皆有其特殊的功用。东城门为古代迎接贵宾，庆贺丰收和胜利的场所，一般建有迎宾阁；如果死刑犯游街示众时，只要出了此门，便可免除一死，故称"活门"。南城门为战事动员、兵士集中之所，一般建有烽火台；每逢大旱，官府求雨，皆要关闭此门，此乃水火不相容，故称"火门"。西城门近于水，一般建有护城河，河上架桥，谓之"水门桥"；干旱时节，官员出城求雨，接菩萨从此门出入，故称"雨门"。古代斩首者游遍全城后，出北门斩首，北城门故称"死门"。

由于朝代更替，战事频繁，洪水侵袭，城池修而又毁，毁而又建，因此各个时代的城门又有差异，城楼风格也不尽相同。如歙县县城的南谯楼，始建于隋末，相传为汪华吴王府外子城的正门门楼，筑台为楼，台虚其中，成过街楼形式。台包砖，下大上小，收分明显。台门洞方形，宽4.5米，沿门洞两侧在石地栿上立木柱，又称"排叉柱"，每侧13根，成10度斜倚墙壁，上支横梁，以承楼载。楼三重三开间，砖木结构，高脊重檐。高约20米，宽约15米，进深约10米，占地面积210平方米。南谯楼为徽州州、路、府衙署正门，兼作报时建筑之用。东谯楼坐落于歙县中和街，宋绍兴二十年（1150）因风水之说，建迎和门，又称阳和门，以替代谯楼。原置于谯楼的铜壶等报时设备曾迁于此，因名鼓楼。筑台为楼，下辟方形门阙，楼宽12米，深10米，高13米，歇山顶，重檐虚阁，高脊翘角，前后通间设窗。有石阶从东南、西南侧曲折而上。

至正十七年（1357），总兵邓愈加筑徽州府城，共开五座城门，门上有楼，门内设兵马司房，城上有窝铺，并建有敌楼，城外东西北三面有濠池。明嘉靖三十四年（1555），知县史桂芳为抵御倭寇，复建县城，开四座城门，南紫阳，东问政，北新安，西玉屏。绩溪县在宋时仅立三门。

沧海桑田，经过漫长的岁月，能蹚过历史长河，侥幸留存到今的古城门已屈指可数，但通过歙县的阳和门、东谯楼、德胜门等仍可以想象当年城门建筑之恢宏壮丽。

徽州古塔

西湖边上有座雷峰塔，因演绎了许仙与白娘子美丽而曲折的爱情故事，而让我们在西湖徜徉时，平添了几分柔情与遐想。在徽州大地，点缀在城镇山乡的古塔，与徽州的其他古建筑一样，同样赏心悦目，拨人心弦。

史载，我国历史上曾有两次砖塔建设的高潮。一是历史鼎盛时期的唐朝，初建于652年的陕西西安大雁塔就是其中的代表，用于存放高僧玄奘从印度带回的佛像和佛经。塔的平面是正方形，层层上叠，共七层，计六十余米。造型朴素单纯，给人以庄重而坚定的印象。宋代在全国各地建筑了数量众多的砖塔，形成了我国砖塔发展的第二次高潮。宋代砖塔平面多采用八角形，个别为六角形，少数仍沿用方形。外观式样以楼阁式为主，它的内部结构进一步改革，形制丰富多样，计有壁内折梯式、回廊式、穿壁式、穿心式、旋梯式。北京的天宁寺塔（辽代）和杭州的六和塔（绍兴二十六年制，即1156年）可以作为代表。唐代砖塔都采用空筒式结构，用木梁板做楼层，安全性差。宋代砖塔将空筒式结构改变为外壁、楼层、塔梯三项联为一体的形式，使得每层都有固定的楼层，从而增加了横向拉力，使砖塔坚固稳定。至今还有许多宋代砖塔存留下来，便是这种结构优越性的明证。徽州现存的古塔，多为宋代以来存留下来的精品。

徽州古塔规模最为宏大的，当属歙县府城内的天宁万寿寺塔。据民国《歙县志》记载："庆历三年，僧省先募人为塔，十三层，高三十仞，广十丈，其下为屋百余间。"可惜毁于战火，现已荡然无存。现存最小巧精致的塔当属歙县二中校园内的新州石塔。此塔原名大圣菩萨宝塔，建于南宋建炎三年（1129），是一座乡人为乞求子嗣而建造的佛塔。全塔用赭色麻石凿砌而成，重楼式，五层八面，形状如铜，高4.6米。二层设香火窟，三层左右两侧镌有斗大的"佛"字，四层八面均为"如来神位"字样，五层发券内为如来佛像佛雕。

最富于诗情画意的古塔，当属长庆寺塔。它坐落于歙城西干山，依山麓，临练水，四面临空，拔地而起，气势轩昂，巍峨壮丽。山上林木茂盛，松涛阵阵，空谷传响，风景秀丽。塔建于宋宣和元年（1119），为楼阁式七层实心砖塔，高23.1米。塔一层较高，有回廊，四面辟有券门，门洞内置石雕莲瓣佛座。底层以上墙面中间均隐出窗券，墙面上有彩绘佛像图案，层层飞檐，每檐翼角下悬有风铎。塔每层边长自下而上逐层递减，形成自然圆和的收分，呈现出秀丽舒展的轮廓。唐时，西干有十座寺庙，因近长庆寺，故因寺而名，现十寺俱亡，而古塔犹存。曾在五明寺出家的新安画派鼻祖渐江有诗云："我有闲居似辋川，残书几卷了余年；王维当日诗中意，尽在前山竹树边。"宋代诗人范成大在欣赏了长庆塔雪景后，咏出"水西万株树，玉塔照银阙"的妙句。在经历了近九百年的风雨后，长庆塔仍以其优雅的姿态矗立在碎月滩边。每当夕阳西下，残红晚照，练水倩影，清风徐来，风铎声声，寥廓江山，满怀情思，欲咏欲歌！

最富于建筑魅力的古塔，当属丰乐河边的岩寺文峰塔。它始建于明嘉靖二十二年（1543），历时十二载方才建成。塔七层八面，高66.6米，底径8米，楼阁式砖木混合结构。塔内有砖阶自复壁盘旋而上，每层皆有佛龛、金匾。塔室为八角穹隆顶。塔檐底层外伸1.5米，逐层递增，至第七层檐出2.9米。四百多年前的古徽州匠师们，竟已掌握了构造学中的稳定规律，以逐层增加的微差，改变了人的视觉印象，强化了建筑的艺术表现力，使高塔矗立在开阔的谷地之上，更显得雄伟与庄重。传说，丰乐河连年洪水泛滥，淹没良田，冲毁房屋、桥梁，风水先生看了地形山势后，说河中有妖作怪，须建塔镇守，方可免除水灾之患。果然塔成之后，年年风调雨顺，五谷丰登。另一说是，建塔为笔，垒台为砚（塔东有凤山台），塔西佘公桥（现已不存）为墨，预示岩寺镇文运昌盛。

最富于美术价值的古塔，当属祁门县塔下村的伟溪塔、休宁县榆村乡富溪村西山头的辛峰塔。伟溪塔始建于北宋元祐八年（1093），六边五层，青砖垒砌，平面底层内径5.66米，高23.1米。塔身内外镶嵌浮雕佛像砖400余块，每块上各有佛像三尊。居中大佛，方面大耳，面相端正，上体半祖，体态丰腴，双手合十，盘坐莲台，台下有须弥座。两侧各立小佛一尊，三佛背后均衬以佛光。辛峰塔，明万历间，时任光禄寺丞的榆村人程爵出资兴建。塔高36米，六角七层，基底部周长21米。塔内有219级阶梯盘旋直通塔顶，塔内佛龛原有砖雕菩萨659尊，现仅存三分之一。佛像雕工精细，造型生动，神态逼真。两塔的砖雕佛像是徽派砖雕艺术在古塔建筑中的生动体现，具有较高的美术价值。

徽州古塔是我国传统建筑艺术与民族佛教文化相融合的产物，有的庄重雄伟，有的秀丽挺拔。多为砖石、砖木结构，木塔与铁塔现已无存。塔层呈三层、五层、七层不等，一般为单数；侧面呈四面、六面、八面，一般为双数。塔内大多内空，可盘旋而上，每层侧面辟有门洞或窗口，供人凭眺远望，少数为实心塔。点缀在徽州山水之间的古塔还有潜口的下尖塔；休宁县城南郊玉几山东西两侧的巽峰塔和丁峰塔，万安镇万寿山的古城塔；黟县城西的云门塔；祁门县城南凤凰山上的文峰塔；婺源县浙溪河畔的龙天塔等。

徽州古塔，其附着的浓厚的佛教色彩，随着岁月的流逝，已逐渐淡去。我们现在所欣赏的是千百年来徽州先民们以其精湛的建筑技艺与艺术佳构为秀美的山水平添了几分雄伟与壮丽，表达了普通百姓祈求幸福安宁、向往美好生活的愿望。

徽州古塔，神秘梦幻。到徽州，在欣赏山水风光的同时，别忘了去看看古塔，或坐于塔下，闭目遐思；或登高望远，激情澎湃。

风雨廊桥

　　徽州，地处亚热带季风性气候，山势蜿蜒，溪谷纵横。每年春夏之交，大雨倾盆，江河暴涨，水势凶猛，冲毁木桥、堤岸，平时用于摆渡的小船也只能是望水兴叹，"隔河千里远"，确实是古徽州人由衷的感叹。"自明以降，叠石求坚，利涉惠民"（民国《歙县志》），在徽商雄厚财力的支持下，徽州在大小河流上修建了大量的石桥。据不完全统计，知名的徽州古桥尚有120余座，其中80余座已被列入省市县重点文物保护单位，如歙县的太平桥、万年桥、紫阳桥，屯溪的镇海桥，休宁的登封桥、梦真桥，祁门的平政桥、仁济桥，也称"阊江双桥"。

　　在徽州古桥中，有一类桥独具特色，极富魅力，它将桥与廊有机结合起来，那就是风雨廊桥。此类古桥，既有水上交通的功能，又能为人们遮风避雨，夏日纳凉，还兼有集市、祭神、会友等功能。集桥梁建筑工艺与徽派建筑特色为一体，富有典型的江南风情，婉约多姿。

　　北岸风雨廊桥位于歙县北岸棉溪河上，又名北溪桥，建于清中叶，2墩3拱，长33米，宽4.7米，高6米。桥上建廊屋11间，砖木结构，高约5米，中间有佛龛，供人们祭拜之用，祝愿家人平平安安。沿墙置坐凳，供人们休憩、聊天、纳凉。南北两端有桥门，各建弓形山墙，南端门额"乡贤里"，北端门额"谦庵旧址"，北端门柱上镌有"往府大路过桥"六个大字。东侧墙上辟有8个大方窗，水磨青砖砌成龟纹、梅花纹等花格，别有趣味，东侧外墙上书有"西流毓秀"，有趣的是"流、毓"均少了上面的点，据说是少了水，而桥永固。西侧辟8个风洞窗，样式有满月、花瓶、桂叶、葫芦等，左右对称，寓意吉祥，祝愿黎民百姓团团圆圆、岁岁平安、蟾宫折桂、子孙繁衍、叶落归根。风洞窗的开设，既利于空气对流，又便于远眺景物，打破了单调的平面墙设计，增加了建筑物的美感。廊桥的北端西侧第二间东墙设大型月洞，置飞来椅，俗称"美人靠"，堪称神来之笔，从"美人靠"望去，有一颗石榴树生长在河边的石隙中，据说已有数百年，"榴"同"留"，美人流连，以盼君归。桥西侧有一风洞窗卷成书卷样式，鼓励后世子孙要书卷在手，孜孜以求。为减缓水流对桥的冲击，桥东西走向而略偏北。漫步廊桥，桥下溪水潺潺，远方群峰如黛，田野里阵阵的油菜花香袭来，惹得人柔肠百转，思绪万千。

高阳桥，位于歙北许村昉溪上，旧为徽州府至安庆的官道上。宋处士许寿始建双孔石垛木桥，元代许友山重建。明弘治年间，许胜生改建为石拱桥。嘉靖三十六年（1557）重修，并建廊桥。清康熙二十二年（1683）重修，桥身为双孔石拱桥，长21米，宽5.3米，上建砖木结构长廊，桥廊内分七间，两侧置坐凳，中间顶部彩绘云龙飞凤，中间南侧置佛座，面对圆窗，窗左侧，有一"宝库"窟（焚纸炉），炉砌在墙外分水墩上。桥廊外观为三大间，中间略高，使脊线、山墙错落有致，与周围的牌坊、大观亭、古民居相互映衬。不远处，便是许公垂钓处，清风徐来，水波不兴；桥旁古树掩映，水埠上村姑的浣衣声时时入耳，宛如一曲乡村咏叹调。许村民俗活动丰富，有大刀灯、秋千、旱船、舞龙舞狮等表演，还有春社、接观音、双忠会等祭祀活动，而高阳桥及其周边地区为活动的主要场所。

彩虹桥，位于婺源县的清华镇，桥如彩虹卧波，故因此得名。此桥始建于南宋，历代皆有修葺，为长廊式人行桥，全长140米，宽6.5米，桥基四墩呈半截船形，墩前植绿草花卉，墩尾是粉墙阁亭，亭中置有石桌石凳，两墩之间跨径15米，均以4根木梁联结，木梁上铺杉木板成桥面，青瓦结顶。桥上多楹联："胜地著华川，爱此间长桥卧波，五峰立极；治时兴古镇，尝当年文彭篆字，彦槐对诗。""清景明时，彩画辉煌恢古镇；华装淡抹，虹桥掩映小西湖。"

知名的徽州廊桥还有唐模的高阳桥、岩寺的洪济桥、婺源县甲路村的花桥、歙县绍村的长生桥等。徽州廊桥，徽州女人们在这里依依送别带着包袱雨伞闯天下的男人们，又在这里翘首祈望，在外打拼的男人们荣归故里。徽州廊桥，记录着太多的徽州遗梦。如今徽州廊桥已成了观光旅游的佳处，在这里，煎几盘毛豆腐，下一碗水饺，煮一碗汤圆；或听一段小曲，摆一段龙门阵；或清心远眺，亦是云淡风轻，不亦乐乎。

徽派园林艺术

明清时期，我国的园林艺术出现了繁盛的局面，皇家苑囿，寺观名胜，私家园林交相辉映，各呈异彩。作为同时期鼎盛兴旺、财力雄厚的徽商，自然不甘落后，他们除了在寄居地的扬州、苏州等地大兴土木，兴建众多园林之外，在他们的"后花园"——徽州，也同样营造了一个安适、儒雅的"大宅院"。

徽州地狭人稠，土地弥足珍贵，绝不可能动辄数百上千亩的田地用于园林建设，"本府虽山中，绝无歌台舞榭池馆之侈，然而据林泉之胜，以宅第楼观相雄者，亦比比有之。"（明弘治《徽州府志》）因此，徽州园林大多依附于寺观、书院、村落水口、民居庭院而建，我们权且称之为寺观园林、书院园林、水口园林、私家园林。寺观园林中，比较著名的有歙县的太平兴国寺、星岩寺（俗称小南海），休宁齐云山的玄天太素宫，黄山的慈光寺等。书院园林以雄村的竹山书院为代表。水口园林则星罗棋布于徽州的各个村落，如黟县的西递、宏村，绩溪的龙川，歙县的雄村、桂溪、许村等。私家园林是徽州园林的主角，在徽州园林中占据着重要的地位，无论其数量还是品味都居其首位，比较著名的有唐模的檀干园，西溪南的果园、曲水园、十二楼，潜口的水香园、富塌的婆罗园等，至于板桥先生所津津乐道的"十笏茅斋，一方天井，修竹数竿，石笋数尺，其地无多，其费亦无多也。而风中雨中有声，日中月中有影，诗中酒中有情，闲中闷中有伴，非唯我爱竹石，即竹石亦爱我也"（《板桥题画竹石》），这样的庭院，在徽州则比比皆是。细细品味这些园林，我们不难发现，徽州园林的营造是致力于满足人的居游，追求心境的闲逸和生活的舒适，具有较浓厚的人文关怀情愫。

徽州山清水秀，风物宜人，四时异景，美不胜收。徽州园林，巧借自然山水，精心营造，融于山川之中而胜于山川之景。徽州园林在筑山、理池、植物、建筑等筑园手法上都独有特色，如歙县的新安碑园是依山而建，拾级而上，穿过山中天，至山顶不仅可欣赏到精妙绝伦的碑刻，还可听松涛阵阵，竹喧鸟啼；远可眺黄山诸峰，近可观四水汇集，古城美景。多景园则傍水而建，明媚的江水，粼粼闪烁，沿江的美人靠，形态各异的漏窗为你打开一幅又一幅美丽的画卷，披云诸峰，长庆寺塔朦胧的倒影，在江水中显得那么富有诗情画意，更有一叶扁舟轻轻划过，那恰如五线谱上跳动的音符。徽州园林，巧妙地将周围的天然风景剪裁入园，通过借景的方式，与周围的景物融为一体，显得那么自然与和谐。

徽州园林虽小，但能小中见大，无论是空间的布局，亭台楼阁的建设，还是草木花卉的栽植，厅堂轩馆的陈设，都是匠心独运，显得精致典雅。唐模的檀干园，是仿杭州西湖而建，素有"小西湖"之美称。古木参天，有亭翼然；"同胞翰林"坊巍峨高大，古朴典雅；"确皋精舍"恢宏大度，气宇轩昂；荷叶田田，丹桂飘香。园内有桃花林、白堤、玉带桥、三潭印月、响松亭、湖心亭、镜亭等胜景。在这里，同样可以欣赏到"断桥残雪""平湖秋月""三潭印月""曲院风荷""柳浪闻莺""苏堤春晓"等美景。镜亭四面环水，亭内四壁嵌有大理石刻成的十八方历代名家书法碑刻，正草隶篆诸体皆备，分别为苏轼、黄庭坚、米芾、赵孟頫、董其昌、文徵明、八大山人等大家。置身亭中，既可饱览四周美景，又可感受祖国博大精深的文化。雄村的竹山书院主要由桃花坝、书院、桂花厅、八角亭、山中天、含翠楼等景点构成。桃花坝为临江古坝，坝上遍植桃花，"竹溪有桃数百株，花时烂漫如锦，春和景明，颇堪游眺"（《石鼓砚斋诗抄》）。入园用一木屏风作隔景，石柱上悬挂一副对联"竹解心虚，学然后知不足；山由篑进，为则必要其成"，以激励莘莘学子，虚心好学，发奋图强。经过回廊，可至桂花厅，厅中装饰精雕细刻，厅前植有桂花树数十棵，据说只有中举的族中弟子才有资格在庭中植桂一株。桂林的尽头有一座高大的八角古亭，名"凌云阁"，高大雄伟，气势不凡。上悬"贯日凌云"四字金匾，左右柱子上有一副楹联："扶君臣朋友之伦，心悬日月；证圣贤豪杰之果，道在春秋"，寓意深刻，耐人寻味。

徽州园林，与徽州的文学艺术是密不可分的，新安画派的诸多画作中，就留下了许多徽州园林的影子。徽州园林，非匠人造园，而是直接由文人设计、监造，没有富贵气、没有市井气，而是淡雅、质朴、自然、幽静，富于诗情画意。黟县西递的西园有一对石雕漏窗，分别为"松石图"和"竹梅图"，构图生动，工艺精湛，喻示主人坚韧挺拔、劲节傲寒的精神气节。在徽州园林中，植物的栽植常寄托了人们的精神追求，如梅花的淡雅、兰花的清幽、竹子的清节、菊花的隐逸等；松柏则象征着坚强与长寿，莲花象征洁净无瑕，牡丹、桂花象征荣华富贵，紫薇象征高官厚禄，石榴象征子孙繁衍等。至于唐诗宋词中描绘的意境则是随处可以体会。在檀干园，你可欣赏到"碧玉妆成一树高，万条垂下绿丝绦"，"接天荷叶无穷碧，映日荷花别样红"的景致；在桂花厅，你可以体会"疏影横斜水清浅，暗香浮动月黄昏"的妙境；在太白楼，你可以"栏杆拍遍，无人会，登临意"；有机会在哪座园林中小住，则有"小楼一夜听春雨，深巷明朝卖杏花"的清雅。真可谓"水面文章风写出，山头意味月传来，鸟语花香帘外景，天光云影座中春"的园林意趣。

徽州园林，在中国园林史上具有重要的地位及独特的艺术魅力，它对扬州、苏州等江南园林都有直接的影响，书画家、造园名家石涛就曾往扬州叠石造园。徽州园林，布局灵活，因势赋形，虚实相生，动静结合，精雕细刻，以小见大，特色鲜明。有人说，徽州，黄山白岳之间，江水蜿蜒，古村、古桥、古塔、古牌坊点缀其间，风景秀丽，古朴安详，它本身就是一座博雅的园林，我以为然。

浦口风光入画图

　　浦口，为渐江和练江的交汇处，新安江以此为起点，下深渡、出街口、过桐庐，到杭州，千折百转，浩浩荡荡，奔向东海。渐江发源于休宁县和婺源县交界的怀玉山主峰六股尖，流经屯溪、篁墩、王村、雄村，至浦口与练江汇合；练江，发源于黄山东南麓、天目山西北侧，丰乐、富资、布射、扬之四水呈扇形分布于歙县的西、北方向，于歙县县城汇聚成练江，流经太平桥、渔梁坝、紫阳桥、车轮湾，至浦口与渐江汇合。两水汇集，江面为之宽阔。浦口，有新安江上第一村之美誉。

　　从浦口往上看，江之南岸为古镇朱村，北面为将军山，与浦口呈品字形分布。浦口古渡几株高大的水口林郁郁青青，大大小小的木船依江岸静静地泊着，一条古街顺练江东岸绵延数百米。古镇朱村因江而盛，因渡而名，从江边沙滩登上几十级石阶后，便是一个热闹、繁华的所在，杂货店、食品店、饭店、药店，人声嘈杂，一派热闹而繁盛的景象，在临江的美人靠上可饱览江天胜景。将军山，是隋文帝时骁将蔺亮屯兵镇守处，因离此不远的义成，是当时歙州县治的所在地，蔺亮镇守有功，后人为纪念他，将此山唤作将军山，山上曾建有将军祠，供人祭拜。江岸山势陡峭，林木葱郁，半山腰中有三五户人家，粉墙黛瓦，掩映在绿树翠竹之中。从江边码头向东北方向延伸的青石小路，是过去通往县城的要道。

　　朱村与浦口，是我幼时到渔梁外婆家的必经之地。新安江，作为一条黄金水道，我曾在孩童时一睹了她的风采。20世纪70年代，江上仍然是船来船往，白帆点点。春江水暖，江水泛涨，上游的休宁、黟县等地将上年伐倒的树木、竹子用野藤、竹缆扎成木排、竹排，几十个连在一起，像一字长蛇阵，从上游穿村过镇，逶迤而来。行至浦口附近，他们就将排子停在靠朱村一侧的江面开阔处，排上人按照分工，有的上岸去打酒、买菜，

· 21 ·

有的生火做饭，有的检查排子的连接是否牢实，有的晾晒衣物，紧张而忙碌。做短暂的休整后，他们又将踏上新的航程。从上游往下走的是竹、木、茶等山货，从下游往上走的是米、面、布、煤等日用品和工业产品。江面舟楫相随，昼夜不息。

夏季的江边，是孩子们的世界。善于弄水的男孩子横游过江，向同伴卖弄着他们的游技；初学的孩童在浅水区学着打水，做狗扒式；顽皮的孩子打着水仗，或偷偷摇着小船，用小渔网捕鱼。妇女们拎着小桶，挎着竹篮，装着衣物，在渡船边的人行木桥上浣洗着，唠着家常。水中的小鱼时来争食，成群的鸭子排着整齐的队伍，亮开歌喉，在江面上逡巡，将江水中倒映的山峦白云搅碎、复摇曳多姿。江边的大树是鸟儿们聚集的天堂，飞翔、盘旋，欢快地鸣叫着，栖息于上。

最令人感动的是江边的纤夫。从浦口至渔梁一段，水位落差较大，江水较浅，江中礁石林立，上行船则需要用纤绳助行。五六个人背着纤绳，赤着双脚，弓着腰，喊着号子，从江边的沙石上一步一步艰难地行进着，船上头、尾的两个船工则用竹篙不时地点向这里，点向那里，掌握着方向，蜗行的速度真让人心急！至今，那逆水行舟、不进则退的奋进的一幕，仍时时浮现在我的眼前，震撼着我的心灵！

秋冬季节，是航行的淡季。朱村宽阔的江边却是热闹非凡，数十名工匠操持着斧、锯、凿等工具打造着新木船；或有将旧木船用木马架空，用葛根丝络、桐油修补着裂缝及破漏之处，用箬叶修补着船篷。有时，几十条船同时修造，那阵势真够壮观。妇女们则用竹、木晾晒着渔网，穿梭引线，修缺补漏，为来年的丰收播种着希望。

僧渐江晚年有一幅著名的画作《晓江风便图》，描绘的就是浦口一带的风光。清顺治十八年（1661）冬月，渐江的好友吴羲（字伯炎，歙县西溪南人）将赴扬州，古时歙县到扬州，先由新安江乘船到杭州，然后转道大运河到达扬州。渐江乐游而好之，将浦口一带的风景入画，作此图以赠之。画的近景写练江沿岸霞山、将军山诸山嵌岩峭崚，林木萧疏，溪寒水涸，饶有冬意；远景则写新安江南岸晓雾迷蒙，山峦起伏，烟云迷离，江畔村落若隐若现；远处江中两舟并发，近处一舟方挂帆而行。山水树石，屋舍舟亭，用笔经济，立意高远。此景此情，细细品读，方能体会个中滋味。

由于浦口一带美丽的江天胜景，电视剧《水浒》的拍摄就将浦口作为外景地之一。随着皖赣铁路、徽杭高速的先后开通，新安江，作为承担经济运输的黄金水道，逐渐退出了历史的舞台。浦口，像位迟暮的美人，显得有些冷清、寂寞。但随着新安江山水画廊生态旅游的升温，浦口作为旅游的黄金起航地，正引起越来越多有识之士的关注。

注：《晓江风便图》民国间为许承尧先生收藏，中华人民共和国成立初由许承尧长子许伯龙移交安徽省博物馆，原件现藏于安徽省博物馆，为国家一级文物。《晓江风便图》为山水手卷，纵28厘米，横243厘米，纸本，淡设色，为僧渐江的名作之一。本图笔墨线条苍劲，风骨冷然，气韵清逸。图尾自题："辛丑十一月，伯炎居士将傲广陵之装，学人写晓江风便图以送，揆有数月之间，蹊桃初绽，瞻望旋旌。弘仁"。钤朱文"弘仁"圆印，白文"渐江"方印。图后附吴羲行书、程守行书、许楚草书、石涛楷书跋各一段。辛丑为清顺治十八年，即1661年，作者时年52岁。

寻访歙城四大名泉

歙县古城五峰拱秀、四水回澜，城居高台、山麓之上，虽无"接天荷叶无穷碧、映日荷花别样红"的浪漫，但曲折幽深的小巷有许多的古井，如应公井、打箍井、三眼井、大方井、蛤蟆井等，同样颇多雅趣，为人们饮用、浣洗提供了充足的水源。古歙历来盛产名茶，好茶还需好水泡，因此古城还有数处名泉，其中以文公泉、乌岩清泉、五明寺泉、洗眼泉最为出名，号称歙城四大名泉。踏着古人的遗迹，笔者怀着寻古之幽情，寻访这四大名泉。

文公泉比较好找，穿过中和街，出德胜门，沿着原县医院右侧的一条曲曲折折伸向古紫阳书院的小巷，过一个缓坡，在问政山麓古紫阳书院坡下左侧，有一处用山石砌成约长3米、宽2米的古井台，中见一泉，下凿为井，四周以红麻条石围砌，井栏原为红麻石凿成鼓形，可惜不知何时，成了水泥井栏，泉水清冽，四周茂林修竹，环境幽雅，正面石壁上嵌有一块青石碑刻，上书"文公泉"三字。古人有"清赏何须沽美酒，文公泉煮太函茶"的诗句，"文公泉"是为纪念朱熹这位理学家而得名。徽州是朱熹祖籍之地，他生前曾三次回徽州访亲祭祖，并在此期间讲学于紫阳书院。紫阳书院原在府城南门外紫阳山麓，后倾毁。乾隆五十五年（1790），在时任户部尚书曹文埴等的倡议下，众商积极响应，共捐银11 000两，在文公祠旧址复建书院，取名"古紫阳书院"。桐城派名家姚鼐曾讲学于紫阳书院。实际上原来出入"古紫阳书院"是从原歙县县衙的学宫一侧出入，也就是现在歙县中学内的明伦堂，后来由于歙县中学的围墙将道路隔断了，留了一扇边门，但铁将军把门。"古紫阳书院"的门坊仍在歙县中学的校园内。

寻访乌岩清泉颇费周折，据典籍记载，乌岩清泉位于东岳庙附近，而东岳庙则在府城南门内，但东岳庙早已了无踪迹，只得按照大致的方位，沿乌聊山（今长青山）麓、南街一线寻访。功夫不负有心人，终于在原"五七"小学院内，现长青中学的一栋宿舍楼旁找到了这一泓泉水，泉自山麓沿石壁下凿约一米深，泉水自岩隙中渗出，深仅半米。石壁上尚嵌有一方红麻石石刻，上刻"乌岩清泉"四字。泉上有石为梁，覆以石板，以遮挡浮尘、落叶。据宋代罗愿的《新安志》记载，郑姑曾结庐于东岳庙前修道，以乌岩清泉煮茶待客。郑姑终身未嫁，然及八十，亦鹤发童颜，是否与饮用该泉有关，尚不得而知。清歙人吴梅颠的《徽城竹枝词》云："小苏问道仙姑处，古井清泉今尚寒。云影一泓乌岳下，青苔绣遍石栏杆。"

五明寺泉位于河西披云山麓，新安画派的一代宗师渐江和尚曾在五明寺出家。这里曾经佛号绕梁，香火旺盛，太平天国之前，尚存十座寺庙，人们习惯称之为"水西十寺"，现仅有太平兴国寺局部。从太平兴国寺右侧的一条小径进入，约行300米，向右转上山径，行数步，见一平坦空旷处，此为五明寺旧址。泉就在山麓一侧，但由于杂草覆盖，我起初并未发现，待拜谒渐江墓，登披云古道，按原路下山时，瞧见几株芭蕉树，记得数年前，我见此泉时，边上就有一株芭蕉树。于是我拨开草丛，抵近一看，果然有一古泉，四边以青石砌成，有数级石级而下，距地面约2米，泉水清可鉴人，所喜的是，泉中竟有两尾小红鲤鱼，平添无限乐趣。泉侧立有一块白麻石石碑，高146厘米，宽54.8厘米，上刻有清末翰林许承尧题写的"五明寺泉"四个遒劲的隶书大字。由于被荆棘覆盖，难以发现，我遂奋力曳扯，将荆棘去除，露出其本真。五明寺泉又名"雪窦泉"，许芳城有诗云："绮石雕栏万口传，真名还在草鞋边。果然十寺沙弥老，不识山中雪窦泉。"传说，古徽州府有位府尹特别钟爱此水，特命衙役每天前来挑取饮用，而且在水桶上要覆以荷叶，并规定前后水桶不得调换，挑到府衙时府尹只用前桶水，因为路程较远怕有浊气侵袭。历代府尹在任时都会慕名品尝"五明寺泉"，并游览披云胜景。从寺旁沿披云古道可登上披云峰顶，从披云亭眺望，远可眺黄山诸峰，近可观古城美景。但见群峰逶迤，水流澄碧，丽日青烟，鸟噪风轻。

洗眼泉位于歙县城西汪村天马山麓的圣僧庵内，沿城西加油站右侧的道路往里行约200米，在山麓平坦处就是圣僧庵。圣僧庵由庭院、大殿、天井和后殿组成，为二进三开间寺庙。上有松风传吟，翠竹摇曳，前有丰乐水滔滔而下，景致极为幽雅。相传唐高祖时期，高僧慧明游历至此，爱上这里的青山秀水，遂定居于此，静心修炼。慧明善医，其时，歙县有许多人患上云翳眼病，四处求医不愈。慧明用庵内的灵脉泉水替患者洗眼，并采山后草药疗治，很快治愈了患者的眼睛。人们感其恩德，尊其为"圣僧"，灵脉泉被称为"洗眼泉"，圣僧庵的眼睛由此得名。泉侧有"洗眼泉"三字碑文，系许承尧于民国二十六（1937）年所书。圣僧庵建于隋唐间，后几经修缮，依原貌保存至今。如今，庵墙上尚留有明代大画家黄柱所作的《翠柏图》《苍松图》（已毁）《侧坐观音图》《九尊罗汉漂大海图》《九尊罗汉上五台图》等五幅壁画。黄柱是近代画家黄宾虹之祖，歙县潭渡人，善音律，工镌刻，人物花卉皆精。庵内亭殿的须弥座上有《金刚经》石刻。1962年5月，郭沫若先生曾到此考察。

歙城四大名泉除文公泉常有人浣洗、汲取外，其他三泉皆人迹罕至。甜美甘泉人人思而得之，而身边名泉却不知之，岂不惜哉！今访四大名泉并口占一绝以记之："龙吟细细甘泉露，品茗微微一脉长。名士偏爱清幽处，坐忘人间万斛愁。"

徽杭古道行

苏杭地区，作为徽商的目的地之一，历来就聚集着从徽州千村万户走出来打拼的男人们。除了新安江的黄金水道外，徽杭古道是徽州连接苏杭最重要的陆路交通要道。

徽杭古道的中心点是徽州府城，即歙县古城，出南门，向东行经渔梁、琳村、南源口、瞻淇、大阜、霞坑、苏村、杞梓里、三阳、竹铺，翻过昱岭关到浙江昌化县，直通杭州。过去徽州境内古道皆为石板铺就，由于徽杭公路的建设，大部分道路重合的地方，古道的痕迹已经全无。但是在一些村落及穿越山岭之处，还仍然保留着大量的历史遗痕。如渔梁至琳村路段，瞻淇、北岸、杞梓里、三阳等村中街道，也为过去驿道的组成部分之一，皆为青石板路面。杞梓里至三阳的翻山古道，在山岭中起起伏伏，也为青石板路面，大部完好。

过去徽商去往江浙沪一带的水路航道主要是新安江，歙县东南乡（旱南）主要有两个重要的码头：南源口、深渡。水上交通主要负责运输茶叶、木材等大宗物质。江上帆樯林立，路上商旅不绝。从霞坑到竹铺（包括从绩溪翻山越岭过来的商旅们）则从徽杭旱路行走较为便利，就是从水路下去的商旅们，如果行李不多，又急于赶路，则仍是从旱路行走较方便，因为从杭徽旱路行走，少者三天，多者五天，就可以到家了。而从新安江逆流而上，则要一倍的时间，而且还要受天气、季节、水流、航船等因素的影响，甚为不便。所以，走杭徽旱路虽然辛苦，但仍是一个不错的选择，因此，杭徽公路未开通前，这仍然是一条最重要的通衢大道。

笔者在阅读有关资料时，发现一则徽商抄录的行程折，内容如下：

杭省至徽郡旱路荣归：杭州府出北关门，由湖墅至卖鱼桥左手，进混堂巷，搭船四十五里择旱。余杭十里，了桥十里，青山十里，五柳十里，西市五里，新溪桥五里，钱王庙二里，金头七里，化龙铺十里，横塘十里，藻溪十里，曹石十里，镇郭头十里，方园铺十里，太易铺两里，太易桥八里，芦岭铺十里，昌化县十里，白牛桥十里，水窑司十里。前有小岭三条，俗名画眉三眺。朱脚十里，颊口十里，横溪桥五里。远山崎岖，过水过岭。车盆岭脚十里，顺溪四里，杨家塘六里。有汪王庙分界。界山七里，老竹岭脚三里，老竹铺七里。叶村三里，三阳坑十里，中岭七里，杞梓里三里，齐坞五里，苏村八里，斜干桥二里，余坑十里，后山铺五里，郑坑店五里，七贤五里，方村二里，北岸一里，大佛二里，蔡坞口五里，章祁十里，称木岭三里，下七里头七里，徽州府七里。杭州至徽州共三百七十六里。

在这张行程折中较为详细地注明了所经过的地名及路程，为商旅们提供了出行的方便。

徽州府城建于唐代，历代皆有修葺。民国二十二年（1933），城区商民捐募白银一千一百九十一元，对府城南门进行重修，共有监工8人：石运山、姚理斋、鲍咏松、杜爱棠、胡昭及、江远波、胡盛鸣、曹霆声；工头吴德顺；石工凌家栋、凌家樑。城门正面外部共宽二丈二尺五寸（市尺），高一丈五尺；石洞内部深二丈四尺，高一丈一尺二十寸，阔一丈。2013年，歙县又对南门及其周边环境进行了整修，面貌焕然一新。

从南门到渔梁忠护庙约300米的路段，沿练江左岸的峭壁上凿出一条驿道，宽约2米。中间铺就青石板，两边是鹅卵石，右侧路牙边是红麻石条垒成的护栏，高约80厘米。每段石条长60至80厘米，高30至40厘米，厚25厘米，交错砌筑，石条的连接处有榫头，用长条形的鹅卵石连接，上下共二层，护栏的下部隔一段留有排水孔。护栏上布满了苔藓的痕迹，爬满了青藤，显出岁月的沧桑。虽经数百年的风雨，现护栏仍然基本完好。渔梁街长约1公里，有大小码头数处，是徽商进出徽州最重要的水陆码头。这里曾经车水马龙，人声鼎沸。从远处看，渔梁形如一条活泼的鲤鱼，东西向主街为"鱼脊"，南北向巷弄为"鱼鳍"，鹅卵石街面为"鱼鳞"，街上还有鹅卵石铺成的铜钱、仙鹤等图案。过去，街道两旁都是一间紧挨一间的店铺，前店后坊，生意极为兴隆，民国时仍有店铺100余家，其中有轿行2家、过载转运行8家、船行2家。如今留存下来的痕迹只有泰源盐栈、元和堂道地药材等门额，以及高高紧闭的斑驳的店铺门板。可以说，渔梁街见证了徽商曾经的繁荣与衰落。渔梁人急公好义，清代巴源立（字于礼）修渔梁至府城沿河石栏及紫阳桥（民国《歙县志》卷9），姚振霖修紫阳桥石栏、河滨石堤、水埠。

渔梁下行约200米为新安关，明嘉靖三十四年（1555）建。关上有亭，过去有关门，有守卫，晨开昏闭。现关亭尚存，砖木结构，宽3米，深5米，檐高3.8米。关亭右侧为沿河的峭壁，左侧为山峦，地势险要，有"新安第一关"的称号。过去新安关亭后有周王庙，附供钟馗、关羽；新安关外为水口，建有土地庙、立有如来佛柱。新安关亭内曾有茶水摊、小吃摊、小百货摊，供过往行人选用，关亭内有长木板，供人歇息。渔梁经新安关至琳村、鲍家庄临河的路段皆有石条护栏，至今基本完好。

清末、民国时期，琳村与鲍家庄是歙县茶叶的主要集散地，在最繁华的时候，曾聚集了上百家茶号，其规模不亚于屯溪。每到茶叶生产季节，船来车往，肩挑背驮，生意十分兴隆。附近村落则兴养珠兰花、茉莉花、白兰花，俗称"三花"，用于窨制花茶。在我踏进鲍家庄的古街时，一位农妇幽幽地向我诉说那曾经的热闹与繁华。如今年轻人早已不住老屋了，只剩下几个留守的老人，古街上显得很冷清，还有在风雨中摇摇欲坠的老屋。倒是老屋上的砖雕还透出一些生气，我仔细观察了一下，琳村的房子大多建于民国，门楼上的砖雕显得比较粗糙，而鲍家庄的房子则大都建于清末，砖雕图案比较细腻生动，而最有名的砖雕"百子图"则不知散落何处了。在鲍家庄的村头，我还发现了一座残破的砖砌门楼，上面有"东源"和"河涧潆洄"的砖刻文字。

南源口是歙县旱南进出新安江的第一处码头，可惜由于新安江大坝建设，水位上升，村落大部淹没，难以见到历史的留痕，只有附近王村茂的两颗千年古樟尚提醒人们这里曾经的繁盛。

瞻淇村名，出自《诗经》"瞻彼淇奥，绿竹猗猗"句。瞻淇原名"章岐"，唐代章姓迁居，以姓氏名村，后罗、郑、汪诸姓先后迁入，遂改今名。罗愿《新安志》载，章顶的两个女儿随母亲程氏一起上山采桑，母亲被虎所攫，二女"号呼搏虎，虎遂弃去，母由是获免"。刺史刘赞嘉赏，改二女所居合阳乡为孝女乡。瞻淇村约一公里的古道基本完好，宽约三米，青石板铺成，街两边的建筑，大门都是朝街敞开。古时在瞻淇街的头、中、尾还各建有木牌坊门一座。村西入口原有的三台阁，形如城楼，重檐八角，楼供关羽、关平、周仓塑像，楼下中为拱门通道，设木栅门，外门额镌"忠孝里"。瞻淇村十分重视风水的营造，他们在上水口建大堨、桥，既为村之关锁，又利灌溉百亩良田；在村西南青梅山、打鼓山夹峙间设立下水口，将直河道改为"之"字形河道，改变水流方向，并筑印墩、植树，以蓄财运。桥头植樟树，孤寡者祭树以求好归宿，遂得风水树别称。桥旁设鬼神坛庙，每年在此祭河。目前瞻淇现尚存明清古建筑四十余幢，如天心堂、九世同居堂、兰芬堂、京兆第、资政第等，漫步其间，思古之情油然而生。

过呈村降村就到了大阜、北岸，过去大阜与北岸是两个村，现在已连为一体了。大阜原名大佛，因船山大佛庙而名。大阜来龙山为船形，村落亦为船形，主街横贯东西，街面用石板横铺，如同"舱板"；在阜塘源架双孔石桥，封镇水口，名枫树桥，桥作双孔，又喻村为龙舟，遂有"龙眼桥"的别称。传说，基于船形村考虑，潘氏邀来姚、蒋二姓定居，谐音"摇""桨"，这样船就活起来了。北岸村庄地形为"渔翁撒网"形，按风水理论设计村基布局。首先在村中心北溪河上架南北走向的三孔廊桥蓄气聚财，并在廊亭内设观音龛座以镇；又在宗祠两边出暗水沟两条，象征"鱼须"；在祠前西边小溪上架设一道石板平桥，称步半桥；步半桥通向宗祠街道，铺成东高西低，对应河水从东往西流，而将宗祠西一段街道铺成西高东低，使街面上水从西往东流，使水呈旋转弧圈形。徽州丰富的村居文化蕴含了徽州人的美好愿望。

北岸风雨廊桥，即北溪桥，建于清中叶，2墩3孔，长33米，宽4.7米，高6米。桥上建廊屋11间，砖木结构，高约5米，中间有佛龛。沿墙置坐凳，供人歇息，过去有个大茶缸，有专人烧水，供过往行人夏天喝凉茶，冬天喝热茶，一年四季不断。靠桥北端门洞柱上有"往府大路过桥"的指路石刻。南端门额"乡贤里"，北端门额"谦庵旧址"。东侧墙上辟有8个大方窗，砖砌龟纹、梅花纹等花格；西侧辟8个风洞窗，样式有满月、花瓶、桂叶、葫芦等，左右对称。寓意吉祥，带有黎民百姓团团圆圆、岁岁平安、蟾宫折桂、子孙繁衍等美好祈盼。北溪桥下游约200米的位置为衍庆桥（现名大阜桥），此桥始建于明万历三年（1575），现北岸吴氏宗祠内还有一块"重修衍庆桥碑记"的石刻，记载了徽商吴德基于乾隆癸巳年（1773）重修衍庆桥的事迹："歙南距治所三十余里，曰北岸。北岸南里许，曰桥东，桥东隔岸为大阜。中横石梁以渡，曰衍庆桥。桥之延凡几十步，袤十数步，盖江浙往来孔道也。其经始自前明万历三年，北岸吴义士月山，越今二百有余岁，冰冻石泐，桥渐倾圮。而月山之族裔有名德基者，慨然起而承之，岁在癸巳。鸠工庀材，爰始秋中，落成岁杪，计工费缗钱五百千有奇……"吴德基出身农家，能吃苦耐劳，修桥时，尚亲自畚土抬石，因此工程进展十分顺利。北岸多富商大贾，除吴肇福（字德基）外，吴荣远（字景华）贩茶出海、京师致巨富，设义学，修桥铺路。晚清吴恒熙，修建横溪、深渡各桥，修路二十余里。北岸现存的吴氏宗祠内石雕极为工细，有百鹿图、西湖十景图、钟彝图等，耗资巨大。

　　自北岸至杞梓里，由于徽杭公路与古道大部重合，因此古道也就无存了，但地势较为平坦，依山傍水，山光水色，四时异景。杞梓里原名溪子里，为户部右侍郎王茂荫的老家。杞梓里街道保持完整，主街横贯东西，长800米，宽3米。东西两端皆附街亭，东街亭额曰"乐哉"，而名"乐哉亭"，亭内供五猖神像。西街亭外植槐三株，而名"植三亭"，杞梓里亦别称植三。植三亭内供关羽父子及周仓神像，亭西数十米为社溪、昌源河交汇处，亦为水口，筑有坝塍，植有水口林，古木参天。社溪上有石桥，桥东曾建回龙祖庙，供东平王及太子神像。村西曾有溪子寺、般若庵、观音阁、社屋庙。

　　从杞梓里到三阳，古道在山岭间起伏。郑玉在《重修横山路记》中记述："歙东南境，接杭之昌化，自昱岭关至郡城百里，而远出入山谷间无跬步夷旷者。其间自小坑口至溪子里，旧路由溪下崎岖坑涧中，厉揭二三十度，行者以为病。其险绝处，高则架木为栈，低则叠石为塘，修葺无时，官民劳费至不可胜计。"（万历《歙县志》艺文卷5）从以上描述可以得知，原道主要沿昌源河而下。绍兴五年（1135），岳飞带领大军过境，行至此地，会溪水大涨，岳飞命大军开辟新路，由三岭出，路况大为改观。1934年春天，乘坐汽车到徽州的郁达夫，在《出昱岭关记》中，对蜿蜒在山中的古道，有一段精彩的描绘："从公路上的车窗望过去，一条同银线似的长蛇小道，在对岸时而上山，时而落谷，时而过一条小桥，时而入一个亭子，隐而复见，断而再连；还有成群的驴马，肩驮着农产商品，在代替着沙漠里的骆驼，尽在一条线路上走；路离得远了，铃声自然是听不见，就是捏着鞭子，在驴前驴后，跟着行走的商人，看过去也像是画上的行人，要令人想起小时候见过的钟馗送妹图或长江行旅图来。"

三阳村居民先为王姓，名村居曰王干。继入胡姓，居王干之上，名胡干。宋代置王干巡检司、胡干递铺，后王干又称王干司。明天顺元年（1457），洪姓迁入，相传三阳洪氏始祖牧羊于梅溪之滨，有三只羊吃饱后不愿离去，因而定居，名村居曰三羊，又作山羊，后雅称三阳、三阳坑，别称梅溪。三阳依山傍水，村落为太极形，环境秀异。宋代徽州司户参军范成大冬游三阳坑，有诗句云："霜桥冰涧净无尘，竹坞梅溪未放春"。郁达夫在《出昱岭关记》文中记载了林语堂的赞美："瑞士的山村，简直和这里一样。"三阳村街基本完好，村口有明建三孔众安石桥，村中有清同治建庆丰廊桥，桥廊内供汪公大帝、关帝、李王、太子菩萨等。三阳的民俗文化丰富，有"叠罗汉""舞狮灯""打秋千"等民俗活动。

"叶村之下，地曰横山，上倚悬崖，下临深溪，号最险处。国朝至元中，讨平西坑寨之乱，里人洪君声甫杂木石为路，取平正以通军马。事出临时，不能经久，梅潦侵啮，渐致崩腐，负者侧足而步，乘者执辔而趋。声甫之孙节夫与其弟仲德、季安谋，鸠工选良，伐山取坚，层累而上，如城如堵，鳞比而成，如砥如掌。于是戴星步月，不择地而可履矣。又于其傍筑亭以休行者，而祀武穆王其中。"（万历《歙县志》艺文卷5）三阳通叶村关桥，清道光三年（1823）七贤胡祖禋筹资，杞梓里王应矩（清代户部右侍郎王茂荫之父）董工，合叶村洪、潘二姓之力，移关桥于原址上游"以杀水势"，逾十四年始成，长十六丈，宽二丈，高二丈六尺，桥两端有栏杆，桥头设亭，辟三门，耗费白银五千两。并预留桥石于土中，以待重修之用。

"昱岭，在县东南百二十里，昌化县之界，本府往杭州通衢也。"（明弘治《徽州府志》）昱岭关位于三阳乡皖、浙交界的昱岭顶，始建于五代。明万历三十八年（1610）九月，浙江嘉兴人李日华（1565—1635，字君实，一字九疑）从陆路来访齐云山，他在经过昱岭一带时，有一段描述："山势两背相抵，曲洞蛇行其间，万杉森森，四望疑无出窦，而竹岭稍通一线，亦半假人力凿治，真一夫当关之胜也。"清雍正年间，老竹岭人潘如绶（一名潜，字绾侯）倡修老竹岭、昱岭亭路及通将桥。民国二十二年（1933），皖浙两省修徽杭公路时，昱岭关至霞坑一段由浙江省代筑，对关门予以拆除重建。新建关门用花岗岩垒砌而成，关口通高8.45米，门洞宽5.95米，门高6米，进深5米。关门两侧题写了楹联，东为："光复丰功雄关气壮，堂皇伟迹古郡山高"；西为："坦道贯通熙攘来往，巍名矗立震烁古今"，为时任浙江公路局局长陈体诚所撰写。关墙向两翼山脊延伸，左右各长约80米。昱岭关，地势显要，为由浙入徽之门户，历来为兵家必争之地，《水浒全传》中就有"卢俊义大战昱岭关"的这一回。

出了昱岭关，前面就是浙江昌化境内，从昌化通往杭嘉湖地区、苏锡常地区，则道路平夷，水陆兼行，省去了许多的鞍马劳顿。徽州人在这里闯出了自己的一片天地，时至今日，旱南一片的许多村落都有亲人在苏沪杭地区工作。

徽杭古道，绝大部分是由徽商捐资或由宗族组织修建的。与古道同时建设的，还有众多的路亭。可惜由于历史久远，加上人为的破坏，有关古道修建的资料十分匮乏。笔者曾想寻找有关的功德碑、修建记事碑，但竟无所获，留下了一些遗憾。

民国二十二年（1933）十一月，徽杭公路徽城至昱岭关段建成，十二月二十五日全线通车。公路的建成，标志着古道逐渐退出了承担交通要道功能的舞台。但先人们致力于徽杭古道的建设与维护，体现了徽商与徽州社会的和谐与繁荣，徽杭古道或许是农耕社会文明的记忆之一，成为人们探古问幽的佳处！

问政古道风景独美

　　我有幸居于问政山下，开门抬头东望便见问政山绵延起伏的山峦，郁郁葱葱的竹海。占地利之便，登问政古道成了我日常生活中不可或缺的一项运动，节假日乃至闲空之时亦时时登临。

　　问政山又名华屏山，位于歙县城东，海拔277.4米。据历代府、县志记载，问政山得名于唐代。唐大中十一年（857），于德晦自荆州来任歙州刺史，其堂兄于方外为修道之人，云游来到歙州，于德晦在华屏山为其兄筑问政山房。邑人聂师道年少之时拜于德晦为师，后聂师道任吴国师，亦号"问政先生"。后人为了纪念他们，遂将该山命名为问政山。"天下名山僧占多"，问政山成为修身养性的好处所，山麓原有一寺二观十三庵，即：宝相寺、兴道观、庆福道院、一真庵、观音庵、钟山庵、谧庵、高隅庵、击竹庵、万竹庵、胜莲庵、高山庵、静藏庵、一佛庵、太子庵、新庵。

　　登问政山的道路有许多条，但我还是喜欢从县城的问政门方向上山。出府城东门德胜门，抬眼就能看见问政山麓，碧云朗天之下，翠绿的竹海中点缀着粉墙黛瓦的徽派民居，俨然新安画家笔下的"山居图"。经过原高阳里坊，左拐进入上路街，穿过明代尚书许国长子许立德妻鲍氏的贞节坊，前行约50米，右拐进入小巷，再前行约100米，进入黄家坞，溯山谷的小溪而上，三拐两拐，就到了山脚，从这里开始就是青石板路了。石板大小不一，有各色的石纹，雨后特别有韵味，表面的坑坑洼洼显示出岁月的久远。拾级而上，沐清风，踏花香，穿竹海，步步登高。特别是仲春季节，大片的油菜花铺陈在山岗、田野里，春风中送来微微的香气；两边的翠竹挺拔修长，摇曳多姿；苍松吐出了嫩芽，一派勃勃生机，催人奋进。

　　这段古道并不长，也不过1000米左右，对于我这样从小在山里长大的孩子来说，显得轻松闲适。山半旧有"半山亭"，为人们憩息之所。明代郡守崔彦俊有诗曰："踏到仙翁一半山，有亭翼翼枕其间。牧童指道云深处，更有幽奇莫便还。"继续前行，过一段陡坡，再走一段缓坡，抬头望，见一古老的城门，上面枝蔓悬挂，均为红麻石砌成，这便是问政门了。此是县城的东门，始建于明代，嘉靖三十三年（1554），因小股倭寇入境，为加强县城的防卫，次年知县史桂芳始筑县城，嘉靖三十九年（1560）筑成。以乌聊山（长青山）、斗山为界，东为县城，西为府城。县城前抵府城，后枕问政，左临练江，右据石壁。周七里许，高三丈，下宽二丈，上宽一丈五尺，设城门四：东问政门，南紫阳门，西北玉屏门，北新安门。门各有台，台各有楼。门之旁侧各有司门舍四个，连弩台四个，守陴舍二十四，问政门之巅建瞭望楼一所。城墙依山而建，在山峦间起伏。只可惜的是，除了这座孤零零的城门还顽强地站在岁月之河里，其他的建筑已荡然无存了。

关于问政门的修建，民间还有一段传说。据说，知县史桂芳在修筑县城城墙时，考虑到问政山麓来往人员不多，加上财力有限，因此不计划开设东门，来往问政山麓人员绕道北门由新安门进出。问政山东麓有一村落名方家村，方家村有位富商名方永昇，号称"方百万"。他拜见史知县，陈述道：问政山寺庙众多，香客如云，山路上人来人往，川流不息，实有开设城门之必要；并承诺建城门所需费用，由其一人承担；且问政山居高临下，便于瞭望与守御，新建城垣只有南、北、西三门，而无东门，于古制不符。史知县见其说得有理，遂建造问政门。方永昇为方便旅客，在问政山脚开设了一茶馆，免费向过往旅客提供茶水。据民国二十六年（1937）纂修的《问政方氏宗谱》载：方永昇"字惟举，仁师公次子。幼习商业，勤谨服务，信义卓著，晚岁称商界巨擘"。方永昇的急公好义，成就了一段佳话。

我登上问政门之侧的瞭望楼旧址，锦绣风光一览无余：遥见黄山诸峰高耸入云；俯瞰县城四水汇集、五峰拱秀，练江如带、蜿蜒东去；近有太函山、龟山、飞笙山、紫芝山绵延不绝；而问政山万仞花屏，风光无限，东北有承舅岭，西南以鲍川半山为屏，周围有凤形、燕形、虎形、鸡形等喝形小山拱卫，山势如翔鸾舞凤。当斯时，闭目清心，清风徐来，恍如天上人间，顿有浊气烟消、神爽心清、飘飘欲仙的感觉。

问政山四时异景，奇妙变幻。2013年正月初三的下午，天下着细雨，我与在合肥工作的大学同学育明兄及友人张俊兄结伴同登问政山，我们一路穿街走巷，沿着翠竹掩映的山谷小道盘旋而上，青石板路面时隐时现，过问政门、访苍松翠盖，谒紫阳书院。在问政山顶徘徊良久，见古城云雾袅绕，水汽氤氲，宛若仙境，两位朋友竟痴痴地喃喃呓语：太美了！真是琼楼玉宇，人间仙境！此情此景丹青妙手也难以曲尽其妙，怪不得歙县涌现出了渐江、黄宾虹、汪采白这些书画大家。我们一路欣赏着美景，一路聊着古城的文化与典故，擅长篆刻的育明兄回到清华坊即刻印一方——"振衣千仞岗"相赠。

山路在山脊上蜿蜒，长长短短的小道像龙须一样向两边延伸，通向竹林及竹林掩映下的民居。"皓月临轩修竹静，清风入座落花香"，这句前人的对联是对问政山景物的绝好描写。"竹"与"花"，皆是问政山的特产。问政山土壤为乌金砂土，宜竹宜花亦宜菜。早在明代就已广植毛竹，许多庵堂以竹命名。问政山笋长年不断，春季产春笋，冬季产冬笋，夏秋季则产鞭笋，特别是春笋"红箨白肉，坠地即碎"。清初歙籍诗人汪薇赞美问政山笋："群夸北地黄芽菜，自爱家山白壳苗。"据民国《歙县志》记载，清乾隆至道光年间，在歙县三贡（春贡、万寿贡、年贡）的贡品中除徽墨歙砚外，还有问政笋两桶，每桶二十斤。因此问政笋被称作"贡笋"，当不枉虚名也。得天独厚的自然条件为问政笋提供了丰富的营养，时见山民肩挑竹篮，内有新鲜嫩黄的竹笋，撩人食欲。

问政竹笋还是在外经商的徽州人的念想。每逢春笋破土，家人起大早将笋挖出，带着泥土的芬芳，赶船从渔梁沿新安江而下，行舟时把笋箨层层剥尽，切成小块入砂锅，以徽州火腿为佐料，用炭火文火清炖，昼夜兼程，行至杭州，打开砂锅，汤清醇厚，笋味香甜脆嫩，宛如在家吃的鲜笋一样。问政贡笋的美名随着徽商的辗转而名扬四方。

问政山清末兴养珠兰花，以供茶叶窨花。花舍、花架点缀山岭之间，层层叠叠。每年夏季，花开时节，暗香浮动，家家户户朝采花束，挑担小卖。时至今日，由于花茶销售疲软，珠兰花的实用性大大减少，而成为观赏花卉，但在竹林之间、山麓之上，还残存着一些土墙花舍，似乎在诉说曾经的辉煌。

据民国二十年（1931）刊印的《飞山洪氏务本堂宗谱》记载，问政山的竹园种植始于明代万历年间，居于上路街的洪栋（1545—1638），早年在南京上新河开设店铺，经营木业，晚年休养故里后，始于问政山置别业，以种竹自娱，来往于山、城之间，被人唤作"矍铄翁"。洪正纲（1610—1683）承其别业，种竹成林，晚年益广。后洪正纲的五个孙子迁居问政山，此为问政山洪氏之发脉。因此，洪德旺在族谱中不无自得地写道，问政山距城数里，远看"崇山峻岭，拔地参天。入其中，有田园、有泉水，亦平，亦颇不异夫寻常墟落。其资生也，桑麻而外，稼穑之余，有猗猗绿竹，有馥馥珠兰"。问政山土质肥美，物产丰腴，洪氏一族多以农为业，由种竹而养花，由养花而制茶，振兴实业，蒸蒸日上。清末民国时期，问政山的茶商兴盛，如洪斌彩是其中的代表人物。

问政山历史厚重，古迹甚多。明代方勉在《游问政山记》中有载："往时，华表碑碣，楼台殿庑，穹乎崭然，金碧照耀。四方宾客暨邑人士登游兹山者，莫不憩息于斯。然而山光物象，于春为最。"最著名的为"兴道观"，唐时筑室号"问政山房"，道士于方外、聂师道，相继居之。五代吴顺义七年（927），聂师道枢自扬州还葬于山，杨行密立坛给田，以其故居为归真观。宋天禧四年（1020），敕改今名。绍兴中，诏以御书、《黄庭内景经》及临魏晋六朝唐人书十卷藏于山。咸淳六年（1270）火后重建。元延祐三年（1316）续建，山麓有园，园有池，乃聂仙炼丹处，俗呼为"道童园"。元末文学家唐仲实有诗描述："至今荒塚上，秋草眠石羊。门前松百尺，偃蹇如人长。"民国时仅存遗址。山半旧有候贤亭。钟楼峰后有宝相寺，寺悬黄庭坚（字鲁直，号山谷道人）《书问政先生诰后》。寺侧有泉，寺后岩壁刻有宋人黄台"千寻练带新安水，万仞花屏问政山"诗句。山上另有万仞亭、华屏亭、问政观等建筑。

而在民间流传甚广的是"斩尾龙挂纸"的故事。传说"斩尾龙"的母亲安葬在问政山，每年清明前后，"斩尾龙"都要回徽州挂纸祭拜母亲。小时候听母亲说，从前有一位进士，乘船赴徽州做官，船行至一深潭时，夫人的金钗掉落水中，进士下水去捞，被躲在深潭的老龙一口吞之，老龙摇身一变成为进士，大摇大摆地到徽州做官了。但这一秘密被一个得道的道士发现了，而夫人此时已身怀六甲。当道士将这一秘密告知夫人之时，夫人惊诧万分，临盆之时，道士将夫人生出的六条小龙一一斩除。当第七条小龙出生之时，夫人动了恻隐之心，求道士放他一条生路，而就在道士犹豫之时，小龙借助砚台中的剩水而逃。道士随后追来，在逢村的贤源河赶上了小龙，桃木剑挥去，斩断了小龙的尾巴。母亲说，你看，河的东边土是黑的，而河的西边土是红的，那是小龙的鲜血所染。后来，小龙逃到江西，被观音收服，用铁链锁在一口深井中，等到"石柱开花铁索烂"才能重获自由。小时候的我，被母亲说得一愣一愣的，也不知道如今那条小龙是否获得自由了。

问政山花香馥郁，翠竹摇曳多姿，曲径通幽，禅房深处，佛号声声，俨然天上人家。历代文人雅士登临流连，留下许多歌咏诗篇。如元洪焱祖描绘了"行穷白云坞，步入青松林；飞花去人间，好鸟鸣春荫"的美景；苏辙来歙寻访郑仙姑，作七律《歙县岁寒堂》一首，有"浮花过眼无多日，劲节凌寒尽此生"的佳句；黄台为问政山道观题有"容易煮茶供客用，辛勤栽果与猿攀"的联对。明代书画家董其昌游问政山曰："君不见问政山，错在黄山白岳间"。书画家方墉（1873—1946，字伯宣、伯轩，歙县外磻人），初在问政山投师习画，后在故乡绘画兼行医。吴万春（字元生、敬阳，歙县人），工山水花卉，卓自成家，常游问政、西干诸山，登临之兴百而不厌。民国三十二年（1943），歙县县立初级中学草创之时，借用问政山的花舍作为教室，朗朗的读书声穿行于竹海之中，平添了无限的生机与书香气。毕恩桂有联赞曰："万仞拥华屏，此间真是芝兰室；十年宏教泽，他日应多杞梓材"。

"千寻练带新安水，万仞花屏问政山。自少云霞居物外，不多尘土到人间。"（五代·黄台《问政山》）我常痴痴地想，将来退休之后，在问政山巅置一别业，日间穿行于竹海之间，躬耕南园；夜则铺开宣纸，对着白墙上的竹影，作清风明月图；或偶发雅兴，也学《红楼梦》中的妙玉，用一精致的瓷瓶，收集竹叶上的白雪或晨露，泡出来的茶定然清醇无比；或手持一线装古籍，在古道上徐行徐吟，引得鸟雀唱和，俨然方外人士，定然乐不思蜀矣！

探访文昌古道

　　时令已进入初冬，今年小雪节气雨水特多，太阳被厚重的云层所包裹，半月也不露一次脸。2015年12月5日，在杭州游玩的女儿发来微信，西湖下了今年的第一场雪。一直在关注天气的鲁建才先生傍晚发来信息，明日雨止转多云，相邀前往歙南岔口的文昌古道一访，我欣然应允。

　　早八时，鲁先生驾车带上摄影家方康宁先生、徽学研究学者方有正先生，还有岔口人吴可先生，我则驾着新购的大众朗逸带着妻子、母亲等家人，一行共9人的小团队向山里进发。在上坡、下坡、弯道、再弯道的盘旋中，约经一小时的车程，汽车稳稳地停在了岭脚的湖田村口。下车前行约30米，公路左侧是登山的石阶，蜿蜒于山中；右侧是奔腾的大洲源河，由于今冬雨水丰沛，河水冲过滚坝，浪花四溅。这里原有一个水碓房，20世纪六七十年代还在咿呀转动，不舍昼夜。居住在左侧山坡上村落的村民，为了玉米、小麦等粮食和饲料的加工及出行的方便，修建了此古道。

　　这里是前往文山店村的第一入口，再前行约4里，经大坑口就是岔口，村口的大樟树左侧是前往文山店村的第二个入口，紧邻的是一条新修的机耕路，两条古道在文山店村口前汇合。据村民介绍，从湖田至文山店有1682梯石阶；从岔口至文山店有1736梯石阶。我们选择了从第一入口登山，入口处即名"野鸡崖"，过去古道未修之前，山民挑运货物，常发生担打人伤的悲剧。从山脚到文山店村约5里，均采用了当地的青石板铺设，山道如天梯一般，时隐时现，扶摇直上。青色的石板在雨后犹如水洗过一般，泛出幽兰的光，在红土壤的山坡上显得十分醒目。每一级石板路长1.5米至1.8米，宽约40厘米，高8厘米至10厘米，两个肩负重物的山民相遇时，不用侧身避让，能够轻松地擦身而过且有余，堪称古代徽州山里的"官道"。更令人叫绝的是石道修建的工艺，每块石板的六个面都被凿得很齐整，每一级石阶的误差都很小，每一个垒砌的细节都一丝不苟，虽然经过了近百年的岁月，石道仍然完好如初。这是迄今为止，我走过的徽州古道中工艺最精湛的路段之一。走在上面，仿佛见到石工拿着凿子，挥动着铁锤那专注的表情，似乎不是在凿一块石头，而是在雕琢一块有生命的艺术品。细心的村民吴叶林先生发现了刻于石上的三个年份。从山脚至古道汇合处，分别镌刻着民国五年、民国十乙（一）年、民国二十八年三个年份，由此可以推断，此古道的大致修建时间为1916年至1939年，前后修建至少延续了24年。遗憾的是没有相关的修路碑刻和账册，详细情况则未可知了。

我们在古道上走走停停，不时地停下来拍照、眺望远处的风光。性急的人则将照片发至微信圈，赢得一片点赞。古道两侧是蓬蓬勃勃的茶树，虽是冬季，但在叶腋处已孕育了芽苞，只待春风的召唤，一跃而出。山坡上，有农妇正在给茶树下冬肥，为芽苞提供更多的营养。一旁的小男孩则拿着妈妈的手机在比画着，似乎在拍照。山路上显得有点寂寞，除了我们几个远足者，少有行人，远处的山岭中不时传来山鸟的翠鸣，而山头上的云雾则涌动着，犹如顽皮的精灵在山谷、房舍之中穿梭、奔突。古道修得很科学，一段路有一个歇息的平台，还配套修建了三个路亭。路亭已年久失修，只剩下垒砌的石墙，还有肆意生长的藤萝，挂着不知名的碧绿的野果。

踏着飘落的枫叶，看高山流云，一路行来竟不觉得累，年已78岁的老岳父竟然早于我们到达村口。从岔口方向及岭脚湖田村的两条古道在此汇合，路旁有一个新修的路亭。从这里到达村里的百余米道路原来也铺设了石板，只是在修机耕路时被掩埋在下面了，村民言词中露出了惋惜之意。现代文明的冲击，让我们失去了许多田园牧歌般的诗意，人们热衷于走古道、访古村，是在寻找那丢失的记忆吗？

高山的寒风丝毫没有影响我们的兴致，在笑谈中我们到达村口，右侧有一座名叫"兔垯"的古庙，不知供奉的是何方神仙，村民也不知所以然。庙宇已破败不堪，只剩一间，20余平方米，横梁、木柱大部分已被蛀空，快支撑不住屋面瓦了，随时有坍塌的危险。机耕路的尽头，开着一家杂货店，村民可在此采购日用品，而其他的路段则见村民牵着小毛驴驮运物资。

村落位于山坡之上，掩映在翠竹、绿树之中，背靠海拔800米的云雾尖。文山店原名"横山店"，因为村落建于海拔600米左右的半山腰上，房屋依山而建，层层叠叠，是典型的高山村，又因为横山村是大洲源3万余人口对外交通的陆路要道，过去沿街开设了许多店铺、旅馆、茶馆等，故名横山店村。民国末年雅化了村名，取"文运昌盛"之意，改名"文山店"。村中有人口700余人，200余户，农业上的主要经济收入以茶叶、蚕桑为主，其中茶叶收入占文山村村民年收入的一半，每年每户茶叶收入在五千元至八千元。但现在村中三分之二的人口常年在外打工，常住人口不足200人。山村在咸丰年间遭遇太平军的侵扰，村中大部分古建筑被焚毁，现有建筑基本为民国以后所建。村中以吴姓、王姓为主，其中吴姓分别迁自石潭和昌溪，号"石潭吴""昌溪吴"，村中先后建有乐善堂、衍祥堂、致和堂三座祠堂。来自不同地域的人群在这里劈山开路，刀耕火种，繁衍生息，和睦相处。数百年来这里民风淳朴，鸡犬相闻。

据村民介绍，过去大洲源出入的水路交通是先走陆路，从岔口到洽河、武阳，在正口入新安江，大洲源里的茶叶、木材、蜜枣等土特产，就沿着这条道路出山，前往苏杭的生意人也是在正口上船。而陆路交道要道则是从岔口到文山店，经过武阳乡的洽河村，通往昌溪的下坝源村，然后经过定潭村，前往徽州府城、屯溪等地；或经里河坑、洪琴、里方等地到达绩溪地界。文昌古道全长6公里，路宽1.8米，一色的青石板铺就。这既是一条大洲源的陆路商道，也是前往旌德挑米的"米道"。而文山店处于要道的咽喉，民国初年汪庭栋绘制的歙县地图上清楚地标明了道路与村落（横山店）。由于这里位置险要，过去出于军事上的需要，文山店村后及附近的山头上曾建有碉堡及瞭望哨。中华人民共和国成立前，这里也是老游击区之一，村中数位热血青年加入了旱南游击队。

文昌古道始建于何时，有待考证。相传，是文山村一位财主为迎娶媳妇而兴建，但我想应该是与村落的营建相关。道路由人所开，为人服务，亦因人流、物流而繁荣。至今有一点是可以确定的，那就是古道上的石板为民国时期文山店村的茶商吴六金所倡首而铺设，并承担了大部分的费用。

吴六金，字佩珩，号镛，当地人亲热地称其为"老佩"。光绪十八年（1892），吴六金出生于文山店一个贫寒的家庭，五岁丧父，母子相依为命，读过三、四年的蒙童馆。十五岁从师学木匠，因为身材瘦小，力气不足，三个月后就被师傅辞退。此时，岔口的茶商吴俊德（1873—1934，名永柏，又名荣寿。著名茶商，曾先后任六邑同业茶务总会会长、严州保商会名誉会长、休宁县商会会长、平粜局局长等职。生活俭朴，乐善好施）在屯溪开设的怡和茶号生意正隆，经乡人介绍，吴六金在吴俊德的怡和茶号中做学徒，由于聪明伶俐、活泼肯干，很快得到了吴俊德的赏识，将其提拔到账房学生意。仅仅三年，吴六金就熟悉了账房的所有业务，成为吴俊德的得力助手。吴俊德于清光绪二十七年（1901）承父业，除开设怡和茶号于屯溪阳湖外边溪，后又陆续开设怡春、永源、华胜、公兴等茶号，最多时达18家，茶工千余人。吴六金作为茶号的主要管理者之一，自然薪俸丰厚。1929年春，朱老五火烧屯溪街，吴俊德损失惨重，从此一蹶不振。吴六金自立门户，开设华盛茶庄，经营内外销茶叶，直到1937年抗战全面爆发，茶叶滞销而被迫停业。

据村民介绍，吴六金铺设文昌古道还有一段故事传说。当时从屯溪至文山店村，全长60公里，吴六金在怡和茶号做学徒时，回家看望母亲，早上从屯溪出发，过昌溪，到达离家很近的萝卜尖、鸿大坞时，天已黑，特别是冬季昼短夜长，更是伸手不见五指，而这一段两边全是悬崖峭壁，羊肠一线，稍有不慎，便会跌落深谷。有一次，母亲担心儿子，打着灯笼爬上坝岭，远远地等着。百感交集的吴六金暗暗立下誓言：如果有一天发达了，一定将文昌山道全部铺上石板。

1935年，通过开设茶庄而稍有积蓄的吴六金开始了山道的修建工程，在他的感召下，当地村民亦纷纷投工投劳。工程采用分段修建，先从最险要处修起，先难后易，陡处垒石阶，平处铺石板，至1938年冬，已修建了10余华里，耗资一万余元。我们在村民的带领下，穿过村庄，一路前行。村口的古道边外侧有一株200余年的甜子树，郁郁葱葱，结满了小小的甜果，是孩童们乐于咀嚼的山林馈赠。里侧是观音庙遗址，是山民祷告家人平安、家业兴旺的仙灵。

从村口至鸿大坞一段约2000米，道路平坦，尽在高山腰上行走。山坡上修建了梯田，栽种着茶树、枣树、板栗、桑树以及萝卜、青菜之类的菜蔬。围绕着文山店，周围的小山坡上零星点缀着古住宅，有望云头、江东岭、竹窠、马鞍凹、马鞍下等小村落，黄的土屋，白的民居，红的枫叶，绿的茶树，把山野打扮得五颜六色。远处山峦叠嶂，绵延起伏，村落、道路、河流历历在目。长长地吸一口山野的空气，蜗居城市的浊气顿消，而有神清气爽之感。而对山的峰山村（原名"枫山村"）则引起了我的兴趣，远看山村被一圈浓荫所包围，显然是特意为之。据村民吴小忠介绍，山下原来修建了一座祠堂，而祠堂门口的两只大狮子正对着村口，因此形家言，要栽种108棵柏树将村庄围住，方能扭转村运。撇开迷信的成分，峰山村处于山的背面，来自北方的风一定很大，而在村庄周围栽种防风林，能起着防风护村的作用，古人对村庄的营建可谓匠心独运。同样，村民吴小忠介绍文山店村西面的古住宅自然村有一座"火焰山"，如果有人在山上采石，就会引起火灾，因此严禁在此开采山石，这些都反映了古徽州人朴素的环保观念以及对大自然的敬畏。

转过一个山弯，再走50米左右就到了百步云梯，但这50米却仍然是土路，带路的吴叶林先生说，1939年，吴六金的华盛茶庄歇业后，失去了资金来源，修路工程被迫停工，随后吴六金又卧病在床，1942年过世之前，他嘱咐儿子吴善和要将未竟的工程接着完成。但连年的战争，使得商业无法进行，吴善和也是心有余而力不足，留下了一段未了的情缘。吴六金除修建文昌古道之外，还在紧邻的大坑口村修建了木桥；1939年，将1500元存入深渡同泰店，每年所得的利息144元用于村中私立学校老师的聘金。为长远计，还组织了"路会"，购买了十余亩山地，所收租金用于道路的日常维护。在歙县档案馆馆藏的1950年文山村的《地籍清册》上，清楚地登记着"文里村（民国时称"文里保"，即今文山村）亭路建修委员会"名下有山地18.64亩。

登上百步云梯，就到了萝卜尖的山口——坝岭，往下的山路呈之字形，盘旋而下，山下就是隶属于昌溪乡的大坦村，再往外走几里地就到了昌源河畔。山口左侧的山顶原有一座财神庙，香火旺盛；右侧是一个路亭，似乎也有一个佛龛，如今已是遍地的蒿草。站在山口，山风呼啸，四周山野有大片的枫叶。村民介绍，往年雨水少，枫叶特别的红，犹如红地毯一般，直逼你的眼。

由于车子停在山下的湖田村，我们只得原路返回，而这一段古道留待下一次的探访吧！此时，已经过了十二点，我们进村时，村民吴小忠先生已打电话安排了午饭。在往回走的路上，我们对开发文昌古道的旅游业纷纷建言献策，摄影家方康宁先生建议在古道两侧的山坡上适当栽种桃树、梨树、紫荆等植物，进一步丰富景观层次；我则提出要做一个规划，综合考虑线路安排、餐饮住宿、标志标牌、交通配套等工作，适度开发，合理利用。

中餐是地道的农家乐，虽然只有红烧肉、红烧豆腐、红烧芋头、炖土鸡、炒辣椒、炒青菜几个菜，但农家自产的原料、甘甜的山泉水、柴火灶、大铁锅所烹饪出来的食物，味道鲜美无比，久居城市所食的大棚菜和店名是农家土菜馆里的菜肴是无法与其相比的。十几个人围坐在一起，犹如一个大家庭一般，其乐融融。餐桌安置在阳台上，阳台就是一个观景台，远山近景皆入眼帘。村书记吴海英自豪地说：春天，我们这里的景色更美，有云海、有遍野的油菜花、有飘香的云雾茶、有脆嫩的竹笋，还有漫山的映山红，可美了！几句朴素的话语表达了对家乡的热爱，也激起我们进一步探究的兴趣。村民则拿出手机，将他们拍摄的古道、云雾、花海四时美景向我们展示。

登文昌古道，体验徽商回报桑梓、热心公益的徽商精神；登文昌古道，体验乡野村趣，寻找儿时的记忆；登文昌古道，健身强体，一生无忧。文昌古道，是古徽州人对自然的合理改造与利用的标本。不久的将来，这里将会是摄影家的天堂，旅游远足者的乐园。文昌古道，明年春天有约！

走过渔梁

每次从渔梁那窄窄的街道走过，踏着如鱼鳞般的鹅卵石路面，就有一种别样的情怀涌上心头。因为这里曾经是我——一个山里娃探望山外世界的一个窗口，这里曾经的繁华和喧闹在我幼小的心田里打上了深深的印记，至今仍历历在目。

我的外婆家就住在渔梁街上的姚家巷，因此小时候的我便有了上渔梁的机会。印象最深的当属渔梁码头。走到紫阳桥，远远就能望见如林的桅杆，大大小小的船儿一只紧靠着一只泊在河边。20世纪70年代皖赣铁路尚未开通，新安江仍然是一条繁忙的黄金水道。走近码头，人声鼎沸，有忙着装货、卸货的；有在船头生火做饭的；有在洗衣晾被的；也有抱着小收音机，很悠闲地听曲、逗乐的。喧闹声、吆喝声、号子声、打情骂俏声、机器的轰鸣声，此起彼伏。咸味、鱼腥味、饭菜的香味、人的汗味混合在一起，在空气中弥漫、传播。

走过长长的鹅卵石铺成的街道，两旁的杂货店、饭店、水果店、理发店，对于我这个山里的孩子仍然充满着诱惑。花花绿绿包裹着的糖块照例是不能一次吃完的，放在嘴里来回倒腾出许多的甜味后，再又放回糖纸中，如此三番，直到它在舌尖上慢慢地融化。糖纸是不能丢掉的哦，拿回去，夹在书本中，是向同学们炫耀的资本。浓浓的肉香味，从热气腾腾的蒸笼中窜出，在街道上肆无忌惮地游荡。外婆没有正式的工作，只靠到县茶厂拣茶做些零工，维持家用。但每次小外孙的到来，也总会花上二角钱，买上两只肉包子，给我解馋。那时的渔梁街，在我的眼里，是那么的繁华，人来人往，川流不息。我常蹲在外婆家的大门边，看人像玻璃柜中的热带鱼一样，游过来，游过去，五彩斑斓。

穿过窄窄的巷道，下过一级级石阶，就到了渔梁古坝。丰水季节，水声轰鸣，白浪滚滚，卷起千堆雪，白鸥追逐着浪花，像位舞蹈家，在空中划出无数优美的弧线；鱼鹰像位悠闲的长者，在太阳下梳理着羽毛。最有趣的当属夏季，可以下到水里，用大草帽捞鱼虾，然后把它们养在河边挖好的沙坑中。水是很清冽的，没有污染，每天早晨，渔梁人担着铅皮桶来到坝上的水井挑水，那叮咚、叮咚的声音，真是一首优美的晨曲，在轻柔的薄雾中传出很远、很远。

最热闹的时候，则是舞龙、舞狮、嬉鲤鱼灯了。夜幕降临，家家户户早早吃好了晚饭，挤在街道的两侧等着，龙身、鲤鱼肚中已经装上了灯。最先出场的是狮子，一阵锣鼓响过，狮子摇头摆尾，围着绣球，辗转腾挪，欢腾跳跃着。时不时张开大口，冲向两旁的人群，惹得一阵阵的骚动和尖叫。长龙在嬉龙珠的牵引下，逶迤而来，时如蛟龙出海，直冲九天；时如海上逡巡，摇头摆尾；时如雷霆发作，风雨交加。或疾或徐，或进或退，或翻或滚，或盘旋或飞舞，令人眼花缭乱。走在最后的是鲤鱼灯了，或许它是读书人的象征，显得文雅许多。它着一身华丽的衣服，摇头晃脑，不紧不忙地走着碎步，似乎在诵读着四书五经呢！

走过渔梁，一幅幅生动的画面仿佛就在眼前。那饱经岁月沧桑的木板门，前店后坊式的徽州店铺似乎在提醒我们，这里曾有过的辉煌；悬挂在店门上方的匾额或镌刻在青石上的字号，雕梁画栋的建筑似乎仍在彰显一代代徽商雄厚的实力；通往码头，被人们的双脚磨得坎坷不平的红麻石阶梯，似乎在诉说一个个悲欢离合的故事。

如今，我仍然经常来到渔梁，触摸它的肌肤，感受它的心跳，读它的古朴沧桑、宁静幽美。

走进柔川

我的老家离柔川并不远，不到六里地，小时候看戏、赏灯会常是我们赶场的去处之一。据载，柔川，早在宋时就建村，现有百余户人家，近四百口人。因临近新安江黄金水道，交通较便利，为柔川的先辈们走出大山提供了条件，山村崇儒重商，明清时期，逐渐发达富裕起来。兴建筑、立祠庙、尚文艺，儒雅厚重，蔚为大观。

柔川，原名"牛岭下"，文人绅士觉得不雅，遂取谐音更名为"柔川"。柔川的村落布局十分讲究，西有"狮、象"把门，东为八卦水口，百年古樟遮天蔽日，郁郁苍苍，桂树葱翠，香气沁脾。水口有亭，曰"魁星楼"，楼顶上有一对二郎神君的孝天神犬，日夜护佑着村落的安宁；南面山形犹如凤凰展翅，村落犹如凤尾，美丽多彩；北靠牛岭，岭脚有一古亭——"观音亭"，亭边有一眼泉水，曰"牛眼泉"，泉水清澈甘甜，冬暖夏凉，掬一捧入口，有清心明目之感。村人都说，这是观世音赐福村人的神泉，几百年来从未干涸，村民犹如爱护自己的眼睛一样爱护着它。亭边有三座两脚牌坊，精致典雅。

柔川，古朴、秀丽，犹如一位山中的淑女，清丽，可人。村中青石铺路，小巷纵横，古木参天，雕花的门窗，临水的回廊，弯弯的小桥，清幽的池塘，嬉戏的山鸟犹如一幅幅山村幽居图。村中尚有保存完好的古建筑20余幢，雕梁画栋，庭院深深。最著名的是"五房"。"五房"建筑群占地1200余平方米，是六幢徽派古建筑的完美组合，楼内门套门，巷通巷，错综复杂。厅堂雕刻花鸟鱼虫和人物故事，生动活泼，栩栩如生，如"门子图""麒麟送子"等。院前屋后广植名木，如白果厅前的红豆树，树粗6尺，高20余丈，冠如伞盖，蔚为壮观。

柔川民风淳朴，文风昌盛，农闲季节的节日盛会年年不断，元宵前后

第一辑 风光绝佳处

有舞狮、舞龙表演，尤其是舞龙表演，规模宏大，村里家家户户都必须参加，一户一节龙身，可从村头直通到村尾，真不愧为"巨龙"。中秋节后有地方戏会，一演就是十天半个月，柔川还有自己的专业戏班"唱灯会"。这个"唱灯会"无意中培养了一位近代伟大的民族音乐家——张曙。

张曙，1908年（清光绪三十四年）出生于柔川一户商人家庭，家中排行老五，乳名"五喜"，张曙五岁时，就对音乐表现出浓厚的兴趣，只要"唱灯会"的锣鼓歌弦一响，小张曙必到，撵也撵不走。班主张树滋先生发现了小张曙特殊的音乐天赋，破格收了这个五岁的小徒弟，悉心教他吹拉弹唱。小张曙如鱼得水，如饥似渴地吸收了民族音乐的精华，并很快崭露头角，11岁时，在薛坑口，他曾用一把独弦琴伴奏，使戏班子顺利演完戏。至今，柔川的老人们仍然津津乐道。

1927年，张曙考入上海艺术大学音乐系，1928年，考入上海国立音乐学院。张曙是一位多才多艺的高产作曲家，一生创作了200多首歌曲，反映了中国人民反抗侵略、反抗压迫的顽强不屈的斗争精神。周恩来同志给予他很高的评价，指出"张曙先生之可贵在于和聂耳同为文化战线的两员猛将"。可惜张曙英年早逝，1938年死于日本飞机的轰炸之下。2008年是张曙先生诞辰一百周年，我们来到张曙故居前，缅怀这位从柔川走出去的故乡的骄子。

柔川历史悠久，名人辈出。如张习孔，清顺治年间进士，工诗词古文，好为杂记，著有《贻清堂集》《云谷卧余集》等；清康熙年间的张潮，贡生，授翰林院孔目，著有《幽梦影》《虞初新志》等。

"身随烟共灭，曲与日同辉"，美丽的柔川将与张曙之名一样熠熠生辉。

春日小岩访古寺

数年前，曾在一藏家手中看见过几个残破的佛像，据云，出自古岩院，而"岩寺"的原居民就位于小岩附近的平冈之上。宋代罗愿的《新安志》有载："古岩院，在永丰乡寒山里（明弘治《徽州府志》记作'环山里'），唐会昌元年建，有石岩。"唐会昌元年，为841年。由于寺庙香火旺盛，从而带动了岩寺一带的发展。香客络绎不绝，商贸兴隆，人口逐渐增多而繁衍成镇。因此，岩寺悠久的历史与文化更增添了我的好奇与探究之心。

2016年3月5日，正是春风送暖，艳阳高照的好日子，早八时余，驾车出徽城，一路向西，在岩寺医院上首左拐进入小岩路，前行约三里地，就到了小岩村，村子不大，有数十户人家，散落而居。将车子停在路边，向村中老人打听寺庙的遗址，言南向穿过火车路就能看见。时篁墩至岩寺的公路正在改建，大型机械穿梭往来，原来的机耕路却寻不见了，沿山边临时便道小心地爬过火车路，见一老农正在施农家肥，遂再次问询，老农手指前面的山坳，说进去就能看见了。

沿着老农手指的方向，前行数十米，见一山谷，两边是平缓的山坡，山上是裸露的红砂岩。往山谷中走不到20米，见一水塘，百余平方，水塘左侧山坡上零星长着几棵松树。再前行数十步，见左侧的山崖虚空，有洞窟模样，凭感觉这应该是古寺遗址。于是拨开荒草，径直前行。两边是农人种植的油菜，正在抽薹结蕾，少数已花开枝头，在春风中摇曳。细看油菜地里布满着残砖碎瓦。跨上平台，就进入洞窟，洞窟形如倒畚箕形，外面开口大，高约五米，逐渐下收，与地相接，主洞外宽十余米，深七八米，洞内两侧边脚有人工开凿的痕迹，洞顶有数个方形、圆形的坑，推测应该是当时砖木结构的立柱所用。

第一辑 风光绝佳处

关于古岩的形胜，作于乾隆年间的《岩镇志草》有较详细的描述："其来脉自马下岭，过峡矗起高峰，东折而南，直趋环山，回顾走长石冈至此。山皆紫石，逦迤平衍，不作峰峦峭厉，其迤北横亘百余丈，曰卧龙。虚其腹五之一而成岩，嵌空深邃，戴如夏屋，而履之坦坦。自南入北，可列五筵，东西计之，不啻倍也。"山坡东西走向，高从十余米至数十米不等，地势平缓，坡顶皆可行走，由于是砂岩，存不住泥土，草木稀疏。

关于古岩院的兴盛，乾隆《歙县志》上有简要的记述："岩去邑西三十里，形如覆屋，汉晋以来为修真炼形所居。唐径山大师蕴公习静于此，大历中，代宗手诏征之为立院。宋开宝元年，郡守陇西李公度迎达禅师住持，始置庄田殿阁。再传琏公被征入侍，仁宗眷注优渥。英宗治平三年，奉玺书，遂闲归山，而院益著。碑版尚存岩中。"这段文字大致描述了古岩院的衍变过程，汉晋时期，就有佛家弟子在此修炼，至唐代大历中，来自江南名寺余杭径山寺的大师蕴公在此静修，过着"山中习静观朝槿，松下清斋折露葵"（王维《积雨辋川庄作》）的悠闲日子，寺因人显，唐代宗（727—779，其中762—779在位）下诏立为禅院；宋开宝元年（968），郡守李度迎达禅师来此任住持，掌管寺庙，开始购置田地，兴修大殿楼阁；宋仁宗（1010—1063，其中1022—1063在位）时，琏公被召入皇宫侍奉，仁宗优厚有加，英宗治平三年（1066），奉诏而归。因此，禅院名声大噪，得到了空前的发展，僧徒最多时达到500余人。"寺前里许为小岩，道旁有小石浮图。故老言，此地原寺之山门也。"（《岩镇志草·元集》）可见，当时寺庙的建筑规模恢宏壮观。乾隆时期，寺中尚存诏书及大师遗像，岩洞中尚存碑刻文字。关于古岩院的兴建，罗愿的《新安志》记载与乾隆《歙县志》略有差异，一为唐会昌元年（841），一为唐代宗（762—779）时期，中间有数十年的出入。笔者曾试图从典籍中寻找相关碑记，但无果，其中谜团尚待考证。

罗愿（1136—1184，字端良，号存斋，歙县呈坎人）所著的《鄂州小集》中收录了一篇《古岩经藏记》，其曰："古岩，知名寺也，予少而游焉。爱其僧房在石下，有坡陀嵌空之状。已而上经阁，函列整整，可以手探而意取。念方外之士，肯以其余闲，徜徉于此，因尽阅其经，盖亦足乐。"经阁建于绍兴中，淳熙十年（1183），主持慈悦与慈妙、守晖等筹钱重修，方汝、霖汝乐输善款。寺有莲华千叶、五十二大士等佛像。虽然罗愿对寺庙没有过多直接的描述，但从藏经阁的规模也可略见一斑。

洞窟中除了满布的尘土，放眼望去已无一物。但细心寻找，在崖壁上发现一块刻于元代至治三年（1323）的摩崖石刻，由于已近700年，且红砂岩易于风化，对照前些年友人拍摄的图片，参考相关资料，勉强识读，其文字为："大元至治三年癸亥五月初六日，前特授集贤侍讲学士、朝散大夫、同知徽州路总管府事野仙，本路司吏程元龙，授词者，念岩石宅，同满所泰，活佛行者。监镌汪。"这是一块记事碑，大意为古岩院遭毁损后，徽州知府亲授府事司吏（钱粮官）程元龙代为捐赠维修古岩院的库银。主持出于感激，刻碑纪念。历代战乱，古岩院屡毁屡建，咸丰年间，遭到太平军的焚毁后，未能再次兴建而成废墟了。

经千年沧桑，如今古岩院只剩下一处遗址了。除了残砖碎瓦还依稀提醒着这里曾经的辉煌，余下满眼是生机勃勃的油菜和各种小灌木。我在周边寻寻觅觅，在洞窟上首崖壁处发现两口人工开凿的方形古井，拨开青苔水藻，见泉水清冽。古井周边散布着一些古瓷片。井左侧有石阶直达崖顶，崖顶平缓，有二十余处柱础及两条呈人字形的排水沟，由此可以想象当时围绕洞窟修建的建筑群有多么的壮观。崖背面是断崖，谷底生长着两颗高大的松树以及青青的翠竹。乾隆年间的余华瑞对此有较为详细的描述："龙腰石池，泉从腹中出，清冽凝重，色白味甘，羡为清凉池。池左有方塘，水亦出石罅，蓣藻参差，锦鳞唼泳。西折为青莲塘，正注岩殿，前趋金刚石，下汇为星塘。"三口水塘迭次而下，塘水可灌溉良田千亩。南侧亦为平缓的山坡，犹如几案，山坡西角有一座建于庆元五年（1199）的砖塔，高丈许。山谷深300余米，宽100余米。"山尽石骨，不宜树木"。

古岩院的幽胜，自然引得许多文人墨客的探寻。南宋绍兴十年（1140）前后的春日，时任徽州知州的汪藻（1079—1154，字彦章，号浮溪，先世籍贯婺源）带着随从前往古岩寺举行"班春"（警示农时、祈祷丰年）仪式，一路上和风送暖，鼓乐齐鸣；细雨蒙蒙，旌旗飘扬。远远地穿过田间小路，山中草木一新，野花竞相开放，谷中鸟雀唱和。麦苗已经

第一辑 风光绝佳处

吐穗开花，田畦中秧苗亦开始萌发，一派春和景明的气象。"古寺依绝壁，林端列飞甍。残僧四五人，静若无所营。石室数百肘，嵌空自天成。泉甘与茶宜，就汲岩下清。"（汪藻《徽州班春古岩寺呈诸僚友》）汪藻在公务之余，到寺中饮一杯清茶，与农人嘘寒问苦。

明代万历年间的文学家，西溪南松明山人汪道昆（1525—1593，字伯玉，号南溟，又号太函）与友人是于秋日到古岩寺聚会的，他在《秋日同诸君子集古岩寺》诗中写道："伏枕炎风过，披襟爽气来。扪萝探窈窕，盘石坐崔嵬。谷响蝉先集，天清雁独回。绳床知不借，吾欲卧苍苔。"作为白榆社的统帅，汪道昆自然是呼朋唤友，结伴而行。与其同游的有其弟汪道贯，他在《明日同游古岩寺》诗中描述："嶕峣一卷石，登望散人愁。树树鸣蝉急，山山落木秋。长风如可御，斜日故相留。不有残僧在，宁知佛土幽？"

明末诗人，歙县潭渡后许（今后浒）人许楚（1605—1676，字方城、芳城，号小江，别号青岩，明诸生）曾游历该寺，并将寺后的"古岩寺泉"列为歙县四大名泉之一（另有"寒泉""雪窦泉""高庙泉"），即兴赋诗一首："古寺隈云不计年，清泠一线泻岩前。提瓶只听游人取，未许山僧识玉川。"当时该泉一定名噪四方，游人竞相取用，所泡黄山云雾茶当甘洌清逸。由于经年荒废，泥沙淤积，寺后井泉已了无踪迹。

历史的尘埃掩埋了过往的繁华，晨钟暮鼓，佛号声声，被山谷的沉寂与荒凉所替代，我站在崖顶四眼望去，远处屋舍相连，车声辘辘，时代建设的步伐早已打破了这里的幽静，或许将来连遗址都不复存在！记住乡愁，是否包含捡拾历史的碎片？诗意的生活离现代人越来越远，人们已习惯于在嘈杂的人世间狼奔豕突，追名逐利，那又于何处安放心中的那尊佛呢？古岩院，徽州人曾经的佛家圣殿！

渔梁坝情思

"水厚则徽盛，水浅则徽耗"，徽州人对于水情有独钟。不但是由于饮用、洗涤、灭火的需要，更是一种美学取向。徽州人视水为财，有"四水归明堂，财水不外流"的讲究，因此渔梁坝就时时牵动着徽州人的神经，历朝府县皆以整修渔梁坝为政务之大要。

渔梁坝始建于唐，唐代国力强盛，邑人也许从这时起开始审视脚下的这片土地，最后大家把目光一致投向了滔滔不竭的江水。蓄水如蓄财，水荣则城兴，水枯则城衰，在以后的千年岁月里，渔梁坝屡毁屡建。

渔梁坝是徽州历史最悠久、至今仍然在发挥作用的古代水利工程，被业内人士誉为"江南的都江堰"。徽州处于季风气候，雨季十分明显，暴雨之下，洪水从千沟万壑中奔涌而出，四条巨龙汇于城下，挤于练江之中，其气势、其威猛，犹如万马奔腾，钱塘潮吼。故以松木为栅，碎石为栏，被轻易毁之；以红麻条石高筑八层，亦毁之；以坚硬的青石砌筑九层，仍挡不住滔滔的江水。在这里自然力与人力进行反复的争夺与较量。治水者们在沉思，石匠们在挥动手中锤子的间隙时，也在思考，一朵朵思想的火花汇集在一起，疏堵结合，紧密团结。石头仿佛有了生命的意志，它们手挽着手，挺立着，接受江水一次次的考验。这座凝聚着徽州人治水智慧的滚水坝一站就是千年。

山洪带着犀利、带着野性，冲撞而下，却在渔梁坝顺服地转了个弯，向上游悠悠地回溯。于是古城朗润起来了，丰满起来了，人们汲水而濯，煮水烹茗，捧卷诵读，"彬彬乎东南邹鲁"。渔梁坝终于热腾起来了，山里的木材、茶叶在这里集结，结队东南而去；粮食、布匹、盐在这里中转，滋养着徽州的一府六邑。渔梁街也像一条河，游动着南来北往的人群，货栈、过塘行、盐栈、南货铺、京广杂货铺布满了街道的两侧。马蹄的敲击声，驴队的铃声，商家的吆喝声，混合着、交集着，从唐至宋至明清一直到民国，就这样喧哗、恣肆着，悠然地乐着，吸引了许多惊慕的目光。

就这样，一道堤坝将水分成了两个世界，坝上，碧波荡漾，犹如母亲温柔的怀抱；坝下乱石嶙峋，千礁万滩，预示着前面的路风云莫测。新婚的妻子唱着"十送郎"，义无反顾地将郎君送到渔梁码头，站在船头的徽州男人没有幽怨，他挥一挥手，踏上了远征的航程。他不仅肩负着家庭的重担，还有家族的期盼，包裹里有充饥的苞芦粿和几个铜板。许多徽商就是这样白手起家的，在大江南北挣得了一片辉煌。渔梁码头上喧闹了、沸腾了，一个个富商载来了真金白银，于是一座座雅致的宅院、轩昂的宗祠、飘香的书院遍布徽州的山乡。

无意中，我在崇报祠内发现了两块"扶柩碑"，分别为同治元年（1862）、光绪元年（1875）徽州府府衙、歙县县衙所立，记载着"旅榇盘柩归乡"的事宜。这些出去时活蹦乱跳的小伙子，由于各种原因客死他乡，只能以这种方式回归故乡。这是一批奋斗的失败者，苦风凄雨，渔梁坝也压抑着呜咽的声音。在历史的狼奔豕突中，远在各地的义庄、义冢为徽州的历史涂抹上了一抹猩红的惨烈。

连绵的暴雨，练江水位陡涨，渔梁坝上下水位已经齐平，洪水挟持着上游的庄稼、树木、杂草汹涌而下，渔梁坝早已被深深埋在水下。虽然暗流涌动，这时确乎没有什么美感，有的只是对自然力量的惊悸与恐惧。明嘉靖年间，曾铸有铁犀牛两头，置于南北两侧，昂首伏踞，用以镇定水灾。善良的渔梁人于大年三十夜，备鸡、鱼、面三色供品到渔梁坝祭祀河神、土地，以祈求一方平安。

渔梁坝最美的时候，应是丰水期，水刚漫过堤坝，带着激情向坝下扑去，浪花四溅，如飞玉泻珠，水雾之上，有白鹭翔集；水声像天际的滚雷，犹如古代帝王的车辇滚滚而过，仿佛历史在某一刻成了一片空白。此时远观最佳，渔梁街就像一条大船，静静地停泊在它的身旁。不过，我喜欢更亲密地接触它，夏秋季节，水流只从泄流槽款款而下，不徐不疾，像腼腆的少女，细细地流着，顾盼生姿。坝上，一条小渔船上几只鱼鹰正在梳理着羽毛，坝下，几名顽童正在戏水、摸虾。我在坝上的巨石上或坐或卧，抚摸着被水流打磨的光滑的石头，若有所思或有所不思，远处的小巷中传来二胡的咿呀声，顺着这琴音，我仿佛回到了盛世的大唐。

唐代诗人李白是被许宣平的一首诗吸引来的："隐居三十载，筑室南山巅。静夜玩明月，闲朝饮碧泉。樵人歌垄上，谷鸟戏岩前。乐矣不知老，都忘甲子年。"许宣平就隐居在渔梁坝南侧的城阳山上，诗被人们四处传抄，竟传到了洛阳，李白心动了，他在桃花潭边辞别了汪伦，就径直来到了练江边。他一拱手，问在江边小船上垂钓的老翁：您知道许宣平家住哪里？老翁随口吟道："门前一竿竹，便是许公家。"说罢，飘然而去。明白过来的李白很是惆怅："不见同怀人，对之空叹息。"他孤独地坐在江边的酒楼里，发出"槛外一条溪，几回流碎月"的慨叹。

渔梁坝承载了太多的历史与文化，我不愿过多地掀起它的书角。我只在微微的细雨中，沿南门的古道悄悄而来，过白云禅院、狮子桥，下百步梯；或在夏日的黄昏里，静静地穿过斑驳的小巷，抚摸岁月繁华和寂寞的留痕；或在秋日的红叶里，远远地注视着它，一如远航归来的舵手；或在冬雪满天时，静静地立在坝上，感受冬雪下涌动的生命。

渔梁坝，寄托了我无限的情思。

第一辑 风光绝佳处

第二辑 物华天宝地

中国四大古城

我国历史悠久，文化灿烂，至今仍有许多保留相对完好的文化古城，比较著名的是山西平遥、安徽歙县、四川阆中、云南丽江四大古城，四座古城特色鲜明、古朴秀丽，在国内外享有较高的声誉。

平遥古城

平遥古城，是一座具有2700多年历史的文化名城，1997年12月被列入《世界遗产名录》，是我国目前唯一以整座古城申报世界文化遗产获得成功的古县城。自公元前221年，秦朝政府实行"郡县制"以来，平遥城一直是县治所在地。平遥旧称"古陶"，相传为西周大将尹吉甫驻军于此而建。明朝初年，为防御外族南扰，始建城墙，洪武三年（1370）在旧墙垣基础上重筑扩修，并全面包砖。以后历代进行过十余次的修葺。康熙四十三年（1704）因皇帝西巡路经平遥，而筑了四面大城楼，使城池更加壮观。平遥城墙总周长6163米，墙高约12米，古城面积约2.25平方公里。现在看到的古城，是明洪武三年（1370）扩建后的模样。

平遥古城有"龟城"之称。鸟瞰古城，平面方形的城墙，形如龟状，城门六座，南北各一，东西各二。城池南门为龟头，门外两眼水井象征龟的双目。北城门为龟尾，是全城的最低处，城内所有积水都要经此流出。城池东西四座瓮城，双双相对，上西门、下西门、上东门的瓮城城门均向南开，形似龟爪前伸，唯下东门瓮城的外城门径直向东开，据说是造城时恐怕乌龟爬走，将其左腿拉直，拴在距城二十里的麓台上。这个看似虚妄的传说，折射出古人对乌龟的极其崇拜之情。城墙上还有72个观敌楼，墙顶外侧有垛口3000个，传说它是孔子3000弟子、72贤人的象征。城内外有各类遗址、古建筑300多处，有保存完整的明清民宅近4000座，街道商铺保持历史原貌，被称作研究中国古代城市的活样本。

歙县古城

歙县古城，位于黄山、白岳之间，练江之滨，素有六峰拱秀、四水回廊之美誉，山明水秀，风光旖旎，是一座历史悠久的山城。早在新石器时代即有人类生存繁衍，秦置歙县，隋为歙州，北宋宣和三年改称徽州，元、明、清三朝沿用。隋以后一千三百多年均为郡、州、路、府治。歙县古城布局典雅，精美绝伦，散发着浓郁的徽文化气息。

歙县文风昌盛，宋以后徽商的发展更带来文化繁荣。新安画派独树一帜；新安医学拔萃医林；徽派艺术技艺精湛，徽派建筑集砖、木、石三雕于一体，是古建艺苑中的一朵奇葩；徽戏、徽菜、徽派盆景、文房四宝等，都闪耀着古歙文化的灿烂光芒。歙县历史上以才入仕称甲江南，名儒显臣辈出，如理学家朱熹、新安画派创始人渐江、理财家王茂荫、国画大师黄宾虹、人民教育家陶行知等。

古徽城内，古桥如虹，古塔秀劲，古巷深深，古井幽幽，民居、祠堂、牌坊"古建三绝"交相辉映，远山如黛，近水激湍。置身其中，仿佛在清丽的山水画廊中漫步，移步异景，步步皆景。古城主要景点有太白楼、新安碑园、瓮城、许国石坊、斗山街、渔梁古坝、陶行知纪念馆等。

太白楼位于太平古桥西侧，因李白寻访歙州隐士许宣平而得名。双层楼阁，挑梁飞檐，为典型徽派建筑。新安碑园紧邻太白楼，筑于披云峰上，依山就势，高处立亭，洼处蓄池，竹影婆娑，饶有山野情趣。碑园的廊龛中，陈列着《余清斋帖》《清鉴堂帖》两套碑帖，共200余块，收集自晋至明历代中国书法大师的代表作，精心雕刻，堪称稀世珍本。

从瓮城入内，可以观赏到两座谯楼，一为南谯楼，俗称24根柱，此楼建于隋末，宋、明两朝多次重建。现存的南谯楼基本保持宋代的建筑风格，特别是其中的"排栅柱"，乃正宗宋代"营造法"。东谯楼又名阳和门，原名钟楼，建于明弘治年间，为重檐式的双层楼阁。这两座谯楼咫尺相望。

许国石坊耸立于中和街上，俗有"东方凯旋门"之称。建于明代万历十二年（1584），四面八柱，雕饰镂刻精美细腻，图案错落有致，疏朗多姿。12只倚柱石狮，神态各异，体现出徽派石雕独特的表现手法。石坊所有题词，均出自著名书法家董其昌之手，整座石坊显得更豪放、华丽、威严。

斗山街为历史上徽商的集中居住地。小巷幽幽，庭院深深，犹如一幅长长的历史画卷；渔梁古坝是雄霸明清商界三百余年徽商的起航地，白浪滔天，舟楫相随。

阆中古城

阆中古城的自然景观奇秀多姿，独具特色。据《太平寰宇记》记载："其山四合于郡，故曰阆中。"美丽的嘉陵江环绕古城，四周青山拥抱，真是"三面江光抱城郭，四围山势锁烟霞"，恰如一幅浑然天成的水墨丹青。

古阆中历史源远流长。相传为中国远古帝王伏羲的诞生地。商周时代，阆中是巴国北部重镇。战国中期（公元前330年），巴国由重庆迁都阆中。秦灭巴国后，于公元前314年置阆中县，迄今为止已有2300多年的历史。从古到今，阆中县制未动，县名不改，是全国少有的至今保持原名的县城。阆中历来是川北的政治、经济、军事和宗教中心，历代王朝都在阆中设置郡、州、府、道治所，明末清初，四川临时省会设在阆中达17年之久。

古城阆中的建筑风格体现了我国古代的居住风水观，城内的古街道交错纵横，91条街巷中有20多条街巷仍保持着唐宋时的建筑风格。阆中古城内的民居属于明清风格，有的具有明代疏朗淡雅味，有的则具有清朝精美繁复的特点，并且多以典雅精致的雕绘艺术为特色。这些官宅、民居的共同特点是：古、雅、幽、翠。临街的小木屋都有外柱廊，出檐数尺，供行人遮阳避雨。建筑布局，大部分为四合院，有些院内回廊曲径，古朴典雅，具有南方园林特色。在街道交汇处，往往有楼台拔地而起。

阆中古城保存得非常完好，数百条古街道，城区内的四合院仍有人居住。如今徜徉在阆中古城内，只见街道两边全是青瓦盖顶的木质结构建筑，多数是平房，一律以木板为壁。窄窄的古街巷纵横交错，地面石板铺路，古城保护区显得古色古香。

丽江古城

丽江古城，地处金沙江上游，相传因形似一方大砚而得名"大研镇"。丽江建城始于宋末元初。1253年，忽必烈南征大理国时，就曾驻军于此。由此开始，直至清初的近四百年里，丽江地区皆为中央王朝管辖下的纳西族木氏先祖及木氏土司世袭统治。明代地理学家徐霞客，在《滇游日记》中描述当时丽江城"民房群落，瓦屋栉比"。

走进丽江彩石铺成的古老街道，便见河渠流水淙淙，河畔垂柳拂水，市肆民居或门前架桥，或屋后有溪，街头巷尾无数涓涓细流，穿墙绕户蜿蜒而去。这股股清流来自城北象山脚下的玉泉。从丽江北眺，高耸云天的玉龙雪山，景致雄奇变幻，是巨大的天然水库。

城内早年依地下涌泉修建的白马龙潭和多处井泉至今尚存，人们创造出"一潭一井三塘水"的用水方法，即头塘饮水、二塘洗菜、三塘洗衣，科学又卫生。居民还以水洗街，只要放闸堵河，水溢石板路面顺势下泄，便可涤尽污秽，保持街市清洁。

依山就水的丽江大研镇，既无高大围城，也无轩敞大道，但它古朴如画，处处透出自然和谐。镇内屋宇因地势和流水错落起伏，人们以木石与泥土构筑起美观适用的住宅，融入了汉、白、藏民居的传统，形成独特风格。当地常见的是"三坊一照壁"式民宅，即主房、厢房与壁围成的三合院。每房三间两层，朝南的正房供长辈居住，东西厢房一般由下辈住用。房屋多在两面山墙伸出的檐下装饰一块鱼形或叶状木片，名曰"悬鱼"，以祈"吉庆有余"。许多庭院门楼雕饰精巧，院内以卵石、瓦片、花砖铺地，正面堂屋一般有六扇格子门窗，窗心的雕刻大多是四季花卉或吉祥鸟兽。堂前廊檐大多比较宽，是一处温馨惬意的活动空间。

新安"四宝堂"

自古以来，徽州文风昌盛，名人辈出，素有"东南邹鲁"之雅称。发达的地域文化刺激了笔墨纸砚等文房用具的发展，在蜚声中外的中国文房四宝中，古徽州的徽墨、歙砚就占去了半壁江山。宣纸、湖笔的产地也毗邻徽州，而且徽州也曾出产了作为贡品的澄心堂纸及汪伯立笔。

北宋年间，歙人汪伯立创办"四宝堂"，人们将澄心堂纸、李廷珪墨、汪伯立笔、龙尾石砚四种文房珍品并称为"新安四宝"。据《春风堂随笔》记载，南宋时谢暨任徽州知府，因和宋理宗有"椒房（后妃的代称）之亲"，每年都要进贡这四宝。世事沧桑，几经沉浮，现在的徽墨、歙砚仍保持着较强的生产和销售能力，而澄心堂纸、汪伯立笔由于诸多原因，已经停产。

歙　砚

歙砚居全国四大名砚之首。驰名于唐，至今已有一千余年的历史。歙砚的特点是：石质坚润，纹理缜密，造型雅致，雕刻精湛，发墨益毫，贮墨不涸，易于洗涤，享有"瓜肤縠理，玉德金声"之美誉。

歙砚的诞生颇有传奇色彩，相传为唐开元年间，歙州一叶姓猎户追逐一受伤的鹿来到龙尾山下（今属江西婺源县），在武溪中发现了莹洁温润，闪烁着金星的石头，非常惹人喜爱，遂捡了一块回家作为宝物珍藏。后猎户的后代中出了个秀才，将此石交给技艺高超的匠人，雕成了一方蛟龙吐水砚。此方神砚辗转到了南唐皇帝李璟的手中。李璟精于翰墨，见到此砚，就想亲手一试，他刚要往砚池中倒水，那蛟龙嘴中竟渗出串串水珠。李璟喜不自胜，挥笔写下了"歙砚甲天下"五个大字。并擢砚工李少微为砚官，专管砚务，自此歙砚驰名天下。

歙砚的发展几经风雨，几度兴衰。现存安徽省博物馆的唐代箕形双足砚（1976年合肥出土）是目前现存最早的歙砚实物。宋代，歙砚空前发展，品种增多，精品不断涌现。元至元十八年（1281），婺源县令汪月山驱动民力，对砚石进行掠夺性开采，造成坑塌人死，石尽山秃的惨局。从元末至清后期，长达500多年没有官府开采砚石的记载。清代，乾隆帝命官员到徽州求购精砚，搜罗民间家藏古砚，亦未见开采砚石。道光以后，砚坑荒芜，无人问津。直到1962年，在周恩来总理的亲切关怀下，歙县开始组织和恢复歙砚生产，1963年10月，第一方道地的金星歙砚重新问世。从此，这朵传统的民族艺术之花，绝处逢生，步入了一个崭新的发展阶段。

歙砚石品丰富，主要有金星、金晕、银星、银晕、罗纹、眉子、玉带、枣心、豆斑等类，每类石品又可分数种乃至数十种纹式。如金星分金钱金星、雨点金星、云雾金星；罗纹分粗罗纹、细罗纹、金花罗纹、水浪罗纹、刷丝罗纹等。天然造化，惟妙惟肖。

歙砚的制作，分为选料、制坯、设计、雕刻、磨光、上光、包装等工序。歙砚雕刻浑厚朴实，美观大方，图案均匀饱满，刀法刚健。歙砚主要有浮雕、浅浮雕、半圆雕等工艺，花鸟鱼虫、山水楼台，皆能刀下成趣。歙砚造型，大致可分五类：仿古式、自然式、大冠式、玉堂式、平板式。歙砚珍品主要有："黄山迎客松""云水拱月""秋瓜鸣虫""嫦娥奔月""雨打芭蕉"等。

历代文人雅士对歙砚推崇备至，情有独钟，柳公权、欧阳修、苏东坡、米芾、蔡襄、黄庭坚、唐寅等人并作诗赋文。宋代诗人黄庭坚曾寻砚到歙州，写下了《砚山行》诗："新安出城二百里，走峰奔峦如斗蚁。陆不通车水不舟，步步穿云到龙尾……其间有石产罗纹，眉子金星相间起……凿砺磨形如日星，刻骨镂金寻石髓。选堪去杂用精奇，往往百中三四耳。磨方剪锐熟端相，审样状名随手是。不轻不燥禀天然，重实温润如君子。日辉灿灿飞金星，碧云色夺端州紫。遂令天下文章翁，走吏迢迢来涧底……"北宋大书法家米南宫（米芾）曾为"研山砚"作铭："五色水，浮昆仑。潭在顶，出黑云。挂龙怪，烁电痕。下震霆，泽厚坤。极变化，阊道门。"当代艺术大师刘海粟曾为歙砚厂题诗一首:"弯刀割踏黑龙尾,碾作端溪苍玉子。花镤铁面一尺方,紫霞红光上书几。"

歙砚的鉴赏与收藏,由来已久,古人谓其有"八德":坚、润、柔、健、细、腻、洁、美。它作为艺术品,深受人们的喜爱,并作为国宝赠送给国外元首。

徽 墨

唐朝末年,黄巢起义,北方战事连绵,河北易州著名墨工奚超带着儿子廷珪避乱辗转来到徽州,他们见到黄山诸峰长满高大茂密的古松,便定居下来,经营墨业。奚氏父子刻苦钻研,不断改进捣烟、和胶、配料等技法,终于制出"丰肌腻理、光泽如漆"的松烟墨,得到南唐后主李煜的赏识,封廷珪为墨务官,而且赐他们全家以"国姓",改为姓李。自此,李墨风靡一时,誉满天下,至宋宣和年间,出现了"黄金易得,李墨难求"的盛况。墨业在徽州各地兴盛起来。

在一千多年的徽墨发展史上,涌现了许多制墨名家。北宋时期的潘谷,是继李廷珪之后的一代名工,他制的墨"香彻肌骨,磨研至尽,而香不衰","枢廷东阁""九子墨""松丸"等被誉为墨中精品,同时代的著名诗人苏东坡称他为"墨仙"。明代制墨名家罗小华总结前人经验,成功采用了桐油烟与漆烟的制墨方法,改进配方,使徽墨浓涂淡抹,韵致横生,成了质地精良的书画墨。他的墨"坚如石,纹如犀,墨如漆,一螺值万钱"(民国《歙县志》)。明万历年间的程君房,博采众长,大胆创新,首创烧漆取烟法,在漆烟中加入麝香、冰片、金箔、珍珠等贵重原料,制成的超漆烟墨,"坚而有光,黝而能润,舔笔不胶,入纸不晕"。大书画家董其昌说:"百年之后,无君房而有君房之墨;千年之后,无君房之墨而有君房之名"。清代曹素功、汪近圣、汪节庵、胡开文号称四大制墨名家。相传,康熙南巡时,素功献墨,钦赐"紫玉光"三字,从此名声大噪,有"天下之墨推歙州,歙州之墨推曹氏"的美誉。胡开文可谓后来居上,胡开文墨不仅盛销大江南北,还远销日本和东南亚各地。所制名墨有"黄山图""御园图""西湖风景图""棉花图"等。1915年胡开文墨店生产的

"地球墨"荣获巴拿马国际博览会金奖。当代徽墨生产得到了继承和发扬，"嫦娥奔月""报春图""梅鹊"等作为国家礼品，赠送各国友人。珍贵的超漆油烟墨宜书宜画，备受喜爱。当代著名书画家程十发称赞说："一丸佳制有余馨，歙墨从来举世尊。冰麝龙涎皆不贵，杵工汗滴是真魂"。

徽墨集观赏与实用为一体，具有拈来轻，嗅来馨，磨来清，坚如玉，研无声的特点，享有"落纸如漆，万载存真"的美誉。制墨的原料主要是炭黑，生产徽墨用的炭黑有：松烟、油烟、漆烟或工业炭黑，附料有胶、桂皮、丹参、黄连等数十味中药，金箔、银箔、珍珠粉等添加剂。古代制墨分造窑、发火、取煤、活剂、成型、入灰、出灰、试磨八道工序；现代制墨分炼烟、和胶、杵捣、成型、晾墨、锉边、洗水、填金、包装九道工序。墨的品类很多，从社会需求来划分，主要有书画家用的书画墨，达官贵人用的贡墨，收藏家青睐的仿古墨，医药用的药墨，僧尼用的素墨，亲朋好友馈赠用的礼品墨等。从形制上可分单一实用的零锭墨及成套的集锦墨。从原料质地上可分为松烟墨、油烟墨、朱砂墨、五彩墨等。从用途上可分为用作欣赏和收藏的陈列墨和实用墨。

徽墨的规格分高、中、低三档。高档的有超顶漆烟、桐油烟、五彩墨、药墨、朱砂墨等；中档的有全烟墨、松烟墨、净烟墨等；普通的有减胶墨、加香墨等。

澄心堂纸

宣纸，闻名海内外，它对促进中国水墨画的发展具有十分重要的作用，名列文房四宝之一，而历史上曾负有盛名的徽州澄心堂纸却鲜有人知。

唐代，徽州就出产纸品，著名的就是"肤如卵膜，坚洁如玉，细薄光润，冠于一时"的澄心堂纸。据宋蔡襄的《文房四说》载："黟歙间多良纸，有凝霜、澄心之号，复有长者可五十尺为一幅，盖歙民数日理其楮，然后于长船中以浸之，数十夫举抄以抄之。"可见，当时纸品制作工艺的精熟。南唐后主李煜擅长笔墨丹青，视此纸如珍宝，特辟"澄心堂"以藏之，澄心堂纸因此而得名。但因为澄心堂纸只是作为宫廷中的御用品，因此民间难得一见。南唐画家董源是一位善于表现拥翠浮岚江南秀色的丹青妙手，深得后主宠爱，他作为"宫苑使"可经常出入"澄心堂"，他的《庐山图》《夏山林木图》《溪山风雨图》都是用澄心堂纸绘就。

北宋开宝八年（975），南唐为宋所灭。军伍之人不识此宝，随意堆放，闲置了几十年。后来流出宫外，落到北宋一些画家、文学家的手中，一时惊为稀世之宝，争相作诗赞颂，引出一段文坛佳话，因此澄心堂纸得以名扬天下。

当时，欧阳修的一位好友刘敞（字原父，1019—1068，北宋史学家、经学家、散文家、金石学家）从宫中得到澄心堂纸百枚，分赠了十枚给他。欧阳修得此纸，惊叹不已，赋诗答谢："君家虽有澄心堂，有谁下笔知谁哉？……君从何处得此纸？纯坚莹腻卷百枚。"欧阳修又转赠两枚给梅尧臣，梅尧臣赋诗二首，称该纸"滑如春冰密如茧"。梅尧臣又转送一枚给当时的歙州制墨名家潘谷。潘谷奇才，竟仿制出一批，并送"三百番"和歙砚一方给梅尧臣，梅尧臣即赋《潘歙州寄纸三百番砚一方》诗咏其事："澄心纸出新安郡，腊月敲冰滑有余。潘侯不独能致纸，罗纹细砚镌龙尾。"数年后，梅尧臣的另一友人，文学家宋敏求（字次道，1019—1079）又寄赠梅尧臣澄心堂纸百枚，梅氏喜不自胜，感慨系之，写下了《答宋学士次道寄澄心堂纸百幅》诗："寒溪浸楮春春夜，敲冰举帘匀割脂。焙干坚滑如铺玉，一幅百金曾不疑……"梅尧臣喜获澄心堂纸而四次赋诗，由此可见珍爱有加。宋以后，这种南唐遗物更成了罕见之珍，明代书画家董其昌得此纸时，感慨地说："此纸不敢书。"由于"澄心堂"藏纸丰富，北宋宋祁与欧阳修合修的《新唐书》，欧阳修编撰的《新五代史》及拓印的法帖《淳化阁帖》等，均取澄心堂纸而作。宋代著名画家李公麟的传世名作《五马图》，也是澄心堂纸绘成。

在此后的漫长岁月里，徽州澄心堂纸不复出产。1985年，歙县文房四宝公司经过发掘，恢复了澄心堂纸的生产，主要品种有"澄心""凝霜""竹尖"等。

汪伯立笔

汪伯立笔又称徽笔或歙笔，它既有很高的实用价值，又有很高的观赏与收藏价值。历代生产数量极少，且多为贡品，深藏于宫廷内府，鲜为人知。

为挖掘历史遗存，1985年，歙县文房四宝公司恢复了汪伯立笔的生产。品种达30多种，其中以白底青花纹瓷管作笔杆的为最佳。青瓷花纹全部出自名家之手，并由景德镇瓷厂特窑专制。笔头采用羊、狼、兔等兽毛作原料，从中精选而成。笔毫达到"尖、圆、齐、健"的标准，赢得书画家的喜爱。

徽州文化其厚重的历史遗存令今人膜拜，徽墨制作工艺、歙砚制作工艺被列入第一批国家非物质文化遗产名录。2004年9月，歙县被中国轻工业联合会、中国文房四宝协会授予中国"徽墨之都""歙砚之乡"的称号。2006年9月，邮政部发行了一套"文房四宝"邮票。徽州文房四宝，以强大的穿透力，在历史的时空隧道中熠熠生辉。

徽州茶香香千年

　　黄山古称徽州，山清水秀，雨水丰沛，高山幽谷，云雾缭绕，茶树生长，得天独厚。远在唐时，茶叶就销往南洋诸国，"浮梁歙州，万国来求"。唐李郢在《茶山贡焙歌》中则生动地描绘道："春风三月贡茶时，尽逐红旌到山里。焙中清晓朱门开，筐箱渐见新芽来。陵烟触露不停采，官家赤印连帖催。"茶与徽商、徽州文化有着千丝万缕的联系。据《歙事闲谭》记载，清乾隆时，仅歙县人在北京开设的茶行就有7家，茶商各字号166家，小茶店数千家。"歙之巨业商盐而外，唯茶北达燕京，南极广粤，获利颇赊"（许承尧《歙事闲谭》）。年年清明前后，油菜花开，徽州的高山峻岭，浮动着采茶的村姑阿婆，千村万户，炒制新茶，空气中弥漫着醉人的茶香。

　　春风吹拂，茶树萌动，由新绿到雀舌、银钩，因茶叶采摘的时令不同，制作方法的差异，产地土壤物候的区别，而有黄山毛峰、太平猴魁、竹铺大方、汪满田滴水香、祁门红茶、屯溪绿茶等数十个品种。其中祁门红茶、黄山毛峰、太平猴魁居我国十大名茶之列。祁门红茶为胡元龙、余干臣所创制，是我国传统工夫红茶中的珍品，外形条索紧秀，色泽乌黑泛灰光，俗称"宝光"；内质香气浓郁高长，似蜜糖香，又蕴藏有兰花香，汤色红艳，滋味醇厚，回味隽永，叶底嫩软红亮。祁门红茶于1915年获得巴拿马万国博览会金奖。黄山毛峰产于高山绝顶，形如雀舌，匀齐壮实，锋显毫露，色如象牙，鱼叶金黄；清香高长，汤色清澈，滋味鲜浓，醇厚甘甜，叶底嫩黄，肥壮成朵。黄山毛峰为清代光绪年间谢裕泰茶庄所创制。太平猴魁是极品尖茶，产于黄山区（原太平县）的猴坑一带，产地限制很严，产量有限。猴魁外形抱芽，平扁挺直，自然舒展。猴魁的叶色苍绿云润，叶脉绿中隐红，俗称"红丝线"。香气高爽，滋味甘醇。汤色青绿明净，叶底嫩绿匀亮，芽叶成朵肥壮。"头泡香高，二泡味浓，三泡四泡幽香犹存"。太平猴魁为清末猴坑茶农王魁成所创制，1915年获得巴拿马万国博览会金奖。历史上徽州名茶甚多，有明代就盛名远播的产于休宁的松萝茶；有大方和尚创制的产于歙县老竹铺一带的顶谷大方；此外还有黟县的石墨茶；黄山区的太平奎尖等。经过茶农的精心炒制，茶商的细细包装后，黄山茶随着徽商的船队、马队跋山涉水，走进了世界各地的茶馆，寻常百姓的生活中。

茶文化是徽文化的重要组成部分。品茶即品茗，其有赏茶、闻香、观汤、品味四过程。赏茶是从茶的色泽形状、老嫩明暗来观察茶叶的品质，新绿鹅黄，带着山中的野趣；闻香是鉴赏茶叶冲泡后的清香，闭眼深吸，沁人心脾；观汤是欣赏茶叶在冲泡时上下翻滚的舒展过程，犹如一妙龄少女在翩翩起舞；品味是欣赏茶汤的色泽以及茶汤的滋味，小口呷吸，唇齿之间，满口芳香。品茶讲究的是情趣、意境。清明之夜，月白风清，三五朋友相邀，到一幽雅僻静的茶室，煮水烹香，岂不快哉！或乘一小舟，泛流新安，吟诗互答，以茶当酒，岂不潇洒！乡下的老父亲，自然没有这份洒脱，常泡上一壶浓茶，坐于溪旁回廊，与邻里共话桑麻稻茶。有人说，品茶就像品味人生，荡涤去杂质才见真味；初尝时有些苦涩，可细嚼回味后却有甘甜。茶不是酒，可又有多少文人雅士为之沉醉。杜甫有诗云："昼引老妻乘小艇，晴看稚子浴清江；……茗饮蔗浆携所有，瓷罂无谢玉为缸。"美酒千壶，不如清茶一杯，清心静坐于小桥流水，云淡风轻，渐入禅意，不醉也醉……

徽州茶叶蕴孕山川之灵秀，秉承日月之精华，长于高山大谷，终年云雾缭绕，四季滋润，无严寒侵袭之苦，无酷暑炙热之忧，叶厚芽嫩，色润香浓，品高质优。千百年来，徽州茶叶受到人们的推崇与喜爱，至今，茶叶仍然是徽州农业的支柱产业之一。

徽　菜

徽菜发源于徽州，这里雨量充沛、气候适中，物产丰富。徽菜以山珍野味为原料，讲究原汁原味，注重刀工、火工，成为色香味俱佳的美味菜肴，是中国八大菜系之一。

徽菜的起源

徽菜源自徽州，离不开徽州这一方厚实的土壤。徽菜的形成与古徽州独特的地理环境、人文环境、饮食风俗等密切相关。

丰富的自然资源为徽菜的创立奠定了物质基础。徽州地处北亚热带，属于湿润性季风气候，雨量较多、气候适中，物产特别丰富。绿树环合、高山深壑、气候宜人的徽州自然环境，为徽菜提供了取之不尽，用之不竭的原料。山珍野味，构成了徽菜主佐料的独到之处，如蘑菇、香菇、白木耳、黑木耳、石耳、蕨菜、黄花菜、金针菜、水芹菜，这些过去全都是野外生、野外采。竹笋有17种，豆腐有观音豆腐、橡子豆腐等，品种有异，吃法不同、切法不同、配料不同。野味如野兔、野鸡、野猪等，鱼类更是丰富多样，有山鳗、桃花鳜、石斑鱼等。当年还有一种可以飞上树的翼鱼，都是味道极为鲜美的珍品。另有不少喂养的野鸡、野兔、家养的乌骨鸡等，由于喂养方法原始，都保存着浓浓的野味。

丰富的风俗礼仪、节庆活动，为徽菜的形成和发展奠定了社会基础。徽州有着名目繁多的风俗礼仪、时节活动，如婚嫁、寿诞、新屋落成、祭祖、丧事等，都要举办筵席，从而促进了徽菜的形成和发展。如今在歙县城乡仍然有"六碗六""八碗八"的说法，说明菜肴的丰富。绩溪县的民间宴席中，县城有"六大盘""十碗细点四"，岭北有"吃四盘""一品锅"，岭南有"九碗六""十碗八等"。徽州宗族观念很强，除了建祠堂、修谱牒以外，每年还要举行祭拜活动。为祀神礼佛，民间便产生了各具特色的食用供品，最典型的莫过于祭祀汪华的"赛琼碗"活动了。一年一度的祭拜活动上，集中展示了族人所精心烹制的数百碗供品，实际上也是一次烹饪大赛，许多厨师要做精心的准备和筹划，以抢得头彩，赢得族人的尊重。正是以上这些活动，有意无意中培养和造就了一代代的民间烹饪大师。

徽商的兴旺是徽菜发展和传播的关键。徽菜的兴旺随着徽商的发达而发展，徽州商人给徽菜的传播与发展做出了很大的贡献。徽商遍布天下，根在徽州，口味也在徽州，所以有求必有供，他们或自聘徽州厨师，或自开餐馆，以期吃到口味正宗的徽菜。同时徽商在谈生意、应酬或是好友聚会时都会摆上一桌家乡菜，以视对待贵宾的尊重。还有一些富商，在拥有大量财富后，追求锦衣玉食的生活。"一婚嫁丧葬，堂室饮食，衣服舆马，动辄费数十万。有某姓者每食，庖人备席十数类，临食时夫妇并坐堂上，侍者抬席置于前，自茶面荤素等色，凡不食者摇其颐，侍者审色则更易其他类。"（《扬州画舫录》卷6）因此，徽菜为迎合他们的口味，逐步迈向注重品质、多元化发展的道路，成了"贵族菜"，如"火腿炖甲鱼""红烧果子狸""腌鲜鳜鱼""黄山炖鸽"等都是高品位的菜肴。徽菜伴随着徽商的发展，逐渐声名远扬。可以说哪里有徽商，哪里就有徽菜馆。

新安医学的发展丰富了徽菜的营养与功效。徽菜在发展过程中继承和弘扬了祖国悠久独特的食物养生和中医学上"医食同源，药食并重"的传统，无论在烹饪方法上还是在原料的选择和搭配上，都十分讲究食补与养生。由于徽州医学发达，明清两代中有七百多位中医学家，六百多部医著。他们在为百姓疗治疾病的同时，配合使用一些强身健体的药膳，逐渐固定下来，成为徽菜的一部分。如"枸杞子炖乌骨鸡""冰糖炖百合""紫苏炒瘦肉""沙炒银杏果"等。

徽州文化的发展为徽菜注入了丰富的文化内涵。徽菜的文化底蕴，常常体现于每一道菜品背后所凝结的传说故事里。在徽菜中，很多菜品都有属于自己的典故传说。如"如意鸡"，讲的就是慈母心系游子，儿子出远门去学艺，因为行程较长，为延长保鲜期，把鸡加佐料油炸之后，沥油用竹筒装好，使可食时间大大延长。"金丝琥珀蜜枣"，讲的是妻子独守家园，每年到枣子成熟的时候，就摘下家中的枣子托送给远在外地打拼的夫君，盼望"早"归。头一年丈夫说："枣虽大但不甜。"第二年，妻用糖煮过捎上，丈夫说："甜在外面，里面不甜。"第三年，妻子用小刀将枣子刻划后，再用糖煮过，阴干，精心制作了"金丝蜜枣"，又甜又可长期保存，让丈夫拿起家乡的枣子，就记起家中的妻子。

徽菜的特色

取材天然，注重原生态。徽菜的取料追求天然本色和原始形味，它们来自徽州的山林水溪，天然、生态、无污染。如山林中的竹笋，品种很多，美味可食者便有燕笋、江南笋、金笋、水笋、大麦黄、小麦黄、木笋等。蕨类植物是近年深受欢迎的野菜之一，其嫩茎与肉丝同炒，称为龙爪肉丝；晒干后制成干蕨菜，易于存放，属于长年使用的原料；蕨根过滤搓洗沉淀而提取的蕨粉，口味纯美，可以加工成蕨粉汤圆、蕨粉粿、蕨粉羹之类的食品。天然野生葛粉亦是一种人工提取的淀粉，在历史上就获得过称颂，南宋人洪咨夔写过一首《剧葛行》来描述徽州人采集、制作和食用葛粉的情况："晨鸡未号霜塞途，前村后村递招呼。长镵短篝采葛去，冰满髯鬓风无襦。频年米贱置不问，高藤稠叶青扶疏。但闻酒渴欲吞海，一片两片甘于酥。山深土厚雨露足，造物巧为凶年储。……松明燃火砖地炉，且削且捣投冰壶。细如桃榔滑如菰，白如人面柔如肤。和以粉米随所需，饼饵其精饭其粗。"（《平斋文集》卷6）。徽菜中著名的"三石"：石耳、石鸡、石斑鱼，均为徽州名产。石耳生长在海拔800米以上的悬崖峭壁上，承受雨露滋润，吸纳天地精华，成为珍稀食品。石耳炖鸡、石耳老鸭煲、石耳豆腐丸等地方名菜都得益于石耳的滋润。清人黄钺曾写诗赞誉："石耳生阴崖……人间绝此味。"（《壹斋集》卷10《采石耳叹》）。在徽州高山峡谷的水溪石洞中，还栖息着许多肉味鲜嫩的石鸡，可用它烹制出红烧石鸡、清蒸石鸡等名菜。在徽州沙质河道的清凉深水中还有一种生长缓慢的石斑鱼，重量最大不过三两，长不过15厘米，全身有斑马纹。石斑鱼肉质厚实、细腻，红烧、清蒸皆可。徽菜的原料还有很多，不胜枚举。纯天然、原生态、无污染是其共同特点。

因材烹饪，注重原汁原味。重油、重色、重火功，听起来总是让人望而生畏，"三重"容易让人产生歧义，油腻重，酱油多，油煎油炸，不符合现代人的消费观念和口味。其实，这是许多人对徽菜的片面认识。重油，主要是指讲究用油的品种搭配，掌握用油的时间和方法；重色，是指重视菜肴色调的搭配和造型，有的徽菜整体像一幅画，盘中又如朵朵鲜花盛开。再加上以火腿佐味、冰糖提鲜、料酒或葱、蒜、姜等除腥引香，使徽菜的独特风味更加鲜明；重火功，是指根据不同原料要求，采取旺火快炒、烈火炸、匀火蒸煮、文火炖等方法，使食物中的养分充分分解出来，利于人体吸收。透过现象看本质，"三重"是徽菜的表现形式，它的本质特征是"原汁原味"，这是最具天然的科学的烹饪方法。

绿色消费，注重健康养生。徽菜烹饪在坚持"香气不走、原味不失、透烂无渣、回味无穷、冰糖提鲜、火腿做味"等特点的同时，在烹制过程中根据实际需要，灵活合理运用烹调技法，减少对原料营养成分的破坏，不用各种添加剂，致力于调出原料自身美味。结合新安医学理论，并根据徽州的地理环境、气候条件和生活习性，重视对人体脾胃、肝肾和气血的调养。如歙县披云山庄开发的"胴骨炖雪莲"，充分体现了新安医学中重调理血液之特点；"养生双宝"体现了"调补气血，固本培元"的新安医学思想；"徽汤瓶"体现了"平正中和"的新安医学用药原则。

徽菜的发展与传播

徽菜起源于歙县。据《徽州府志》记载，宋高宗曾问歙味于学士汪藻，汪藻以梅圣俞诗答之："沙地马蹄鳖，雪天牛尾狸"。可见早在南宋间，用徽州特产做菜已闻名各地。宋朝著名理学家朱熹的外祖父祝确是一名富商，他所经营的邸、肆（商业、饮服业）占了徽城的一半，人称"祝半州"。随着徽州商人出外经商，徽菜也普及各地，在江浙一带及武汉、洛阳、广州、山东、北京、陕西等地均有徽菜馆。徽州人在全国各地开设徽馆达上千家，其中如上海有"大中国""大中华""第一春""大富贵"

"丹凤楼"等，武汉的"大中华"，南京的"别有天"，各地的"同庆楼"等都很有名，当年苏州以及山东临清等地，一条街就有数家徽菜馆。

徽菜馆尤以上海为最多，而且是最早进入上海的异地风味。徽菜馆的经营及师傅以绩溪人为多。清咸丰初年，绩溪仁里人程树鹤因在杭州办盐务，颇阔绰，又考究饮食，于是开了一家名"长和馆"的饭馆，三年后停业；同年，程树鹤在苏州开设了"万通馆"，该馆位于苏州阊门外，颇负盛名，营业达十年之久；同年，程树鹤又集资到上海开设了"松鹤楼"饭馆，位于十六铺盐码头。太平天国时期，徽州备受侵扰，徽菜馆的经营也受到了极大的影响。同治三年（1864），绩溪人许老海、许连和等人合股开设"大醑楼"，位于洪昇码头如意街口。同治五年（1866），歙县人凌老仲在法租界吉祥街开设"其萃楼"。同治八年（1869），绩溪人李架山在小东门外开设"醉白楼"。光绪三年（1877），歙县人柯金虎在棋盘街开设"升阳楼"，后改称"春阳楼"，营业达二十年之久。光绪十年（1884），绩溪人程湘舟在四马路荟芳里口开设"聚乐园"，有高徒张仲芳，颇富声望。光绪十八年（1892），郎士元、章丽堂、汪余彰、冯太森等九人合股开设"鼎新楼"，位于盆汤弄，生意颇佳，每年每股可分得红利500元。光绪二十三年（1897），绩溪人路文彬、郎士元、程怀邦、朱有林等招股3000元，开设"聚和园"，位于福州路。光绪二十四年（1898），绩溪人洪开泰在英租界三茅阁桥开设"大兴园"。光绪二十七年（1901），歙县人柯伯青与绩溪人张仲芳、程裕良、邵芝望等招股1500元，开设"鼎丰园"于盆汤弄。宣统元年（1909），绩溪人汪定祥与歙县人金某合开"醉芳园"于南京路浙江路口，三年后毁于火，不久，由汪定祥、胡老广出面集资900元，复在原处开设"庆福楼"，因对面开设先施公司，生意颇佳，年可分红利300元，称雄一时。民国时期，上海徽菜馆发展更快，抗战前夕达148家。到1949年，上海设有"第一春""丹凤楼""大富贵""大中国""大全福""大嘉福""大中华""大新楼""鸿运楼""海华楼""同华春"等徽菜馆136家。

同治、光绪年间，先后有程秉之、洪丹藻、胡萃园、邵培余、邵子曜、程佑之、汪涵卿等在苏州城内开设餐馆，当时苏州有徽菜馆13家，规模大而生意兴隆的有"老丹凤""万源馆"，其次是"添和""万福""添新""六宜"等，资本在六七千元。

光绪二十六年（1900），绩溪人张仲芳、章社和、胡三毛等前往武汉开设徽菜馆，命名为"杏花天"，位于武汉关帝庙。此后有胡岳俊等开设"醉月楼"于前花楼口，为汉口老店；胡桂森、郎士元、朱有林等集资1500元开设"华阳楼"；此外还有"同庆园""杏花村"等。民国十年（1921）至抗战初，是武汉徽菜馆的鼎盛年代，共设有"大中华""新兴楼""大中国"等餐馆39家。抗战胜利后，绩溪人邵之琪、邵培柱等又在汉口设"大上海""中央大酒楼""大中元"等徽菜馆10余家。

清末民初，由于屯溪成为"祁红""屯绿"等名茶和徽墨、歙砚等土特产品的集散中心，商业兴起，饮食业发达。同时沪、苏、杭的富商及达官贵人一时云集屯溪，各种风味的餐馆相继开业。徽菜博采众长，推陈出新，从而在屯溪得到了进一步的发展，先后闻名的餐馆有"紫云楼""万利馆""富春园"等，"紫云楼"小坛装的"屯溪醉虾"曾远销南方诸省。民国时，歙县开设的餐馆有"胜云楼""鸿福楼""雅叙楼""大中楼""醉乐轩"等。抗战期间，徽菜馆随着撤退大军，从沪、宁、汉一带迁入大西南，从而使徽菜深入我国西南地区。

一个菜系的形成是经济与文化发展到一定水平的结果。徽州历来人文荟萃、文风鼎盛。一道菜肴就有一个美丽的传说，其中蕴含着丰富的徽文化元素。如绩溪"一品锅"，据说，胡适在任北京大学校长时，常在家中设宴款待客人，当家菜必是这"一品锅"。当菜端上来的时候，胡先生嘴上总是念念有词："此菜是家乡名肴，务请诸君赏光，品尝一下，地道的'家乡味'"。20世纪五六十年代，胡先生客居美国，每有贵宾到访，胡先生常常亲自下厨，为客人张罗这道家乡名菜。成菜后，又亲手端上桌，并向大家介绍说："这个菜是地地道道的中国菜、徽州菜、绩溪菜、家乡菜，大家不要客气，务必要尝尝。"梁实秋先生品尝了"一品锅"之后，对此菜大加称赞，做了详尽描述："一只大铁锅，口径差不多二尺，热腾腾地端上来，里面还在滚沸，一层鸡、一层鸭、一层肉、一层油豆腐，点缀着一些蛋饺，紧底下是萝卜、青菜，味道好极。"胡适先生无意中做了徽菜的宣传员与传播者。

徽菜发端于唐宋，兴盛于明清，民国间得到进一步的发展，中华人民共和国成立后不断发扬光大。徽菜具有浓郁的地方特色和深厚的文化底蕴，是中华饮食文化宝库中一颗璀璨的明珠。

游千年府城，品百味小吃

大凡爱好旅游者，除饱览秀丽风光外，还会有搜寻当地美味小吃的冲动。美景是饱眼福，美味是饱口福，而尤以当地的风味小吃最能调动人们的味觉神经。到徽城旅游，在赏美景的同时，品味特色小吃，一览徽州浓浓的民俗风情，肯定是您的期待。徽城特色风味小吃很多，现介绍其中的五种。

蝴蝶面

蝴蝶面，徽州传统风味，在沪、宁一带亦有声誉。其制法是先将面粉拌匀揉透，用擀面杖擀成薄面皮，切成3厘米宽的条，再切成菱形状，将面皮块下油锅炸发后捞起待用；将切成片的肉片、冬笋、火腿、香菇及青菜煸炒，入肉汤烧开，倒入面皮块，加酱油、精盐焖五分钟左右，放味精，淋上熟猪油，翻炒均匀，起锅装碗即成。其特点是面皮炸发焖软，爽口不腻；色泽翠黄，金丝缕缕，柔软润滑；有多种配料，味道鲜美。既能单独品尝，也可作宴席上的点心。因菱形面皮形似蝴蝶，故名。

深渡包袱

深渡是歙县的一个古渡口，新安江上一个重要的水路码头。明清时徽商多背包袱远行，深渡的饮食摊主遂仿其形，创制出一种在馄饨皮上放上馅，卷包成如商人背负的包袱形状的小吃。这种小吃因为保持了徽菜原汁原汤的烹饪技术，吃起来特别鲜嫩、香美，深受群众的欢迎，流传至今。

其制法是先将猪肉、香菇、虾米、笋片剁成细馅，拌入调味品，使其咸淡适宜；将面粉加清水拌匀揉透，搓成长条，摘成面剂，逐个擀成圆形薄皮，将馅料包入，四侧翘起成包袱状。入沸水滚煮10分钟，中间可加少许冷水，待包袱浮起，另用清汤加入酱油、精盐和熟猪油做汤，将煮熟的包袱捞入碗中，再撒上葱花、板猪油渣即成。深渡包袱是歙南深渡独有的面点之一，食之香气四溢，满堂生津。因此，由深渡而流传开来，成为歙县城乡群众普遍喜欢的风味小吃之一。

徽州毛豆腐

徽州毛豆腐，亦称霉豆腐，因产于徽州府城，故名徽州毛豆腐，是皖南山区的特色小吃。相传朱元璋一次兵败徽州，逃至歙县，腹中饥饿难熬，命随从四处寻找食物，一随从从草堆中搜寻出逃难百姓藏在此处的几块豆腐，但已发酵长毛，因别无他物，随从只得将此豆腐放在炭火上烤熟给朱元璋吃。不料豆腐味道十分鲜美，朱元璋吃了非常高兴。转败为胜后，下令随军厨师制作毛豆腐犒赏三军，毛豆腐遂在徽州流传下来。

毛豆腐用料考究，制作精细。用来霉制毛豆腐的老豆腐，必须选用筛选过的优质黄豆为原料。其制成的豆腐具有色洁如雪，刀切似玉，坠地不溢的特点。

毛豆腐的制作方法是把新鲜的老豆腐，切成厚1寸，宽2寸，长4寸的标准小块，将它置于过滤过的豆腐水中浸泡几小时，然后捞起平放在竹篮或木框里，上面稀少地撒上一层细盐，最后用厚布或木板盖起来置于阴凉处让其发酵，五、六天后，其豆腐表面就长出寸许白色茸毛，也就是豆腐发酵而长起来的霉菌丝。徽州毛豆腐在发酵过程中，蛋白质被分解成多种氨基酸，味道较一般豆腐鲜美。徽州毛豆腐大致可分为四个品种：即蓑衣毛、鼠毛、兔毛和棉花毛。常见有油煎毛豆腐、红烧毛豆腐、清蒸毛豆腐等。

徽州毛豆腐四季皆有出售，县城及集镇的豆腐摊、店都可买到新鲜的毛豆腐。当然最有情趣的吃法是，在街头遇到走街串巷的豆腐挑子，一头是干柴和平底锅，另一头是毛豆腐、香油和辣椒糊，支于街头巷口，现煎现吃，既鲜美可口，又独具风味。

徽州毛豆腐的销售也别具一格，许多摊主边摆摊煎豆腐，边敲竹板，嘴里唱着徽腔小调，以此来招徕顾客。因此有人就编了一首顺口溜：竹板响，喉咙痒，吃三块，六分洋（钱），一杯酒，真舒畅。旅外的徽州人，一说到毛豆腐，就会激起浓浓的思乡之情。

徽州石头粿

徽州石头粿，是徽州当地人日常喜欢食用的传统面食之一，早在清代就负有盛名。传说，乾隆皇帝游江南时，曾到徽城，一天，乾隆微服私访，信步走去，闻见一阵阵的饼香，他见城门边有一只平底锅中正在炕着饼子（粿与饼外形相同，歙县人叫"粿"），散发着诱人的香气，他就买了一个吃了起来，果真味道鲜美。闻起来香、吃起来脆、耐嚼耐回味，是在宫中从未品尝过的美食。于是，龙颜大悦，就赐给这个叫王果禄的卖饼人一枚福字小印章，并告诉他，如果遇到困难，就拿这枚印章去找官府。王果禄觉得这枚印章很是好看，就请人用水磨青砖将福字雕在上面，再炕粿的时候，将福字砖压在上面，这样做出来的粿又薄又均匀，还有个福字，很是吉祥。不想，做了这个小小的改进之后，王果禄的粿摊生意是一天比一天好，引起了同行的妒忌，遂撺掇恶少来寻衅闹事，踢翻了王果禄的粿摊。但由于用力过猛，锅片飞起，击伤了自己的左眼。同伙一见，不由分说，将王果禄抓到官府的大堂上，并恶人先告状，诬告他行凶打瞎了顾客的眼睛。王果禄有口难辩，十分的委屈。他想这都是那枚印章惹的祸，于是想起了赠印者的临别嘱咐，王果禄将随身携带的福字小印章呈给知府，知府接过一看，见是乾隆的信物，惊出一身的冷汗。喝令退堂，派衙役调查个水落石出，还王果禄一个清白。从此，福字徽州石头粿的名声也逐渐传扬开来。

徽州石头粿的烤制方法比较独特。它是将粿生坯放在木炭烧热的平底锅内，在每个粿的中间压上一个特制的直径三寸的圆形砖块，边烤边按动砖块，促使其内部油脂渗出，一直烤到熟透，两面均呈酥黄时取出即成。吃徽州石头粿，一口咬碎，香气扑鼻，滋润味美。如配汤食之，其味更佳。

豆腐老鼠

豆腐老鼠是歙县特有的传统风味小吃，历史悠久。传说源自明代，它以鲜嫩可口，汤鲜味美，价格低廉，老少咸宜等特点，深受群众喜爱，闻名遐迩。

豆腐老鼠最早发源于渔梁古镇，渔梁下街有户张姓的小吃摊贩，为招徕生意，在竞争中立于不败之地，独创了这一别具一格的风味小吃。距徽城五里有一古关隘，名"新安关"，而新安关地势险要，右侧附山壁，左侧临河，悬崖峭壁，所以有"新安第一关"的称号。徽杭公路未开通前，这里是歙县南乡进出徽城的必经之道，是重要的水陆码头，当年商旅往来，骡马成群，络绎不绝。因此，摊贩、店铺应运而生，张家占据新安第一关关亭的门口，经营特色小吃——豆腐老鼠，世代相传。张家末代摊主叫张进宝，其父名张老三。

豆腐老鼠的制作是先用猪肉、虾米、绿豆粉丝等加无色酱油、精盐、茴香、黄豆酱汁等佐料，煮成粉丝肉汁汤。再选用优质黄豆加工而成的水豆腐（嫩豆腐），用纱布包裹挤去水分后解开，用小勺舀一勺倒入盛有面粉的碗内，同时加入少量细小的肉丁，然后端碗轻微旋转摇动，使其滚成乒乓球形的外裹面粉的豆腐丸子。随手将碗靠锅边一斜，让丸子自动滚入汤锅内，待其煮熟浮起即可。

它的销售方式也别具一格，摊主边做、边煮、边卖，它不同于面条、馄饨等固定以碗定价，而是以只计价，以顾客所需的只数装碗，随意添加购买，吃后付钱。摊主还备有酱油、醋、辣椒酱等调味品供顾客选用。因此，不仅歙县城乡广大群众屡吃不腻，而且昔日往返于苏、沪、杭等地的客商，也慕名到新安关关口的张家摊点上来品尝一碗豆腐老鼠的美味。

豆腐老鼠软嫩可口，汤汁鲜美，风味独特，极易消化。因豆腐丸子形似鼠头，粉丝像鼠尾，故百姓给它取名为"豆腐老鼠"。

游千年府城，尝百味小吃，在浓浓的徽风徽韵中徜徉，岂不美哉！

三潭枇杷熟了

　　小院中有一株枇杷树，八年前所栽，三年前开始挂果，一年四季郁郁青青，很是养眼。果树每年秋打朵，冬开花，春结果，夏成熟。枇杷承四时之雨露，接天地之精华，黄澄澄的果实缀满枝头。看着枇杷渐渐地金黄、润泽起来，我知道该是到三潭品尝枇杷的时候了。

　　俏丽的新安江在流经南源口之后，调皮地扭了一下腰肢，湍流的江水冲激了三个深潭，分别是渝潭、漳潭和绵潭，江边的村庄亦以潭为名。不知从何时开始，江两边的山坡、丘陵上栽上了枇杷树。许是一方水土养一方人，三个自然村分别坐落在新安江上游的三个大拐弯处，形成独特的冬暖夏凉、云雾萦绕、雨量充沛的小气候，为枇杷的生长提供了得天独厚的自然条件。三潭枇杷皮薄、肉厚、汁甜、水多，清香爽口，营养丰富，并以早熟优质而闻名，赢得了"天上王母蟠桃，人间三潭枇杷"的美誉，因此，歙县也被国家命名为"中国枇杷之乡"。

　　到三潭品尝枇杷，最佳路线当然是沿着江边的公路顺江而下了，一边贪婪地呼吸空气中荡漾着的果香，一边欣赏沿岸的如画风光。只见青山如黛，翠竹如玉，粉墙黛瓦的建筑掩映在绿色中，明暗相间，显得简洁、明净。两岸的美景倒映在碧波荡漾之中，甚是赏心悦目。江上的鸥鹭互相追逐着嬉戏、觅食；林中的山雀则像开着音乐会，竞相亮开美妙的歌喉，此起彼伏。如碰巧下着蒙蒙的小雨，则增加了无限的诗意，细细的雨帘，薄薄的轻雾，给远山近水笼上了一层面纱，时隐时现。一只小舟从江面上轻轻滑过，就像滑过琴弦的纤手，增加了无限的灵动。急急而频频地按下快门，将如诗如画的美景一一收藏。过了妹滩，两边的山坡上则是一片连着一片的深黛色的树林，一层高过一层。近了看，叶底则藏着一个个圆形、椭圆形的果实。沿公路边，家家户户的门前摆着用竹篮、竹篓盛着的枇杷果，便于路过的客人挑选。丰年季节，三潭可产万吨鲜果。真是一江新安水，两岸枇杷山；千层枇杷树，万吨黄金果。

公路上早已是车水马龙，既有市内、省内的，更多的是来自省外各地的车辆，像赶大集似的，不用问，都是奔着三潭枇杷去的。最抢眼的是戴着头盔，背着背包骑行的"驴友"们，一行数人或数十人，蹬着自行车，那份自信与洒脱，真是让人羡慕。还有来自江浙地区自驾游的车队，几十辆车，浩浩荡荡，宛如一字长蛇阵，绵延数里。公路边略为宽敞的场地就成了临时的集市，批发、零售，随你选购。好客的果农总是很热情地递上硕大的果子，说："尝尝吧，自家生的，很甜的！"

许多人并不满足于吃已采下的果子，他们更愿意自己去树上采摘，亲身体验一下收获的喜悦，或重温一下孩童时的快乐，或与大自然做一次亲密的接触。挎上竹篮，拿上竹钩，在主人的带领下，向村后的山坡走去，身后还跟着一只小狗，跑前颠后。只见层层苍翠的群山之中，黄澄澄的枇杷，挂满枝头，一路上友人惊叫着、欢笑着。既为黄黄、大大的果实而惊讶，又为眼前的美景所陶醉。回身看，村庄已在脚下，江水如练，绕村而过。在主人的指引下，人人相中一棵果树，尽情享受大自然馈赠的佳品。"大红袍"黄里透红；"光荣花"花蒂处长着一颗小小的五角星；"白花"肉质玉色，皮薄肉厚，质细味甜。一阵手忙脚乱后，就"果其腹"了，芬香满怀，甜美于口。明代沈周有诗云："谁铸黄金三百丸，弹胎微湿露渍渍。从今抵鹊何消玉，更有锡浆沁齿寒。"

枇杷是老幼皆宜的益果，果肉柔软多汁，酸甜适度，味道鲜美，被誉为"果中之皇"。枇杷不仅味道鲜美，而且营养丰富，除含有较多的果糖外，还含有大量的维生素B17，是一种防癌营养素。鲜食枇杷解渴生津，利肺健胃，有益于健康。传统中医认为，枇杷果有祛痰止咳、生津润肺、清热健胃之功效。《本草纲目》记载："枇杷能润五脏，滋心肺"，具有很高的保健价值。

品尝过枇杷的美味后，你还可以在绵潭欣赏农民自编自导的戏剧；在漳潭抱抱大樟树，参观徽州"红妆馆"；或者继续沿江而下，在山水画廊中徜徉。"田舍清江曲，柴门古道旁。草深迷市井，地僻懒衣裳。榉柳枝枝弱，枇杷树树香。鸬鹚西日照，晒翅满鱼梁。"（唐·杜甫《田舍》）真是一派野逸、清新的自然风光。在三潭选一户临江背山的农家小院，住上三五天，做个小小的停留岂不美哉！

徽派盆景

　　盆景是中国传统的艺术珍品，主要包括树桩盆景与山水盆景。它是栽培技术和造型艺术的结晶，也是自然美与艺术美的结合，"咫尺山林""缩龙成寸"，可以展现大自然无限风光，所以盆景被誉为"立体的画""无声的诗"和"活的雕塑品"。我国盆景分南北两派，南派主要有川派、苏派、扬派、海派等。徽州盆景属于南派，在我国盆景艺术中以其独特的艺术风格及培植技艺而自成一派，是我国园艺艺术中一朵奇葩。

　　歙县的洪岭村（俗称"卖花渔村"）是徽派盆景的发源地和生产基地，已有1000多年的历史。远在五代时，该村名士洪必信，号梅窗居士，"嗜书史，善吟咏。尝于居右建小楼数楹，植梅于前，作梅花百韵以自适。"（《洪氏宗谱》）之后，其子孙继承衣钵，以培植花木为业，并不断丰富与发展，巧用"咫尺千里、缩龙成寸、小中见大、虽假犹真"的艺术手法，将各类花木通过蟠扎、修剪、摘心、去芽、定型、移植等手法，培植成千姿百态的艺术品，或铁干虬枝，或盘根错节，或悬空倒挂，或亭亭玉立，笔直挺拔……

　　徽派盆景以古朴、苍老、遒劲、庄重、幽雅为其主要特点。它以树桩盆景为主，树桩大而奇，形态盘曲古朴，造型精巧奇美。常见的造型有：游龙式、扭旋式、三台式、迎客式、圆台式、疙瘩式、劈干式、枯干式、悬崖式、提根式等。不论哪种造型的花木，其主干都在一个平面弯弯曲曲，或呈S形，主干状若龙身，枝柯形似龙爪，叶片则宛如青云、碧浪，使整个造型呈现出苍龙腾飞或搏浪击水之势。常见的松柏，经过着意培植也长得千姿百态，其树冠或重重叠叠、葱郁苍翠；或枝叶扶疏、自然潇洒。

　　游龙式梅桩是徽派盆景的代表式样，讲究整齐美、对称美和庄严美。

通过徽州花农和盆景艺人数百年的精心培育，现已选育出一大批出类拔萃的梅花品种，如徽州骨里红、徽州檀香、徽州台阁玉蝶、徽州宫粉、洪岭二红等，甚至连园艺界公认已绝迹数百年的黄香梅，也奇迹般地再现于古徽梅苑。这些品种的形成是经过花农长期选优、人工嫁接、压条存异等方式培育而成；颜色从紫红、朱红、粉红到粉白、素白、淡绿、浅黄等，无一不具备；花型有单瓣、复瓣、重瓣、台阁等，千姿百态，绚丽多彩。徽派盆景植物种类较多，它以徽梅、徽柏、黄山松、罗汉松为主，其他如翠柏、紫薇、南天竹、榔榆、雀梅等也比较常见。

在繁殖上，采用压条与养桩并举的方法。压条，是采用原始的无性繁殖方法，比嫁接易于成活，较扦插利于成材。一株大的梅桩周围，一年可压数株，当年即可长到一米多高。待到秋天生根后，割断定植，次年便可造型。以旷野露地为培育造型场所是徽派盆景的独步之举，其育苗造型的规模之大，数量之多，在全国也是少有的。如今洪岭村家家户户的门前屋后，山上山下，到处是苗圃花园，沐浴着天然的阳光雨露。这样既简化了管理措施，又得厚土之利，使造型后的花木易于恢复生机，提前定型。徽派盆景在培育上也有不同的特色。蟠扎，是采用棕、麻或芦皮等天然植物作材料，这些材料韧性大、拉力强、干湿无损，与金属丝蟠扎相比，既无损伤树皮之忧，又有定型后自然腐烂，无须解、剪的优点。

徽派盆景造型手法独特。花农对幼小的梅条就用棕榈叶片进行定胚造型，每两年重新调整一次，较大的枝干改用棕绳蟠扎；待主干大致定型后再加工侧枝，对小枝则只作修剪不作蟠扎，形成了"粗扎粗剪、剪扎结合"的造型艺术手法；构图师法自然，主次分明，巧拙并用，藏露得宜。主干造型突出拙朴、古态的沧桑感；枝叶剪截重在灵巧、秀气，往往以拙求巧，以巧衬拙。徽派盆景多地栽造型，成形后再选盆配座，修剪定型，经过一段时间的养护，就可成观赏的佳品。

一盆成功的盆景能给人带来丰富的美的享受。如游龙式梅桩，其主干苍劲、古拙，而细嫩的枝丫上朵朵红花、绿萼，则不失灵巧与妩媚。黄山松的主干披累累鳞甲，古趣盎然；珍珠黄杨的细叶圆润如玉，红绿相间；枸杞的鲜果喷红吐朱，胜似玛瑙珠串；杜鹃的花冠如翩翩彩蝶，在枝头寻芳弄香、追嬉闹春。徽派盆景寓意于形，如游龙式为民族的象征，三台式则寓有蓬莱仙境或天、地、人之内涵，迎客式则为彬彬有礼、恭候嘉宾。游龙式梅桩、扭旋式罗汉松、三台式圆柏等，高大、雄伟、粗犷、古朴，充满着神秘的装饰美感，与古典徽派建筑交相辉映，意蕴深长；黄山松、罗汉松等造型，以黄山古松为典范，充满着朝气蓬勃、奋发向上的徽州人文精神。

　　1987年，在北京花卉博览会上，徽派盆景荣获金奖。1991年始，由卖花渔村培育的梅桩盆景，在全国举办的历届"二梅"展览中，几乎囊括了近二分之一的金奖、银奖和铜奖。1992年，在上海国际梅花展览上，徽派盆景作品"铁骨报春"再获金奖。近年来，徽派盆景发展势头良好，受到国内外各界人士的青睐，在许多宾馆、城市园林或私家庭院中都能见到它的身影，并且徽派盆景已被列入国家级非物质文化遗产名录。

徽州古树

　　徽州境内峰峦纵横，林木茂密，雨量充沛，温暖湿润。明媚俏丽的新安江及其支流蜿蜒于翠峰黛岭之间。唐朝诗人沈约在《新安江》中这样描述："洞澈随清浅，皎镜无冬春。千仞写乔树，百丈见游鳞。"茂密的植被，清澈的江水令诗人为之陶醉。千百年来，徽州就非常重视绿化及生态环境的营造，所谓"岗高水环，郁草茂林。土形气行，树因以生。树因水绿，水因树旺。贵若千乘，富如万金。四环青翠，富贵万代"（黟县宏村古语）。至今，在徽州大地，到处可见苍劲挺拔、生机勃勃，已生长了千百年的古树。

　　徽州人择地而居，注重"风水"，而其中的点睛之笔就是水口的营造。水口一般位于村口，乃是村之门户，两山夹峙之地，溪水潺潺，广植树木、翠竹，饰以亭、塔、小桥、小庙，绿影婆娑，古风悠悠，便是"山重水复疑无路，柳暗花明又一村"的新境界。水口林，是严禁砍伐的，徽州的许多族谱规定，"保龙脉，来龙为一村之命脉，不能伐山林"。黟县宏村有句俗语："宁可走万步，不砍雷岗树。"族规中还规定了相应的惩罚措施。因此水口林侥幸躲过了历史上多次人为的斧锯之灾，徽州现存的许多古树，大多存在于这些水口林中，如歙县的昌溪村、黟县的宏村、绩溪的龙川等地。

　　徽州古树，种类多样，数量众多。其中有千年垂枝银杏、樟树、槐树、南方红豆杉，有国家二级保护树种香果树、杜仲、金钱松、华东黄杉、连香树，有国家三级保护树种领春木、天竺桂、黄山木兰、厚朴、红豆树、青檀、紫茎、南方铁杉、黄山花楸、天目木姜子等。据不完全统计，仅歙县，300年以上的古树就有近百棵。祁门县祁红乡位于高山上的松潭村，有一片300多年的古水口林，面积达140亩，有糙叶树、豹皮树、檫树、椴树、枫香树、马尾松等，最高的树有40米，20米以上的古树也有20余棵。

徽州古树，较常见的是樟树。在美丽的新安江畔，有个古村——漳潭，乘坐在江中小船上，远远就能看见村口那棵600余年的大樟树，遮天蔽日，壮硕无比，虽历经沧桑，却生机无限。树高26米，树身周长9.2米，需10余人才能抱合，冠幅达41.5×44.5米，密叶浓荫可遮蔽2.7亩地。四根主干舒臂展枝，犹如四条蛟龙在空中翻滚。许多专家、游客赞叹称奇，流连忘返。传说，汉初名臣张良死后，葬于该村，他的英魂附着在古树上，庇护着张姓的子孙们。在歙县北岸镇的金竹岭村有一棵1200年的古樟树，树高26.5米，胸围5.92米。樟树，树大根深，枝繁叶茂，寄寓了徽州人繁荣兴旺、代代永传的祈望。植株全身均有浓郁的樟脑香气，民间认为可以提神避邪。樟木材质坚硬美观，徽州人常用它制作箱、橱，用于存放书画，可防虫蛀。现常用来制作砚盒，天然木纹、淡淡香气，令人玩味。

银杏树，亦称"白果树""公孙树"。落叶乔木，雌雄异株，生长较慢，寿命较长，因此民间也叫"长寿树""夫妻树"。徽州区唐模村的一棵银杏树已达1200年，树高21.5米，胸围7.9。虽逾千年，但仍然是枝繁叶茂，欣欣向荣。因银杏树具有的吉祥含义，因此也是徽州水口林的首选树种，此外还有槐树、柏树、罗汉松、红豆杉等。

徽州古树中，还有一些远方来客。歙县古城西北6公里的富堨村有座私家园林——娑罗园，占地660平方米，为乾隆时名医汪世渡的祖居别墅。其子汪大顺幼承庭训，精于医术，曾寓居京都行医。有一次，乾隆帝的母亲患上重病，危在旦夕，太医们束手无策，只好诏令大顺进宫为皇太后诊治。大顺果然名不虚传，手到病除。龙颜大悦，颁旨赏赐，同时还赐给娑罗树（又名红豆树）苗两株。大顺将树苗带回家乡栽在园中，并将该园命名为"娑罗园"。现树高已达23米，胸围达1.6米。两树虽经历了200余年，仍年年开花结果。王维有诗云："红豆生南国，春来发几枝。愿君多采撷，此物最相思。"因此人们又常将红豆象征爱情。明代徽州制墨名家呈坎人罗小华（名龙文，字含章，号小华。他制的墨"坚如石，纹如犀，黑如漆"）的别墅内种有一棵柳杉，已历经400余年，传说为严世蕃

（严嵩之子，江西分宜人，官至工部左侍郎，把持朝政，卖官鬻爵，收受贿赂，后被弹劾处死）所赠。现树高20.3米，胸围4.52米。黟县洪星乡奕村，有一棵榅桲树，又名"木梨"，当地人又叫"松砣"树，原产西伯利亚，国内多分布在新疆地区，据推测，它是徽商到西北经商时带回故土的。此树很难成活，传说当年是聘请西班牙人来此栽活的，现树高20米，胸围1.8米。

徽州古树，经过上千年的演变，可谓是千姿百态，风采异呈，有的苍劲挺拔，有的秀丽古雅，有的青翠浓郁，撑天盖地，有的铁杆铜枝，骨瘦峥嵘。春华秋实，四时异景，颇多良趣。树中树、树中竹、连理树、兄弟树、母子树等树中奇观不一而足。歙县昌溪村的河畔上，就有一棵"槠怀樟"，在几百年的古槠树的朽心中生长出一株枝叶茂盛的樟树来，形如伞状，两树怀抱，相互关爱，树冠各占一半，树围3米，高10米。据说，原来离这棵树10米远的河对岸的河畔山崖上，也同样生长着一棵古樟树，两棵古树的枝干远远伸向空中，盘旋在树上的古藤也顺势延伸，把东西两岸的两棵古树连接在一起。在古槠树的朽心中安家的小松鼠，常来往于两棵古树之间，寻果觅食。由于樟树的核果有香气，小松鼠就常采回家中，樟果经过老槠树的孕育，便在树心中长出了一株高大的樟树来了。

徽州古树，大多木质细密，天然成趣，广泛用于建筑、家具、雕刻、造船等业。许多古树的根、茎、叶、果还具有药用价值，如槐树的花和果为凉血、止血药，根皮煎汁，可治火烫伤；红豆杉果入药，有驱蛔虫、消积食的作用；银杏果入药，有敛肺定喘的功效。

徽州古树，是徽州文明的见证，它体现了徽州人民尊尚自然，天人合一，和谐相生，返璞归真，意境高远的理想境界。我老家的村口就有一棵古樟树，那里是鸟儿的天堂，成百上千的鸟儿在它的怀中繁育生命，生生不息。晨飞暮归，鸟儿的喧闹穿越时空隧道，随徽州的远山近水向我们款款走来。

罕见的古樟树禁伐碑

谢村，即今歙县雄村乡荃村，该村位于渐江左岸，距著名古村雄村仅数百米。村口有一株铁干虬枝的古樟树，虽经数百年风雨，仍然枝繁叶茂、生机勃勃。在古树的上首有一块清光绪二十一年（1895）歙县县衙所立，保护古樟树的《禁碑》，碑文内容如下：

钦加五品衔赏戴花翎、署江南徽州府歙县正堂、加六级记录十二次何

出示永禁事：照得南乡二十八都三图谢村，河边有古老樟树壹株两权，历年已久，素为保护堤岸。前据帅灶人等控荫禁砍，经本县便道诣勘，该树根蟠干老，高已数寻，洵属固堤利众。业于树下立碑永禁砍伐，诚恐日（后）毁失，合再给示，并来龙一概永禁。为此，示仰该处附近居民人等知悉，嗣后该处□□以及众姓，务各将该古树并来龙之树，一例妥为保护。倘有贪利之徒仍敢强砍，一经访闻或被告发，定即严提到案，尽法惩办。县言出法随，决不稍存宽贷，其各凛遵毋违！特示。

右仰知悉

光绪二十一年十月　　日　示

给谢村河边古樟树下，此处并更土名曰："砥柱堤"。勒碑永禁，着即遵照。

樟树，在徽州的水口林中是较常见的树种之一，它因为木质坚硬美观，散发出特有的香气，具有防虫防蛀的功效，是打造书橱、书柜的首选用材。更由于它四季常青、生命力顽强，能从被雷击、火烧的残树中萌发新的枝丫，因此民间又把它与长寿、家族村落兴旺发达相联系，寄予了许多美好的寓意。如歙县漳潭、瞻淇等村落水口至今仍然挺立着数百年的大

樟树，遮天蔽日、郁郁葱葱。

徽州对于村落水口的营造可以说是不遗余力，如雄村水口"缘溪之曲，筑平堤，艺佳树，苍翠无际，隐隐如画图"（清·沈德潜《竹山书院记》）；并"于溪干建文阁，创书院，修社祠，筑园亭，植花木。每一登眺，则云山苍翠，俨然画屏，暮霭朝岚，俯仰万态"（清·曹学诗《所得乃清旷赋》）。因此，对于水口的保护同样十分重视。如休宁县儒村于清乾隆四十五年（1780）十二月立有一块《禁碑》，内容如下：

奉府宪示

特调安徽徽州府正堂加五级纪录八次黄，为吁恩赏示等事。据休宁县北乡六都二图族长吴五和、吴懋长、吴世宗、吴钟溪、吴家漳、吴世茂，监生吴地保、吴兴等具禀示前事。词称：禀为吁恩赏示、勒石永禁、保荫保族，以杜侵害事。身等族居休邑北乡，四围尽山，环绕前后。来龙植木拥护，为地脉之所□，合族祖墓并蓄坟荫，寔蚁续之攸关。水口桥潭放生鱼鳖，乐任悠游。先年曾请示禁，久则遵行号懈。今更人心不古，匪数潜滋。或曰行□究，或夜起狼偷，砍树、药鱼，肆无顾忌。身等理谕，置若罔闻。不叩示禁，害将靡已，恐合族之荫庇难保，虑各户之集量无收。上系国课，下关□脉。与其究于日后，毋宁预儆于目前。为此，旬辕吁叩，伏乞恩大老爷恩赏示禁。墓族永保，存□□□，老幼戴德。上禀等请到府。据此，除祠批示外，合行给示，勒石严禁。为此，示仰该处地保附近居民山邻人等知悉：嗣后，如有不法地棍在于吴五和等祖坟山业内偷砍树木柴薪及药水口河鱼者，许该地保指名赴该地方官呈报，以凭拿究。如敢通同徇情，一经告发，定行严究不贷，各宜凛遵毋违。特示。

右仰知悉

乾隆肆拾伍年十二月十一日示

类似以上的碑刻，在典籍及田野调查中，时有发现，充分反映了徽州对于水口乃至生态环境保护的重视。如歙县东北乡黄村一带就流传着这样的故事：如有人在禁渔地段或季节捕鱼，就罚他买金银纸（冥纸）将鱼炼成灰，可是将一条湿漉漉的鱼烧成灰，那需要多少冥纸，耗费多少银两！这样一条简单的措施反映了徽州人的智慧。但为保护一棵古树立碑，至目前为止，发现尚存的，仅此一处。如今拜读碑文，感触良多。

据老人们回忆，徽州一向注重森林的养护，山中合抱大木比比皆是，可惜在20世纪50年代后期的砍伐队及偷盗者的斧锯声中轰然倒地，许多大木来不及运输，就烂在了山上，豺狼虎豹也失去了栖身之所。记得在小时，约20世纪70年代初期，老家的最后一只老虎踩上了尚猎的春功公下的地箭而一命鸣呼，此后再也没有见过老虎的踪迹，只剩下一个"老虎厅"的地名。山上的植被少了，1978年夏秋大旱，小溪都断流了，吃水要到很远的山坞去挑。近些年，由于农业人口的逐步减少，燃料结构的改善，山上植被恢复得比较快。每次回乡下老家，一路上见到山上皆是绿树葱葱，倒是颇添几分喜悦。

但遗憾的是，有青山却无绿水。不知从何时开始，大河小溪成了天然的垃圾场，大至砖木杂碎，小至菜皮、塑料袋。洪水过后，一片狼藉。水体浑浊，甚至个别地段的河水洗手也会皮肤发痒。如今上市场买菜是个大难题，青菜，怕是刚打完药没几天的；番茄是用了催熟剂，没有番茄味的；莲藕，怕受重金属污染……一些人为了攫取利润，不仅藐视法律，甚至不惜挑战道德底线。

历史的经验告诉我们，为追求一时的经济利益而牺牲生态环境，人类最终是会为自己种下的苦果买单的。善待环境，就是善待我们自己。由一块禁碑而生发出许多的感慨：什么时候，我们可以放心食用食品，舒畅呼吸新鲜的空气，掬一捧小溪水就能入口，回味甘洌而悠长呢！什么时候，人们的心中也能立下一块"社会公德"的禁碑呢？

第三辑 人杰竞风流

舒 雅

——徽州历史上的第一位状元郎

舒雅，字子正，歙县人。南唐保大八年（950）被钦点为状元，官至舒州太守、刑部郎中。

舒雅出身于书香门第，"幼好学，才辞敏赡"（宋·罗愿《新安志》）。少时即手捧经典，诵读不倦，日思夜读，灯油不尽，绝不寝息。他才思敏捷，作文赋诗，挥笔而就。并常常将自己写的诗文读给长者听，并征求他们的意见，反复修改。有时也读给相邻的老婆婆们听，看是否通俗易懂。南唐保大年间（943—957），唐元宗李璟开科取士，由于舒雅才学过人，被地方推荐进京应考，舒雅特奔赴金陵（南唐都城，今南京）求师。

当时吏部侍郎韩熙载的文章闻名天下，并且礼贤下士，推崇新秀，舒雅就想拜韩熙载为师。为了表示自己的敬意，他沐浴、熏香、佩玉，尔后才背上书囊，奔往京师，拜在韩熙载的门下，恭敬地呈上自己所作的诗文。韩熙载阅览后，大为惊奇，连连赞好，于是令人大开中门，亲自迎接于堂上，两人一见如故，结为忘年交。韩熙载的门人有数十人之多，大家传阅了舒雅的诗文后，一致公推他的文章为韩门第一。

但由于韩熙载出生于青州，属北方人，其父韩光嗣曾被卷进了一场兵变之中，死于非命。再加上他本人放荡不羁，性格孤傲，处事张扬，沉浸于声色犬马之中，因此得不到重用，他家中蓄养家伎百余人。"时操独弦琴，使雅执板，随房歌鼓，以为笑乐"（宋·罗愿《新安志》）。当时著名画家顾闳中，奉南唐后主李煜之命，夜至韩熙载的宅第窥视其夜宴的情景而作了《韩熙载夜宴图》，流传后世，以为明证。

南唐保大八年（950），李璟命吏部侍郎韩熙载主持全国进士考试，结果舒雅以会试第一名，被推荐给李璟，经李璟亲试后，钦点为殿试第一名，即状元，授翰林院编修，编纂国史。从此，舒雅名闻天下，成了歙县的第一位状元，也是徽州府的第一位状元。

唐元宗李璟，是南唐开国皇帝李昪的长子，他没有什么政治才能，但又不遵从父亲的遗嘱，启用元老宿臣，却信任原先在东宫侍候他的佞臣，用兵闽楚，结果国库空虚，失去了入主中原的机会，后来只能成为后周的附属国。建隆元年（960），宋太祖赵匡胤篡夺了后周政权，史称北宋。唐元宗继续向北宋称臣，留太子李煜在金陵监国，自己迁都南昌，史称南都，不久病死在那里。

舒雅虽在李璟朝中考中状元，但不满于李璟的昏庸无能和腐败残暴，颇有微词，因此不受重用。

建隆二年（961），李煜继位，史称李后主。李煜自小就很聪明，除爱好文学外，书法绘画也很有造诣。只是当时国运危艰，李煜不善治国，同他父亲李璟一样，不想做皇帝，荒于国事，国力衰败。李煜整天以诗词书画为娱，甚至烧香拜佛以求自保，把国事、家事全都寄托在神仙保佑之中。

一天，舒雅在觐见李煜时说："佛是人树起来的，佛能保佑天下吗？梁武帝在位长达四十八年，前后三次舍身做佛教徒，后来还是被侯景所逼，饿死在台城，梁朝也很快随之灭亡了。当今天下，应以强兵富国为上，才能不被宋朝所灭。"

李煜听他说得有理，就把他调任礼部郎中，官位同太守一样，不过属于朝臣了。以后，舒雅曾多次面陈治国方略，但均不被李煜所用，也未遭到谴责和处罚，只好以读书、编书度日。

北宋开宝八年（975），南唐亡，舒雅也随李煜归降宋朝，被宋太宗任命为将作监丞，职掌土木工程。不久，宋太宗在宫内造藏书楼，取书籍数万卷，收藏在楼阁里。秘书监李至，鉴于舒雅的才学，就推荐他和杜镐等人入阁充任校书郎，编校书籍。

太平兴国年间（976—984），舒雅参与了《文苑英华》一书的编纂工作。该书上起南梁，下至唐末五代，选录作品两万余篇，是继《文选》之后的又一部文史总集。《文苑英华》收入了大批诏诰、书判、表疏、碑志等，还收有大量唐及唐以后诗文。

淳化年间（990—994），舒雅又参与校阅《史记》《汉书》《后汉书》的校订工作。《史记》，司马迁著，记载了从传说中的五帝到西汉武帝元狩元年间二千六百多年的历史；《汉书》，班固著，记载了西汉（包括王莽十五年）二百多年的历史；《后汉书》，范晔著，记载了东汉光武帝刘秀至东汉献帝刘协近二百年的东汉历史。

至道年间（995—997），舒雅还奉命修编了《续通典》，编校了《周礼》《礼记》《谷梁传》以及《孝经》《论语》等名作。《周礼》，儒家经典之一，该书搜集了周王室和战国时代各国官制及制度；《礼记》搜集了秦、汉以前各种礼仪论著；《孝经》论述了封建孝道，是宣传宗法观念和孝治思想的专著；《论语》是孔子的授业弟子和再传弟子所追记的孔子言论。以上诸书均为儒家经典。

咸平年间（998—1003），舒雅还校正了《七经疏义》等书。七经，七部儒家经典的全称，即《论语》《孝经》《诗》《书》《礼》《易》《春秋》。《七经疏义》，即是疏解这七部经书的义理之书。由此，舒雅官至职方员外郎，为从五品官。

咸平六年（1003），舒雅因长年编校古籍的卓越功劳，被宋真宗破格升任为舒州（今安徽舒城）太守，正四品官，主管一州的军政要务。在舒州任上，舒雅勤于政务，恪尽职守，十分称职，并对舒州的山水十分陶醉，有终老于此的想法。任期满后，调掌潜山灵仙观事、兼任主客郎中，掌以宾礼之仪接待四方朝贡之使节。后因年老，诏命在昭文馆当值，这是为文臣清贵之选的官职，属于朝臣，最后转任刑部郎中。

舒雅晚年优游山水，吟诗作画，以此为乐，当时人称他为状元诗人，终年七十七岁。

舒雅是西昆体诗人之一，著有《西昆酬唱集》一书传世。诗的内容大多是吟咏宫廷生活，男女爱情，日常景物之类以及文臣的唱和之作。它是晚唐五代诗风的延续，大多师法李商隐诗的雕润密丽、音调铿锵，呈现出整饰、典丽的艺术特征。

舒雅在古籍点校、编纂中做出了很大的成绩，历代《徽州府志》《歙县志》都记载着舒雅的英名与光辉的业绩。

新安名医张扩

张扩（1056—1104），字子充，号承务，歙县人，是北宋嘉祐、崇宁年间的一位名医。因受族中人行医的影响，张扩小时候就表现出对医术的浓厚兴趣。家人见他少有志向，就把他送到蕲水（今湖北省黄冈市浠水县）的名医庞安时那里学习，当时一起学习的同学有60余人，因张扩聪明好学，庞安时特别喜欢张扩。后来，张扩听说蜀人王朴精于脉象，又远赴四川跟随王朴学习切脉。

张扩上湖北，入四川，学得庞、王二人的真传，再加上他学习刻苦，勤于钻研，医术精妙，诊脉如神，辨证施治，药到病除，尤以疗治伤寒病症见长。又具有良好的医德医风，回乡行医后，名气日盛，名噪江、浙及洛阳等地。

南陵有一富户，其子得了伤寒，已经病得不省人事，只有气息尚存。多方打听，得知张扩的声名，遂请张扩为之诊治。张扩经过望、闻、问、切后，对他父亲说："这是嗜睡症，三天后应该会苏醒。苏醒后会有食欲，你们把我开的药熬给他喝，服下药后一定会熟睡，等他睡醒了就会发汗，自然病就痊愈了！"几天后的情况，果然如张扩所说。

当涂郭祥正的儿子不知为何，咳嗽不停，日见形体消瘦，骨瘦如柴。请了许多医生诊治，都认为是患了痨病（即今西医所称的肺结核），很难疗治。张扩认真诊治后，说："你们不必过分担忧！"说罢，就请人协助，将病人扶起来，把汤药让他喝下去。忽然，病人大口大口地吐起来，张扩叫人到呕吐物中查看，说："应有异物！"家人经过仔细查看，发现有鱼骨头。这样，多年的宿疾得以痊愈。

在建业（今江苏南京）行医的时候，有一位妇女叩门求医，当时，张扩因事不在堂中，张扩的弟弟张挥为之诊治。张扩回来以后，张挥将病人的症状及诊治情况一一向哥哥述说。张扩说："根据你述说的病人的症状，弟弟像这样用药，是错误的。据她的脉象，这位妇女一定是寡居三年了，她的左乳下生有痣。"通过验看，果然是这样，张挥信服，更加敬重哥哥了。

曾经，有位官员将外调地方任职，因病请张扩诊治，张扩切脉后，说："虾游脉现（脉象名。七怪脉之一。脉在皮肤，如虾游水，时而一跃而逝，须臾复来，其急促躁动如前。为孤阳无依，躁动不安之候），不出七天就会暴死！"五天后，得到调齐州（今山东济南）任通判的官函。他高兴地说："张扩在信口胡说，我又升官了，哪来的死呢！"又过了两天，他早上起来洗漱，突然仆倒在地而死。

建中靖国初，宋徽宗召范纯仁（北宋著名政治家范仲淹之子，谥号忠宣）入朝觐见，当时范纯仁的宿疾发作，他召张扩为他诊视，因两人私交甚好，范纯仁问张扩："我此番去京城，身体能胜任吗？"张扩实言相告："根据您的脉象判断，您的阳寿已不到半年了。"范纯仁听后，沉默了几分钟，他对张扩说："你要尽力，使我能够活着到达京师，那就是我的福气，也是拜您所赐！"于是，张扩跟随范纯仁一起前往京师，一路上用药调理，好生照应。到达京师后，范纯仁入朝觐见时，向宋徽宗推荐张扩为承务郎，皇上应允，而他自己则告老还乡，乞归养病。没过多久，就传来范纯仁寿终在床的消息，享年七十五岁。

也许，张扩过于率直，无意中得罪了很多人；也许是祸从口出，张扩被人上参，皇上降罪，将他贬到永州（今湖南零陵），艰难地走至洪州（今江西南昌），早上起来洗漱时，感觉不好，自搭脉后，他对押解的官员说："我今天午后就会死去，后事就麻烦你们了！"押解的官员问："怎么会这样呢？"张扩回答："我已把过脉，现在心血是出得少，进得多了。"说罢，就回去躺在床上，午后故去。时年四十九岁。

深厚的家学渊源和文化底蕴，为形成张扩良好的医德医风及高超的医术打下了基础。当时张扩因治好了户部郎中黄漠父子二人的疾病，黄漠甚为佩服，曾作诗赞美，说他治学是"夜半常谈内外经，飘风骤雨迅雷霆"；他的医技是"放指测人无遁形，三尸九虫潜震惊"；他的医名是"当时将相乃公卿，邀至在门倒屣迎"等，说明了张扩在当时极具影响。张扩著有

第三辑 人杰竞风流

《医流论》《伤寒切要》等。

张扩之子张师孟，张扩之弟张挥皆从其习医。张挥又传其子张彦仁，张彦仁传子张杲（1149—1227），形成了目前已知最早的新安世医家族。张杲所著《医说》是现存最早的新安医著，是第一部流传至朝鲜、日本的新安医学著作。张杲还撰成《秘方奥旨》一书，内容十分丰富，对张氏世医家族的发展，具有重要的影响。据考证，现歙县定潭的"张一帖"医学世家即为张扩的后人。

"御书楼"拾遗

　　御书，指皇帝赐予的墨宝或皇帝赐予的图书，古代帝王为笼络人心，常赐书与功高德重的大臣；或酷爱风雅的皇帝巡游天下，兴之所至，挥笔一书，人们宝之，特建御书楼以藏。

　　至今，我国各地尚存一些御书楼，如河南开封禹王庙南面的御书楼，是为保存清康熙皇帝为禹王庙题写的匾额"功存河洛"而建。在簪缨世家、人才代出的徽州同样建有御书楼，如歙县槐塘村的御书楼，初建于宋代，后历代重修，现存的部分为清代嘉庆年间所建，楼门的西侧墙壁上嵌有两块清嘉庆二十五年（1820）重修御书楼的碑刻，正面有龙凤图案及"昭光、清忠、儒硕"六字。现存的部分为御书楼的门楼，其主体建筑已毁于太平天国的战火中。

　　槐塘为歙县著名古村之一，槐塘程氏源于新安程氏三十世程延坚，原居歙城河西，因该处地势狭小，前临练江，常遭水患，因而，于五代后周广顺二年（952）携家定居槐塘，开辟荒地，勤于耕种，事业日新。尝赋卜居诗："离群已绝功名愿，拂袖来寻泉石盟。"槐塘在郡西十五里衮绣乡二十二都状元里，旧名程村，至宋赠太师齐国公程正，效王晋公故事，手植三槐于庭，而居又临大塘，故改今名。程元凤（1200—1269），字申甫，号讷斋，三十九世。绍定初年，乡试夺魁。宋绍定二年（1229）春官居第一，五月，赐对集英殿。先后任宗学博士、秘书丞、饶州知府等。淳祐八年（1248）任右曹郎，上疏条陈六事，充殿试考官。不久任监察御史兼崇政殿说书、侍讲、殿中侍御史。以博文典雅、忠正不阿而赢得理宗青睐，特赐御书"昭光、清忠、儒硕"六字。"昭光"指光明磊落、品德高尚；"清忠"指清白廉洁、忠心耿耿；"儒硕"指大有学问，通古达今。程元凤后屡任工部尚书、右丞相等职。程元凤退职回乡后，建御书楼以藏理宗墨宝。除御书楼外，槐塘还遗存有丞相状元坊，南宋理宗时，程元凤官至右丞相，堂弟元岳官工部侍郎，因称亚卿，堂侄扬祖廷对御赐状元，堂侄念祖官直秘阁学士，四人共立一坊，位于村南水口大道上；明正德年间的龙兴独对坊，为纪念朱元璋元末来徽访问儒士唐仲实而建，位于村东路口旁。

无独有偶，日前，笔者在阅读明崇祯七年（1634）《古歙城东许氏世谱》时发现，明代万历年间的许国在歙县城东的许氏宗祠上首也建有一座御书楼。该谱卷2中有"敕建御书楼图"，楼有三进，第二进悬有匾额"光烛天中"，第三进位于高台之上，为二层的主体建筑，第二层中间悬有横匾"御书楼"，其建筑规模与精致都殊为可观。许国（1527—1596），字维桢，号颍阳，歙县东关人。家境贫寒，苦读不辍。明嘉靖四十年（1561）乡试夺魁（解元）。四十四年，进士登第，选授翰林院庶吉士兼校书。隆庆元年（1567）夏，授翰林院检讨，奉诏出使朝鲜。万历元年（1573），升右春坊，进右赞善，充日讲官，为神宗讲解经书，常借机进谏。二年，得赐御书"责难陈善"。后累迁礼部尚书、吏部尚书、建极殿大学士等。许国记载了当时御书的情景："万历改元之二年甲戌春三月二十五日晨，讲毕，侍书官出，向臣等言，上方亲洒宸翰大书，赐二辅九卿及诸讲官也。有顷，入，则淋漓御墨，照耀典廷。元辅曰'宅揆'；保衡曰'少卿'；次辅曰'同心'；夹辅曰'大学士'；九卿曰'正己'；率属诸讲官曰'责难陈善'；侍书曰'敬畏'。凡二十纸，七十三字。字皆盈尺，一挥立就，端楷遒劲。而命名取义，大训存焉。臣等从二辅环视愕悚，只奉袖绎自庆。"能够得到时年十二岁的万历皇帝的墨宝，诸大臣自然是受宠若惊，许国概莫能外，将其视为许氏的荣耀，摹刻一匾额悬挂于城东许氏宗祠中，并建御书楼以藏。遗憾的是，城东许氏宗祠及御书楼原址被改作小学（现行知小学，原徽师附小），高阳里石坊也被人移走，只是现存的高台及石狮子还能提示人们这里曾经的辉煌。

在歙县绵潭的水口上，清代乾隆年间的汪启淑还建了一座御书楼，这座御书楼是为收藏皇帝所赐的图书及御诗而建。汪启淑（1728—1799），字慎仪、秀峰，号讱庵，别号印癖先生，寓居杭州小粉场。家有开万楼，藏书数千种。乾隆三十七年（1772），应诏进献家藏珍本524种，受到高宗的褒奖，御赐《古今图书集成》1部，并在其进献的《建康实录》《钱塘遗事》上分别赐诗送还。乾隆四十一年，御赐《平定伊犁战图》1册。乾隆五十二年，御赐《小金川战图》1册。近期，笔者与歙县地志办的胡武林先生一起在做乡土调查时，在一农户家中发现了一块石刻，上面刻着"御书楼铭"及"序"。这块石刻原来被当作踏步石，磨损比较厉害，但是字迹还是依稀可以辨认。此文为乾隆四十二年（1777）中秋之月，内阁中书舍人，汪启淑女婿洪杨所撰，其文曰："吾外舅居歙东南，枕山面清溪，峰峦蜿蜒，秀出而回，向水深澄，绵亘缭绕，故其地曰绵潭。外舅既于溪之南筑山馆，美景咸集，可数者十焉。今复于溪北构杰阁凌云，架松桧魏然数十仞，舟人上下，行道欣叹，皆曰此汪氏御书楼。御书楼何为而作也？乾隆癸巳春，天子大开四库全书馆，访求天下遗书，自公卿至于众庶，凡一、二卷可采录，皆得上于馆。而吾外舅进遗书甚多，至五百余种，为卷帙累及万，天子嘉焉。当是时，四方所呈献，咸令馆阁钤盖翰林院之印，而其最者，复蒙宸翰题卷端，且以原书还所献之家，俾世守。而吾外舅之书，多有蒙宸翰题奖及者——吾外舅之归也，载之以二、三大艘然后尽。"汪启淑将乾隆御赐的图书、诗及部分藏品运回绵潭故里，并在水口上建起了高耸壮观的御书楼，使乡人能够一览御宝，并为之肃然起敬。

尽管历史的尘埃掩埋了许多辉煌，但徽州人文历史的沉淀，还是让我们今天寻寻觅觅，在捡拾历史碎片的同时，努力拼凑出一幅斑斓的图画。御书楼，在历史的风尘里，如一面旗帜，彰显徽州的荣光与风雅。

恩耀两牌坊

　　沿慈张公路出歙城往东北约5公里，有一古村落名殷家村。殷家村有两座牌坊，一名尚书坊，一名大司徒坊，分立在公路两侧，两座牌坊均为明代户部尚书殷正茂所建，距今近500年，仍巍然耸立，张榜后人。

　　殷正茂（1513—1592），字养实，号石汀，歙县殷家村人。嘉靖二十六年（1547）进士，授行人，提升为兵科给事中。历任广西、云南、湖广兵备副使，江西按察使。隆庆初，广西古田壮族韦银豹、黄朝猛反抗朝廷，杀害官将多人，朝廷决定征剿，任命殷正茂为右佥都御史巡抚广西。殷正茂与提督李迁调土、汉兵14万人，令总兵俞大猷（抗倭名将）为将，先夺取牛河、三厄等险要之地，并攻克东山凤凰寨，直逼潮水，又诱杀了黄朝猛。韦银豹走投无路，杀了一个貌似他的人，派人将人头献官。殷正茂凯旋后，升为兵部右侍郎兼巡抚。不久，佥事金柱捕获韦银豹，殷正茂自请降罪，因功未被追究。隆庆四年，代李迁提督两广军务。这时倭寇侵扰惠州、潮州、琼州等地。殷正茂建议守巡官划地分守，保境安民。并将沿海居民迁往云南、四川、湖北等地，先后杀倭寇1000余人。因军功卓越，升任兵部尚书兼右副都御史，万历三年（1575）改授南京户部尚书。次年改任北京户部尚书，深得皇上恩宠。

　　尚书坊，东西朝向，明万历四年（1576）立，三间三楼，四柱冲天，开间12.2米，高11.5米，梁柱粗硕，少雕琢，显得朴素庄重，靠柱石均为素板，只在横梁上浅镌锦文图案。楼枋间刻"忠实勋庸"四个大字，意指殷正茂忠诚老实，屡建功勋，上加"玉音"二小字，表示敬意！额枋刻"尚书"二字，落款为"户部尚书前奉总督两广军务兼理粮饷盐法巡抚地方兵部尚书都察院右副都御史殷正茂立。明万历四年三月朔日"。牌坊正、背面文字、图纹对称相同。

大司徒坊，位于尚书坊斜对面，南北朝向，万历五年（1577）殷正茂为其祖父殷颀和父亲殷镗所立，在楼枋间刻有："赠兵部右侍郎加赠资政大夫户部尚书殷颀，封兵部右侍郎加赠资政大夫户部尚书殷镗"的字样。牌坊四柱五楼，开间9.55米，高11米，圣旨板（亦称龙凤板）刻"诰赠"二字，四楼横匾上刻"大司徒"三字，四只柱脚前后共置八只大石狮，甚是威武。南面雕刻的主体图案为六幅，正间一层横梁上雕着"太狮少狮图"，两大两小的四只狮子围着一个绣球，左右两侧的横梁上各雕着一对动感十足的小狮子。采用了高浮雕的手法，立体感强，呼之欲出。"太狮少狮图"，暗喻殷家三代建功立业、尊祖亲幼、家和国兴、沐浴天恩的幸福生活。正间上枋上雕有凤凰牡丹，名"凤鸣朝阳"，喻高才逢良时，良臣遇明主，殷氏得以报效国家，屡立功勋。两侧上枋上对称雕着"鹤寿千岁"的图案。北侧立面上的六幅主体图案与南立面上的图案略有不同，除"太狮少狮图""凤凰牡丹图""凤鸣朝阳图"外，还有两幅"麒麟曜日图"、一幅"鹤戏荷塘图"。直柱、雀替、额枋、檐下及翼拱等处细刻着精致优美的云纹、花卉、如意、流云等图案。整座牌坊在雕刻手法上采用浅浮雕、深浮雕、高浮雕、透雕、圆雕等多种技法相结合，刀法细腻精湛，构图生动传神，寓意深刻，为同类牌坊中的精品，在徽州现存的牌坊中，具有较高的艺术地位，是研究、观摩徽州石雕技艺很好的模本。

仅仅两年间，一个人建了两座牌坊，这不能不说是个奇迹，如此浩大的工程又汇聚了多少徽州的能工巧匠，浓缩了他们多少的智慧和心血。如今在徽州的天空下，它仍然在以它的方式演绎着曾经的辉煌和梦想。

第三辑 人杰竞风流

献书四大家

乾隆三十七年（1772）十一月，安徽学政朱筠提出《永乐大典》的辑佚问题，得到乾隆皇帝的认可，接着便诏令将所辑佚书与各省所征集的以及武英殿所有的官刻诸书，汇编在一起。丛书分经、史、子、集四部，故名《四库全书》。该书从1772年开始，历经10年编成，共收录古籍3503种、79 337卷、装订成36 000余册，保存了丰富的文献资料。然而《四库全书》是乾隆皇帝在"文字狱"的背景下亲自组织的，因而也销毁和篡改了大批文献。

《四库全书》的编纂之初便是广泛征集图书，在地方官员及藏书家的积极响应下，共征集图书12 237种，以江浙两省最多，私人藏书家马裕、范懋柱、鲍士恭、汪启淑四家献书在500种以上，其中不乏珍贵善本。乾隆帝因此在乾隆三十九年（1774）五月十四日下发圣旨，特赐四家《古今图书集成》各一部，"以为好古之劝"。值得骄傲的是，四位私人藏书家除范懋柱（约1721—1780，字汉衡。献书638种）为宁波天一阁范钦（1506—1585，明代著名藏书家）的八世孙外，其余三位皆是徽州人。

马裕，字元益，号话山，工诗善文，精于长短句，为马曰琯之子。时献书776种，为全国之冠。马曰琯（1687—1755），字秋玉，号嶰谷，徽州祁门人，祖父马承运始业盐两淮，马曰琯自小侨居扬州，世代经营盐业。马曰琯是清代著名盐商、藏书家，为清代前期扬州徽商的代表人物之一，与弟马曰璐同以诗名，人称"扬州二马"。马曰琯家庭豪富，但为人慷慨，热心地方公益事业，曾捐资开掘扬州沟渠，筑渔亭孔道等。马曰琯喜爱考校典籍，家中专设刻印坊，不惜费资刻印书籍，如刻朱彝尊的《经义考》一书；花千金装潢蒋衡所抄写的《十三经》；先后刊刻许慎的《说文》《玉篇》《广韵》《字鉴》等书，时人称这批书为"马版"。马氏爱书如命，闻有秘本，均不惜高价购藏，建藏书楼名小玲珑山馆，藏书多达10余万卷。马氏为全国私人献书之冠，受乾隆皇帝褒奖，赐《古今图书集成》一部、《平定回部得胜图》《平定两金川战图》各一册，并亲题《鹖冠子》相赠。马曰璐一生喜爱写诗、藏书和结交文人雅士，雍正年间，在扬州建造小玲珑山馆，广交天下名流，"四方人士闻名造庐，授餐经年，无倦色"。著名学者全祖望、厉鹗、金农、郑板桥、陈章等都是小玲珑山馆的常客。马曰璐曾自为盟主，同厉鹗等人结"邗江吟社"，吟诗作赋、游历山水。马曰璐还替郑板桥还清债务，袁枚说马曰璐"横陈图史常千架，供养文人过一生"。

　　鲍士恭，歙县长塘人，清代藏书家。藏书家鲍廷博之子，寓居浙江桐乡乌青镇（今乌镇）。乾隆时修《四库全书》，征集天下遗书，奉父命献上图书626种。鲍廷博（1728—1814），字以文，号渌饮，与其父鲍思诩（富商）俱嗜书，致力搜求海内宋元善本，不惜重金购求。并与江浙各大藏书家互有交往，相互借阅抄录。他精于古籍鉴赏，其书稿内容、真伪、优劣、版本、收藏等情况无不脱口而出且无差错。在杭州建藏书楼，名"知不足斋"。乾隆三十七年（1772）命子鲍士恭呈献家藏精本，受到乾隆帝的嘉奖，诏还原书后，还赐《古今图书集成》一部以及《平定回部得胜图》《平定两金川战图》各一册，并在《唐阙史》《宋仁宗武经总要》上题御诗："知不足斋奚不足，渴于书籍是贤乎？长编大部都庋阁，小说卮言亦入橱"。延师刊刻精本，乾隆三十一年（1766），刊刻蒲松龄遗稿《聊斋志异》16卷431篇，为该书最早刻本。继后，将家藏珍本刊刻成《知不足斋丛书》公之于世。子鲍士恭、孙鲍正言祖孙三代共辑有《知不足斋丛书》三十集。其中前二十七集由鲍廷博所刻，共收书207种781卷，该丛书所收诸书皆为首尾完整的足本，多流传稀少的抄本，且校雠精，受到历代藏书家的珍爱。

　　汪启淑（1728—1799），字慎仪、秀峰，号讱庵，别号印癖先生，歙县绵潭人。官至兵部郎中，寓居杭州小粉场，名其居为"飞鸿堂"。其父为盐商，经营多年而家富资财。汪启淑富而好礼，喜结交当世名士，金石书画无所不好。汪启淑是一位藏书家，他的"开万楼"藏书甚富，达数千种。清乾隆三十七年（1772）进献家藏珍集524种，得到了乾隆帝的褒奖，御赐《古今图书集成》一部，并在汪启淑进献的《建康实录》《钱塘遗事》上分别题诗赐还。后又分别在乾隆四十一年和乾隆五十二年赐给《平定回部得胜战图》和《平定两金川战图》各一册。汪启淑在故里歙县绵潭建"御书楼"，珍藏御赐的诗、书。汪启淑还是一位杰出的藏印家，尤酷嗜印章，搜罗自周、秦迄元、明印至数万枚。刊行有《时贤印谱》40余卷、《续印人传》8卷、《枕宝印萃》4册、《秋室印萃》6册、《退斋印类》4册、《飞鸿堂印谱》5集等。他工诗好古，与文人学士相唱和，著有《讱庵诗存》《水曹清暇录》《小粉场杂记》等。

徽州"武劲之风，盛于梁陈隋间，如程忠壮、汪越国，皆以捍卫乡里显。若文艺则振兴于唐宋，如吴少微、舒雅诸前哲，悉著望一时，而元明以来，英贤辈出，则彬彬然称东南邹鲁矣。"（《歙事闲谭》第18卷《歙风俗礼教考》）随着徽商财力的增强，宋元以来徽州著书立说、刊行典籍、收藏善本蔚然成风。如歙县虬村的黄氏刻工传承数百年；休宁的胡正言（1580—1671）在南京创办的十竹斋刻坊为明末清初金陵的徽派名坊。清代徽州的三位献书家既为徽商世家，亦为藏书世家，集藏书、刊行于一体。他们对古代典籍及中华文化的传承做出了积极的贡献，这也是徽商贾而好儒的一个明证。

江南大儒汪宗沂

汪宗沂（1837—1906），初名恩沂，字仲伊，号咏村，晚号弢庐，歙县西溪人（今属郑村）。他是清末一位有影响的学者、教育家。著名学者、徽学专家汪世清赞誉他："博学多能，学兼宋汉，著作等身，堪称一代儒家。"

汪宗沂出身于西溪的儒商之家，具有良好的家学渊源。且汪宗沂谦虚好学，他先求学于歙县槐塘的程可山、后拜江西临川的李联琇、江苏仪征的刘文淇、安徽桐城的方宗诚为师。李联琇（1820—1878），字季莹，号小湖，江西临川县温圳杨溪村人，清代诗人、学者。李联琇学识渊博，凡天文舆地、名物训诂、典章制度、琐闲轶事、考证解释等均有独到的见解。曾国藩多次举荐他，但他坚辞不出，一心教学和著述。刘文淇（1789—1854），江苏仪征人。受学于其舅父凌曙，年方十八岁，即开门授徒，且教且学，在学术上卓有成效，治经遵从徽派朴学之方。方宗诚（1818—1888），字存之，号柏堂，安徽桐城人。清代学者，桐城派后期名家之一。学宗程朱，建正谊讲舍、敬义书院，集诸生会讲，从游甚众。所以，汪宗沂所学甚广，眼界开阔。经学、汉学、宋学，无不广泛涉及，并且在游学之时，一边学习一边写作，学有所得则赋之于文。

光绪二年（1876），汪宗沂乡试中举后，他又拜江苏常熟人翁同龢为师。翁同龢，字叔平，号松禅，晚号瓶庵居士。中国近代史上著名的政治家、书法家。先后担任同治、光绪两朝帝师。历任户部尚书、工部尚书、军机大臣兼总理各国事务衙门大臣。学通汉宋，文宗桐城，诗近江西。书法遒劲，天骨开张。翁同龢对汪宗沂的学问、才干极为赞赏，称之为"命世才"（著称于当世的杰出人才）。

汪宗沂无意于仕途，早年，曾国藩见其文章，认为可造就，曾留在身边读书深造。光绪六年（1880），汪宗沂进士登第，被分到山西任知县，但他告病归隐。光绪九年（1883）直隶总督李鸿章聘其为幕僚，居五年而未能施展抱负，遂辞归。光绪二十一年（1895），安徽学政举荐其学行优等，赐五品卿衔。且汪宗沂为王茂荫的乘龙快婿，有名师指点，名臣提携，如果专注仕途也当有所作为。

汪宗沂的一生专注于教书兴学，他先后主讲于芜湖中江书院、安庆敬敷书院、歙县紫阳书院等地，晚年在家开馆授徒。光绪二十一年（1895），他受徽宁池太广道台袁爽秋的聘请，出任中江书院山长。中江书院创建于乾隆三十年（1765），咸丰三年（1853）毁于战火，同治二年（1863）于书院旧址建鸠江书院，光绪元年（1875）复名为中江书院。敬敷书院是清代安徽省最大、办学时间最长的一所官办书院，为国立安徽大学的前身。清顺治九年（1652）创办，光绪二十七年（1901）改为安徽大学堂。"敬敷"一词，语出《尚书》，意思是恭敬地布施教化。紫阳书院始建于南宋淳祐六年（1246），它与岳麓书院、白鹿洞书院等同受康熙皇帝钦赐"学达性天"匾额，此后乾隆皇帝又赐"道脉薪传"之匾，以褒奖书院传承程朱理学的贡献。汪宗沂所执掌的三所书院在当时都是赫赫有名的书院，培养了大批的学者。而且他在教学上采用分斋制，即分经义、治事两斋，一方面注重理论教学，一方面注重实践学习。他积极倡导求真务实的学风，书院的学习氛围为之大变。

由于祖屋"不疏园"毁于咸同兵燹，晚年汪宗沂回到西溪，在"不疏园"的遗址上建造了"韬庐"，取韬光养晦之意，内有抱冲亭、芙蓉池、梅坪、云起石、嘉雨轩等胜景，步入其间，曲径通幽，甚是清雅。汪宗沂有诗描述："家住西溪上，遥峰紫翠来。屋将南涧绕，门对北黟开。扫叶晴逾积，敲诗雨暗催。诗中应有画，结构亦蓬莱。"其中藕溪楼富藏古籍，辑易轩为其研读、著作之所。汪宗沂在这里开馆授徒，其时黄宾虹、许承尧及汪宗沂的儿子汪福熙、汪鞠友在此就读。汪宗沂在故里闲时舞剑谈兵，著书立说。他为人风趣幽默，自称"天都老少年"。笔者曾见过他的一张照片，一身劲装，手中宝剑指地，头戴礼帽，长髯飘飘，甚是潇洒。

汪宗沂是徽派朴学后期的重要学者。他少年时喜好经世之学，壮年喜好谈论兵书，晚年喜好论道家言。生平治学十分广泛，于经、礼、兵、农、乐等都有涉及，且学有所得，成就卓然，著述多达数十种。经学方面，著有《周易学统》《尚书今古文辑佚》《诗说》《诗经读本》《逸礼大义论》《孟子释疑》《礼乐一贯录》《黄庭经注》《十翼逸文》等；古典音乐方面，著有《管乐元音谱》《声谱》《汉魏三调乐府诗谱》《金元十五调南北曲谱》等；军事方面辑有《三家兵法》《三湘兵法》《太公兵法逸文》《武侯八阵兵法辑略》《卫公兵法辑本》等；医学方面，因父亲久病而研习医术，撰成《杂病论辑逸》1卷；地方志方面，纂成《庐州府志》100卷；诗文集《黄海前游集》等。

但汪宗沂并不是一个掉书袋的迂夫子，也不是一个文弱儒生，他致力于经世致用，知行合一。光绪二十六年（1900）夏，衢州暴动，邑中蠢动，汪宗沂招募乡兵百人，日居僧寺操练，以备不测。他还从浙西购入桑苗数百株，劝乡人栽种，发展蚕桑，农民大得其利。这些在旧式的文人中却是不可多得的，因此，汪宗沂一门，才俊辈出，儿子汪律本是中国同盟会会员，孙子汪采白是近代新安画派的杰出代表。

新安"印痴"汪启淑

汪启淑，字慎仪、秀峰，号讱庵，别号印癖先生，歙县绵潭人。生于雍正六年（1728），卒于嘉庆四年（1799）。汪启淑官至兵部郎中，寓居杭州小粉场，名其居为"飞鸿堂"。其父为盐商，经营多年而家富资财。汪启淑富而好礼，喜结交当世名士，金石书画无所不好。

汪启淑嗜古成癖，尤酷嗜古今印章，搜集秦、汉、魏、晋、唐、宋、元、明诸印至数万枚，有古铜、玉石、象牙、水晶、珍珠、玛瑙、密蜡、犀角、檀香、黄杨等材质，缤彩纷呈，藏于飞鸿堂中，为东南藏印大家。他曾在钱泳处看见汉代杨恽的铜印，欲收归囊中，而这是钱泳的心爱之物，自然难以割舍，而汪启淑竟然长跪不起，钱泳也是性情中人，爱其一片痴心，遂笑而赠之。钱泳（1759—1844），字立群，号梅溪，江苏金匮（今属无锡）人。精于镌刻碑版，篆隶无不精工，诗词书画皆精，画山水小景，疏古澹远，著有《履园谭诗》《梅溪诗钞》等。钱泳出身于名门望族却一生不事科举，游踪遍及大江南北，年过八十仍著述不辍。

又受赠于丁敬所藏的"霍去病"汉铜印，汪启淑欣喜若狂，并请黄小松（杭州人，丁敬弟子）治"愿学未能"仿汉印。丁敬（1695—1765），字敬身，号砚林，别号龙泓山人、石叟等，浙江杭州人，著名的书画、篆刻家，为清代浙派篆刻的开山鼻祖。丁敬家境贫寒，科举不第后，在江干一带酿酒为业，以布衣自乐；嗜好金石文字，尤精篆刻，宗秦汉印篆，博采众长，擅长切刀法；印作苍劲质朴，独树一帜，开浙派之先河，有鼻祖之称，与蒋仁、黄易、奚冈、陈豫钟、陈鸿寿、赵之琛、钱松并称"西泠八家"。丁敬家富收藏，不惜重金购得铜石器铭和印谱珍本，有《武林金石记》《砚林诗集》《砚林印存》等传世。

汪启淑为使篆刻艺术传承下去，将数十年收集的古今印章汇集成册，蔚为大观。《汉铜印丛》《汉铜印原》为汉印汇集，因开本较小，谓巾箱本，即今之袖珍本。《汉铜印丛》择印较精，收集官、私印二千余颗，无字不妙，无印不妙。

汪启淑不仅收藏古印，辑刻古印谱，也收藏当世的名人篆刻。汪启淑曾延请印坛名人，如林皋、吴麐、丁敬、黄易、黄吕、张燕昌、吴兆杰、董洵、王毂、汪肇龙、桂馥、程瑶田、汪士慎、潘西凤等100余人，篆刻印作3000余方。并觅得一颗硕大的珍珠，在上面刻上篆文，以填补藏品的空缺。后编辑钤印成《飞鸿堂印谱》5集40卷行世，共收集印章3515方，成为乾隆时期印坛名手作品的集中汇展。

汪启淑还集古今印刊行《集古印存》6册，雕拓精美。印下缀有刻印者姓名，曾以罗文版精印；《秋室印萃》6册，《退斋印类》4册10卷，皆收集同时代的朋友的印作；其最小的印章，印成《锦囊印林》，用宋锦被面制成锦囊以盛之。此外还刊行有《枕宝印萃》4册、《时贤印谱》40余卷等。尚有未刊本《飞鸿堂鼎炉谱》1卷、《瓶谱》1卷、《砚谱》1卷、《墨谱》2卷，现藏南京清凉山龙蟠里图书馆。

笔者曾有幸见过《退斋印类》残本，于乾隆三十二年（1767）钤印。末册题"新安汪启淑珍赏"。开本25×14厘米，半框16.7×10.5厘米。4册10卷，线装。钤印：切庵、汪启淑印、戴廷熺印、珠渊等。该谱为一部专门汇辑印材的印谱，分金银、宝石、晶玉、冻石、牙角、瓷器、竹木、杂石等10类。注重印材的多样性和丰富性，每页钤2—4印，下注释文、材质、刻者姓名，共收印985方。汪氏所钤诸印谱均为佳制并钤印精美。前有汪启淑篆书凡例，戴廷熺序，后有汪启淑手书、邵祖节跋。

汪启淑不仅收藏古今印章，还于闲暇之余，以铁笔遣兴，颇多趣味。一次汪启淑正在专心篆刻之时，有客人到来，于是前去招待客人，其中有一侍女名素娟，常在一旁侍候，见汪启淑离去，忍不住拿起刻刀，将汪启淑未完成的印章刻完，虽然功力不到，但天趣浑然。汪启淑不仅不予责怪，反而教以小篆、篆刻之法，并选了数钮入谱，以示鼓励。

天有不测风云，因邻家失火，殃及汪宅飞鸿堂，汪启淑所苦心收集的印章损失近半。乾隆年间，歙县郑村西溪儒商汪梧凤宅的"不疏园"，为徽派朴学的习研交流中心。汪启淑收藏的部分古印，后来转到了西溪"不

115

疏园"的主人汪贡廷手上。汪贡廷，民国《歙县志》有载："汪贡廷，字梅影，西溪人，善书，宗颜柳，孝友睦姻。与绵潭汪启淑有连。启淑所蓄印，后俱归之。"

咸丰年间，太平军攻入徽州，"不疏园"毁于战火，汪启淑的这些古印流散于外。后来一部分流传到黄宾虹的手里，为黄宾虹所珍藏。黄宾虹在《叙印谱》一文中写道："自来藏印之伙，无如汪䜣庵。余族聚居新安之潭上，去䜣庵飞鸿堂故址仅六七十里，往来江淮间，舟行必经其地，至则徘徊瞻望，未尝不怀想其遗风，询所藏印，则归西溪汪氏已久矣。自客游归里门，与西溪汪宅衡宇相望，又获交其贤士大夫，始稍得窥其所存印谱。不数年间，又得其印谱中所有之印。"黄宾虹去世后，家人遵其遗嘱，将他所收藏的书画、文物、画作等捐献给了浙江省博物馆，其中古印893方。

汪启淑还是一位藏书家，他的"开万楼"藏书甚富，达数千种。清乾隆三十七年（1772）进献家藏珍集524种，与鲍廷博、范懋柱、马裕并称"献书四大家"。汪启淑得到了乾隆帝的褒奖，赐给《古今图书集成》1部、《平定回部得胜图》和《平定两金川战图》各1册，并在汪启淑进献的《建康实录》《钱塘遗事》上分别题诗赐还。汪启淑在故里绵潭建"御书楼"，珍藏御赐的诗、书。他工诗好古，曾与杭世骏、厉鹗、朱樟、顾之斑等文人学士相唱和，著有《䜣庵诗存》《水曹清暇录》《小粉场杂记》等。

汪启淑作为一位清代杰出的藏印家、藏书家，为中华文化的传承做出了积极的贡献，为我们留下了宝贵的精神财富，是徽州艺林的一朵奇葩。

黄宾虹主办的民国小报

——《沪黄报》

　　《沪黄报》是黄宾虹与乡人程镛、许玉田等人于民国二十四年（1935）六月在上海创办的一张小报，可能由于发行数量少、发行时间短等原因，查阅相关资料只寥寥数字，更多的信息则无从得知。有幸的是，笔者近期在歙县收藏家程振邦先生处得以一睹真容，且是《沪黄报》的创刊号。欣喜之余，觉得有必要让今人作进一步的了解，以弥补缺憾。

　　《沪黄报》采用八开纸，版幅四面，粉红纸印刷。编辑部位于上海法租界自来火街瑞福里二号，发行部在公共租界福州路望平街口。报纸为日报，增刊不定期出版，报纸零售价为大洋一分四厘，全年定价大洋三元三角。《沪黄报》的创办目的首先是宣传黄山、推介黄山、开发黄山，以振兴地方经济。其在发刊词中称：黄山"山水清奇，农村古朴，寺院池桥之雅致，半皆出自天然"，通过开辟道路，增加设施，便于旅客往来、住宿，则可以"增地方利益"，"他日黄山道上之车水马龙，莫非一路福星"。其次是将上海及其他重要城镇发生的政治、经济、教育、社会新闻，尽快地传布徽属各县及国内各地。

　　《沪黄报》报头为曾任安徽省省长的许世英题写，上印有许世英的印章。创刊号的发行时间为1935年6月6日，星期四，端午节后一日。第一版刊登有发刊词、律师受雇《沪黄报》法律顾问的通告，另外还刊登有"黄山医药社""上海润华机油公司""福昌参号"的广告等。

　　第二版主要是文艺专版——"云海"。刊登有漱碧的"开场白"；署名"诠"的"童时的端阳节"文中，记述了端午跳钟馗的生动场面；"新月"为新诗，表达商旅在外之人对亲人的思念之情；署名"梦中人"的长篇小说连载"春梦十年"第一回、"节后余谈"等。此外依然刊登了有"经济川菜社""四而楼"等酒楼的广告，其中在一则广告中这样写道："三阳楼特聘徽州烹饪专家，供我沪上士女宴饮之要需，有意想不到之精美食品，以最经济价格之出售。"当时，徽州人在上海开设餐馆140余家，说明徽菜颇受上海人的欢迎，拥有较大的市场份额。

第三版为社会百态，登载新闻有五大商店倒闭后进行清算的通告、"中华民国律师协会冤案赔偿运动宣言"、黄山琴棋书画社征求拟定名称的通告、陈小蝶先生撰写的"双溪序"、黄山医药社聘请名医的名单。还登载了各类广告，主要有上海围棋社征求社员；日升恒、永茂号招徕投资；黄山医药社治疗吐血的良药——木精藤的销售广告等。黄山琴棋书画社是由刘健中、过旭初、黄宾虹、江振华等人共同发起，由于陈小蝶先生建议命名"双溪社"，徐传友建议命名"佛光社"，程管侯建议命名"艺术社"，因此过旭初委托《沪黄报》发布通告，向社会各界广泛征求意见。

第四版为综合版，登载的主要内容有"本报的态度"，对《沪黄报》办报的宗旨和方向作了阐述，并向广大读者征求稿件。刊登了徽州旅沪各界对《沪黄报》创刊的贺词，主要有休宁旅沪同乡会题写的"黄山钟灵"；歙县旅沪同乡会题写的"高揭群言，增补学识。生面独开，自树一帜"；黟县旅沪同乡会题写的"具生花之笔，作民众喉舌"等；许楷贤先生题写的"择萃传音"。此外有新闻"国际金融之一线曙光"。广告有中国根泰义记和合粉厂出品的调味品、艺苑建筑装饰公司业务促销等。

黄宾虹（1865—1955），谱名懋质，别名质、元吉，字朴存、朴人，以号行，另有予问、虹庐、虹叟等别号40余个，歙县潭渡人。清光绪三十三年（1907），因私铸钱币事被人告发，逃亡上海，后加入神州国光社，编辑《中国美术丛书》《中国画家人名大辞典》等书，协助邓实等编辑《政艺通报》《国粹学报》《国学丛书》等。民国四年（1915），任上海《时报》编辑。民国十年，任职商务印书馆美术部。因此，黄宾虹具有办报刊及出版的经验。程镛（1870—1943），字律谐，晚号笠翁，歙县富塌青山人。岁贡，先设馆于里，能诗文。后至沪，与邑人程霖生合资开设惠源银行，任行长。又与邑人黄宾虹、许玉田等创办《沪黄报》。许玉田亦商于上海。这样，文人与商人联合，既保证了报社的正常运转，又提高了报纸的品位。

黄宾虹一生痴迷于黄山，他曾先后九上黄山，对家乡的山水了然于心。其在《黄山卧游》册页中有一段题跋："庚子三月，余蹑箬岭经谭家桥，将浮江至鸠兹。会有人自黄山来，遂偕行。度乌泥关，从云舫入师林寺，登始信峰，观散花坞，游前海之文殊院，下汤口，因冒雨而旋。甲午而后归耕歙东，垦兵荒田亩数千。计岁必至天都、莲花诸峰，尝于秋霁，尽兴探索丘壑云烟之趣，收之囊中。孝文世讲出素册，索为拙笔，昕夕点染，积数月而成此，爰录记游诗以博雅粲。己丑八十六叟，宾虹。"在题跋中，他说每年都要上黄山，以师法自然，因此他能在吸收新安画派及历代诸名家的基础上，加以创新，独辟蹊径，创作了一幅幅浑厚华滋，意境深邃的画作。

黄宾虹对黄山是情有独钟，因此他要极力向外界推介黄山，以造福一方，创办《沪黄报》就是一个很好的说明。黄宾虹中晚年虽游学于外，但对桑梓的回报之情一直殷殷在心，晚年他曾有意将自己的书画及收藏捐给故乡收藏，可惜由于各种原因，未能如愿。

徽州收藏大家

——许承尧

盛世收藏，只要具有一定的经济实力和学识就可以了，而乱世收藏则更需要对文化的热爱与执着，清末翰林许承尧先生就是这样一位收藏大家。

概　述

许承尧（1874—1946），字际唐，号疑庵，晚号苊叟，歙县唐模人。清光绪三十年（1904）进士，授翰林院庶吉士。次年返歙，与江炜、汪律本等创办徽州府立新安中学堂。光绪三十二年（1906），创办府立紫阳师范学堂，任监督。又协助祖父在故里创办敬宗小学堂、端则女学堂，开歙县新教育之先河。与陈去病、汪律本、黄宾虹等组织黄社，以研究学问为名开展反清活动。光绪三十三年（1907）秋，因在黄宾虹家中私铸铜元事发，幸安徽巡抚恩铭被徐锡麟刺死，许承尧等才化险为夷。同年秋，入京任翰林院编修，兼国史馆协修。民国二年（1913），受甘肃督军张广建（安徽合肥人）之聘，历任甘肃省政府秘书长、甘凉道（治今甘肃张掖）尹、兰州代理道尹、甘肃省政务厅厅长。民国十年，随张广建返回北京。民国十二年，再赴甘肃，任渭州道尹；民国十三年（1924）返京，次年返回家乡，致力于乡邦文献资料的搜集。民国二十二年（1933）开始总纂《歙县志》，民国二十五年春（1936）纂成《歙县志》16卷，资料翔实，颇受好评。晚年挂名安徽省政府顾问。

许承尧先生工隶书，善诗文。著有《疑庵诗》《疑庵游黄山诗》《西干志》7卷、《歙故》遗稿31卷（又名《歙事闲谭》）等，并留下了如"洗眼泉""五明寺泉"等碑刻题记等，是徽州宝贵的文化财富。

从1925年至其逝世前的二十多年里，许承尧大部分时间活动在故里，主要以收藏、交游、读书、习文为乐。在许承尧的收藏生涯中，其最重要的两部分，一是甘肃敦煌的写经收藏；二是故里的乡邦文献、名人字画的收藏。时当乱世，当许承尧民国初年到甘肃任职时，值道士王圆箓发现敦煌"藏经洞"不久，石窟中的宝藏遭到了英、法、日、俄等国的洗劫，同时唐人写经卷也有部分流落民间，许承尧以文化人的自省自觉，从俸银中节省出部分收藏了经卷百余卷，从中挑选出有年代题记并且书法较佳的精品40卷，庋藏在自家大厅楼上，并命此楼为"晋魏隋唐四十卷写经楼"。这些经卷经整理装裱，裹以黄绫缎套，储于小型檀木匣中，妥慎珍藏。其中一帧《二娘子家书》最值得一提。唐代纸质民间家信极为少见，而这封家信是许承尧从所藏的敦煌经卷背纸上剔得。当是经卷残破后，为时人随手粘补，无意中保留了下来，成了一件奇珍。许承尧赋诗"千年遗此纸，珍异抵琅环"，以记欣喜之情。在许承尧的收藏目录中，该条目下也写有"奇品，唐人家信，旷世所无"的字样。安徽省博物馆曾将这一珍品带往日本展出，为之轰动。

徽州经历了咸同兵燹后，许多名家字画从深宅大院中流出，许承尧以超人的学识和眼力，倾其财力将这些尽量收于囊中。抗战时国民党第23集团军司令唐式遵驻扎歙县西乡，曾聘地方人士为其搜集古玩书画，然而他们大凡收到徽州先贤的作品，都要让许承尧先挑选过后，再交给唐式遵。唐式遵虽说有些不快，但碍于许承尧的社会影响及情面，最后还是满足了老人的心愿。因而，许承尧也得以将一些名家名作收入囊中。据说，在其唐模家中大厅及两旁廊庑所挂的书画，大都为明代以前的作品，而郑板桥、赵之谦等人的作品只能藏之橱柜，难得有挂出的机会。

许承尧的每件藏品都有一个故事。如《晓江风便图》，是渐江为将要去扬州的西溪南好友吴伯炎作的一幅长卷，这是他晚年的一幅精品。曾为程姓徽商收藏，石涛看后作了题跋，以后就不知下落了。过了两百多年，到了20世纪20年代，这一名画为汪鞠友访得，继为上海地产巨商歙人程霖生收藏。后程霖生破产，由黄宾虹介绍许承尧以500银元收得。黄宾虹在给许承尧的信中写道："《晓江风便图》能入尊藏，可谓得所！"

许承尧致力于先贤文献的收藏，有一次许承尧发现了宋代朱熹像，高

第三辑 人杰竞风流

兴地给黄宾虹去信："里中又出一奇物，乃宋画朱子真象，有绍定御赞，赞缺数字，玺存，画微缺，可补，有朱氏祠记，足证真确，毫无疑义。惜已出百元尚未得，不敢再加，加则更居奇矣。大约迟旬日，或可就绪。此件如得，则可为弟所藏徽州文物之冠。将所有拟编一目录，求公作序跋，将来即可为徽州图书馆之基本物矣。"许承尧在得到徽派朴学的代表人物江永、戴震、金榜、程瑶田四家墨迹以及他们的手校书时，高兴不已，写信给黄宾虹："近弟得汪双池、江慎修手校书，汪双池及江、戴、金、程四家遗墨俱收全矣，告公一慰。弟近年得乡里珍籍颇多，不忍散失，将来拟捐存徽州公共地方。"清末翰林许承尧，一生苦行，收藏名人字画，既富且精，拿他的话说"半生用笔辛苦，未买双亩田"，他的主要"财富"就是古籍、字画。

许承尧等捐赠目录介绍

1945年，许承尧先生72岁，曾想和姚文采等一起筹建一座黄山文物馆，但因时局动荡，未能如愿。后改为自建"檀干书藏"，将这些宝物集中保管，由长子许伯龙总理此事，并留下遗嘱，教育子孙在他身后不得分散。次年7月，许承尧病逝于唐模家中，享年73岁，葬于"眠琴别圃"故居园中。1953年歙县人民政府接收了"檀干书藏"，并转交安徽省博物馆接收。

在歙县档案馆保存有1953年《皖南人民文物馆接收歙县人民政府交来歙县许承尧文物、古书清册》，清册共三卷，分别为《皖南人民文物馆接收歙县人民政府交来歙县许承尧藏书清册》之一、之二；《皖南人民文物馆接收歙县人民政府交来歙县郑村及许承尧家藏文物字画清册》，清册为手抄本，中缝有"皖南人民文物馆制"字样。捐赠品主要有古籍、字画、碑帖、古玩等。第一卷73张，146页，共登记有1745种，6340册；第二卷66张，132页，共登记有1560种，8231册；第三卷30张，60页，共登记有699种，1238件，主要为名家字画、古玩。其中郑村郑渭占[①]有128种，148件；郑村余园2件（成化瓷大盘一件，汪采白画一件）；潭渡黄舜南[②]68种178件（含古籍）；许承尧有501种，910件（含古钱221个）。许承尧捐赠品共有3815种，其中古籍14 571册，古玩字画910件。除范满珠的《绣余草》、吴梅颠的《徽歙竹枝词》抽存歙县外，其余全部由皖南人民文物馆（现安徽省博物馆）接收。

在许承尧捐赠品中，古籍为其主要部分，包含的内容十分广泛。一是地方史志类，如《黄山志》7册，黄士埙撰序；《歙县志》9册，戴知诚著，尊经阁藏版；明版的《齐云山志》4册；《徽州府志》10册，赵吉士著；《新安阙里志》4册，吴廷秀著，紫阳书院藏版；《使琉球记》2册，李鼎元著，申报馆出版。二是文化类，如《百梅一韵》13册，明版，汪文英著；《王梅溪全集》11册，朱晦庵著，雁就堂藏版；《伯山诗话》6册，康伯山著，木版；《古唐诗选》1册，木版；《琴谱》12册，吴士伯著，吴中有耀斋出版；《金石录》4册，赵明诚著，雅雨堂出版；《许承尧诗集》23册，抄本等。另有书画、碑刻、法帖、印谱、墨谱多种。三是古籍类，如《知不足斋丛书》240册，鲍廷博刻版；《愙斋集古录》26册，吴大澂著，涵芬楼影印。四是医药类，如《伤寒论合编》1册，汪宗沂著，殁庐出版；《失眠症之实验谭》1册，周进安著，商务出版社出版；《白喉治法》1册，彭桂航著，铭记铅印；《急救应验良方》1册，傅青主著，木版。五是敦煌写经类，如《敦煌石室古墨拾遗》1册；《敦煌言经写真》2册；《最精北朝周斋写经》1册；《藏经》2册；《唐人家信》1册。古籍版本十分丰富，有木版、拓版、石印、铭印、木活字、珂罗版等多种印刷方式，有坊刻、家刻、院刻、府刻等，几乎涵盖了古籍印刷的诸种方式，其中以雕版印刷为多。此外还有大量的手抄本，时间跨度上从唐代一直到民国时期，其中明版有40余种。

字画有董其昌的《行书手卷》一幅；米芾字一幅；汪采白山水多幅；黄宾虹山水多幅；唐寅山水一幅；八大山人行书一幅；张熊的《老树新篁图》一幅。经安徽省博物馆后来鉴定为国家一级文物的有：渐江的《晓江风便图》、唐代《二娘子家书》、宋拓魏《范式碑》、明蓝瑛《云壑高逸图》、明末清初祁豸佳《山水图》、明末清初许仪《梅花白鸽图》、清樊圻《牡丹图》、清叶欣《峡舟春游图》、清柳堉《云外高峰图》等。古玩主要有瓷器、铜器、景泰蓝、紫砂器、印章、砚台、木刻、官服、敕命等，如铜香炉、瓷笔洗、紫砂梅筒、成化瓷大盘等。

123

许承尧曾编有收藏目录，收录了历代名人书画1000余幅（卷），除石涛、郑板桥、赵之谦、朱竹垞、章太炎、龚半千等一些名家外，还有许多为乡贤遗墨，如查士标、程邃、江允、戴震、金榜、程瑶田等，收藏之富，由此可见一斑矣。其在收藏目录上题道："此小册所录亦费十余年精力，耗资二千有奇。娱老不能无嗜，姑以是养欲耳。"

许承尧收藏的价值与意义

具有丰富的史料价值。在许承尧捐赠清册中，涉及史料和方志的图书、碑刻2000余册（件）。有反映中华千年变迁和泱泱大国国史的鸿篇巨作，如《春秋大成》《史记》《汉书》《后汉书》《三国志》《南史》《北史》《梁书》《宋史》《魏书》《旧五代史》《五代史》《辽史》《金史》《资治通鉴》《续资治通鉴》《陈书》《元史》《明史》等；有体现区域历史的《安徽通志稿》《新疆访古录》《西域记》《庐山记》《武夷山志》等，如清代李鼎元所著的《使琉球记》，嘉庆四年（1799），李鼎元钦赐正一品职，出使琉球，"宣布朝廷威德，训迪海邦士子"，将出使琉球所见所闻一一记录成册；更多的是真实记载古徽州及周边地区的方志，如《徽州府志》《歙县志》《新安阙里志》《黄山志》《齐云山志》等。难能可贵的是这些史书和志书大部分为木版或石印，一些还是宋版、元版或明版，对了解中国历史，特别是研究古徽州发展变迁史，无疑是最好的文献资料。正因为有了这些不可或缺的历史文献，许承尧主持编纂完成了民国版的《歙县志》，为后世修志打下了坚实的基础，也为现在及后人留下了丰富的历史史料。

具有丰富的文献价值。许承尧书籍类捐赠品，涵盖了哲学、社会学、经济学、自然科学、文学等诸多门类。时间跨度从魏晋一直延续至民国，共一万余册。从内容上看，有传世经典名著，也有游记、散文及日记等。值得一提的是，许承尧十分重视历代徽州大儒名士的遗迹收藏。如被尊为算神的程大位，系徽州休宁人，现在日本每年都有祭祀算神程大位的活动，许承尧收藏的明版程大位著作《算法纂要》，实属珍贵。徽州名人朱熹、朱升、郑师山、江天一、唐白云、许国、江永、戴震、汪仲沂、黄宾虹等人真迹、作品及藏品，无不尽囊其中，且多数为木板、手抄本。许承尧收藏的诗集甚多，他本人也是一位多产诗人，他的诗集《疑庵诗》在民国初年，即印过甲卷和乙集两种，1926年，又将所作诗辑成6卷，分上下两册，在上海出版。1943年，再次开始编写搜集整理《疑庵诗》14卷，收录了自1898年"戊戌变法"至1946年他离世时，近半个世纪各种体裁的诗，合计1787首，13.4万字，这是许氏留给后人宝贵的精神遗产之一。

具有丰富的文物价值。《皖南人民文物馆接收歙县人民政府交来歙县许承尧文物、古书清册》，记载了许承尧收藏的古玩字画捐赠清单。其中字画600余幅，捐赠金、银、铜、瓷、玉器等近300件。许承尧捐赠的字画绝大多数出自中国历代名家之手，无比珍贵。民国时期，在许氏字画收藏库中，黄宾虹、汪采白的作品尚难登大雅之堂了，一是因为黄宾虹、汪采白和许承尧是莫逆之交，彼此交流收藏的作品较多；二是历代大家之作，太过耀眼，罩住了黄宾虹、汪采白的光环。诸如米芾、唐寅、文徵明、祝允明、八大山人、石涛、石溪、查士标、渐江、董其昌、郑板桥及扬州八怪、程瑶田、曹文埴、曹振镛、潘世恩、张大千、齐白石等人真迹，件件都是无价之宝，幅幅堪称价值连城。如八大山人朱耷《竹石鸳鸯》，2010年，西泠印社拍卖场，成交价1.187亿。米芾、唐寅、文徵明、祝允明、石涛、张大千、齐白石的作品在如今的拍卖市场动辄千万元起步。从经济价值上说，许承尧藏品的市场价难以估算。

细细翻阅清册，我们禁不住为这位收藏大家有那么多的珍贵藏品而啧啧称奇，更为这位收藏大家将耗费一生心血的藏品，无偿捐赠给国家而感到由衷敬佩。许承尧先生多年节衣缩食，致力于收藏，完全出于文化人的自觉，目的是为故乡多留下一些文脉，他不愧是徽州的一位收藏大家。

注：①郑渭占（1886—1966），名维熊，号思慎，晚年自称松巢老人。幼读私塾，博览五经四书及诸子著作。为郑村南园喉科传人，17岁从父篆钦习医，继承祖业。20岁悬壶行医，精通喉科，兼善内科、儿科。曾受王仲奇所请，前往上海诊治喉疾。抗战时期，第三战区司令顾祝同聘其为23集团军荣誉军医。曾供职于歙县人民医院，并被聘为徽州地区人民医院名誉中医师，从医60余年。学术上既承家学，又广征博采，宗古不泥，时出新意。1957年撰成《松巢秘录》。雅好书画，家藏颇丰。

②黄舜南（1903—1959），歙县潭渡人。乡绅，为人敦厚，勤于农耕。父黄昂青，清末秀才，为黄宾虹的侄子，曾执掌潭渡黄氏宗祠。家富收藏。

生活即教育

在陶行知先生的故乡——安徽省歙县建有陶行知纪念馆，纪念馆收藏着一份珍贵的档案，它是一张"生活教育社社员证"，它是陶行知先生创建生活教育社，为普及大众教育呕心沥血、鞠躬尽瘁的历史见证。见到它，我们仿佛看到先生身背包袱、雨伞，奔走在徽州及全国各地的城镇、乡村。

生活教育社社员证，宽5厘米，长9厘米，纸张浅粉红色，大小如现在的名片，文字竖排，正面内容为："方怀毅先生赞成本社宗旨，经方竹因、季平先生之介绍，愿加入本社为工作社员，特给此为证。民国二九年五月　日。"落款为："生活教育社理事长陶行知。生字第〇五六〇号"，并盖有印章，印章的内容为："生活教育社理事长"。反面内容为："生活教育社宗旨：探讨最合理最有效之新教育原理与方法，促进自觉性之启发，创造力之培养，教育之普及，及生活之提高。"社员证还配有封皮，为灰绿色。

生活教育社社员证持有人为方怀毅，方怀毅系方与严的儿子。方与严（1889—1968），原名方昌，字禹言、竹因，歙县王充人（属歙县郑村镇）。1928年8月被陶行知派往湘湖师范，他以晓庄学校为榜样，使湘湖以"浙江的晓庄"而闻名全国。方与严是陶行知先生的学生和得力助手，是陶行知教育思想的忠实实践者和最早宣传者，方怀毅正是在父亲的影响和带动下加入了生活教育社。

生活教育社于1938年12月15日在广西桂林正式成立。1939年1月15日由生活教育社理事长陶行知亲自起草"生活教育社申请立案的呈文"报批，1939年1月23日国民党广西省党部转呈中央党部报批呈文的题目为《呈送生活教育社社章、表册等件，并转报生活教育社组织经过情形，请予核准立案示遵》，1939年1月28日国民政府教育部致函国民党社会部："准此。查生活教育社所呈章程，大致尚合。"2月22日，社会部分别致函国民党广西省党部、内政部和教育部："查该社宗旨与组织尚合于《文化团体组织大纲》之规定，业经本部核准备案。"至此，生活教育社获得法定地位。

陶行知先生于1939年3月15日，在重庆纪念生活教育运动十二周年的演讲中这样说道："生活教育社已经成立，这是一个喜讯。季平同志说得好，生活教育社是一个教育界的大家庭。它是教育思想者的团体，又是教育运动者之团体，又是教育工作者之团体，又是培养教师的团体，又是一般人学习生活和知能的团体，又是一个共同生活体。他又说：它是应该大众化的，大家共同生活；它应该是工厂化的，大家分工合作；它应该是学校化的，大家互教共学。我对这些话都同意，只是培养教师的团体要改为教师进修的团体，并且互教共学之下要更加即知即传。传统学校化是不够的，我们必须即知即传才能跳出自己的小篱笆。其实，整个生活教育社应该是一个大的工学团，办教育是我们的工；研究问题是我们的学；共同过有组织的生活是我们的团。"这与陶先生一直所倡导的生活即教育、教学做合一的思想是一致的。

据《生活教育社社章》第三章第四条之规定，"本社社员分赞助社员和工作社员二种；甲、凡同情本社宗旨并予以物质或学术上之助力者，得由理事会推举为赞助社员。乙、凡赞成本社宗旨及社会教育理论技术，实地为人民儿童服务者，经社员二人以上之介绍，理事会通过，得为本社工作社员"。方怀毅所持有的生活教育社社员证为工作社员证，他一生一直在徽州从事教育事业，践行陶行知先生的教育理念。生活教育社在陶行知先生推行大众教育、平民教育上发挥了积极的作用。

生活教育社社員證

方懷毅 先生贊成本社宗旨

經方竹囚

季

平先生之介紹願加入

本社爲工作社員特給此爲證

民國二九年五月　日

生活教育社理事長　陶行知

生字第〇五六〇號

茶商洪斌彩

　　洪斌彩（1870—1944），谱名洪安柏，字廷楣，号斌彩，以五品衔分发江苏即用知县，歙县问政山人。曾以贩菜为业，35岁后经营茶叶，在歙县开设洪泰茶号。据民国二十二年（1933）歙县城梁茶号统计表（吴觉农编著，民国二十三年出版的《皖浙新安江流域之茶叶》）显示，洪泰茶号经理为洪廷楣，箱额为867箱，茶号登记地址在问政山；民国三十年（1941）歙县外销厂号登记表（《安徽茶讯》第一卷第十期）载明，洪斌彩时在渔梁开设洪泰、合兴祥茶号，并与协泰（胡连富）联营，登记资金为50 000元，登记箱额为1000箱（每箱约60斤）。并在上海、山海关、山东潍坊等地开设洪顺泰茶庄、洪怡泰茶庄，年销干茶七八百担。行商守信义，循商德，累至巨富。热心公益，乐施不倦。民国二十年（1931），县长缪定保赠匾"急公好义"。数年后，县长石国柱赠匾"行仁处义"。

　　据方晴初先生（曾任歙县商会主席）1961年的回忆资料介绍，自民国初年以至中华人民共和国成立前夕，歙县经济资源全靠茶木出口和旅外经商的歙人汇款回家调济周转。而整个市场的经济活跃与枯寂，则寄于茶叶的收成与售价。清末民初为外销茶商黄金时代，经营半载，获利万金以至数万金，在歙县茶商中为数很多。第一次世界大战爆发，海外市场一落千丈，自1915年至1919年，许多殷实的外销茶商，相继破产。当外销茶商失败时，以问政山洪斌彩为代表的一批茶贩（诨号螺丝客）向平时认识的茶农赊借茶叶，运往杭州出售一部分，得到现金，将其余茶叶运往福建窨花再运华北、东北出售，所获甚大。洪斌彩并在福建购买了许多珠兰花带回歙县培养，继之而起者，部分琳村农民到杭州去买了更多的珠兰花来种植，生产渐繁，从而洪斌彩等人又到东北、华北引进一批茶商，径来歙县收购窨花，苏州茶商也改变经营策略，将杭州收茶机构，迁来歙县，于是琳村左右的田农，利之所在，变为花农，因而在1920年前后数年间为内销茶商的黄金时代，也是花农的黄金时代。这个期间，歙县茶市，市面繁盛，致有流娼、烟窟、赌场也来点缀。可是这班内销茶商，则因一帆风顺，兼营外销，双管齐下，获利更大。谁知第二次世界大战又起，加之法币暴跌，茶叶售出的款子，不数日间，等于废纸，致使这班茶商趋于破产。抗战胜利后，茶商以物质与法币向茶农交易，专营内销，茶农因到手有一部分物质，得以苟延残喘，茶商抱定存货不存票的宗旨，法币虽等于废纸，而他们损失尚不大。

洪斌彩急公好义，在歙县茶商中享有较高的威望。民国二十一年（1932），歙县富商曹霆声承揽了全县的茶叶税征收任务，在深渡设立联合征税所，并以各地茶业公会为依托，设立代征员，对大的茶商又实行二度、三度承包，让他们有利可图，对检举偷漏税者的茶商自身税收予以减免。由于层层转包，加上税收管理严于往年，无空可钻，客观上加重了中、小茶商的负担。茶商洪斌彩以茶商代言人的身份，找曹霆声交涉，要求减征全县的茶叶税，曹霆声以茶叶税额是由省财政厅根据历年征税额综合确定的为由，拒绝了洪斌彩的要求，但提出可以考虑减征他个人的税额。数日后，街口一带的茶商在洪斌彩等人的游说下，举行了抗税斗争，并集合三百多人，砸了深渡联合征税所，县府派警察予以制止弹压，但却激起茶商更大的反抗，更多的茶商、茶农加入抗税大军，千余人的抗税队伍开到了县城，向县府请愿，并冲击了县警察局，酿成了抗税风潮。此举直接惊动了省府，派兵前来弹压，逮捕了洪斌彩等为首分子，风潮才息。

洪斌彩还好舞文弄墨，曾书联以赠友人。联文为"皓月临轩修竹静，清风入座落花香"，虽是前人成句，但联文和其家乡问政山的景物有暗合之处，比如联中描写的"竹"和"花"，都为问政山的特产。问政山山地土壤为乌金砂土，宜竹宜花亦宜菜。明嘉靖年间就已广植毛竹，许多庵堂以竹命名。问政山笋长年不断，春季产春笋，冬季产冬笋，夏秋季则产鞭笋，问政山的春笋"红箨白肉，坠地即碎"。清初歙籍诗人汪薇赞美问政山笋："群夸北地黄芽菜，自爱家山白壳苗。"清乾隆至道光年间，问政山笋作为贡品进贡皇宫。问政山竹笋还是在外经商的歙人的念想，每逢春笋破土，家人起大早将笋挖出，赶船从渔梁沿新安江而下，行舟时把笋箨层层剥尽，切成小块入砂锅，以徽州火腿为佐料，用炭火文火清炖，昼夜兼程，行至杭州，打开砂锅，汤清醇厚，笋味香甜脆嫩，宛如在家吃的鲜笋一样。

因临近县城，问政山种菜卖菜亦很普遍。清末兴养珠兰花，以供茶叶窨花。花舍、花架点缀山岭之间，层层叠叠。每年夏季，花开时节，暗香浮动，家家户户朝采花束，挑担小卖。1951年土地改革时登记，全村有田500余亩，地100余亩，竹山700余亩；养珠兰花户45户（时全村70多户），其中年产珠兰花5000两以上10户，时每100两花售7块银元。时至今日，由于花茶销售疲软，珠兰花的养殖大为减少，而问政山竹笋的产量殊为可观，时常见山民肩挑竹篮，内有新鲜嫩黄的竹笋，撩人食欲。

第四辑 商业风云录

四大行业逞英豪

徽商经营的行业，唐宋时期以茶、粮、木业以及文房四宝等土特产品为主；明清时期，随着资本的增加以及营销领域的扩大，经营行业涉及盐、典、丝、布、漆、酱业和海外贸易，以及酿酒、制扇、陶器、酒店、出版等业。可以说，只要是能够带来利润，徽商无所不及、无所不为，有些家族甚至形成了跨行业的商业集团。但在诸多行业中以盐、茶、木、典的经营范围广、时间长、利润丰厚，成为徽商的四大支柱行业，也正是这四大行业成就了徽商数百年的辉煌。

盐 业

盐，作为日常生活的必需品，历代皆由政府控制生产销售，实行专营制度，这也是明清时期政府商业税收的主要来源之一，支撑着政府的财政。

明代初年，为加强对北部边疆少数民族的控制，明太祖朱元璋于洪武三年（1370）实行"开中制"，允许商人运送粮食到西北边疆以换取"盐引"，即盐业经营的特许凭证。盐例规定根据里程远近，一至五石粮食可换取一小引（二百斤）盐引。当时，徽商积极参与其中，但由于边关万里，纳粮办引不便，徽商势力不敌西北商人。占据地利的山西、陕西商人把盐引转卖给内地商人经营。徽州地近两淮、两浙盐区，从事食盐运销确是十分便利，于是徽州人接踵而至，逐渐占据各大盐业市场。明弘治五年（1492），明政府采纳了户部尚书叶淇的建议，改革盐引制度，实行"开中折色制"，即商人只需要向盐运司缴纳现银，就可以领到相应的盐引。徽商抓住了这一发展机遇，就近办理盐引，扩大运销规模，走上了规模化的经营，从而集聚了大量的财富。

据万历《歙志》记载：歙县盐商"以盐策祭酒而甲天下者，初则有黄氏，后则汪氏、吴氏，相递而起，皆以数十万以汰百万者"。民国《歙县志》有更详细的描述："邑中商业以盐典茶木为最著。在昔盐业尤兴盛焉。两淮八总商，邑人恒占其四。各姓代兴，如江村之江，丰溪、澄塘之吴，潭渡之黄，岑山之程，稠墅、潜口之汪，傅溪之徐，郑村之郑，唐模之许，雄村之曹，上丰之宋，棠樾之鲍，蓝田之叶皆是也。彼时盐业集中淮扬，全国金融几可操纵。"如歙县竦塘人黄鉴业盐淮海，被众商推为纲商；黄莹在两淮业盐数十年，成为首商；程辅被推为松江盐界领袖；还有吴光昇、吴士奇、吴伯举、汪士明、郑之彦等先后成为两淮盐商祭酒；汪玄仪成为两浙盐商祭酒；江嘉谟被奉为浙盐祭酒；还有吴良儒、程正奎、程升等先后成为两浙盐商祭酒。明万历年间的汪道昆在《太函集》中有这样的记述："新安多大贾，其居盐策者最豪，入则击钟，出则连骑，暇则招客高会，侍越女，拥吴姬，四坐尽欢，夜以继日，世所谓芬华盛丽，非不足也。"

以汪应庚、汪廷璋、江春、鲍志道等身兼场商和运商于一体的总商，聚族经营，多至两千人。资本多的以千万计，次者亦以百万计。江春以布衣上交天子，荐官至一品，乾隆帝一次借银三十万两，供他周转。据《清朝野史大观》："乾嘉间，扬州盐商豪侈甲天下，百万以下者，谓之小商。"乾隆三十年，乾隆皇帝南巡至扬州，扬州盐商花几十万两白银为他修建行宫，又修葺大虹园（今瘦西湖），供其玩赏。一日乾隆游湖，曾感叹道："盐商之财力伟哉！"

徽州盐商以扬州为中心，建立起了覆盖两淮、江浙、山东等全国东南部的大部分市场。清代惺庵居士在《望江南百调》中说："扬州好，侨寓半官场。购买园亭宾亦主，经营盐典仕而商，富贵不归乡"。据光绪《两淮盐法志》记载：从明嘉靖至清乾隆年间移居扬州的80名大盐商，徽商占60名。嘉庆《两浙盐法志》载杭州客籍盐商35名，徽商占28名。这样的兴盛一直维持到道光十二年（1832）的盐政改革，打破盐业的垄断经营为止。

茶　业

徽州地处北纬30度附近，温暖湿润的气候为茶树的生长提供了得天独厚的自然条件，起伏的山峦，幽深的峡谷，缥缈的云雾，肥沃的土壤，生产了诸如太平猴魁、黄山毛峰、老竹大方等高山云雾茶。

徽州茶叶的种植始于汉末三国时期。唐代，已有徽州茶叶贸易的记载，唐代王敷《茶酒论》记载："浮梁歙州，万国来求"。自唐至宋，徽州茶叶多数运到江西浮梁交易，再从浮梁转销河北、天津、北京等地。元末，毕仁运茶至庐州（今合肥一带）销售，获利丰厚，被推举为万户长。明代仍以北方为主要经营地域，西南、中南等地也有徽州茶商参与经营。许承尧《歙事闲谭》载："吾许族家谱载，吾祖于正统时，已出居庸关运茶行贾。"汪道昆《太函集》载潜口汪伯龄"始胜冠辄从父入蜀，称贷以益资斧，榷茶雅州"。明代歙南柯氏、马氏到江苏如皋经营茶叶，后定居该地。

明末以后，徽州内销茶商纷纷设立茶庄，或以一处为基地（总庄），雇佣员工，在周边城镇设立茶庄（店），进行辐射状经营。所设茶庄（店）几遍全国各大都市，在某些城市处于执茶业之牛耳地位。乾隆中，徽商在北京有茶行7家，茶商字号166家，茶叶店则多至上千家。清初，昌溪吴氏开始在北京经营茶叶兼日用百货。至清末，吴炽甫以北京为基地专营内销茶，其收购、加工窨制、批发、零售厂号遍及皖、浙、苏、闽、赣、鄂、冀、辽、京、津、宁诸省市，在20世纪20年代累资约达200万银元。康熙年间，在上海，绩溪上庄胡氏设有"胡万盛"茶店；汪立政于道光三十年（1850）创设"汪裕泰"茶庄，经滚动发展，后设立分店6处，茶栈7处。在苏州，光绪三十四年（1908）苏州茶叶同业公会入会登记46户，其中歙籍占40户。清末民初苏州茶业6大名店，即吴世美、严德茂、汪瑞裕、鲍德润、方裕泰、程德泰皆为歙人所设。苏州最大的"吴世美茶叶店"，是清同治年间歙人吴景隆所设，该店除在苏州经营零售和批发业务外，主要窨制花茶运销山东和津浦沿线，年经营茶叶三、四千担，营业额在十七、八万银元，"吴世美茶叶店"在山东信誉很高。该店在光绪年间卖给吴县人汪稼采，因只卖店未卖招牌，汪稼采只得更换牌号，茶叶仍运销山东，销路却大受影响，结果汪稼采又花三千银元买了"吴世美"三字招牌，并聘歙人汪巨川为经理，生意方有起色。

民国三十四年（1945），北京市茶叶商会登记，有歙人开设的茶叶店号35家，登记资金49.585万元，店员544人。其中最大的森泰茶庄，登记资金7.21万元，店员62人。民国二十四年（1935），苏州市茶叶同业公会的16位委员皆为歙人。民国期间，在南通、三阳、叶村、苏村等地茶商经营19家茶号，职工300余人。规模较大的有洪立大、朱源大、方正大和老同春，时称"三大一同春"，其中，洪立大创设于清咸丰年间。民国十九年《上海徽宁思恭堂征信录》乐捐名单中，有徽州、宁国两府茶叶店号678家，其中多属徽州府，可见徽州茶商的规模。1954年筹划成立上海市茶叶同业公会，筹委19人，其中7人为歙人。浙江一带更是歙县茶商的重要活动区域，茶叶经新安江水路运到杭州，然后远销全国各地。徽商开设的茶行、茶号遍布浙江各大城镇。抗战前后，歙人在杭州开设的茶行、茶店、茶庄70余家，其中著名茶商有昌溪吴叙荣、五渡方诚甫等。抗战胜利后，浙江崇德、桐乡县商业登记，茶叶行业几为徽人垄断。《乌青镇志》有"吾镇茶叶一业，俱系徽籍人"的记载。

明代，徽州茶叶开始销往国外，清代五口通商后，外销茶的大量销售进一步刺激了徽州茶叶的生产。嘉庆年间，徽州府行销茶引56 330道，产量达676万斤；至同治年间，徽州府行销茶引达10万道之数，其中外销占十之八九。詹天佑的曾祖父、祖父都贩茶入粤；婺源人程国远、程士严、詹镛钜等都先后贩茶运往广州销售；歙商王珠在广州设有茶庄，又在歙县广州途中设有分号四家。同治年间，仅歙县就有外销茶号八家，其中以芳坑的江有科规模最大，时称"漂广东"。清光绪中叶，外销茶交易市场转移至上海，缩短了行程，方便了新茶及时上市交易，仅屯溪一地就有茶号136家。每到茶季，新安江上商船云集，千帆竞发，颇为壮观。

茶叶虽然没有稳定而丰厚的利润，但由于徽州茶叶的品质优良，一直受到全国各地以及海外商户的青睐，至今，徽州云雾茶仍然具有较大的竞争力。

木　业

徽州盛产良木，宋人范成大《骖鸾录》记载，徽州山人"多以种杉为业"，"歙浦杉排毕集桥下（严州）"，徽商以山区盛产木材的优势，从事木材贸易。冬季伐木，待梅雨季节，新安江水涨后运出销售。徽州木材输出贸易兴隆，从商人数亦为可观。

南宋建都临安，建筑宫殿、房舍等需要大量的木材，徽州木商抓住了这一次机遇，从徽州运送了大量木材。据《沙溪集略》记载："凌香，宋高宗南渡建都临安，进木造殿，赐宴归。居二年，又奉旨礼请，复赐宴赏。"

明初建都南京，再次为徽州木商提供了发展机遇，徽州木商云集南京上新河一带。万历二十四年（1596），皇宫失火，徽商王天俊取得了采办皇木16万根的许可证。明初，程希道往太平购买山场，伐木扎筏外销，得利无算。程实以木易粟，在吴门（今江苏苏州）、姑苏、常熟、毗陵（今江苏丹徒）等地经商。西溪南木商吴养春拥有黄山数千亩山场，后因"黄山大狱"，追缴黄山山场银32万两，追查赃银60余万两。

明代中期，江南市镇发展迅速，木材需求量增加，徽州木商远赴湖广、川贵等地拓展新的货源。程国光、黄筏至湖南贩运木材。凌日荣往来临安、云间（今江苏松江）经营木材。徽州木商足迹遍及西南、东南各个木材重要产区。明代歙人程之藩，少年时随父至四川经商，见雅州（今雅安）土司所属的深山峻岭中巨木很多，便改营木材生意，雇用役夫数百人，大量伐运巨木，获利甚丰。

明末歙人许朴两涉夜郎、牂牁、邛笮之境（今贵州、川南一带），经营木材，他运至芜湖的沙板（棺木）被人盗卖，值银百两。清康熙年间，歙县褒嘉坦人王士汲19岁随父亲王华顺往四川贩木。潭渡儒生黄筏屡试不第，弃儒为商，贩木湖南，星餐水宿。湖南常德沅江流进洞庭湖入口处有德山镇，是湘西沅江上游所产木材外运必经之处，镇上长年聚集徽州木商及放排运木者数千人。

徽州木商也有南下福建、江西贩运木材者。浙西衢州之开化、常山等县也是木材产区，经营木材的亦多是徽州木商。清初，徽商程某在衢州、处州等府采判木植，商贩浙东、南直等地。徽商王恒到常山贩杉木，一次拼买丁氏山林，用银1500两。

徽州木商的销售市场主要在江南地区，南京、芜湖、杭州、镇江等地都是木材集散地。南京是明清时期长江上游木材运往江南各地最大的中转站，徽州木商多集中上新河一带，并建有徽商会馆。镇江是长江木材转折运河北上和南下的必经之地，徽商日复一日地运送木材，竟将丹徒运河之横闸损坏多次，最终将有闸改为无闸。苏、杭二州为徽州木商在江南的重要转运基地，两地均建有徽商会馆公所。清乾隆年间，婺源人江扬言在杭州候潮门外徽园文公祠成立徽商木业公所，其子江来喜又在江干购置沙地3690亩，作为徽商木材堆放之所。清代，在杭州经营木材的徽商124家。民国期间，在杭州的歙籍木业商行有程正大、德裕隆、汪震昌、汪永记、方永隆、许同茂、集成祥等。芜湖亦是木材集散地，徽州木商经此将木材运销皖省各地。清末民初，徽州木材每年外运江南地区10余万两（两：木材计量单位，离根部6尺量周长，1尺5寸折0.15两，2尺折0.24两）。

所谓的靠山吃山，徽州历来十分重视山场的养护、林木的蓄积，笔者在进行田野调查中，多次发现保护水口、山场的禁碑，至今在徽州各村落的水口还有合抱大木，就是一个很好的注解。

典　业

典铺是早期的金融机构，通过物品的质押，向质押人发放短期资金，收取利息，它是徽商由实业向金融业转变的一个标志。休宁商山吴氏自明中叶始开设当铺，累资百万，成为望族。徽州朝奉成了典铺老板的代名词。

明成化、弘治年间，一些盐商积累大额资本后，在当地开典铺或将资本转入典铺，以获取更多的利润。在盐商主要活动区的东南及京都等地，徽典多，资本大，利率低，垄断性强。扬州典铺被徽商一统天下。两淮盐商潘仕、汪球、潘汀洲、程沣等人同时兼营典业。歙商吴尊德、吴尊楣兄弟在扬州世代业盐，巨富后，开设典铺更出名，人称"吴老典"，"家有十典，江北之富，未出其右者"。

徽商开设的当铺遍及全国各地，尤以苏浙一带为著。扬州典当业由徽州诸商擅专其利，当地人无从插手。扬州府属各县及集镇乡村典当业也多为徽人所营。泰兴典当业多徽商为之，邑内五城门及各镇皆有，村镇还有代步当，是城镇当铺的代办处，专收当物品转当城里大当铺。明末，南京有当铺500家，主要由徽州人和福建人开设，徽州当铺本多利少占明显优势。常州府当铺拥资孳息，大半徽商，明末程璧在常州府江阴开当铺18处。太仓州的镇洋县，行盐押典皆为徽人。康熙年间，苏州府的常熟县有典铺37家，绝大多数为徽籍商人开设，充当典头的汪宗、吴奇、程隆皆徽人。镇江府金坛质铺俱徽商所设。杭州的徽州典商亦很多，明嘉靖年间，徽州典铺商积极支持同乡胡宗宪海战。嘉兴县徽州商人主要从事典当业。平湖城方圆数里有徽商当铺数十家。明末，孙从理在湖州一带开设当铺达百处。清代，唐模许翁在江浙开典当铺40余家，拥有雇员近2000人，家产以数百万计。秀水县濮院镇，典当司柜多徽人。徽商姚南青在嘉定外冈镇北街开当铺。清末，上海有典当69户，其中徽商典当30户。

徽州典商亦活跃于北方各地。明万历年间，河南巡抚沈季文奏言"今徽商开当遍于江北"，"见在河南者，计汪充等二百十三家"。明万历年间，山东临清有当铺百余家，皆徽浙人为之。明末北京城中，徽商汪箕开当铺数十处，家资数百万。

闽赣湖广亦有徽人经营典当业。明代，歙人洪仁辅兄弟继承父业经营典当，仁辅业于八闽（福建），其弟业于南都（南京）。西溪南吴之骏在江西业典。道光年间，日本人调查汉口典商，得出典当的朝奉"非由徽商人担任者，几于无有"的结论。

道光以降，盐商衰败，典商失去强大的经济后盾，加之同治年间，对典商征税苛重，典商逐步衰落。清末，典商逐渐向金融业转移。清咸丰、同治间，张颂贤经营湖丝、浙盐致富后，开设当铺、钱庄数十处，后开设信托公司，投资商业银行。歙人叶金三与人合资，在杭州开设巨源、元大、仁和、义昌等钱庄。周邦头人周宗良在宁波开设恒孚钱庄，后改银行。歙县冯塘人程霖生在上海开设衡吉钱庄，民国时改为银行。

徽州典商在典当业中取得优势地位，一是减息让利，博取信誉。明末岩镇人汪通保在上海开当铺，要求员工要和气待客，贷出的银子务要成色好、分量足，赎当不得额外多收赎金，计息要公平合理。明末南京有当铺五百家，福建铺取利三分、四分，徽州铺取利一分、二分、三分。对无力偿债者，徽州典商甚至焚券弃债，如清初婺源人汪拱乾捡拾典券数千张，当举债人的面焚毁，获得"旷古高义"的美誉。二是亦典亦商，盘活资金。明末歙人程澧率宗族子弟，在东吴经营布业，在扬州经营盐业，在徽州经营典业，盐、布、典结合，左右逢源，效益数倍。三是技能保障，管理严格。经营典当业必须具备丰富的专业知识和技能，徽州典当世专其业，自幼学艺，终身不改其业，经验丰富。徽州当铺管理，分工精细，制度健全，一般规模的徽州当铺，都设有柜台先生二三人，鉴别、评估典当货物；写票2人，专写当票；中班6人，有正有副，负责货物打包；挂牌2人，学生10余人，按能力排序，排序1—6名协助管理业务，排序7名以后者负责送包取包；管事若干人，分管包房、钱房、首饰房和账房，各司其职，各负其责。严格的管理，娴熟的业务，低息的优势，雄厚的资金，广结善缘，热情服务，成就了徽州典商的辉煌。

徽商古道

徽州，处万山之中，山环水绕，峰峦连绵，交通极为不便，徽商，实无地利可言。"吾徽之由陆路旅行者，东则有大鄣之固，西则有浙岭之塞，北则有黄山之隘；由水路旅行者，则东涉浙江，滩险三百六十，西通彭蠡，滩险八十有四。经历险阻，跋涉山川，靡费金钱，牺牲时日，旅之往来，殊非易事。"（《徽商便览》）然而，恶劣的生存环境，使得"徽民寄命于商"，徽州的男人们为了生存与发展，抛妻别子，云走四方，苦心经营着盐、茶、木、典各业，一代又一代，传承着财富与精神，开创了徽商数百年的辉煌。那湮没于高岭深谷中的徽商古道，就是一个历史的见证。

徽州出产的大量的茶叶、木材、药材、桐油、生漆等山货需运销四方，而徽州短缺的粮食、食盐、布匹等物品需要从外购进，大量的商品运输在缺乏机械的情况下，水运则是一项运载量大，运输成本相对低廉的方式，因此，徽州的母亲河——新安江，就成了徽商的一条黄金水道。"商之通于徽者取道有二：一从饶州鄱、浮，一从浙省杭、严，皆壤地相邻，溪流一线，小舟如叶，鱼贯尾衔，昼夜不息。"（康熙《休宁县志》）商民们从渔梁码头出发，经深渡，出街口，过淳安、建德，一路经桐庐、富阳，在杭州登岸，奔赴上海、苏州、无锡、常州、宁波等地。

清道光年间，歙县芳坑茶商江有科、江文缵父子开设了江祥泰茶号，他们就地收购茶叶，经加工制作后运往广州，转销海外。他们先将茶叶经新安江上行运至歙西篁墩，在那里挂号运往屯溪，再从屯溪雇船走休宁河运至黟县渔亭，从渔亭雇数百挑夫走山间小道到祁门，由祁门雇驳船顺阊江而下运至江西饶州，再沿赣江上运至南安，又从南安雇挑夫、保镖翻越大庚岭抵广东南雄，然后经韶关由水路运抵广州。真可谓是水陆兼程，前后要耗费两个月左右的时间。一路上的辛苦、劳顿与风险由此可见一斑。然而对徽州的木商来说，每年的黄梅季节，江水暴涨，为他们的运输带来了便利。"每年木商于冬时砍倒，候至五六月，梅水泛涨，出浙江者，由严州；出江南者，由绩溪顺流而下，为力最易。"（清赵吉士《寄园寄所寄》）

江上帆樯林立，路上商旅不绝。徽商除开通水上通道外，还开辟了一条条陆上商道。以徽州府所在地歙县为中心，向东，经昌化到杭州的"徽杭古道"。出歙县南门，向东行经渔梁、大阜、霞坑、杞梓里、三阳，翻过昱岭关到浙江昌化县，直通杭州。从歙城到杞梓里路段，地势较为平坦，依山傍水，山光水色，四时异景。从杞梓里到三阳，竹铺到昱岭关路段则为高山峻岭。1934年春天，乘坐汽车到徽州的郁达夫，在《出昱岭关记》中，对蜿蜒在山中的徽商古道，有一段精彩的描绘："从公路上的车窗望过去，一条同银线似的长蛇小道，在对岸时而上山，时而落谷，时而过一条小桥，时而入一个亭子，隐而复见，断而再连；还有成群的驴马，肩驮着农产商品，在代替着沙漠里的骆驼，尽在一条线路上走；路离得远了，铃声自然是听不见，就是捏着鞭子，在驴前驴后，跟着行走的商人，看过去也像是画上的行人，要令人想起小时候见过的钟馗送妹图或长江行旅图来。"昱岭关，地势显要，为入徽之门户，历来为兵家必争之地，《水浒全传》中就有"卢俊义大战昱岭关"的一段描述。

往西，走西北方向，是徽州府至安庆府的"徽安古道"，从歙县西行到休宁，沿休黟古道至渔亭，西行经楠木岭入祁门，过金字牌到祁门县城，由祁门县城北上，经胥岭、大洪岭至雷湖转向西北，经石台、贵池到安庆，全程210公里，这段古道以祁门境内的大洪岭最为难行。往西走休歙古道到休宁，再经渔亭西行至祁门，经小路口到闪里，由闪里南下直到浮梁县城，这是徽州西部通往江西的重要商道。

往北，有经泾县县城和经宁国到芜湖的两条商道。出歙县城，往东北行，经牌头、新管入绩溪境内，过临溪、雄路到绩溪县城，再向西北行，经高村、翚岭、浩寨、七里铺到旌德县城，再北上，经泾县、南陵到芜湖。此段商路，翚岭段最为陡峻难行。清人施润章作有《过翚岭》诗一首："崇冈郁崚嶒，鸟道绕山腹。仰探白日短，俯瞰阴霞伏。鱼贯度行人，疲马艰踯躅。春晴多好风，吹我岩壑绿。农耕岭上云，妇饭溪中犊。羁心旷登陟，瘠土见风俗。华阳灵迹闳，杖策寻古屋。"另一商路是由歙城向东北行至绩溪县城，再向东北行至丛山关，经金沙、三十八号桥至宁国县城，过宣城到芜湖。

往南，有到浙江开化、淳安、遂安的古商道。如今，由于公路、铁路、航空等的发展，这些古商道基本失去了原有的功能，有些路段如慈张线、杭徽线，由于公路建设也抹去了历史的痕迹，但我们从一些或断或续遗存下来的古商道，也能触摸到徽商那颗跳动的心。青石板、青石条铺就的小路将一个个村庄串联起来，并顽强地伸向山外的世界。徽商足迹遍于天下，"虽滇、黔、闽、粤、秦、燕、晋、豫，贸迁无不至焉，淮、浙、楚、汉又其迩焉者矣。沿江区域向有'无徽不成镇'之谚。"（民国《歙县志》）

徽商，一路行来一路歌，一路辛苦富贵多。"陆则肩担顶荷之夫，沿崖陟岭，虽隆冬冱寒而汗雨彳亍；水则溯流推挽，从急湍石濑中负舟以上。"（康熙《徽州府志》）徽商，走出大山的徽州男人们，正是发扬了这种"徽骆驼"的精神，顽强不屈，百折不挠，使他们在商海的搏击中而终有硕果。

风雨新安江

2014年1月，笔者在歙县易宝斋王庆勇先生处，见到一张旅浙徽属保商公会的《协助巡费三联收照》，其具体内容如下：

> 旅浙徽属保商公会为保卫行旅事。照得严河上下游一带，盗匪充斥，抢案迭出，前清末叶，旅浙同人呈请浙抚批准，组织徽属保商会。创办浙严徽商水师巡船，扼要驻扎，并派兵随船护送，由官厅委员管带籍资防卫在案。惟经常费巨，非筹集的款，势难持久。民国肇兴，续经呈明浙军部督，循照向章，请过往同乡诸君，每人协助巡费大洋壹角，用济饷需。今据方客如数捐助，合给三联收照。征实，此照。中华民国四年五月廿六日。旅严分会。

在徽州境内，新安江及其支流覆盖了徽州的一府六邑，除祁门可通过阊江，婺源可通过乐安江进入江西境内的鄱阳湖，绩溪可通过青弋江进入芜湖长江外，绝大部分的商业活动及人员出入都要通过徽州的母亲河——新安江，因此，从一定程度上说，新安江的繁荣就是徽州的繁荣，新安江的航运安全牵挂着徽州千家万户的心。

清澈明媚的新安江，宛若熠熠闪光的彩练，蜿蜒曲折于徽州的崇山峻岭之间。徽州物产丰富，如茶叶、木材、毛竹、水果、药材、山核桃、香榧、桐油等土特产，种类繁多，品质尤佳。徽墨、歙砚、漆器等传统工业品久负盛名。徽州的茶叶、竹木及其他土特产通过新安江源源运出；大米、食盐、布匹、京广百货、海鲜以及南北杂货又赖其从杭、沪、苏以及金华、兰溪等地源源不断地输入。一江横流，舟楫往来，几千只民船舟筏穿梭往返于新安江上，大大活跃了徽州的商品经济，也促进了徽商的迅速发展。从而，在新安江及其支流上形成了许多繁忙的码头，如绩溪的临溪，休宁的万安、屯溪，歙县的渔梁、朱村、深渡、街口等。

千百年来，从事水上运输的船民们，驾着木帆船航行在新安江上，时而驾着风帆，时而撑篙背纤，过险滩，顶恶浪，风里来，雨里去，在江上讨生活，十分辛苦。据老船工们回忆，当年在水上撑船，一天要穿破两双草鞋，走上行船，过滩背纤时，无论冬夏，皆要下河入水。

新安江流域属于山区河流，险滩众多。各险滩处，河床狭窄，滩陡而浅，礁石星罗棋布，每逢山洪暴发，浊浪竟高，形成一个又一个的漩涡，航船行进中是危机四伏。清代诗人黄景仁有诗云："一滩复一滩，一滩高十丈。三百六十滩，新安在天上。"其中，练江的施村碛、毛家滩、车轮湾、庙前滩，新安江上的妹滩、绵潭滩、米滩、梅花滩等都是著名的险滩。来自自然的险恶虽然可怕，但来自人为的盗抢则更为可恶。

在许承尧编撰的《歙事闲谭》中有一篇《明季县中运米情形》中这样叙述："杭有坝脚牙侩，更设网罗。严有衙蠹地棍，擅起私税，鱼肉米商，公行罔忌，甚至搁河纵掠，暮夜兴戎，商罹惨剥……"这段文字对从江浙运米至徽的艰难做了生动的描述，米商不仅受到杭州的牙人、脚夫，严州的衙吏、地痞流氓的侵剥，还有强盗的肆意掠夺、打杀，商人的生命财产得不到保障。

长期以来，新安江水路上的盗贼劫杀事件屡有发生。清雍正年间，歹徒蒋德彩等人在钱塘江至衢州一带水面乔装改扮成船户、客商，"随身假带被囊行李"，伺机作案。他们多次谋财害命，如雍正二年（1724）三月，蒋德彩等人在富阳落山头"谋死徽州寄信客人，得银三百二十两"（《世宗宪皇帝朱批谕旨》174卷）。光绪三十三年（1907），徽州信客宋三禄和王春喜等收带金、衢、严三处"徽信"，被严（州）东关厘卡多方留滞，驶至马目埠，天色已晚，盗匪多人登舟肆劫，失去所携"徽信"千余封，而被劫夺的捎带银钱也达六千元左右，为数相当可观。同年八月：

（詹鸣铎）二弟船至宗潭安宿，至夜半忽听得"蓬……蓬……蓬……"一班粗汉打上船来。时余镜清睡后舱马路，连忙卧起。劈头打一洋枪来，子弹由眉心边穿过，幸未受伤，急由后舱跳落水去。另有歙县二客人也跳下水去，其余客人将头钻在被窝里，皆不作声。我二弟真危险，眼巴巴望着他们刀劈皮箱，取去各客衣服物件，甚为匆促。另有一人见二弟脚旁放一考篮，试提之颇重，遂携之行。一霎时间，呼啸而去。大家都有损失，二弟考篮内有三百余洋，所亏尤巨。（詹鸣铎《我之小史》第九回）

徽州信客，是指穿梭来往，专门为商民捎带书信、包裹、邮寄银钱的人，徽州信客成为盗抢的主要对象之一。由于官府的水上保卫力量十分有限，徽商只得自己组织起来，保护商人利益，捐办巡船，置备器械。徽商公所及后来的旅严保商分会，直接参与了新安江上的治安管理，以弥补官方警政之不足。经费主要从会费及徽商的资助中解决。

廿四日巳时，至严州泊，建德知事请仲奇兄诊病，即请至商会，保商会董纪厚之君等留仲奇施药半日，一夜诊视五十余人，仲奇兄逐一开方，并不疲倦。纪厚翁备翅席相留……席散……保商会着两勇持枪护送至深渡。回严，仲奇兄资勇大洋八元，谢去。（徽州画家日记稿本——《绘事日利》）

在这段叙述里，医生仲奇诊视病人，用餐后，因天色已晚，为了安全起见，在严州的保商会派出两名兵勇持枪护送到歙县的深渡码头。该条史料所系年代为辛酉年，即民国十年（1921）五月，由此上溯到光绪三十四年（1908），则严河上由徽商组织的武装巡船前后至少持续了十多年。

由于商旅艰险，一些徽商不断总结经商及行走江湖的经验，如休宁县渠口商人从手抄本《江湖绘图路程》中归纳总结出的《士商规略》《士商十要》等商业文书，供徽商子弟学习参考。"同船搭船之人，或人物衣冠整齐无甚行李，踪迹可疑之者，非拐子即掏摸吊剪之流。或自相赌戏以煽诱，或置毒饼果以迷人，或共伙党而前后登舟，或充正载而邀吾入伴者，不识其奸，财本遭掳。"（《江湖十二则》）俗话说，富贵险中求，徽商财富的积累也良非易事！

常熟徽州会馆

2012年8月初，我携妻女前往常熟看望在那里工作的外甥一家。外甥媳妇的表哥于为明是古里中学的校长，他听说我来自徽州，而且对徽文化颇感兴趣，就极力推荐我去参观徽州会馆，我欣然从之。

翌日，我们顶着烈日，驱车前往古里镇。徽州会馆与铁琴铜剑楼为邻，铁琴铜剑楼是清代四大私家藏书楼之一。藏书楼原名"恬裕斋"，创始人瞿绍基，建于清乾隆年间，建筑面积285平方米。瞿氏五代藏书楼主都淡泊名利，以藏书、读书为乐。我在浓浓的书香中沐浴之后，急不可耐地要去参观徽州会馆，一到大门，见两边水磨青砖，粉墙飞檐，我说，是徽州的味道，大有他乡遇故知的兴奋。

常熟位于长三角地区，江南鱼米之乡，这里河网纵横，水上交通十分发达，自然成为徽商的首选地之一。据记载，徽商自明代开始来常熟经营，继而生根开花、发展壮大，常熟的徽州会馆始建于清康熙年间，至今已有300多年历史。原址在常熟城南门外西庄街66号，占地10余亩，内有月河、石桥、假山等景观，曾称"南园"。光绪年间曾大修，民国后渐圮，1980年前后尚存房屋三进，第二进为正厅，面阔3间13米，进深加出檐13.1米，脊高8.5米。木构用斗拱及月梁，墙上并有福禄寿图案等砖雕，大门门楣上镌有"芳徽共仰"的门额。

由于城市发展的需要，2006年开始，常熟市投入800万元，将徽州会馆迁建于古里镇。徽州会馆按照原来的建筑结构和风貌，采用原有的建筑材料，历时两年时间始告竣工。总建筑面积达300多平方米，基本保持了原来的徽派建筑特色。

徽州会馆碑

进入会馆大门，是一个小庭院。庭院左侧靠墙立着一块石碑，为清嘉庆七年（1802）昭文县知县刘嘉谷所撰的徽州会馆建造"存仁堂"的给示碑。青石质地，高1.30米，宽0.55米，右上角有残缺，配有雕花底座。碑文如下：

苏州府昭文县正堂加五级纪录五次刘，善后宜周，奉批并叩事。据职监范焜耀、王斗昭、程羽为、吴振公、严灿南、胡汇川、周书达、程振安、夏敬南、周锦翰、徐溥抱、范元具呈前事。内称，焜等徽籍，寄治贸易，缘有旅中故殁，众议推惠桑梓，前明在虞山北麓建设梅园公所，置地厝棺，以安旅骨，延僧看守，迄今弗替。嗣因公所隘窄，间遇有病就医之人，难以留顿，复于乾隆六十年，在常邑境内附廓西庄，原设停棺栈屋之旁，卜建房屋，额曰存仁堂，以为徽人寄栖医病之所。仍延看守梅园之僧，继僧其徒性千带管住持。公议规条，捐资董办。惟虞私约无常，客居招侮。业经具禀常宪，蒙批准勒石示禁遵守等谕。伏念常昭两邑，今虽分治，古本独辖。现在徽人寄籍者，无论□□□□风而托足，岂焜等创举者，攸分彼此，不并禀而兼求。兹蒙常宪批饬前因，理合抄录词批，衔情并叩，伏乞电鉴舆情，恩赐并准勒石示禁遵守等情。据此，合并示禁，勒石遵守，为此示仰该地邻及住持看守人等知悉：今据范焜耀等在常邑西庄，原设停棺栈屋之旁，卜建房屋，以为徽人寄栖医病之所，共襄善举，惠及桑梓，循照议定章程遵守。如有地棍不法衅扰情事，许即扭禀本县，以凭严究，尔等均各凛遵毋违。特示！

嘉庆七年五月　　　日　　示

清雍正二年（1724），由于苏州府常熟县人口、赋税繁多，分出其东部设立昭文县，两县共用一个县城，即虞山镇。民国元年（1912）撤昭文县，并入常熟县。知县刘嘉谷所撰写的"存仁堂给示碑"为研究常熟徽州会馆提供了重要的资料。从碑文中知悉，明代，徽商就在虞山北麓建设梅园公所，作为安置客死常熟徽商的棺木存放处；乾隆六十年（1795），在常熟西庄购地建设"存仁堂"，由徽商捐资兴建，作为徽人来往寄宿以及治病的场所。

会馆布局

迁建的徽州会馆以尚存的房屋为基本格局，为一层砖木结构，大量采用斗拱，不事雕琢，简洁明朗，有明代徽派建筑的风格特征。共有三进，第一进为门厅，正门上边悬挂着张学群题写的匾额——"徽州会馆"；第二进为"存仁堂"，匾额落款为"瓶生，翁同龢"，第二进为正厅，为议事集会的场所，显得高大、敞亮；第三进为"新安堂"，匾额为汪应铨题写，本厅应为休息、疗养的场所，显得清净。两进之间分别各有一个小庭院。

新建的徽州会馆主要是展示馆，分邹鲁儒风、人文辉映、徽行天下、贾而好儒、传承弘扬五个部分，采用了大量的图片、实物和文字资料，展示了徽商的理学之源、宗祠之兴、科举之盛、教育之重、文房之富；再现了徽州与常熟的渊源及人文历史；反映了徽商吃苦耐劳的"徽骆驼"精神；弘扬了徽州发达的教育及璀璨的文化。

常熟徽商

徽州朝奉。徽籍典当业主汪宗、吴奇、程隆，据《康熙二十年禁止官役扰累典铺碑》所记，他们三人联合率常熟典当业徽商三十五人呈词官府，要求官府禁止扰累。由呈词人数可见常熟徽籍典当之盛，无怪当时"徽州朝奉"成了当铺的代名词。

张记典当。南浔人张葱玉，江南盐业巨商，在常熟经营典当十家之多。职工全部都是徽州人，规矩严格，一律穿灰色长褂，剃平顶头，不准进女眷，常年吃住在店堂，三年探亲一次，算作子息假（探亲假），时间三个月。

吴源泰号。歙县人吴伯堂，于光绪十四年（1888）创设吴源泰茶号于总马桥塄，有六店一栈分布于城乡，后在县南街开设"吴恒和"，为常熟茶号之首，总栈内常年库藏茶叶为千担以上，一年营业额值大米一万余石，可见资本之巨。该业有个规定，徽籍职工每年升月工资，由资方监督，必须汇至徽州老家作为安家费用。店内兼营甜酒药，利润归职工所有。

刘正大铜锡铺。徽州人刘仁夫，先是经营油漆，明嘉靖年间在常熟东街经营"刘正大铜锡铺"。周神庙铜香炉所镌捐助者中就有刘仁夫。子孙绵延，承继其业，直至中华人民共和国成立前夕，其行商三百余年的悠久历史几可与苏州府的孙春阳南货铺相媲美。

义顺恒腌腊北货行。徽州人归义庄，于清前期独资在小东门横街开设"义顺恒腌腊北货行"，批零兼营。在靖江设庄常年收购，就地加工，仓储常年不空，货船停泊之多，常使小东门陈家市河道阻塞。他还经营钱庄，在典当业也有相当的股金，实力雄厚。

胡琴舫新旅社。歙县人胡琴舫（1891—1968），于20世纪二三十年代先后在北市心、寺前街开设新旅社，有房九十余间，设十个堂口，大小礼堂，设备齐全，称雄业中，打破了清代以来常熟旅馆业因陋守旧的局面。而旅社及胡家产业主要由古里人马莲禅（1889—1959）经营，她还始创马永斋，所做肉松与贵州茅台酒同届参加万国博览会并获奖。胡琴舫本人则专事绘画，是著名画家。

常熟徽州名人

邵氏，自高祖嘉祚由徽州始迁常熟，至邵齐烈、邵齐焘（1718—1769）、邵齐熊（1724—1801）、邵齐然（1727—1779）、邵齐鳌五兄弟时，出了"兄弟三翰林"，世有"五凤齐飞佳名"，声名显赫。清光绪年间，邑人邵震亨辑刊邵氏五兄弟的诗文集——《邵氏联珠集》。

鲍廷博（1728—1814），字以文，号渌饮。其父鲍思诩，娶杭州顾氏为妻，遂移家杭州，后迁居桐乡青镇（今乌镇）杨树湾。鲍廷博与常熟藏书家王应申过从甚密，常互相借抄，互通有无。鲍氏刊刻的《知不足斋丛书》中，有数种就是从王家购去。

鲍廷博的族人鲍廷爵从歙县移居常熟，与其父鲍振芳均喜藏书。鲍廷爵为鲍廷博的藏书事迹所感染，仿知不足斋藏书之法，将自己的藏书室命名为"后知不足斋"，并刊刻《后知不足斋丛书》。

方春熙（乾嘉年间人），字麟伯，号耕梅。祖由休宁迁常熟梅李。春熙于乾隆丁丑年以常熟籍连捷成进士，授吏部主事。创建梅李书院，延名师主讲，培育人才，名重一方。

潘瓒（乾嘉年间人），字子安。父桂，字端芳，由徽籍迁常，舍腴田百亩作三峰祠斋田。父殁，瓒年逾七旬，率曾孙遵遗命呈县立案，将斋田永作寺产。邑令嘉奖，叹为三世孝义。辑《倪云林诗集》。

汪绎（1671—1706），字玉轮，号东山。世代为休宁西门汪氏家族，外祖父钱曾，有藏书楼"述古楼""也是园"。父锡爵，新都知县，始迁入常熟。汪绎于康熙三十九年（1700）高中状元，授翰林院修撰，因修《朱子全书》及校刊《全唐诗》而闻名于世。著有《秋影楼诗集》传世。

汪应铨（1685—1745），字杜林，号梅林，原籍休宁梅城人。祖九漪，字紫澜，晚年迁居常熟，列祀乡贤。汪应铨自幼聪慧，于康熙五十七年（1718）状元及第。授翰林院修撰并值南书房，后擢赞善。归里后，主讲于钟山书院。曾主编《湖广通志》《江南通志》，著有《闲绿斋文稿》和《容安斋诗集》。

张玉仲（明崇祯年间人），休宁人，本姓程，字君肃。少习武，善用枪，以打虎闻名。崇祯中，历官守备、游击将军，军中称神枪将军。辞官后，改名易姓，投老虞山，托青乌家（堪舆家）以自业。

胡复祖（明崇祯年间人），字源之，新安人。从其舅程孟阳到虞山后，购地种菊千本，多异种，为虞山增添秀色。灌畦之暇，饮酒咏诗，陶然自得，有《艺菊赠言》传世。子孙家虞，以淳厚谨慎著称。

以上这些不过是挂一漏万，凤毛麟角。其实落籍于常熟的徽州人还有很多，但由于资料的缺乏，未能一一尽述。还有许多客居常熟的徽州人士，如程嘉燧（1565—1643，明代书画家、诗人），曾在常熟逗留了十余年，著有《虞山兴福寺志》等。徽商及徽州人士对常熟的经济文化发展做出了积极的贡献。

徽州人敬宗睦族，重桑梓之情。徽州商帮为了维护自身的利益和安全，并求得商业上的发展，他们必须联合起来。所以，徽商纷纷在寄籍地建立会馆，一是互济互助，力行善举；二是祀神拜祖，联络乡谊；三是发展经济，开发产业；四是谋求同乡商人的共同利益。当徽商的利益与所在地的其他势力发生冲突时，总是由会馆出面交涉，最大限度地保护徽商群体利益。

　　常熟的徽州会馆不仅是在常熟徽州人士寄栖就医及集会之所，更是弘扬徽商精神、传播徽州文化的基地，它将徽州文化和徽商精神融入了江南水乡常熟。徽州会馆得以迁建保护，标志着徽州会馆这一历史文脉在常熟得以延续，徽州文化将在常熟继续传承并发扬。

"茶引"小解

　　清明过后，气温回升，茶树开始萌动，吐出了雀舌，徽州的山乡开始进入繁忙的茶季。车来商往，新茶的清香弥漫着、氤氲着，从茶山到茶厂，从农舍到市场，人人洋溢着兴奋的笑脸。

　　我国是世界上种茶、饮茶最早的国家。魏晋南北朝时期，我国南方已普遍种茶，饮茶习惯亦盛行大江南北。唐代，茶叶生产大规模发展，国家开始对茶叶征税，并逐渐建立起严密的茶法制度。茶，曾经作为重要的战略物资，由国家专营专控。这是因为我国西北部边地盛产战马，而西北少数民族特别喜欢内地的茶叶，茶叶与食盐一样，是日常生活的必需品，不可或缺。为国家安全计，国家需要数量多、质量好的战马，这就形成了以茶易马的贸易，如清世祖顺治初年，就规定上等马一匹易茶120斤，中等马一匹易茶90斤，下等马一匹易茶70斤。著名的"茶马古道"就是这一历史的见证。

　　商人要经销茶叶，必须缴纳税款，取得运销的凭证，这就是"茶引"的由来。"茶引"制度始建于宋崇宁元年（1102），商人向官府申请榷"引"，交纳税款后持"引"入茶乡购茶，运到指定地点销售，在经过关卡时，凭"茶引"供验照放行。这种"茶引"，具有现代的纳税凭证和专卖凭证的双重性质。宋朝的茶叶专卖制度已相当完备，凡违反"引"法规定的条款，都要受到没收茶货及笞、杖、徒、流的刑罚。伪造"茶引"和结伙持杖贸易私茶，遇官司擒捕反抗者处死；无"引"私茶，许人告捕，官司给赏；官吏违法徇私，亦依法治罪。这种茶叶专卖制度大大增加了国家的财政收入，又解决了战马来源，对维护两宋王朝政治、经济、军事利益都起到了重要作用，故元、明、清都沿用此种办法。

　　明朝由户部主管全国茶务，确定课额，并设巡察御史以惩办私茶；设茶课司、茶马司办理征课和买马；设批验所验"引"，检查真伪。其茶法分贡茶、官茶和商茶。贡茶由地方官采办进贡内廷，如徽州产的芽茶、紫霞茶、北源茶等都曾作为贡品上贡；官茶行于陕西汉中和四川地区，主要是以茶易马，保证军需；商茶行于江南，允许商人买"引"贩卖。清沿明制，商茶"茶引"由户部分配到产茶的府、县，然后由茶商到府、县缴税领取，如清嘉庆年间（1796—1820），徽州府总共认销茶引56 330道。

茶商要行销茶叶，必须要取得"茶引"。笔者有幸见到一份清同治八年（1869）六月永盛怡记茶行的"请引单"。内容如下：

> 瑞字天都宝珠三件，计一百四十二斤半；草字天都眉熙三件，计一百零半斤；芬字天都芝珠三件，计一百一十五斤半；芳字天都圆珠三件，计一百零五斤；兼字天都蛾眉三件，计一百三十六斤半；毓字天都熙春三件，计一百零九斤半；秀字眼生蛾眉三件，计一百十九斤四两；祥字眼生圆珠三件，计一百一十七斤；光字眼生熙珠三件，计一百零五斤；彩字眼生熙春三件，计一百零九斤半；色字眼生芽雨三件，计一百二十八斤四两；奇字眼生熙雨三件，计一百二十斤；珍字眼生松萝三件，计一百一十四斤。共箱茶三十九件，计一千五百二十二斤半。又样箱一件，计三十七斤半。共计一千五百六十斤，请引十三道。

"请引单"中将销售茶叶的编号、品类、数量、重量等一一载明。"茶引"上一般也载明引目、茶叶数量、税额、茶商姓名、颁发日期等信息。清末歙县茶商江耀华先生（1848—1926，名明恒，以字行，芳坑人）在《茶庄竹枝词》中也有生动的描绘："各邑厘金各邑完，似防盗贼有巡栏。局中不问江西宝，发脚先愁请引难。结队成群讨引来，粉红黛绿逞人才。声声来把先生叫，缠得先生解不开。"说明"茶引"在茶叶贸易中的重要性。

明清时期，每"引"茶为一百斤。不足一"引"者，谓之畸零，另发茶由，许行茶六十斤。官府按行茶的远近，定以路程和时限，经过批验所时，依例批验，将"引"截角，如无夹带，方许放行。茶与"引"必须相随，有茶无"引"，按私茶治罪。茶农将茶叶卖给无"引"的商人，倍追原价没官。商人将茶运至卖茶地，还需向税课司按三十取一缴纳销售税。卖茶完毕，即将原给"茶引"向所在州、县官府缴还，封送原批验所、汇解户部查销。若过期不缴引者，批验茶引所于每季查出茶商的姓名、籍贯、住址，"茶引"数目，转所在地巡按监察御史按察司追缴，因此民间见到的"茶引"较少。

茶商申领"茶引"时，一般缴纳百分之十的引税。但实际上，茶商要顺利地拿到"茶引"，还要缴纳其他各种名目的杂费。江耀华先生在他的笔记中就有这样的记载：

> 庚戌（1910）屯（屯溪）请引小费。
>
> 公济局，每箱洋六厘；杭学堂，每箱洋六厘；惟善堂，每箱洋六厘；警察局，每箱洋六厘；公所费，每引三分；公费，每引五分；茶董学堂，每引二分；保婴局，每引二钱；共合每箱洋二钱，每引洋五钱。皖南加抽每斤一文。

太平天国起义爆发后，东南各省增加茶厘、茶捐以充军饷，发给引厘、厘票、捐票作为贩运凭证。清朝晚期，废引、厘、捐三票，改用税票以简化手续。清末，茶票渐代"茶引"。各省商贩凡纳税者都可领票运销。民国时期继续实行票法，其后又废除引票制，改征营业税，施行了800多年"茶引"制度退出了历史的舞台。

"说帖"里的徽州学徒

近日，笔者收藏了一份珍贵的"说帖"，它从一个侧面反映了徽商及当时的社会现状，具有一定的历史价值。具体内容如下：

郭燮炜　金华城府城隍庙内

店东虐待伙友，因病抛弃，恳请准予设法医治，并转函县饬警查究，以重人道事：窃民向在郡庙住持，于本年阴历七月二十八日午刻，有被椛一具，内有病人抬至庙中，扶病者出，而被椛即抬去。民因为该病人系诣庙忏悔让灾，亦不过问。及至闭门，而病人不去，亦不见有被椛来抬。及问其缘由，乃知该病人系姓范名天赐，享年二十一岁，向在金华东乡曹宅庄生意。今年五月间，在莲塘潘庄张顺和泰号为伙友，自进店后，该店东即要其向邻近市镇肩挑各货，归店贩卖，感冒暑湿，病不能支。该店东张在易即行谩骂，不为医治，并着人将范抬将来城寻堂母舅江润卿。因江润卿向在金华城公大号内帮伙。适江润卿不在店，公大号以该店东如此行为，颇非议之，即劝导原人将范天赐抬转张顺和泰号医治。讵知该抬范天赐之人，当面允许，即将范天赐抬至庙中抛弃，于后将空被椛带归莲塘潘。民当即鸣报村警，并即往公大号询问，二十八日午刻有无病人抬来情景。公大店友复称确有病人抬来，当即劝令原人抬归莲塘潘医治。该病人亦即坐被椛去等语。民询知确实，除请施局医治外，为此据情声明，仰祈察鉴，俯赐施恩，准予设法医治。并请函县饬警查究，以重人道，实为公便，谨具说帖。

中华民国九年九月×日　具说帖人郭燮炜

"说帖"是清代及民国时期，民间一种说理的"状纸"。清末刘鹗的《老残游记》第三回中有："至于其中曲折，亦非倾盖之间所能尽的，容慢慢的做个说帖呈览。"笔者收藏的"说帖"为浙江金华城隍庙住持郭燮炜所写，反映奸商不顾人道，抛弃伙计的行为，虽然本文语气比较平和，但充满了愤懑之情。

　　本资料来自歙县桂林镇江村七间楼江松福宅，据了解，江松福父亲江润卿曾在浙江金华做过学徒，后开设店铺，文中的范天赐为其堂外甥，按照徽州人"拖带鱼"式的习惯，范天赐也应为徽州人，成年后，前往金华学生意。但学徒生活充满了艰辛，有一首流传于徽州的民谣——《写封信啊到徽州》，有比较生动地描绘：

　　　　青竹叶，青纠纠，写封信啊上徽州。叫爷不要急，叫娘不要愁，儿在苏州做伙头。一日三顿锅巴饭，一餐两个咸鱼头。儿的那双手像乌鸡爪，儿的那双脚像炭柴头。天啊地啊老子娘啊，儿在外面吃苦头。

　　　　青竹叶，青纠纠，写封信啊上徽州。叫爷不要急，叫娘不要愁，儿在苏州做伙头。儿今在外学生意，心中记住爹娘的话："茴香豆腐干，不能自己端；吃得苦中苦，方为人上人。"学好了生意，我再上徽州。天啊地啊老子娘啊，没有出息我就不回头。

　　过去，徽州男儿到了十三四岁，"就往外一丢"，即在亲戚或乡人带领下，前往苏杭等地学生意。学徒期一般为三年，学徒期间，老板只管饭，不发工资。有些开明的老板会给一点零用钱，买些旧衣或做一、二套新衣服。学徒除了学生意外，抹桌扫地、挑水劈柴、烧锅做饭，什么事都得抢着干。只有手脚麻利、勤快，老板中意，才肯教生意，否则，三年学徒下来，只会干一些粗笨活，不能独自站柜台，就会被老板炒鱿鱼了。

　　本文中的张顺和泰号老板张在易是应该受到谴责和惩处的。七月二十八日，正是三伏天气，伙计范天赐因劳累中了暑，病得躺下来了，他不仅不给医治，反而叫人将他抬给他的亲戚，亲戚没寻到，就将他抛弃在城隍庙内，至他人生死于不顾，丧失了基本的人道精神，为社会所谴责。

从这份"说帖",可以了解到徽商成长的艰辛。在徽商成功的背后,是一座座寄身异乡的坟头,许多人因为意外或生病而命殒他乡,徽人在各地建立的义冢、义庄就是一个明证。"吾徽人笃于乡谊,又重经商,商人足迹所至,会馆义庄,遍各行省。"(《歙事闲谭》卷11《北京歙县义庄》)时在北京永定门外五里许的石榴庄"丛冢殆六七千,累累相次"(《歙事闲谭》卷11《北京歙县义庄》)。

同样有一首民谣这样唱道:"火焰虫,低低飞,写封信,到徽州。一劝爷娘别挂念,二劝哥嫂不要愁。一日三碗锅焦饭,一餐两个腌菜头。面孔烟抹黑,两手乌溜溜。……今朝吃得苦中苦,好的日子在后头。"尽管远离家乡、远离父母亲人,生活清苦,但由于怀抱着能过上"好日子"的理想,他们才能以苦为乐。许多徽商都是这样,如鲍志道、胡雪岩等都是从学徒做起,白手起家,创造了商界的辉煌。前人成功的经验,激励着一代代后来者忍辱负重,前赴后继。

第四辑 商业风云录

161

"鱼鳞册"里乾坤大

　　黄山市歙县档案馆收藏了200余张明代万历九年（1581）丈量的鱼鳞清册，每张规格为57×33.7厘米，半框24.8×29厘米，白棉纸，雕版、蓝色印刷，格式统一，内容为毛笔填写。中缝黑口，中间印有"万历九年丈量鱼鳞清册"字样。

　　鱼鳞清册是我国古代为征收赋役和保护土地所有权而编制的土地登记簿册。册中将田地、山塘依次排列、坵段连缀地绘制在一起，标明所有人、四至等，因其形似鱼鳞而被称为"鱼鳞图册"，亦称"鱼鳞册""鱼鳞图""鱼鳞图籍""鱼鳞簿"等。鱼鳞册有总册和分册之分，歙县档案馆所藏的"万历九年丈量鱼鳞清册"为分册，每张登载八个地块，每块的主要信息有编号、土名、见业（所在地及所有人）、四至并绘制有地块的图形等。如其中的"木"字四百四十九号，土名：十亩段；田：六分七厘六毫；见业：二十一都五图十甲，张德福、张芳；四至为东至本家田，西至自田，南至张汉屋，北至自田；绘有较规整的长方形图。鱼鳞清册的编号一般采用千字文，"木"字就来自"化被草木，赖及万方"一句。明代，二十一都隶属于衮绣乡（今歙西棠樾、郑村一带），为南宋宝祐四年（1256）程元凤拜相，改平辽乡为衮绣乡。二十一都五图含十个村：山泉村、叶村、塘冲、塘模（唐模）、坤稍（坤沙）、唐美村、西村、仇家塘、甸子上、坦头。

　　鱼鳞图册最早出现在宋朝农业经济较为发达的两浙、福建等地。元末朱元璋入徽，招徕贤士，采纳了名士朱升所献的计策"高筑墙、广积粮、缓称王"，一定天下。明洪武十四年（1381），朱元璋发现因土地隐匿给国家税收造成了很大的损失，即着手土地清丈、核定天下田赋，其数额列入《黄册》，即户口册，详细登记各地居民的丁口和产业情况，每年审查一次。洪武二十年（1387），在丈量土地的基础上编制鱼鳞图册，分鱼鳞分图及鱼鳞总图。鱼鳞分图以田块为单元编制，每张分图上绘有田块形状草图，载有坐落、面积、四至、地形等，以及所在都、图。另外图上还设"分庄"一栏，用于土地买卖分割及父子兄弟分家时填写。鱼鳞总图由各分图田块组成，田块内注有田块编号、面积及水陆山川、桥梁道路情况，总图上各田块栉比排列，形如鱼鳞，故称鱼鳞图册。各图的鱼鳞图册经过汇总，形成以乡为单位的总图，再合各乡之图，而成一县之图。县图汇总之后，逐级上报到户部，户部则以各地汇总上报之图，管理全国土地征收田赋。到洪武二十六年（1393），全国共核查出土地8 507 623顷，加上垦荒，全国的粮食产量比元代增长了两倍。

明代中叶，由于土地兼并、赋税苛重，农民纷纷逃亡，社会矛盾加剧，图册已紊乱失实。万历六年（1578），内阁首辅张居正为扭转明王朝经济危机，决心改革赋役，在全国推行了"一条鞭法"。改革以丈田均赋开始，这是继洪武清丈之后的第二次全国土地清丈。凡庄田、民田、职田、荡地、牧地全部清丈。万历八年（1580）内阁对清丈工作提出八项要求，清丈工作由布政使司及府、州、县负责，严查隐占的土地和漏税的田产，追缴欠税，各县清账事宜由知县主持。经过三年的努力，完成了土地的重新丈量和登记造册，全国土地恢复到7 013 976顷，比弘治年增加近300万顷，并于万历九年（1581）编制成新的鱼鳞图册。此后，清代顺治、康熙年间以及民国时期，都曾进行了全国范围内的土地丈量。

明代鱼鳞图册，就其所登记的项目而言，已是相当完备的土地登记册。它的编制，使税赋的征收具备了实在的依据，使政府税收有了保证，也一定程度上防止了产去税存或有产无税的弊端。通过丈量与登记，全国耕地及税额也相应增长，据洪武十四年（1381）统计，全国土地面积是3 667 700多顷，到洪武二十四年（1391），增至3 874 700多顷；赋税收入仅米麦一项，也由洪武十四年的2610万余石，增至二十四年的3 227万余石。鱼鳞图册的编制，对于巩固中央集权国家的经济基础，发挥了较大的作用。

田赋，即农业税，它起源于春秋时期鲁国的"初税亩"，到汉初形成制度。农业税是农耕社会国家最主要的税收来源，是国家财政收入的主体，一直作为"皇粮国税"，牵动着王朝的兴衰。近代，随着工商业的发展，农业在国民经济中的比重不断下降，我国从2006年1月1日起废止《中华人民共和国农业税条例》，标志着在我国沿袭两千多年的这项传统税收的终结。2006年2月22日国家邮政局发行了一张面值80分的纪念邮票，名字叫作《全面取消农业税》，以庆祝农业税的废除。

　　土地是农民的根本，在徽州的家庭及家族中，一向重视对鱼鳞清册、归户清册、买卖契约、收税票等有关土地、赋税方面文书的收集与保存，这也使得我们能够看见数百年前的土地文书，这些珍贵的文书，为研究古代土地、赋税制度提供了实证。

徽州田赋与"庚子赔款"

　　2013年1月，在友人"天开艺斋"主人吴立春先生处见到一张清光绪二十八年（1902）的税票——"上忙""下忙"执照。规格15.5×21厘米，其基本书写格式为从右往左，从上往下。文字内容为"光绪二十八年上忙执照：江南徽州府歙县为征收钱粮、南米事，今据十二都一图甲花户叶步衢完纳光绪二十八年地漕银八分整，南米完二合四勺。完乞。亲身投柜，交纳收乞，合给执照，须至执照者。光绪年　月　日给。第113号。""下忙"的格式、内容与"上忙"基本相同，两张连体。

　　清代从雍正十三年（1735）起，统一地丁钱粮征收时间，即将农业税征收每年分两期征缴，上期在农历二月开征，五月结束，名"上忙"；下期在每年农历八月起接征，至十一月截止，名"下忙"。"上、下忙执照"实际上就是农户缴纳田赋获得的完税凭证。与普通税票不同的是，在该"上、下忙执照"的右下端，加盖了一枚长形的红色戳记，其内容是："现奉宪饬，自光绪二十八年为始，每征地丁正银一两，查照向章征数，另加捐赔款足大钱三百文，解济廷输。"这是"庚子赔款"在徽州田赋中加征的一个明证。

　　1900年（庚子年），义和团运动在中国北方部分地区达到高潮，清王朝与国际列强开战，八国联军占领了北京紫禁城。1901年（辛丑年）9月，中国和11个国家达成了屈辱的《辛丑条约》。条约规定，中国拿出4.5亿两海关银赔偿各国，赔款的期限为1902年至1940年，年息4厘，本息合计约为9.8亿两，是为"庚子赔款"。后来由于国内国际形势的变化，经过延付、停付及退还，实际赔款约占总数的58%。据统计，至1939年1月15日国民政府财政部发出通告，宣称停止支付庚子赔款为止，1902至1938年这37年间，庚子赔款实付数总计为6.64亿两海关银，扣除美、英等国退款等，中国实际支付的赔款数额共5.76亿多两海关银。当时中国的人口总数在4.5亿左右，每个中国人因庚子赔款而被摊派一两多海关银。

清政府为支付巨额的赔款，由户部把赔款额摊派到各省。各省又以"房间捐输""按粮捐输"、地丁收钱提盈余、盐斤加价以及增抽厘捐等办法，将沉重的负担转嫁给农民和工商业者。于是苛捐杂税迅速增加，各级地方官吏又乘机中饱私囊。1904年，清廷曾公开承认："近年以来，民力已极凋敝，加以各省摊派赔款，益复不支，剜肉补疮，生计日蹙。"（《光绪朝东华录》）1909年，御史胡思敬奏称："业之至秽至贱者灰粪有捐，物之至纤至微者柴炭酱醋有捐，下至一鸡一鸭一鱼一虾，凡肩挑背负、日用寻常饮食之物，莫不有捐。"（胡思敬《退庐疏稿》卷1）残酷的剥削，沉重的赋税，使农民挣扎在死亡线上，工商业凋敝，加快了封建王朝的灭亡。

巨额的赔款严重折耗了中国的国力，觊觎中国已久的日本，则在1931年开始大举进犯积弱积贫的中国。历史的事实证明，落后就要挨打。一张小小的徽州税票再一次给我们以警醒，强国富民是中华民族的必由选择。

第五辑 艺苑谱春秋

漫谈徽商的文化消费

徽商在取得大量的财富以后，怎样使用和支配手中的财富，则体现了其自身的素养。在大量的文献及明清的笔记、小说中有许多关于徽商奢侈性消费的描述。如汪道昆在《太函集》中就这样形象地描写道："新安多大贾，其居盐策者最豪，入则击钟，出则连骑，暇则招客高会，侍越女，拥吴姬，四坐尽欢，夜以继日，世所谓芬华盛丽，非不足也。"民国《歙县志》则作了概括性的叙述："（盐商）其上焉者，在扬则盛馆舍，招宾客，修饰文采；在歙则扩祠宇，置义田，敬宗睦族，收恤贫乏。下焉者，则但侈服御居处声色玩好之奉，穷奢极靡，以相矜炫已耳。"

徽商毕竟是儒商，他们中有许多人将经营所得投向了文化消费。他们喜欢与文人雅士相交往，不惜重金，用于大量收购名人字画、金石古玩，刊刻出版，蓄养家班等，出现了许多收藏家和鉴赏家。富商家中常常宾客盈门，或研究学术，或吟诗作画，或赋曲弹唱。还有许多商人本身就是诗人、画家、金石篆刻家、书法家、戏曲家，如程水南，工书，能作方丈字，他"广结名流，筑观复斋，四方英彦毕至，投缟赠纻无虚日"。徽州收藏之富，远胜于经济发达的苏浙地区。歙县同治年间的进士黄崇惺在他的《草心楼读画集》中有生动的描写："幼时游里中诸收藏家，亲见其论画必宋元人，乃辨别真假工拙，明及国初，不甚措意；若乾隆以来，鲜有齿者。大乱（指太平天国）以后，金冬心、郑板桥之俦，一联一幅，皆值数万钱，承平时，中人之家，黏柱障壁，比比皆是，亦无人估值也。"连徽州寻常人家，家中的中堂上都悬挂着名人字画，可见徽州当时文化之盛。

徽商作为儒商，比较喜欢收藏名人字画。关于徽商收藏古董字画的记载不胜枚举，如明成化嘉靖年间的歙县潭渡人黄长寿，商于齐鲁间，"性喜蓄书，每令诸子讲习加订正，尤嗜考古迹，藏墨妙"。歙人吴杜村，先世在扬州以盐策为业，家道殷富。先生精于赏鉴，所藏法书名画甚多，其家藏有颜鲁公《竹山聊句》，怀素小草《千文》，王维《辋川图》，贯休《十八应真像》，皆世间稀有之宝。歙县潭渡人黄崇惺的先世皆巨商、硕儒，黄氏承德堂藏书楼的古籍书画颇为可观，如藏有宋人张择端《清明上河图》、李成《山水》、苏东坡《墨竹》、元人黄子久《富春山水》、明人沈周、文徵明、仇英、董其昌、陈洪绶、黄柱等人的精品墨迹及浙江的《山水长卷》等。其弟黄崇健、黄崇玖，均善山水。为了达到长期保存，以利观摩的目的，部分藏家还将书法作品延请名手勾勒上石，比较著名的有现藏于歙县博物馆的明代收藏家吴廷（歙县西溪南人）刻于明万历年间的《余清斋法帖》和吴桢（歙县莘墟人）于明代崇祯二年（1629）刻的《清鉴堂法帖》，藏于扬州博物馆的鲍漱芳（歙县棠樾人）及其子于清嘉、道年间汇刻的《安素轩法帖》。此外还有桃花书屋刻石、唐模镜亭书法刻石等。

徽商于金石古玩同样肯下重金。如在广东经营的清代婺源茶商朱文炽除了乐善好施外，"生平雅爱彝鼎及金石文字，积盈箱箧"（光绪《婺源县志》）。明代歙商吴伯举，贾于扬州，"博古重购商周彝鼎及晋唐以下图书，即有奇，千金勿恤"（《太函集》卷15）。歙县冯塘人程霖生，继承其父业，在上海经营房地产业获得巨额财富，被誉为"中国哈同"。他嗜好收藏青铜器、古书画，藏古青铜器150余种，印有《新安程氏收藏古金铜器影印册》，并重金收藏石涛、雪庄、八大山人等名家作品，辑有《石涛题画录》5卷。歙县岩寺人鲍康，出生于一个徽商家庭，家境富有，十一二岁即收集古钱币，先后旅居北京、四川、陕西等地，鲍康收藏珍稀古币甚富，鉴识渊博，被同道尊为"泉师"。1852年拓古币5000枚，与泉友李竹朋合撰《古泉汇》一书。1872年，精选古币1700余枚，撰《观古阁泉说》，并选拓为《泉选》若干卷。其著述还有《观古阁丛刊》3卷，《泉说》1卷，《续泉说》1卷，《大泉图录》1卷，《古泉丛书》和《古泉考略》若干卷等，对古钱币研究做出了巨大的贡献。

藏书和刊刻出版也是徽商的一大特色。祁门的马曰琯，与其弟马曰璐，侨居扬州，经营盐业，为当地徽商巨富之一，人称"扬州二马"。马氏兄弟建有小玲珑山馆，内收藏丰富的书籍字画，甲于海内。曰琯兄弟好古博雅，考校文艺，酷嗜典籍，家设刻印工场，以千金刻朱彝尊《经义考》，校刊《许氏说文》《玉篇》《广韵》《字鉴》等书，时称"马版书"。黄晟，字东曙，号晓峰，歙县潭渡人，居扬州，兄弟四人以盐策起家，家有易园，刻《太平广记》诸书。歙县长塘人鲍廷博、鲍士恭父子，为清代的藏书家，在杭州建藏书楼，名"知不足斋"，刊刻出版《知不足斋丛书》三十集。徽商汪启淑，歙县绵潭人，寓居杭州，建有"开万楼"，藏书甚富，在故里绵潭建"御书楼"，汪启淑还是一位杰出的藏印家，尤酷嗜印章，搜罗自周、秦迄元、明印至数万钮，刊行有《时贤印谱》《退斋印类》《飞鸿堂印谱》等数种。

徽州民间戏剧十分的繁荣，至今散落在徽州各地的古戏台，就是一个明证。豪富之家，凡家有婚庆、寿宴，皆要延请戏班子唱戏以助兴，有时甚至请几个戏班子同时开演，这就是民间所说的唱"对台戏"。在各种民间集会上，则更为热闹。清赵吉士在《寄园寄所寄》中写道："先曾祖日记，万历二十七年（1599）休宁迎春，共台戏一百零九座。台戏用童子扮故事，饰以金珠缯彩，竞斗靡丽美观也。"而以"隆阜戴姓更甚，戏场奇巧壮丽，人马斗舞亦然。每年聚工制造，自正月迄十月方成，亦靡俗之流遗也"。清李斗的《扬州画舫录》中有许多关于徽剧的记载，"两淮盐务例蓄花、雅两部，以备大戏"。三庆班、四喜班、和春班、春台班，四大徽班进京，堪称徽剧的绝唱。就连徽商汪石公的妻子也"家蓄优伶，尝演剧自遣"，徽商江春则蓄养了春台、德音两个戏班，足见观赏戏剧是徽商消遣的方式之一。

其他如徽商之后黄宾虹、许承尧等都致力于收藏古今名人字画、典籍、印章等。徽商的文化消费行为一方面提升了自身的素养，改善了徽商的群体形象，另一方面促进了文化的繁荣与交流，如新安画派的渐江、黄宾虹都从徽州的收藏家手里得以一览宋元以来的名人手迹，受益匪浅。扬州八怪的郑板桥、高翔等人都曾得到徽商的鼎力支持。董其昌、陈继儒、唐寅、文徵明等人接受徽州名士的邀请，前来徽州游览、作画。徽商好读书喜交友，雅好琴棋书画，追求高品位生活，仍是我们今天追求的一种生活境界。

品读徽州

苏浙与徽州的一次文艺盛会

历史上，徽州与苏浙之地联系十分紧密，徽州人沿新安江源源而下，去苏浙之地图谋发展，苏浙之文人雅士溯江而上，来徽州访山问古。清代的张潮（1650—1709，字山来，号心斋，歙县柔岭下人，著名的文学家、刻书家）在《洪愫庵玉图歉问序》一文有这样的记述："王弇州先生来游黄山时，三吴两浙诸宾客，从游者百余人，大都各擅一技，世鲜有能敌之者，欲以傲于吾歙。邑中汪南溟先生闻其至，以黄山主人自任，僦名园数处，俾吴来者，各散处其中，每一客必一二主人为馆伴。主悉邑人，不外求而足。大约各称其技，以书家敌书家，以画家敌画家，以至琴弈篆刻，堪舆星相，投壶蹴鞠，剑槊歌吹之属，无一不备。与之谈，则酬酢纷纭，如黄河之水，注而不竭。与之角技，宾时或屈于主。弇州先生大称赏而去。"

"三吴两浙"，三吴即今苏州、镇江、湖州一带，两浙即今浙江。此次苏浙旅行团的团长为王世贞（1526—1590，字元美，号凤洲，又号弇州山人，江苏太仓人），王世贞是明代的文坛盟主、史学巨匠，出身于以衣冠诗书著称的太仓王氏家族。王世贞与李攀龙、谢榛、宗臣、梁有誉、吴国伦、徐中行等相唱和，史称"后七子"。王世贞是吴门地区杰出的书画鉴藏家，他与众多的文人书画家都有很深的交游。清代著名学者陈田称赞他说："弇州负沉博一世之才，下笔千言，波谲云诡，而又尚论古人，博综掌故，下逮书画、词曲、博弈之属，无所不通；硕望大年，主持海内风雅之柄者四十余年，吁云盛矣！"这样一个具有深厚文艺造诣的领袖人物振臂一呼，从者无不如云。此次旅行团人数达到一百余人，可能是史书记载苏浙与徽州文化交流规模较大的一次文艺盛会。

而徽州接待方的总负责人是汪道昆（1525—1593，字伯玉，号南溟、太函。歙县西溪南松明山人，明代文学家），汪道昆文武兼通，工诗文，是新安文坛的领袖。著有《太函集》120卷，其中收散文106卷，诗14卷。他精通音律，在戏曲创作方面有较高水准，所制杂剧清新俊逸、诙谐多姿，影响很大，传世者的有五种：《高唐梦》《五湖游》《远山戏》《洛水悲》《唐明皇七夕长生殿》。另著有《北虏纪略》1卷、《数钱叶谱》1卷等。汪道昆兴趣广泛，广交良友，这样的人物堪与王世贞媲美，时以"汪王"并称。且汪道昆与王世贞私交较深，所以，有朋自远方来，能不尽地主之谊吗？

西溪南为富庶之地，多富商大贾，明代建有多处私家园林，如吴天行的果园，还有曲水园、野径园等，时有"十大名园"之称，附近的潜口村还有汪右湘的水香园等。这些名园皆经名人设计，其中假山花荫，曲水亭榭，尽得雅趣。汪道昆租赁名园，将一百余人安置其中，也绝不是一件容易的事情。尽管文中并没有明确记载具体的园林名字，但据笔者推测，应是以西溪南和附近的村落为主。吃住没有问题，那就是陪客了。王世贞率领的团队绝非等闲之辈，个个身怀高技，且称雄于苏浙之地，鲜有敌手。

王世贞此番徽州之行，想必还有炫耀的意味。汪道昆还真不含糊，每一位客人都安排一至二名徽州本地人作陪，而且以书法家陪书法家，画家陪画家，此外金石篆刻、器乐弹奏、棋盘对弈、射壶踢球、武术表演、戏曲表演以及天文地理等各类专门人才，都一一对应。在推杯换盏之间，唇来舌往，谈古论今，犹如滔滔的江水，不绝于耳。真是酒逢知己千杯少，醉卧花荫又何妨！双方开展技艺角逐，均互有胜负。明清时期三吴两浙文化十分繁荣，名人辈出。这样一个超百人的文化旅游团队在徽州算是遇上了对手，这可能是王世贞始料不及的，好在王世贞并不是那种心胸狭窄的小人，"大称赏而去"。客人高兴，主人当然更高兴了。

明代中叶以后，徽州文化十分繁荣，是中国东南文化的中心之一，明弘治《徽州府志》称徽州为"东南邹鲁"，其时百艺兴盛，名家辈出。如新安画派，明代的丁瓒、程嘉燧、李永昌等画家，崇尚"米倪"之风，枯笔皴擦、简淡深厚，为新安画派的先驱。继之而起者有明末清初的渐江、查士标、孙逸、汪之瑞的"新安四家"（也称"海阳四家"），他们师法自然，大胆创新，给明末清初画坛带来新的生气。明代中后期兴起的徽派篆刻，出现了以何震、苏宣、朱简、汪关为代表的篆刻名家，讲究用笔运刀，刀随意动，章法整齐活泼。明代中叶兴起的徽派版画，以白描手法造型，富丽精工。明代徽籍著名画家丁云鹏、吴羽、郑重、汪耕、雪庄等，都曾为版刻绘画。明代，歙县虬村黄姓、仇姓刻工人才辈出，从明正统至清道光间，黄姓刻工达400余人，黄铤、黄钫、黄鳞等名刻工，刻画的图书达240余部。徽州艺人在吸收弋阳腔和西秦腔的基础上，经过衍变形成了一个唱、念、做、打并重的新剧种——徽剧，此后大大小小的徽剧戏班子活跃于徽州的城镇乡村。其他的文艺活动在庙会、灯会等集会中各呈风采。雄厚的财力，浓郁的文化气息，造就了大批的文艺人才。正是在这种背景下，汪道昆才得以从容应付。

王世贞在游览黄山之后，一定还游览了徽州其他的景点，可惜史料没有记载。但王世贞作有一首《登太白楼》诗，可作明证。诗文如下："昔闻李供奉，长啸独登楼。此地一垂顾，高名百代留。白云海色曙，明月天门秋。欲觅重来者，潺湲济水流。"

李白歙州访宣平

许宣平，歙州人氏，唐睿宗景云元年（710）间，隐居于歙城南门外的城阳山南坞（今紫阳山）。许宣平有时担着薪柴到歙城去卖，担上挂着一个酒葫芦和一根竹杖。卖掉薪柴得了钱就买酒喝，自得其乐，笑对人生。他常济人于危难之时，救人于病痛之中，因此民间都很敬重他。许宣平虽才华横溢，然不愿入仕，只以饮酒赋诗以自娱。

如：

负薪朝出卖，沽酒日西归。借问家何处，穿云入翠微。

又如：

隐居三十载，筑室南山巅。静夜玩明月，闲朝饮碧泉。
樵人歌垄上，谷鸟戏岩前。乐矣不知老，都忘甲子年。

他的诗得到了当时人的追捧，被人们四处传抄，有好事者将它题在了洛阳同华传舍的墙壁上。

天宝年间，诗仙李白不侍权贵，从长安东游，经过洛阳的同华传舍时，失落的李白读到了隐士许宣平的田园诗，为诗中描绘的洒脱、野逸的情怀所吸引，李白咏之，赞叹不已，叹道："这真是仙人作的诗啊！"于是萌生了拜访作者的强烈愿望，希望能与这位隐士畅抒胸臆，吟诗互答，一醉方休。李白经过打听，得知作诗的人是歙州人士许宣平，遂在游历江南时，来歙州寻访许宣平。

李白一路风尘，一路诗行，兴致勃勃地从宣州到了歙州。询得许宣平的住处后，便来到城南门外的练江边，等候渡船，远远见一老艄公撑一小舟而来，李白上前作揖，问道："可知许公家住何处？"老翁手捋长须，答道："门前一杆竹，便是许公家！"说罢，飘然而去。

李白登上城阳山，寻至许宣平的庵舍，却不见许宣平，方才想起刚才老翁的话，知道已与许宣平擦肩而过。李白怅然若失，在许宣平的庵壁上题诗一首：

> 我吟传舍咏，来访真人居。烟岭迷高迹，云林隔太虚。
> 窥庭但萧瑟，倚仗空踟蹰。应化辽天鹤，归当千岁余。

许宣平回来后，看到诗仙李白的诗句，又在庵壁上题道：

> 池边荷叶衣无尽，庭下松花拾有余。
> 刚被世人知居处，更移茅屋入深居。

李白与许宣平终未能一见，"不见同怀人，对之空叹息"。李白非常沮丧地登上披云峰上的酒楼，但美酒入喉后，面对新安大好山水，又诗兴大发，一连吟出了数首优美的诗篇，"槛外一条溪，几回流碎月"，"人行明镜中，鸟度屏风里"等传为千古名句，留下了太白楼、碎月滩、望仙桥、太白问津处等景点，供今人凭吊、流连。

徽州楹联

北宋著名文学家王安石有一首脍炙人口的《元日》诗："爆竹声中一岁除，春风送暖入屠苏。千门万户瞳瞳日，总把新桃换旧符"。诗中的"桃符"，就是我们今天的春联，也称楹联，因为当时的楹联是写在一种一寸宽、七八寸长的桃木板上，故称"桃符"。由于楹联对仗工整，平仄协调，朗朗上口，长短皆宜，雅俗共赏，因此楹联这一文学形式得到了迅速的发展，被广泛应用于婚丧喜庆、名胜古迹、文人聚会、科举考试等各种场合之中，也深受百姓的欢迎和喜爱。在徽州的各种建筑及城镇乡村中，随处可以欣赏到独具徽州特色的楹联，或会心颔首，或引人遐思。

徽州人聚族而居，祠堂就是他们的精神家园，在祠堂的大门、正堂、庭柱上就有许多的楹联。如"十干衍派源流远，七哲名家气象新"（敬爱堂门联），"钟德槐宜茂，锄经桂自芳"（锄经堂堂联），"为道不远人，是子是臣是弟是友，须要各全其道；治生为本分，或农或读或工或商，总崭无忝所生"（存仁堂庭柱联）。徽州重视教育，歙县雄村竹山书院的正厅中悬挂着一幅蓝底金字的对联："竹解心虚，学然后知不足；山由篑进，为则必要其成"，联句为曹文埴撰写。山光水色，景色宜人的小南海星岩寺亦曾有一联："山灵钟瑞气，溪色映祥光"。徽班进京，唱出了徽剧的精彩，"看世事今来古往纷纷善恶尽向梨园搬出，际此时耕罢耘兴劳劳亚旅咸祈百亩收成"，这是戏班演出时张悬在台柱上的楹联。徽州的园林祠庙、茶馆路亭、百姓人家，都有数量众多的楹联，或喻理明志，或状物抒情，内容丰富，形制多样。"快乐每从辛苦得，便宜多自吃亏来"，悬挂在西递村瑞玉庭堂前的这副对联，"辛"字多加了一横，"亏"字多添了一点，寓意是人生多一份辛苦，就多一份收获；多吃点小亏，就可赚大便宜，告诫人们工作要勤奋、为人要厚道。徽州楹联就像这副对联一样充满着睿智，闪烁着人性的光辉。

徽州山多地少，土地贫瘠，"地狭人稠，耕获三不赡一"（康熙《休宁县志》），徽州人要致富，就得向外发展，途径有二，即读书做官，或经商获利，徽州人把读书与经商摆在同等重要的地位。"读书好，经商好，效好便好；创业难，守成难，知难不难"，这在当时以农耕为主的时代，无疑是一种进步。如果说上联阐述的是一种人生理念，那么在徽州楹联中，许多是社会、人生经验的积累与总结，充满了哲理的思辨，"寿本乎仁，乐生于智；勤能补拙，俭可养廉""继先祖一脉真传，克勤克俭；教子孙两行正路，惟读惟耕""几百年人家无非积善，第一等好事只是读书"。徽商经营的利润，许多投向了家乡的公益事业，他们在追求自然和谐的同时，也追求社会的和谐。"世事让三分天宽地阔，心田存一点子种孙耕""我爱邻居邻爱我，鱼傍水活水傍鱼""学忠厚留有余地，步平和无限生机"。徽州楹联内容浩繁，有修身、治家、处世、经商、言志、咏景等内容，精致典雅，寓意深刻，耐人寻味。

徽州楹联最常见的形式，一是书写在宣纸或绢上，经过细细的装裱后，张挂在正堂或厢壁上；二是雕刻在木板上，刷上一层薄漆，挂在正堂或庭柱上，也有少数雕刻在青石上、竹片上。比较讲究的还有请书画家写好字，制瓷艺人依字烧成瓷字后，镶嵌在木板上的；有用玉片磨制而成的，这种楹联比较少见，也很珍贵；善于女工的，则把字绣在绢上，赏心悦目；有采用雕漆工艺，把联字用徽州土漆一遍一遍髹上几十层、数百层后，雕刻而成。书法上则真、草、隶、篆诸体皆备，儒雅丰茂，耐品耐读。可惜的是，许多楹联并未留下撰写者的姓名字号。丰富的徽州楹联，凝聚了徽州人的聪明与智慧。

有联则雅，无联则俗。徽商贾而好儒，崇文重学，他们注重营造良好的文化氛围。在徽州我们随意走进寻常百姓人家，可以看到悬挂山水中堂、对联是一种非常普遍的现象。在这种文化的熏陶下，徽州人才辈出，"之九万里而南，以八千岁为春"，这幅出自书画大家郑板桥之手，悬挂在西递村"大夫第"的对联，表达了徽州人不懈的追求，至今，我们读到它时，仍然怦然心动！

富庶风雅地，飞鸿石上留

——记徽州书法刻石

明清时期，富裕起来的徽商们，在带回大量财富的同时，仍无法释怀读书人的情结，他们大量购进晋唐以来及当时书画名家的字画手迹，陈于厅堂或藏之书房，细细把玩。同样，读书进仕的徽商子弟也是广泛收集名人字画，因此明清时期的徽州是富收藏、好风雅，新安画派诸画家亦从中受益匪浅。由于纸制品易受水、火、虫等侵害，易磨损，因此一些有心之人将收藏的名人手迹摹刻上石，利于保存和赏玩。现存的许多徽州书法刻石，为我们观摩古代名人书法提供了很好的范本。

吴国廷，又名吴廷，字用卿，歙县西溪南人，精于古玩字画，一生崇碑尚帖，书法亦佳，是当时有名的收藏家。清代内廷所藏的许多书画精品上，都有吴廷的收藏印记。其家中收藏着许多晋唐以来书法大家的手迹，当时书画名家董其昌、陈继儒游历徽州时，受到吴廷的热情接待，吴廷将所藏的米芾、王羲之等人的手迹请董、陈二人评鉴后，请歙县当时的名刻手杨明时双钩上石，铁笔刻成，谓《余清斋帖》。明万历二十四年（1596）始刻，后又于明万历甲寅年（1614）续刻两册，计八册。这套集帖刻石现存有33方，多数为双面刻，计61面。除苏轼《前赤壁赋》残缺外，其他刻石基本完好，主要有王羲之的《十七帖》《兰亭序》《乐毅论》《黄庭经》《行穰帖》《思想帖》《迟汝帖》《霜寒帖》《东方朔画像赞》《胡毋帖》等；王献之的《中秋帖》《兰草帖》《东山帖》《鸭头丸帖》《洛神赋十三行》；智永的《归田赋》；虞世南的《积时帖》；孙过庭的《千字文》；颜真卿的《祭侄季明文稿》《明远帖》；米芾的《千字文》《评纸帖》《临王羲之至洛帖》等。

吴桢，字周生，歙县莘墟人。好古，勤于收藏古字画，与董其昌、陈继儒结为好友，家藏书法经董、陈二人鉴定、评跋后，双钩上石，集成

《清鉴堂帖》。刻于明崇祯七年（1634），现存原碑103块，收藏从晋到明24位名家的31件作品，主要有东晋王羲之的《澄清堂主帖》上、下；虞世南的《破邪论》《汝南公主墓志》；褚遂良的《阴符经》《灵宝度人经》；欧阳询的《般若波罗蜜多心经》；怀素的《苦笋帖》；杜甫的《谒玄元皇帝庙诗》；米芾的《七帖》；苏东坡、黄庭坚的信札；还有董其昌、陈继儒的投赠之作等。

吴大冀，字云海，号子野，歙县昌溪人，清嘉庆年间官至兵部郎中，工画，在京城中广交社会名流。他在京城海岱的寓所前，有一株桃树，高四丈。一年春天，花开烂漫，大冀邀友人同至寓所，赏花赋诗，饮酒挥毫。友人黄均为之作《桃花书屋图》，一座院落，疏树修竹，院外一株高大的桃花正为之灼灼，名流阮元、法式善、马履泰、李宗瀚、汪梅鼎等十人题诗作跋。大冀为保存这批名人真迹，将图及题咏摹刻上石，共12方石刻，每方宽103厘米，高36厘米，厚12厘米。采用汉白玉石质，莹润可爱。刻工精湛，精细传神，保留了墨本的精彩。

《余清斋帖》《清鉴堂帖》《桃花书屋帖》现均藏于歙县新安碑园，在园内的壁龛上可欣赏到"三帖"的拓片。园内还收藏有董其昌的《五百罗汉记》、祝枝山的《西溪南吴氏八景诗》等法帖。另有《安素轩法帖》，为棠樾村大盐商鲍漱芳、子鲍均兄弟于清嘉庆四年（1799）至道光九年（1829），延请扬州著名篆刻家党锡龄精心摹刻而成。《安素轩法帖》汇集了唐、宋、明法书50余件，现藏于扬州市博物馆。

檀干园，坐落于歙西唐模村东，建于清初，是一座水口园林，内有一镜亭，四壁镶嵌历代名家书法刻石12方。当中6方略短，刻朱熹、苏轼、倪元璐、赵孟頫、文徵明、查士标6人的行草书；旁6方较长（高230厘米，宽57厘米），刻米芾、蔡襄、黄庭坚、董其昌、祝允明、罗洪先、罗牧、程京萼、陈奕禧、八大山人等十人的行草书和陆岳的篆体、郑簠的分书等。亭四面临水，坐于亭中，清风徐来，犹闻翰墨飘香。

除以上五套法书外，在徽州的名山大川中，还有许多优美壮丽的书法刻石，如黄山青鸾峰上的"立马空东海，登高望太平"十个大字，及"观止""奇景天成"等石刻。齐云山的摩崖石刻及碑刻，如唐寅的《紫霄宫玄帝碑铭》，文徵明的《上路笙歌满碑》等，其他散见于民居、宗祠、牌坊等处的书法刻石更是不可胜数。

　　徜徉于徽州的碑林中，无疑是享受一场丰盛的书法盛宴，真草隶篆诸体皆备，晋唐以来名家法书目不暇接。王羲之"飘若浮云，矫若惊龙"似的潇洒；米南宫跌宕多姿、"沉着痛快"似的酣畅；董其昌的疏朗匀称、圆劲苍秀、古朴淡然、自成一体；怀素笔走龙蛇、风卷残云、率意所为，千变万化，不一而足。众多名家流派各呈异彩，无不令人痴迷。流连于名山园林中，研读古人的碑刻，既被古之圣贤精湛的书艺所感染和陶醉，更为其风骨、品格所叹服和敬仰！

《桃花书屋石刻》赏析

　　《桃花书屋石刻》，为清嘉庆年间（1796—1820）歙县昌溪人吴大冀在京任职时所汇刻。石刻共12方，为汉白玉石质，规制统一，长103厘米，宽36厘米，厚12厘米，依地支顺序排列。

　　吴大冀风雅好客，他在任兵部郎中时，寓居京师海岱门外，其屋西北隅，有白桃花树一株，高四丈，枝叶繁茂，荫蔽二亩许，树下可安坐数席。嘉庆十二年（1807）暮春，大冀约好友阮元、法式善、马履泰、李宗瀚、汪梅鼎、宋湘、屠倬等名士，于桃树下赏花饮酒。酒酣兴至，黄均为之作《桃花书屋图》，友人歌咏唱和。之后数年里，每到春暖花开的季节，大冀都要邀请同人、名士饮酒花下，先后题咏达21篇，大冀自跋一篇。为永久保存，大冀延请高手，采用北京汉白玉石摹刻上石，以传后世。此套石刻图文并茂，镌刻精致，质坚色美，堪为珍贵。《桃花书屋石刻》十二方，后由大冀后人辗转运回歙县昌溪故里，1985年为歙县博物馆征集收藏，石刻现藏歙县新安碑园内。

　　昌溪位于歙南昌源河畔，居水陆码头古镇深渡仅7公里。这里山水灵秀，教育昌盛，文风馥郁，人才辈出。清嘉庆、道光年间，先后开办有桃花书屋、梅花书屋、杏花书屋、养正书屋等塾馆。明清时期，昌溪村共出举人20名，贡生8名，其中有解元吴楳，进士周梾、周茂祥、周孚裕，经学大师吴承仕等，近代还有著名的女画家吴淑娟。生活在清中期的吴大冀即为其中的佼佼者之一。吴大冀，字云海，号子野，别号桃花主人。工画，并喜蓄书画古玩，不惜斥资以购。清嘉庆年间，入京任兵部武库司郎中。其风雅好客，与当时能诗善画的同僚及社会名流相交好。他在北京海岱寓舍手植桃树一株，每年花开时节，吴大冀邀请好友赏花饮酒，成就了一段风流雅事。其孙吴介，字寿仙，擅花卉，兼长兰竹，极受赵之谦称道。

《桃花书屋石刻》一套共12方，首方为行书"桃花书屋图"五个大字，落款为"云海大兄属，弟冕题"。第二方为黄均所作的画作——《桃花书屋图》，石雕采用线刻手法，简洁洗练，表现力强。只见屋舍数间，翠竹摇曳，花廊曲榭掩映在绿树之中。画面右侧一株高大的桃花正在怒放，配以玲珑剔透的太湖石，园中点缀着花草树木，生机盎然。以一曲线勾勒出远山，俨然一副世外桃源的美景。画面的右上方有一题跋："桃花书屋图，丁卯（1807）春日，仿文待诏法，为云海先生驾部作，穀原黄均。"文待诏即文徵明，文徵明（1470—1559），初名壁，别号衡山居士，人称文衡山，长洲（今苏州）人。因五十四岁时以岁贡生诣吏部试，授翰林院待诏，故称"文待诏"。文徵明是"吴门画派"的创始人之一，与唐伯虎、祝枝山、徐祯卿并称"江南四大才子"，与沈周、唐伯虎、仇英合称"明四家"。黄均（1775—1850），字穀原，号香畴、墨华居士、墨华庵主，歙县人，寄籍元和（今江苏苏州）。以议叙官汉阳主簿，施南（原湖北施南府）同知。嘉庆间，曾供奉内廷。归里后，家赤贫，售书画自给。黄穀原工书画，画山水、花卉、梅竹，入手即通其妙，而于山水尤尽能事。初师黄鼎，继法娄东，用笔用墨苍楚有致。人物画以写意为主，山水画以写实为主；绘画风格工笔与水墨相结合，其代表画作《同僚叙旧图》。他的工笔画带有宋朝赵佶画风韵味，仅次于明四大画家之首沈周的笔法。本图是仿文徵明的笔意而作。

第四幅至第十一幅均为吴大冀同僚好友的题咏之作，现列举如下：

古桃一株四十尺，花开下照五亩宅。红光直欲门云霞，老干便寄吴松柏。春风摇动色更浓，那管兔葵与燕麦。南城二月天桃红，千树万树春蓬蓬。谁知拔地万天势，却在此园书屋中。

壬申　仲春题　阮元

阮元（1764—1849），字伯元，号云台、雷塘庵主，晚号怡性老人，扬州仪征人，清代嘉庆、道光间名臣。他是作家、刊刻家、思想家，在经史、数学、天算、舆地、编纂、金石、校勘等方面都有着非常高的造诣，被尊为一代文宗。阮元对桃花情有独钟，他在杭州主政期间，每到清明时节，总要到郊外踏青，最喜欢去的就是到半山（皋亭山）看桃花。他把半山比作绍兴的兰亭，和文人学士一起聚会修禊，他们在桃花丛中饮酒赋诗，乐而忘归。嘉庆八年（1803）闰二月，阮元到海宁一带检查海塘，回舟时特意从临平过半山看桃花，当他看到半山一带千树万树的桃花开得无比艳丽，还有漫山遍野黄灿灿的油菜花，便情不自禁地吟道："江南江北花孰多，花多花少皆当歌。千红万紫不来看，花自春风人奈何。"字里行间，表达了对大自然的热爱！任职京城，自然不如在杭州赏花方便，因此，对大冀的邀请自然是欣然而往。

　　吴侯买宅春明居，桃花手种东南隅。花开招客饮花下，客醉倒地花来扶。五尺以外红霞退，山背斜阳澹相对。诗情绝代属何人，画笔擅场有几辈。三间老屋春阴凉，蕉风一迳开竹房。小雨迷濛短溪上，燕子避人飞过墙。看花客每挟诗至，墨气焉能胜花气。只好低头听玉箫，如何暗落伤春泪。黄君酒酣技痒生，淋漓十指春无声。鼠鸟不敢作言语，苍石翠壁空峥嵘。此图一出花增价，长安贵官争命驾。乞画亦欲移花归，桃花讵肯东风嫁。

法式善　钤印"小西雅居士"

　　法式善（1752—1813），姓伍尧氏，原名运昌，字开文，别号时帆、梧门、陶庐、小西涯居士，蒙古正红旗人，清代文学家、藏书家。乾隆四十五年进士，授检讨，官至侍读。乾隆帝盛赞其才，赐名"法式善"，满语"奋勉有为"之意。法式善曾参与编纂武英殿分校《四库全书》，是我国蒙古族中唯一参加编纂《四库全书》的学者，著有《存素堂集》《梧门诗话》《陶庐杂录》《清秘述闻》等。所作诗，王昶以为"诗质而不癯，清而能绮，故问字求诗者往往满堂满室"（《湖海诗传》卷36）；洪亮吉以为"清峭刻削，幽微宕往，无一语旁"（《更生斋集》卷3）。法式善在京城主持坛坫近30年，所作诗文风靡一时，诗文三馆士皆竞录之，以为楷式。本诗描绘得画面生动，妙趣横生，如"客醉倒地花来扶"一句则极为传神。

第十二幅为吴大冀所作的《跋》，其内容如下：

　　桃花书屋余子读书处也，庭有山桃一株，枝干槎枒，近百年物。余居此，值花开，集同人饮其下，见者咸谓树之大、花之白，世所罕见。黄山人毅原为余作图，诸君子乐与题咏，积有成卷，爰倩袁子研游勒诸石。诸君子诗、画、书冠绝一时，固不藉而传，而桃花始晦终显，得以益彰。且使余子读书之暇，抚是画，诵是诗，想慕诸君子之为人，能思所以追步之，亦永远宝护之，以当甘棠三复，云此。

嘉庆十七年冬至日　桃花书屋主人跋

　　桃花书屋主人吴大冀在这篇《跋》中，交代了事情的起因、经过以及刊刻诗、画、书的目的。桃树的寿命一般在二十五年左右，近百年的桃树自然十分罕见，且花团锦簇，花开烂漫，自然引起诗人的无限诗情。从上文结合题咏的落款来看，这二十二篇诗文并不是一次形成的，而是从嘉庆十二年（1807）一直到嘉庆十七年（1812），约六年的时间里积累而成，"积有成卷"再摹刻上石。题咏的皆是当时的名士，为激励儿子读书上进，思慕贤能，于读书之暇，品读诗画，而发奋直追。

　　《甘棠》是《诗经》里《国风》中的一首古诗，全诗共三章，每章三句，诗歌由睹物到思人，由思人到爱物，人、物交融为一。《跋》中借《甘棠》以喻，寄望子孙后代对石刻要悉心爱护，要"永远宝护之"。文人雅集历来为人所推崇，东晋永和九年（353）三月三日，王羲之邀请当时的名士谢安、孙绰、许询等人到绍兴城外的兰亭修禊，组织曲水流觞、饮酒赋诗的活动。王羲之书写了序文，留下了《兰亭集序》，为后人所膜拜。"兰亭集会"成为文坛的风雅佳话，后世文人也多效仿之。从本石刻的诗文内容以及书法的艺术水平来看，并不算上乘之作，但吴大冀的《桃花书屋石刻》记录了一段真实的历史，传承了中华民族优秀的文化。

徽州禁碑

　　古徽州村落是一个高度自治的社会群体。他们不仅通过修宗谱、立宗祠，制定族规家规等形式来规范和引导族民们遵规守礼，还通过村规民约的形式来促进社会的稳定。我们不仅可以从大量的族谱、志书的记载中得到验证，留存至今的徽州禁碑也为我们提供了丰富生动的历史素材。

　　禁碑多立于村头、桥头、关隘等人流密集处或肃穆的祠堂内。勒石以禁，晓谕民众，不仅体现了内容的严肃性，还表明了执行的决心。从禁碑的内容上看，主要有禁止砍伐、开荒、渔猎；禁止盗卖、侵占义田；倡导买卖公平等。

　　徽州山清水秀，古木参天，林木葱郁，为天然的氧吧，有赖于自古以来生态保护观念的根深蒂固，在徽州现存的许多禁碑中，有相当部分是关于生态保护的。如绩溪龙川胡氏宗祠内的"禁碑"，刻着"禁止在龙须山至正斑坞、金紫山一带山场取石烧灰"的内容；祁门县新安乡叶源村宗祠"聚福堂"内，有一块嘉庆十八年（1813）立的"勒石永禁"碑，刻有"坟林水口庇木毋许砍斫，违者罚戏一部"；祁门县彭龙乡彭龙村关帝庙墙上有块禁碑，碑文称"身祖自宋迁居文溪彭龙地方，蓄养水口巨阳成林……上保国课，下荫基址命脉……因家外愚顽偷树取桠，滋事多端……毋许窃砍文溪彭龙一带地方荫木，以及采取桠杪"。类似这样的禁碑仍有许多，在歙县太平桥的南桥头、太白楼前有一块"禁渔"碑，碑的下方刻有五行隶书："龙王潭上自麻坑桥下自碎月滩。光绪壬辰冬月河西合村重立"。这些碑文，反映了徽州人民重视自然，注重生态保护，寻求人与自然相互和谐的人文精神。

　　维护社会稳定，促进社会和谐，是人类自古以来的共同理想。在徽州禁碑中，有许多涉及维护社会秩序的内容。如歙县渔梁之下，紫阳桥之上的新安第一关内的墙壁上，镶嵌着一块雍正七年（1729）二月立的石碑（方天锡镌），里面就有禁止"酗酒聚赌，打降生事"等内容；休宁登封桥的北端立有清代乾隆年间的保护"禁碑"一块，全文是："严禁推车晒打，毋许煨曝秽污，栏石不许磨刀，桥脚禁止戳鱼，倘敢故违有犯，定行拿究不饶"；祁门县彭龙村光庆堂内的西墙上有一块禁碑，刻有严禁在本祠及敬典祠、仁忠殿、关帝庙堆放物件，祠首广场亦不得晒谷晒衣及堆放树料，匠工造作等事。

徽商纵横商界三百年，其成功的原因有很多，其中之一就是讲求诚信经营，以义取利，而不靠投机钻营，耍滑卖刁赚取蝇头小利。婺源县洪村的洪氏宗祠拱门旁的围墙上，有一块清道光四年（1824）刻制的"公议茶规"青石碑，这块石碑意义非同一般，石碑上的内容堪称我国古代诚信经营的典范。该碑高1.5米，宽0.7米，正文以"合村公议"名义，对村中茶叶经营行为进行了规范。"茶规"的主要内容是："合村公议演戏勒石，钉公秤两把，硬钉二十两，凡买松萝茶客，入村任客投主，入祠校秤，货价高低公品公买，务要前后如一。凡主家买卖，客毋得私情背卖，如有背卖者，查出罚通宵戏一台，银两入祠，绝不徇情轻贷。倘有强横不遵者，仍要赔罚无异。"通过设公平秤，按质论价，禁止欺诈、投机行为，规范了茶叶的经营。对维护茶叶的有序生产经营，促进一方经济繁荣发挥了积极的作用。

扶危济困，是徽州许多殷实望族的善举，他们通过购置族产、义田，获得收入，来赈济族中贫弱之人。棠樾鲍氏支祠内，就有清嘉庆年间的《义田禁碑》《公议体源敦本两户规条》《鲍氏义田记》等碑刻。主要内容为：棠樾鲍氏廿四世祖鲍启运，义举善事，捐出田1200亩，分"体源""敦本"两户，用700亩周济族中鳏、寡、孤、独四种穷人，称作"体源"；用500亩仿平仓法，即于每年青黄不接时，减价粜给族中贫乏之人，并严格规定，要保护族产，禁止盗卖、侵占义田等内容。

值得寻味的是，在禁碑中涉及处罚的内容，除罚银、移交官府查办外，最多的处罚是罚戏。如祁门县彭龙乡环砂村"叙伦堂"院墙内，至今仍矗立着一块清嘉庆二年（1797）立的"永禁碑"。碑高2米，宽1米，厚0.3米。碑文分两部分，上部分为当年祁门县正堂赵敬修的亲笔批示，下部分为立约正文、所禁四至界线和立约人程加灿等二十二人的姓名。碑文阐述了乱砍滥伐的危害性，强调了保护山林资源，严禁乱砍滥伐，严禁纵火毁林垦荒的意义，并制定了各项惩罚的具体措施，如"纵火烧山者，罚戏一台，仍要追赔木价；挖桩脑者无问松、杉杂植，罚戏一台；采薪带取松、杉二木，并烧炭故毁，无问干湿，概在禁内，违禁者罚戏一台"。罚戏的处罚方式，不仅反映了当时徽戏的繁荣，通过演戏劝善的形式使受罚者承担经济上、名誉上的损失，还寓教于乐，使百姓在潜移默化中受到了教育。

徽派篆刻中的"歙四子"

"歙四子"是指同为歙县籍的程邃、汪肇龙、巴慰祖、胡唐四位篆刻家，他们主要生活在清代康乾时期，在徽派篆刻传承中起着承前启后的作用。

清道光四年（1824）休宁人程芝华，家富收藏，于是年春精心摹刻程邃、汪肇龙、巴慰祖、胡唐四家印作，十月成《古蜗篆居印述》4卷行世。其兄程芝云在《跋》中云："歙四子之印，皆宗秦、汉，汪与巴用高曾之规矩者也，若吾家垢道人，固尸秦汉而上稽秦汉以前金石文字之祖，而近收宋元以降赵、吾、文、何为之族，故炉橐百家，变动不可端倪，胡子亦犹此志也。"由于程、汪、巴、胡四人虽名声较著，但印谱流传不广，人们难以见到他们的真迹。程芝华的摹作颇得原作风采，遂使世人赖此书一睹四人风貌，"歙四子"的名号也由此叫响。

程邃（1607—1692），明末清初篆刻家、书画家，字穆倩、朽民，号垢区、青溪，别号垢道人，自称江东布衣、黄海静者，岩寺镇人。生于松江华亭（今上海松江），明亡后，寓居扬州最久。程邃早年曾拜华亭名士陈继儒门下学画。明末清初，社会动荡，矛盾丛生，狐朋狗党，狼狈为奸，程邃为人诚实正直，品行端正，崇尚气节，和清初著名的戏剧理论家李渔、大学者朱彝尊等交往甚厚，结为挚友。因议论朝政，曾被流寓南京十余年，不与奸臣为伍，险遭陷害。

程邃的诗、书、画皆自成一体。诗文有奇气，著有《萧然吟》等诗集；行书、隶书、篆书俱佳，书法不蹈袭古人，尤工八分书，颇负盛名，为明末书法家黄道周所器重。程邃善作山水，主张以画抒情，曾在一画上题道："仆性好丘壑，故镌刻之暇，随意挥洒，以泄胸中意态，非敢云能事者也。"他的画，纯用枯笔渴墨，苍茫简远，别具韵味，中年后自成一格，干皴中含苍润。黄宾虹评其画有"干裂秋风，润含春雨"之趣，传世作品有康熙十年（1671）为王时敏作《山水图》轴，藏苏州市博物馆。程邃善鉴别，家藏名画、古器甚多，长于金石考证。程邃精篆刻，篆刻效法秦汉，首创朱文仿秦小印，又博采何震（徽派）、文彭（吴派）诸家之长，融会贯通，自成一派，人称"歙派"，作品淳古苍雅，章法严谨，笔意奇古，丰满厚实，形成了苍浑雄劲、恣肆豪放的风格。每作一印必求精到，稍不如意，则磨去重作。歙县博物馆藏有程邃"江东布衣"朱文印一枚，布局匀称，笔势圆转遒劲，古秀苍逸，韵味深厚。程邃在我国篆刻史上起了上承前人、下启来者的作用，为清代的篆刻宗师。

汪肇龙（1722—1780），原名肇滰，字稚川，号松麓，府城人。乾隆二十七年（1762）中副榜举人，乾隆三十年（1765），举进士不第，于是决意放弃科举仕途，手不释卷，一心以所学资考据，成为徽派朴学阵营的重要学者。汪肇龙年少时父母双亡，孤苦家贫，十三岁方进学。初习篆刻，很长时间赖以为生。乾隆十七年（1752）从学江永于歙县西溪汪氏不疏园，与金榜、程瑶田、汪梧凤、郑牧、方矩、洪榜并称"江门七子"。其同学诸如金榜、戴震、程瑶田先后皆称誉于当世，而汪肇龙却甘居陋巷，潜心治学不辍。汪肇龙于《尔雅》《论说》诸书及水经、地志、步算、音韵、名物、器数之学，无不博览涉猎，皆作较为深入的研究，据载，他于尊彝、钟鼎诸古篆，云鸟、蝌蚪之文，寓目能辨，且暗中能手扪而识之，见者誉为古今绝学。汪肇龙对字学研究精深，往往时有新的发现，非寻常篆刻印家可比，时与程邃、巴慰祖、胡唐齐名，并称"歙县四大篆刻名家"，成为清代乾嘉年间徽州印坛上的中坚。汪肇龙曾为汪启淑刻印多方，收入《飞鸿堂印谱》，其中的印作朱文多以小玺及钏鼎款识入印，秀雅多趣；白文取法秦、汉，苍茫浑厚，印风凝重。其著述有《石鼓文考》等。

巴慰祖（1744—1793），字予籍、子安，号隽堂、晋堂、莲舫，渔梁人。巴慰祖是个多面手，无所不好，亦无所不能。家藏法书名画、金石文字、钟鼎尊彝很多，工篆隶摹印。喜欢仿制古器物，如旧器一般无二致，虽精于鉴赏者，也无法辨伪。又能作画，山水花鸟师法宋元，皆有逸致，然不耐烦皴染，成幅者少。篆刻浸淫秦汉印章，旁及钟鼎款识，功力深厚。早期印作趋于雅妍细润、端整纯正，晚期印作风貌朴茂古拙。歙县博物馆藏有巴慰祖自刻的"莲舫"铜印一枚，庄严典重，温厚静穆，上密下疏，平稳自然。后人赞他的印章"巧工引手，冥合自然，览之者终日不能穷其趣"。汪肇龙、巴慰祖、胡唐三人中，以巴慰祖声誉最隆，交游也广。董洵与巴慰祖曾在汉上（指荆襄，又称荆州，今湖北、湖南一带）相聚刻印，互有酬往。晚清赵之谦素以篆刻自负，但他对巴慰祖却极为心折。黄宾虹自刻"黄质宾虹"白文印，沙孟海亦称，"风格逼似巴予籍"。

胡唐（1759—1826），初名长庚，字西甫，晚号城东老人，歙县县城人，精篆书，善治印，摹秦汉以下至程邃印，皆逼肖入微。印风如其母舅巴慰祖，风格婉约清丽，所著行书边款尤为精绝。1824年，程芝华摹刻"歙四子"的《古蜗篆居印述》行世时，胡唐仍在世，并为题"古蜗篆居印述"书名。程恩泽特别看重胡唐，他在《古蜗篆居印述序》中说："我歙艺是工者，代有其良。吾宗季子，能作能述，集四贤于一乡。古蔚若程，古琢若巴，古横若汪。惟我胡老，能兼三子之长。"张船山亦有诗赞曰："胡君镌石石不死，一片灵光聚十指……浅镂深刻疑鬼工，精妙直过王山农。黄金一籯镌一字，红泥的的真能事。"

从程邃到胡唐，徽州印人追踪秦汉，从钟鼎尊彝款识和玺印形式上吸取营养，在篆刻的创作道路上不断进取，形成了徽派篆刻的独有风格，在中国篆刻史上写下了厚重的一页。

徽州版画

徽州版画始于南唐的墨模镂刻，源于刻书，宋代开始出现书籍插图，盛于明中叶，至清初渐衰微。明万历至清顺治年间为徽州版画发展的鼎盛时期，无论其数量还是艺术成就都达到了一个空前发展的艺术高峰，在中国版画发展史上具有重要的历史地位。

徽州版画，依靠白描手法来造型，线条细如毛发，柔如绢丝，一扫过去的粗壮雄健之风，以工整、秀丽、缜密而妩媚的情调见长，抒情气息浓厚。线条纤细如丝，秀劲流畅，形象逼真活泼，版面清雅简洁，刀法细致入微，具有浓厚的书卷气。技法上，舍弃了大面积的黑白对比，以线条的粗细、曲直、起落、繁简、疏密来表现景物的远近、体积、空间和质量的关系。尤其是当时许多著名画家与著名刻工的紧密合作，使徽州版画发展到"天画神镂之巧"的境界，郑振铎先生评价说："雅丽之致，旷古无论，与当时绘画作风画脉相通"。徽州版画版面清新明丽，赏心悦目，创造了"不独使识者会心，每能使观者悦目"的艺术效果。

早期徽州版画作品有明天顺刊本《黄山图经》、弘治刊本《休宁流塘居氏宗谱》、嘉靖刊本《欣赏编续》中的插图，这些早期作品多为工匠自绘自刻之作，显得比较粗糙。明中期以后，徽商崛起，财力雄厚，加之文风昌盛，徽州读书藏书成为时尚。明万历起，徽商积极介入出版业，为提高竞争力，在书籍插图上不遗余力，不惜重金招聘名画家、名刻工绘刻图画，同时在印刷技术上不断创新，创造出多彩套印和"饾版""拱花"等一系列新的印刷技术，使徽州版画进入辉煌时期。当时的徽州，成为全国四大刻书出版中心之一。徽州版画经典之作很多，如明万历十七年（1589）刊印，由丁云鹏、吴羽绘图，黄德时、黄德懋等镌刻的《方氏墨谱》，线纹细如毫发，飘若游丝，造型生动，纤细逼真，具有极强的装饰美感；万历二十三年（1595）刊印，由丁云鹏绘图，黄鏻、黄应泰、黄一彬镌刻的《程氏墨苑》，图稿精美，刻工精细，线条柔畅，精美绝伦；万历年间黄桂芳、黄端甫、黄一彬合刻的名作《清楼韵语》中的插图，画面繁复，注重环境的刻画与气氛的烘托，人物刻画细致入微，将人物的内心活动形象地表现出来，体现了较高的艺术性与审美价值。

版画是画、刻、印三种艺术合作的结晶，凝聚了画家、刻工、印工的智慧和心血。徽州画家积极投身版画艺术的创作中，代表性人物是明代画家丁云鹏，工诗书，善画释道人物，尤擅长白描，细细缕缕之间，而眉目意态尽现，先后绘有《方氏墨谱》《养正图解》《齐云山志》等。其他如吴羽绘有《古本荆钗记》，郑重绘《方瑞生墨海》，僧雪庄绘《黄山志图》等。徽州画家参与版画创作，将国画的山水、意境融入版画的创作中，讲究布局的远近疏密、构图的疏朗有致，笔法的钩、勒、皴、擦、点，从而增强了版画的表现力，大大提高了版画的质量，直接促进了徽州版画的繁荣与发展。

刻工是版画创作中的关键，把画家的勾勒、线条准确地雕刻在木板上，而不失原味，须深谙绘画意境，且刀法娴熟精妙。数量众多而技艺高超的徽州刻工队伍，是徽州版画的直接参与者与创作者，以歙县的虬村为中心，黄、项、张、仇四姓世代以刻书为业。"刻图必求歙工，歙工首推黄氏"，明清两朝，仅黄氏名刻工就有300余人，其中三分之一的刻工从事版画镌刻，著名的有黄应泰、黄应瑞、黄一楷、黄一彬、黄鏻、黄应祖等人。许多刻工，往往也是画家，他们将墨模雕刻及砖木石等雕刻技艺运用到版画创作中，如《状元图考》《帝鉴图说》《唐诗画谱》《西厢记》等都是其中的精品。当时的苏州、杭州、南京等地的书坊雕刻插图，也纷纷到歙县高薪聘请黄氏刻工。

印刷是版画创作的最后一道工序，为增加观赏性，徽州版画开创了彩色版画印刷。从明万历三十年（1602）至万历三十五年（1607）五年间，徽州刻本的《闺范》《程氏墨苑》《风流绝畅图》，先后试用多种颜色套印，获得成功。崇祯十七年（1644），休宁人胡曰从采用饾版加拱花的技术，刊印《十竹斋笺谱》4卷，在赋彩套印的基础上，用无色凸版压印花瓣脉纹、水波云痕、器皿图案，使彩色画面增加了立体感。套版印刷法是我国在世界印刷史上的第二大贡献，开创了后世"木版水印"方法和套色木刻艺术的先河。

　　徽派版画以白描手法造型，富丽精工，典雅静穆，情深意浓，所刊年画、画报、画谱、笺谱，以及戏曲、小说插图，在技巧上都达到了非常高的水平，构图之完美，形象之生动，线条之流畅冠绝当世，数量多、质量高、艺术性强，极大丰富了我国古代艺术的宝库。

徽州墨模

徽墨，除了它质地优良，具有"落纸如漆，万载存真"的美誉外，而且它形制丰富、造型生动、图案精美、富有神韵，因此不仅为古今书画名家所青睐，也为收藏家、鉴赏家所珍爱。墨模的制作是徽墨发展的重要环节，正是因为墨模的丰富与发展，才使徽墨具有了很高的艺术价值。

墨模又称墨范或墨印，是制墨的模具。它集中了书法、绘画、金石、雕刻等艺术成就，是徽文化的综合体现。新安画派、徽派版画的发展与制墨业的繁荣，直接促进了徽州墨模的开发与创作。历代制墨名家，对墨模的开发、制作都十分重视，不惜重金，延请名家绘图、精工雕刻，留下了丰厚的历史遗存。

初始制墨，着重在提高墨的质量上，所制之墨，大都手捏成丸，或搓成圆柱状。唐朝末年，李廷珪墨开始驰名，模式渐多，墨模逐渐发展起来。据《七修类稿》载："廷珪墨形制不一，有圆饼龙蟠而剑脊者，有四浑厚长剑脊而两头尖者，又有如弹丸而龙蟠者"。

宋代，徽州年贡龙凤墨千斤。潘谷所制之墨，有"杜丸""狻猊""枢廷东阁""犀角盘双龙"等型制。绍兴八年（1138），徽州名墨工戴彦衡在宫中制作复古供御墨，墨面上有"双角龙""珪璧""戏虎"等字样，据说为宋代名画家米友仁所画，这是中国书画艺术与墨模艺术融合的开端。

明代，徽州制墨名坊多达百余家，竞争十分激烈，各坊纷纷在墨模的制作上不竭于力，不惜工本，带有赏玩性质的"集锦墨"的出现，显示了当时刻制墨模的技术已经到了非常成熟的阶段。代表性的人物有程君房，其墨模绘画多出于当时的名画家丁云鹏之手，请徽州雕刻家黄麟、黄应泰等人刻板，著有《墨苑》一书，图式多达500余种，分元工、舆地、人官、物华、儒藏、锱黄六类，计12卷。方于鲁，亦不甘于后，所制模具，亦多精品，著有《墨谱》一书，刻绘380式，分国宝、国华、博古、博物、法宝、洪宝六类，计6卷，图由丁云鹏、吴左干分绘，由雕刻名家黄应泰等刻成。另方瑞生著有《墨海》。三部墨谱图录，纹式精巧，细入毫发，突出反映了明代徽州墨模制作的最高成就。

清代集锦墨盛行，名家墨模极具精美。曹素功的"紫玉光"，版面上是黄山的"三十六峰"，按照各峰的形态，大小形式不一，合起来则成为一整幅的"黄山图"。汪近圣的"新安大好山水"三十二种墨模，囊括了徽州的名胜古迹。胡开文的"棉花图"用16副模版，描绘了棉花从播种到织布、染布的全过程。每锭墨的背版，都有三、五百字的图释；"圆明园图"（御园图）墨模则是胡氏不惜重资，延请名工赴京实地描绘，又经名手花数年功夫雕成，共64副，亭台楼阁、山水园林、游人花鸟，莫不栩栩如生；"西湖图"是胡氏在汪近圣"西湖十图"的基础上，增补为45图而成，所有西湖盛景，尽收其内。这套墨模画图写实，雕镂精细，最为人所称道的是背版的平底小楷，在每块长6厘米，宽不到2厘米的版面上，刻乾隆七言诗一首，达140余字，反字阳刻，铁画银钩，精妙绝伦。

"文革"期间，休宁、屯溪、绩溪地区遗存下来的旧墨模，大多付之一炬，歙县老胡开文墨厂的墨模由于封存及时，近千副历史名模幸免于难。现代墨模除重新仿制一些失传精品外，还有"南京长江大桥""万里长城""新安江水库"等反映祖国大好河山的新墨模。1985年，歙县老胡开文墨厂推出一套高档"中国书画家墨"，取张大千、刘海粟、唐云、程十发、李苦禅、陆俨少、林散之等书画家所题诗画为范本，精制成模，堪称当代墨模精品。

墨模分内模和外模，外模称外框，内模称印版。印版有2版、4版、6版等，几块印版合成墨面，嵌入外框组成总模。一般来说，正版和背版，是印版的主要版面，上刻文字、图案；两边称边版，一般刻生产单位名称，上下头称横头版，上横头刻墨品类字样。墨模的原料，明代有用铜板制成。但由于木质易于雕刻，又较工细，清代多用石楠木雕刻，亦有用棠梨木和杞树的，但质稍次。墨模在雕刻技法上有线刻、浮雕及圆雕数种。拓图而刻，下刀以85度角为宜，否则，墨面易出现"暴眼"。墨模的主要式样有长形、方形、圆形、斑柱形、六圭形及不规则的杂珮、人物、鸟兽等。历代墨模制作高手主要有：明代的蟹钳及雕刻大师黄鏻、黄应泰等黄氏一族；清代的王绥之、王爱荣父子及胡国宾等；民国初年的胡益庭等；中华人民共和国成立后的吴少卿、周炎玲、胡成锦等。

　　墨模不但是艺术品，还可见证历史。圆明园虽被列强所焚毁，但"圆明园"墨模上的景物仍清晰可见。清光绪年间，沙俄侵占我国大片领土，并迫使清廷勘界，以使侵占的土地"合法"化，勘定以后，清王朝唯恐沙俄继续蚕食，在国界上立铜柱为志。奉旨会勘的都察院左副都御史吴大澂深知沙俄日后定会背信弃义，回京后依照铜柱式样，制成墨模，于屯溪胡开文墨庄制成墨柱数箱，以志此事。光绪二十六年，沙俄再次入侵，铜柱被毁，而"铜柱"墨模却存留于世，成为沙俄侵略我国的历史见证。

茶庄竹枝词

歙县芳坑的江一桐先生（已故）为徽州茶商后裔，其家中收藏有大量徽州茶商资料，曾祖江耀华先生是一个儒商，能诗善文，以其亲身经历，写下了一篇反映徽州茶事的《茶庄竹枝词》，生动地反映了清末至民国初年屯溪茶市的活动概貌，读之如闻其声，如见其人，形象生动，行文诙谐、流畅，颇为有趣，现录如下，以供方家赏析：

新安土物尽堪夸，摘了春茶又子茶。最是屯溪商贾集，年年算得小繁华。茶行事事瞎张罗，巴结茶商获利多。闻有几家新客到，一时都想吃天鹅。大字门条贴两边，万年红纸换新鲜。茶行茶号分明写，好等完工算佣钱。

高墙广厦甚堂皇，斟酌锅场与拣场。每到新年才过了，竹工砖匠一起忙。有钱老板总辉煌，一半徽商半客商。别有螺蛳难脱壳，也拖水脚做洋庄。声名莫是怕招谣（摇），不算谦恭不算骄。进号已经三百担，对人还说莫多挑。

隔宵奉命出山庄，收拾银钱几担装。折本赚钱浑不管，几厘回佣且叨光。纷纷买客乱如麻，辨别名墫总不差。为要价低偏放价，嫩头都抢本园茶。账簿高高一大堆，大家都是为求财。钱庄刚做分厘去，又见行官送样来。

各邑厘金各邑完，似防盗贼有巡栏。局中不问江西宝，发脚先愁请引难。结对成群讨引来，粉红黛绿逞人才。声声来把先生叫，缠得先生解不开。争明论暗肆咆哮，坐了编成莫混淆。还是旧年原板好，学他燕子各归巢。

提携小女当嬉游，预备朝来接早筹。为要人前充大囤，未干雏发已梳头。自古才能有短长，一兵何碍吃双粮。出名好手知多少，夹引年年带几张。梳头要趁未明天，夫婿情多泥短眠。今日早茶拼误了，太阳晒到枕头边。

老妇婆婆剧可哀，回轮日打两三回。惹她当面喃喃骂，侬也曾经年少来。么事娼家也拣茶，不缘钓客肯来么？歪腔小曲低声唱，四季相思翦翦花。欲断人声此刻无，怒持相骂笑相呼。耳边别有呜呜响，瞎子先生扯二胡。

六幅湘裙带水拖，凄凉一曲雨中花。晚来打阵归宜早，拼得明朝吃冷茶。学上茶门第一遭，越因生手越辛劳。可怜已是归家晚，偏要教侬扫地毛。一斤愽（筹）得六文钱，积少成多有几年。忙煞裁缝银匠店，请工上门打时妍。

先生收拣本无私，公道还防有怨词。若把拣场方好屋，此公算是大宗师。尖毛秤架两边分，四两何防当半斤。玉手纤纤亲授受，面前小立也销魂。打印先生两眼忙，终朝销受粉花香。可怜日暮群芳散，夜夜孤眠白板床。

管锅司务最轩昂，吆喝高声意气扬。火候十分看仔细，一天烧得几根香。辛勤最悯焙茶工，汗染衣衫半截红。曲背弯腰双手摸，前身应是摸鱼翁。粗细茶筛次第排，撼盘风扇是囡侪。头帮要紧工须赶，场上新添冷饭筛。

连日辛劳焙夜茶，三更犹是未归家。明朝有约来须早，宜把工钱逐睡魔。打杂支更兼挑水，最低茶使最零星。无能只好研洋靛，乳钵纱筛手不停。粥饭三餐过一天，疤人不肯换新鲜。笑他不管酸卤味，只算灰钱并粪钱。

专门包揽做茶箱，上案曾经闹一场。交易总须随客便，而今切莫再齐行。几片洋铅开店铺，焊成锡罐费工夫。世人莫道情如纸，力薄还须纸裱糊。看看佳节近端阳，鸭子腌鱼送礼忙。越是小题偏大做，挽来情面荐船行。

管事心焦日夜催，几家闻已打官堆。要知夺彩关时运，赶早何曾定发财。除去包皮算净茶，码单配好不争差。若还补引须先补，免被沿途卡勇讹。几家花色几多箱，三七还兼二五装。划子轻飘萝鸟

（莺）摹，写船最好是鸳鸯。

徽州茶叶是徽商的四大主营行业之一，从唐代至今，已有千年的历史，经营时间长，经销范围广，在市场中占有相当的份额。本《茶庄竹枝词》语言生动，形象描绘了茶商从茶叶的采摘、制作、收购、分拣、包装、讨引、外运等细节，具有浓郁的徽州地方特色，对研究徽州茶商的经营活动及徽州民风民俗具有重要的史料价值。

邓石如与徽州的不解之缘

2014年3月，在歙县佳盛堂汪先生处见到一幅邓石如先生的隶书木刻残联。据汪先生介绍，此对联出自歙县雄村曹家，原主人将对联的上联锯掉了一个字，下联锯掉了两个字，拿来用作防潮的垫板，所幸是落款还在，残联内容为："彝鼎图书自典□，珊瑚玉树交□□"，落款为"古浣邓琰"，镌刻印章两枚："邓琰""石如"。经查相关资料，此联为集句，上联出自王文治（1730—1802，清代诗人、书法家）的对联"彝鼎图书自典重，兰苔翡翠相鲜新"，下联出自山东孔府的对联"凤凰麒麟在效数，珊瑚玉树交枝柯"。对联的大意为祭祀的礼器、图书自有庄重典雅之气，而珊瑚、梅花枝丫交错，也为绰约多姿。

邓石如（1743—1805），清代著名的书法家、篆刻家，安徽怀宁人。原名琰，字石如，后避嘉庆帝讳，遂以字行，后更字顽伯，因居皖公山下，又号完白山人、笈游道人、凤水渔长、龙山樵长、古浣子等。邓石如家境贫寒，出身寒门，仅九岁时读过一年书，停学后以采樵、卖饼饵糊口，十七岁时就开始了写字、刻印的谋生生涯。他说："我少时未尝读书，艰危困苦，无所不尝。年十三四，心窃窃喜书。年二十，祖父携至寿州，便已能训蒙。今垂老矣，江湖游食，人不以识字人相待。"虽如此，但其家学深厚，父亲、祖父均酷爱书画，加之天资聪慧，勤于钻研，而终成大器。

清代乾隆、嘉庆时期，徽州为富庶之地，富商云集，名流辈出，雅好风雅，喜收藏古今字画。而怀宁毗邻徽州，约在乾隆四十六年（1781），邓石如来到歙县，除游历外，主要是卖字。在岩镇设摊，为人作篆字，被编修张惠言（1761—1802，清代词人、散文家。原名一鸣，字皋文、皋闻，号茗柯。嘉庆四年进士，官编修）发现，经学家程瑶田（1725—

1814，字易田、易畴，号让堂，歙县人。清代著名学者、徽派朴学代表人物之一）将其延至家中，以礼相待。经程瑶田介绍，又认识了金榜（1735—1801，字蕊中、辅之，晚号檠斋，歙县岩镇人。乾隆三十七年状元，授翰林院修撰，著有《礼笺》10卷），并得到了他们的赏识与帮助。此后，邓石如曾多次来歙游历，与徽州结下了不解之缘。

在歙期间，邓石如交游广泛，留有多处墨迹。特别是与棠樾鲍氏的交往，留下了较多的历史痕迹。其时鲍氏家族官商门第正值亨通鼎盛之际，两淮盐务总商鲍志道（1743—1801，原名廷道，字诚一，自号肯园，歙县棠樾人。著名盐商，出任两淮总商20年，于扬州及故里的公益事业着力最多），投巨资在故里建祠堂、修社庙、树牌坊、复古迹，同时敦请天下名士为祠堂、庙社撰记、题额、书匾。时邓石如声名日起，鲍氏遂延请邓石如书写匾额，他先后为鲍氏宗祠书写了抱柱楹联一副："慈孝天下无双里，衮绣江南第一乡"，又陆续写了"龙山""世孝祠""聪步亭"等匾额，均为隶书。最令人叹为观止的是隶书《鲍氏五伦述》，鸿篇巨制，全文共计544字，每字约15×15厘米。鲍氏家族将邓石如书写的《鲍氏五伦述》视为至宝，聘请名手，将它制成14扇刻漆大屏门，屏门高3.8米，宽0.7米，立于棠樾鲍氏宗祠敦本堂的享堂正中。《鲍氏五伦述》隶书参合篆意，笔法雄健，气势磅礴，刚柔相济，苍古沉雄，蔚为壮观。14扇漆刻屏门现藏歙县博物馆。嘉庆四年（1799）邓石如还书写了《赠肯园四体书册》，赠送给鲍志道收藏。

后来金榜又举荐他去拜见曹文埴（1735—1798，字近薇，号竹虚，雄村人。乾隆二十五年传胪，选授翰林院庶吉士。后任左都御史、户部尚书等职，为《四库全书》总裁官之一。谥文敏），邓石如与曹文埴交游甚厚，据包世臣《完白山人传》载："山人侨居修撰（金榜）家，编修遂从山人受篆法。一年，修撰称之于太子太傅户部尚书曹文敏公，文敏请山人作四体《千文》横卷，字大径寸。一日而成，文敏叹绝，具白金五百为山人寿。"邓石如在雄村留下了珍贵的墨迹，现存的"竹山书院"门额即为邓石如所书写，惜由于历史的沧桑，所存无多，甚为遗憾。

乾隆五十五年（1790），乾隆皇帝八十寿辰之际，户部尚书曹文埴六月入京都，邀邓石如同往。但邓石如不愿凑热闹，独自戴着草帽，趿拉着草鞋，骑着驴，在曹文埴走后三天才出发。曹文埴乘着车马，带着随从，浩荡北上。但由于山东发水转道耽搁，结果邓石如与曹文埴在山东开山相遇。当时山东巡抚以下的朝廷命官在郊外迎接曹文埴，邓石如骑着驴经过辕门，守门的卫士大声呵斥阻止他进入。曹文埴坐在堂上远远地看见邓石如，急忙走出，邀请他坐上座，并向诸位官员介绍说："这是江南高士邓先生，他的四种书体都是国中第一！"在得到曹文埴、金榜等人的推崇后，邓石如声望日渐隆起，特别是此次随曹文埴进京，更是享誉京城书坛。至京城，其字为书法家刘文清、鉴赏家陆锡熊所见，大为惊异，评论说："千数百年无此作矣！"张惠言、包世臣都先后向他学习书法。

邓石如身材高大，胸前飘一绺长长的美髯，性格耿介，无媚骨，无俗气，廉洁自守，以书法篆刻自给。乾隆五十六年（1791），由曹文埴引荐，在两湖总督毕沅处做了三年幕僚，但终究不落俗套而辞归。他的好友师荔扉曾经送他两句诗："难得襟怀同雪净，也知富贵等浮云。"

邓石如一生喜好游历名山胜水，常一筇一笠，肩背行李游走百里。他在游历黄山后，曾来到歙县的蜀源。蜀源四面环山，古树参天，修竹滴翠，风光秀丽。由于地理环境极似四川盆地，故名"蜀源"。又因村口观音山上盛产桃花、昙花，故又有"优昙谷""小桃花源"之美称。邓石如来到蜀源，立即被这里古朴的意境和清幽的风光所吸引，应邀题写了隶书"优昙谷"匾额，并欣然写下"小桃花源"篆字横批。

邓石如的书法成就很高，时人评价："四体皆精，国朝第一！"他的书法以篆隶最为出类拔萃，篆书初学李斯、李阳冰，后学《禅国山碑》《三公山碑》、石鼓文以及彝器款识、汉碑额等。他以隶法作篆，突破了千年来玉筯篆的樊篱，为清代篆书开辟了一个新天地。特别是晚年的篆书，线条圆涩厚重，雄浑苍茫，臻于化境。隶书则学汉碑，以篆意写隶，又佐以魏碑的气力，结体紧密，貌丰骨劲，大气磅礴，其书风与时俗馆阁体格格不入。他曾以书法要诀授包世臣："疏处可以走马，密处不使透风，常计以白当黑，奇趣乃出。"著有《完白山人篆刻偶存》。

第六辑 民俗殊可观

徽州民歌

民歌是劳动人民在生产、生活中集体的口头诗歌创作。民歌，即民间歌谣，属于民间文学中的一种形式，能够歌唱或吟诵，多为韵文。

《诗经》中的《国风》，是我国古代最早的民歌选集。它汇集了从西周到春秋500多年间，流传于北方15个地区的民歌。战国后期，诗人屈原等人，对楚国民歌进行了搜集整理，并根据楚国民歌曲调创作新词，称为《楚辞》。西汉时期，汉武帝设立乐府，从事民歌的搜集和整理，入乐的歌谣，被称为"乐府诗"或"乐府"，如《孔雀东南飞》《木兰从军》等。从历史上看，民歌历来有许多不同的称谓，如小曲、俚曲、小令、俗曲、时词等，明清时代常以山歌泛指各种民歌。中华人民共和国成立后，赋予了民歌新的生命，民歌创作进入了一个崭新的时期，如《东方红》《咱们的领袖毛泽东》《浏阳河》《八月桂花遍地开》等传世之作。中国民歌，植根于劳动人民社会生活肥沃的土壤里，被不断赋予新的形式和内容，具有丰富的表现力和顽强的生命力。

徽州民歌的产生与发展

"昔葛天氏之乐，三人操牛尾，投足以歌八阕：一曰《载民》，二曰《玄鸟》，三曰《遂草木》，四曰《奋五谷》，五曰《敬天常》，六曰《达帝功》，七曰《依地德》，八曰《总万物之极》。"（《吕氏春秋·古乐》）原始的民歌，同人们的生存斗争密切相关，或表达对自然的敬畏，或再现猎获野兽的欢快，或祈祷万物神灵的保佑，它成了人们生活的重要组成部分。随着人类社会的发展、阶级的分化和社会制度的更新，民歌涉及的层面越来越广，其社会作用也显得越来越重要了。

徽州民歌随着徽州先民的生存繁衍而滋生、发展，但由于年代久远，原始的徽州民歌书面记载极少，只在一些志书、野史笔记中有片段的叙述。如西汉刘向的《说苑·善说篇》中有这样的记载，先秦时，楚王母弟鄂君子晳，乘舟泛游新安，见船家女子美丽娟秀，遂有好感，越女见其风流倜傥，亦心生爱慕，抱桡桨而唱："今夕何夕兮，搴中洲流；今日何日兮，得与王子同舟。蒙羞被好兮，不訾诟耻，心几顽而不绝兮，得知王子。山有木兮木有枝，心悦君兮君不知。"古籍《风土记》也载有《越谣歌》，其引言云："越俗性率朴，初与人交，有礼，封土坛，祭以犬鸡，祝曰：'君乘车，我戴笠，他日相逢下车揖；君担簦，我跨马，他日相逢为君下。'"从这些片段的记载中，我们可以窥测徽州早期民歌面貌。

从现存的徽州民歌来看，多为徽州发展鼎盛时期的留存。数量多，内容丰富，表现力强。许多徽州的儿女们，是听着徽州民歌，哼着徽州民谣长大的，徽州民歌给了他们最初的文学滋养和风俗民情的熏陶。那朗朗上口、风趣幽默、饱含感情的民歌民谣是我们百读不厌的一部徽州风情大书。

徽州民歌的表现内容

徽州民歌内容丰富，形式多样，主要包括山歌、号子、儿歌、道士腔、风俗小调等。因地域的不同，可分为歙县民歌、绩溪民歌、休宁民歌、黟县民歌和祁门民歌等；从内容上分，可分为徽商民歌、爱情民歌、劳动民歌、生活民歌、游戏民歌等，涉及劳动、节气、婚姻、建筑、风水、民俗等。徽州民歌具有鲜明的地域性，音调古朴典雅、高亢婉转，具有鲜明的江南色彩，并富有古山越文化的气息。徽州民歌来源于生活，反映生活的本真，如婚嫁歌有《哭轿》《接房》《敬酒》《交杯》等；劳动号子有《锯板号子》《采茶号子》《采桑号子》等；山歌有《正月探妹》《送郎》等；儿歌有《推车谣》《月亮大大》《柏树枝》等；道士腔有《游四门》《十供》等，此外还有革命民歌。

徽州民歌是徽州人民劳动、生活、情感的写照，融入了徽州人民一代又一代丰富的思想感情，经过一代又一代的创作、吟咏，口口相传，浓缩了徽州人文的精华。每一首民歌的背后，都是一个个或骄傲或酸楚的故事，或诉说生活的快乐，人生的无奈；或抒发丰富复杂的情感，宣泄心中的苦闷与烦恼。语言朴素，情感真挚，具有浓浓的古风徽味，保留着徽州文化的原生态。

（一）徽商民歌

徽商民歌的产生与发展，既有历史文化的沉淀，更有现实的需要。徽州山多地少，人丁兴旺，要生存发展，必须向外拓展生存的空间。徽州男人的背井离乡，大有壮士断臂，背水一战的悲怆情愫：

> 前世不修，出世在徽州，年到十三四，便多往外溜。雨年挑冷饭，背上甩鱼鳅。过山又过岭，一脚到杭州。有生意就停留，没生意去苏州。转来转去到上海，求亲求友寻路头，同乡多顾爱，答应肯收留，两个月一过，办得新被头，半年来一过，身命都不愁。

还有一首流传甚广的《火焰虫低低飞》，表达了在外做学徒的辛苦与酸楚，期盼与愿望：

> 火焰虫，低低飞，写封信，到徽州。一劝爷娘别挂念，二劝哥嫂不要愁。一日三碗锅焦饭，一餐两个腌菜头。面孔烟抹黑，两手乌溜溜。日子过得好可怜！可怜！可怜！好儿不低头！今朝吃得苦中苦，好的日子在后头！出了头，当老板，赚大钱，回家做屋又买田！

《十送郎》更是反映了徽州女人送别丈夫的依恋、无奈与惆怅：

> 一送郎，送到枕头边，拍拍枕头睡睡添，今夜枕头两边暖，明夜枕头暖半边来即冷半边；二送郎，送到床面前，拍拍床桄坐坐添，今夜床桄并排坐，明夜床桄坐一边来即空一边；三送郎，送到槛阔边，开开槛阔看看天。有风有雨快点落，留卯的郎哥歇夜添；四送郎，送到房门边，左手摸门闩，右手摸门闩，不晓得门闩往哪边；五送郎，

送到阁桥头，左手搭栏干，眼泪在那流，右手担起罗裙揩眼泪，放下罗裙透地拖；六送郎，送到厅堂上，左手帮郎哥撑雨伞，右手帮郎哥拔门闩；七送郎，送到后门头，望望后门一棵好石榴，心想摘个石榴给郎哥吃，吃着味道好回头；八送郎，送到荷花塘，摘些荷叶拼张床，生男叫个"荷花宝"，生女就叫"宝荷花"；九送郎，送到灯笼店，别学灯笼千个眼，要学蜡烛一条心；十送郎，送到渡船头，叫一声撑船哥、摇橹哥，帮卯家郎撑得稳端端。

（二）爱情民歌

爱情是人类亘古不变的话题，在徽州民歌中就有许多反映男女爱慕，两心相许、大胆追求爱情的民歌，如著名的《庙山情歌》：

叫声哥哥你记真，我家住在庙山村。屋后有棵大栗树，门前有个葡萄藤。门前杏树结子青，身藏杏树盼郎临。娘问闺女做什么？我看杏树何时红。

《月亮起山一盏灯》：

月亮起山一盏灯，十八岁瞟姐到如今。上街瞟了一十八，下街瞟了二十春。他人说我瞟好姐，瞟上好姐拜好神……

还有《四季探妹》《摘黄瓜》《映山红》等，无不从不同的侧面反映了青年男女渴望冲破世俗的羁绊，自由追求幸福生活的美好愿望。

徽州"十户之村，不废诵读"，徽州人把读书与经商摆在同等重要的位置，"效好便好"。如《上学堂》：

摘茶姐，卖茶郎。一斤糕，两斤糖。打发哥哥进学堂。读得三年书，中个状元郎。金童来报喜，玉女来送房。阿姐做新人，阿哥做新郎。

《牵三哥》:

　　牵三哥,卖三郎,打发囝,进学堂。读得三年书,中个状元郎;前门竖旗杆,后门做祠堂。金屋柱,银屋梁;珍珠壁,象牙床,绣花枕上一对好鸳鸯。

　　两首民歌都是以女子的口吻,表达了对男子读书中状元郎的期盼,其实这也是所有的徽州人的期盼。

（三）劳动民歌

　　徽州盛产茶叶,采茶姑娘边采边唱《采茶歌》,在轻松愉快的气氛中劳作着:

　　正月采茶是新年,二月采茶正逢春,三月采茶桃花红,四月采茶做茶忙,五月采茶是端阳,六月采茶茶飘香,七月采茶秋风凉,八月采茶是中秋,九月采茶菊花黄,十月采茶小阳春,十一月采茶雪花飞,十二月采茶又一年。

　　其他在砍树、锯木、耕作等劳动中,都有同样的劳动号子或歌谣。

（四）生活民歌

　　徽州民歌中还有许多涉及徽州的民俗风情、人文地理等内容,如徽州人在架屋起梁、婚嫁、下葬等活动中的"撒帐"歌。

　　徽州人历来重视房屋的建设,不仅是解决"安居"的问题,还有在村中的地位、子孙的发达等深层次的含义。选址定基后,为趋利避邪,要举行"犁屋基"的仪式,荐举村中德高望重的长者把犁,边犁边唱:

　　一犁耕过天门开;二犁耕过地户窄;三犁耕过福地来;四犁耕出金城水,忠孝结义富贵全;五犁耕出土城水,世世代代出贵人;六犁耕出木城水,子孙聪明步步高;七犁耕出朝拜水,代代子孙为高官;八犁耕出天梯水,平步青云事事顺;九犁耕出九曲水,育男育女子孙盛；十犁耕出田源水，人财两旺富且贵。

在木屋架加工好后，要选择黄道吉日，举行隆重的树梁仪式，主要有偷梁、运梁、祭梁、赞梁、踏梁等程序，在整个活动中，木匠师傅是主角，他边做边唱，众人唱和，热闹非凡。正梁安装好后，匠师站在梁上撒五谷，边撒边唱：

> 手拿东家一只五谷袋，千担芝麻万担麦。五谷撒向东，东家粮满仓。五谷撒向西，庄稼满田地。五谷撒向南，家畜圈满栏。五谷撒向北，年年好收成。

徽州婚俗中有《哭轿》《敬酒》《交杯》《接房》等歌谣。当男方的花轿来到女方家时，新娘的母亲先唱《哭轿歌》，内容是对女儿、女婿的嘱咐。花轿到村口时，停轿让新娘唱《哭轿歌》。新娘一边唱，一边把礼物（饰物、银钱等）分赠给为她送行的兄弟。歌词中有对亲属的嘱托，也有对自己少女时代的回忆和对未来的疑虑。花轿抬至男家，即举行婚礼宴会。宴会结束后，婚礼仪式开始。民歌手先后唱《交杯》《接房》，歌词内容为吉利的祝贺。歌声中，新郎、新娘拜天地、拜双亲、夫妻对拜。这时歌手又唱《敬酒》歌，把三杯酒洒向天、地和正中的大门，然后唱《再敬酒歌》，把两杯酒合并后，再分敬两个新人。进入洞房后，歌手唱《撒帐歌》，边唱边将花生、糕点、糖果、红枣等撒向空中和床上：

> 撒帐东，罗纬绣幕围春风；撒帐西，歌舞留人月易低；撒帐南，新人轿上着春衫；撒帐北，春色恼人眠不得；撒帐上，睡觉不知新月上；撒帐下，美酒清歌曲房下。

由于歌手可以根据具体情况进行演唱，因此《撒帐歌》内容特别丰富，版本特别多，但都是以祝福为主。

此外，反映徽州气候特点的《雾》：

春雾一朝晴，夏雾雨淋淋，秋雾晒煞人，冬雾雪封门。

反映劝赌戒赌的《扁担钱》：

赌博钱，水边沿。生意钱，三十年。扁担钱，万万年。

还有反映四季物候的《十二月花名调》等。

（五）游戏民歌

旧时，年少的孩童没有现代的玩具、电视、电脑等，嬉戏、游戏有大人们教的儿歌民谣，通过拍手、跳绳、丢手帕等形式，边嬉戏边唱：

一胴穷，二胴富，三胴开当铺，四胴开弹棉花，五胴六胴，恶哩吭奈何。七胴八胴，打公骂婆。九胴骑白马，十胴坐天下。十只箕，吃哩笑嘻嘻。

一只鸟飞过坑，探探丈人丈母生没生，生个囡，嫁给谁？嫁给左龙朱家坑，不要！嫁给刀鞘，刀鞘没绳！嫁给田神，田神没根！嫁给猴孙，猴孙拿来烧火，烧着耳朵，哎哟——哎哟！

徽州民歌的艺术特色

徽州民歌，具有鲜明的艺术特色。它植根于徽州本土，具有浓郁的乡土气息。徽州民歌的产生、传播皆本于徽州人的喜怒哀乐，有其完整性、连贯性与真实性，如徽州民歌中的《撒五谷》《起屋梁赞》《回娘家》《采桑会郎》等。

（1）数量众多，内容丰富。在古徽州一府六县的村镇中，到处传唱着朗朗的歌谣。嬉戏的孩童，浣洗的村姑，抱着孙子的老奶奶，都在哼唱着。劳动的间隙，喜庆的婚宴，热闹的庙会等场合，都有民谣的伴唱。普通的劳动人民创作了歌谣，在民间传唱的过程中不断丰富、发展、完善、演变。徽州民谣是典型的草根文学，没有任何的束缚，嬉笑怒骂皆成文

213

章，插科打诨自有风情。从自然到社会，从感情到意识，数量多，内容全，雅俗共赏。

（2）原汁原味，风味独特。由于徽州地域封闭，"三里不同天，十里不同俗"，受外来影响小，徽州民歌原生态保护较好，而且徽州民歌皆用徽州的土语吟唱，其中保留了大量的徽州方言俚语，古词古调，且由于徽州方言的复杂多样性，而呈现不同的风采。如方言中的"卬"意为"我"，"细"意为"小"，"嬉"意为"玩"，"槛闼"意为"窗户"等等，不一一枚举。另如"簌簌新""圆糯糯""甜丝丝"等叠词的运用都颇具风味。

（3）语言形式活泼，不拘一格。如《十送郎》《十月怀胎》《传代歌》《采茶歌》等都是以数字开头；《打牙牌》《摇篮谣》是带有语气词的传唱式；《瞌睡虫》《高兴嫁给种田郎》《十二月对花》则是对话式。还有游戏式、谜语式、接韵式等，而且语言形式多样，有五言七言句，也有长短句结合，方言发音多为押韵。

（4）表现力丰富，具有丰富的思想内涵。如《月亮升起》："月亮升起，捉贼偷米。聋子听见，哑巴叫起。跛子抓着，瞎子认米。前呼后拥，送到衙里。瞎子县官来审理，毛贼原是宝贝弟。"还有《甜竹叶》《轿夫叹》等。

（5）节奏明快，具有徽州咏叹调的艺术魅力。特别是一些饱经风霜的老人那如痴如醉，一唱三叹，时而高亢，时而低婉的吟唱更是深深打动每一位听者的心弦。

徽州民歌如山野中的一朵野花，清新、自然、朴素而富有魅力。20世纪80年代初，徽州民歌中的屯溪民歌《小石桥》、歙县民歌《牧牛花鼓》《猜谜对歌》《十二月花》等由中国唱片社录制成唱片向国内外发行。1994年中国国际广播电台向国外播放屯溪民歌《小石桥》、歙县民歌《十二月花》。2005年屯溪民歌《小石桥》被列入中学生音乐教材。如今，徽州民歌作为国家级非物质文化遗产得到了进一步的重视与传承。

十里红云做嫁妆

——记徽州红妆馆

　　婉约秀丽的新安江畔有一座徽州红妆馆，它以丰富而生动的馆藏实物向游人展示着古徽州的风俗礼仪，为人们掀开徽州婚俗的红盖头。

　　婚姻为人生之大事，父母之命，媒妁之言，必须遵从。在徽州婚俗中，具有许多繁复的礼仪，一个女孩子要完成人生的婚姻大事，要经过十余道的礼节，主要包括说媒、送礼、回礼、请期、搬行嫁、开面、迎亲、拜堂、闹洞房、三朝、望朝、回门等。不仅如此，古徽州最讲究门当户对，主仆名分不能混淆。"婚配论门第，治裓裳装具，量家以为厚薄。"（嘉靖《徽州府志·风俗》）因此，女方陪嫁的多少是依据女方的家庭财力状况而定的。旧时，徽州大户人家的小姐出嫁，陪嫁物品中衣食住行无所不有，生老病死一应俱全。吉期选定后，女方要提前几天张罗着扎"嫁资担"，将陪嫁物品根据物件的大小、贵贱，用红丝线、红绸带细细捆扎，利于搬运，大件便抬，小件用红篓挑着。迎娶的当天或前一天，男方根据女方嫁妆的多寡，派专人前往女方搬行嫁。搬行嫁期间，男女双方宅院均要张灯结彩，鸣炮奏乐，竭力营造喜庆的气氛。嫁妆搬出女方宅院的大门后，要按照一定的顺序，一般是小件在前，大件在后，绕村镇的主街出村，引得村人的注目与评议。大户人家的陪嫁自然是非常丰厚，搬嫁妆、迎亲的队伍浩浩荡荡，前有喜灯引导，后为红妆压阵，绵延数里，真可谓"十里红云做嫁妆"。

　　自歙县南源口沿新安江的沿江公路而下，或自深渡坐游船溯江而上，在山水画廊中徜徉不过半个时辰，远远可以望见漳潭那号称"中华古樟王"的大樟树。下船上码头走不够百米，就可以看见一座徽州门楼的青石门楣上镌刻着"红妆馆"三个金色大字。进门可见两边陈列着两个巨大的艺术根雕，为"凤凰迎宾"，寓意"有凤来仪，吉祥如意"。展厅分为"婚房""女红用具""新娘服装""客房"等几个厅堂，分别陈设着子孙桶、洗澡盆、杯盘灯盏等日常生活用品；闺房中放着婚床、衣橱、蜡烛台、衣帽架等，女红针织、梳妆台（盒），孩子出生后的座椅、站桶等。许多生活用品极具徽州特色，做工精细、奇巧，特别是绝大多数物品来自徽州百姓人家，印下了深深的生活痕迹，既透着古朴雅致，又蕴含着生活的沧桑，使人顿生岁月悠悠，千年一梦的梦幻之感。

作为该馆镇馆之宝的当属被誉为"天下第一轿"的新娘轿了。轿高4.67米、宽2.5米，轿身长2.9米，轿杠长7.3米，自重约一吨，为十六人抬大轿。轿身所有的立柱、隔板均精雕细刻，花鸟、人物、龙凤皆有典故和来历，形态惟妙惟肖，富丽精工；设计精巧，单是人物雕刻就数以千计；轿身四周有窗，绢画为幕，富丽堂皇，美轮美奂，可能要耗费能工巧匠数年的心血。据说此轿为明代物件，与明朝开国皇帝朱元璋有关，传说朱元璋落难流落到徽州的时候，曾受惠于一位贤淑的徽州女子，朱元璋感此恩德，发誓日后如发达了，当来娶该女子为妻。十余年过后，朱元璋登基称帝，该女子已嫁作人妇。朱元璋为了兑现当初的诺言，命令徽州府打造迎亲的轿子。但当轿子打好之后，准备送她进京的时候，女子却贞烈而死，此轿也就一直封存了。此后数百年间，此轿流落民间，被分拆保存起来，如今能找齐它原来的配件，复原它原有的神采，也算是一件幸事。据说中华大地内无第二座新娘轿出其右。

在古徽州，除了"明媒正娶"外，贫穷人家出不起嫁资，或女方钟情于情郎，就私下授意男方来抢亲。男方邀集亲友乡邻，潜入村庄，埋伏于女子宅院的附近，瞧准该女子出门之际，背对背驮上就走，女方则故作哭诉状。对于被抢女子，女家只能谩骂，不能动粗，邻居亦作和事佬，途中所见者也不可阻挡、盘问，这是徽州民间不成文的抢亲规矩。因此抢亲的成功率是很高的，实际上也是徽州人对婚嫁的一种包容。拜堂之后仍要请媒婆同去岳父母家"赔罪"，约定"回门""认亲"等日期。

徽州女人丰厚的嫁资，并不是只供自己享受。在许多典籍中有着这样的记载，妻子为了替夫筹得资本时，毅然变卖自己随嫁的金银首饰，鼓励丈夫出外经商致富。如明朝歙县西溪南的吴野牧"挟妻奁以服贾，累金巨万，拓产数顷"；歙县潭渡黄惟文妻子宋氏在其夫家道中落时，"尽出簪珥衣饰为斧资"，助夫前往江苏扬州一带经商。

走出红妆馆，面对滚滚东流的新安江母亲河，我知道这里曾经承载了多少徽州女人的期望与嘱托。江山如画，伊人远去。阳光透过树叶的空隙，将它满怀的柔情播撒在我们的身上，恍惚中，我感到一只凤凰正浴火而出，振翅高飞。

独具韵味的商妇信函

几年前，歙县芳坑的江一桐先生推荐给我一通信函，信函为七言诗，24行，168字，用毛笔写在一张宣纸上，约为36厘米见方，写信时间在清代中后期。从信的内容看，应是留守家中的妻子写给在外经商的丈夫的信函，信中主要叙述了对常年在外的丈夫的思念、独守空闺的孤苦、寂寞，以及侍奉公婆、艰难度日的窘迫，迫切希望丈夫早早回家，一家人过上团团圆圆、和和美美的生活。全诗如下：

（君知）寒来暑往催人老，美貌青春两不齐，便想家中柴和米，再思身上少寒衣。山遥路远情难度，冷眼空房懒画眉，欲待与君同一处，公婆年老怎抛离。去时嘱咐真言语，不料如今久不归，昨夜梦夫同枕睡，醒来不觉痛伤悲。可观天地同日月，人生何必各东西，野鸟尚然寻窠睡，何况深闺不思维。回文识锦情难度，但愿夫君赶早归，夫妇恩深久别离，鸳鸯枕上泪双垂。思量结发当初好，谁知今日各孤栖，鸿雁传书知未便，飞星写信寄君知。

特别的是这通信函，并不是常见的从右往左，从上往下的书写格式，而是从对角线先写起，然后从右往左、从里往外的盘旋书写而成。初拿上手，根本不知从何开头，费一番琢磨，才能读通。幸而文中有"鸿雁传书知未便，飞星写信寄君知"的提示，九宫飞星图，是风水学中的一种排列方式，飞星轨迹由中宫作起点，然后按照洛书数序排列，因此，飞星轨迹又称洛书轨迹或洛书步法，有顺向和逆向两种排列顺序。

无独有偶，2011年9月，在歙县凌利辉先生处，又看到一通信函，同样是妻子写给旅外丈夫的信函，书写在绵纸上，约60厘米见方。信函满腹幽怨，苦口婆心，规劝丈夫倦鸟知返，早日回乡。信函诗文兼具，全文如下：

嫩花嫩蕊被君采，败叶残枝谁肯收。迅速光阴能几度，田园荒芜祖宗休。堂上双亲增白发，枉使奴心日夜忧。

窦子南乃良人也，良人自别之后，终朝寂寞，不思堂上双亲倚门而望。古人云："鲍叔送婴孩，一去不回来。"夫子云："父母在，不远游，游必有方。"想贤夫临出门时，三回四转，嘱咐奴言，远则一载，近则半周，一去六载竟不思归。思贤夫一日不见如三秋矣。未见君子忧心忡忡，既见君子我心则降。妾记面日之言，夫不记临行之语乎？虽然买卖重重，得利何须苦苦贪求。但是江西一郡，为官者有多多少少，为商者有万万千千。妾想，为官者忠心事君，为商者，思孝以事亲，此乃大丈夫之孝礼也。

妾想，贤夫朝穿柳巷，暮宿花街，贪欢爱乐，日送风流。虽然眼下快活，又恐青春不久，倘一日卧病在床，汤药无人供送，父母妻子哀哀不见，昔董永王祥孝感天地，扬名于后也。读书而知，哀哀父母生我，勤劳万代传流。贤夫早不思归，一旦伤命，生为地之人，死作他乡之鬼。嗟乎，夫骨无主，千秋遗臭。妾读圣贤之典，慈乌有反哺之义，羔羊有跪乳之恩，何况于人乎？吾贤夫及今不归，良田变作荒丘，筑屋反成冷庙，自古行人之嗟叹也。今有母舅到郡，带来数字，言不备记，寄以贤夫，夜眠高枕，仔细思量，有作诗四：

衾寒夜夜孤眠枕，面瘦朝朝懒画眉。料想贤夫贪乐境，不思少妇守空帏。

面梁桥上肝肠断，诗绢相期不见归。日日阶前奴自望，朝朝踏得草场萎。

飞禽也要回乡转，贤夫何不早思归。书封到日磨思想，百味无心贪欲尝。

自我青春何足计，双亲养育顿成灰。独伴孤灯两泪流，几番春去几番秋。

这封信函的书写格式更加别具心裁，全文537字，分别由41个大字和496个小字组成41个小方格。除开头第一个字"嫩"字为小字，前六句的41个字皆为大字，其余皆写成小字，围绕大字组成41个四方格。全文从右下角读起，从右往左，从外往里书写而成，"忧"字位于全文的中心。然后小字又从右下角读起，从右往左，从外往里读，直到与开头的"嫩"字相接。

由于年代久远，信封已经缺失，信函没有署名。虽然如此，但从两封信函的文学水平来看，两女子均受过良好的教育，堪称"才女"。"妾读圣贤之典"，这在封建礼教下还是少见的，在"女子无才便是德"的旧社会里，实在是一种进步，也说明在古徽州，女子受教育也不是一种个别现象。特别是在书写的布局、格式上均煞费苦心。一方面徽州女子鉴于封建礼教的束缚，"鸿雁传书知未便"，不敢大胆抒发表白自己心中的感情，采用这种特别的书写格式，他人即使看到，也不知所云，而自己的丈夫在慢慢地咀嚼中，深深领会妻子的一片痴情。信函首尾相接，可以反复阅读，给人一种情思绵绵，回味无穷的感觉。两通信函分别为168字和537字，如果说是祝愿丈夫"要顺顺利利、发财发家"和"我生气"的寓意，多少有些牵强，但第二通信函的"忧"字写在全文的中心，我想应是"忧在心中"的含义。由此见得写信者，心思缜密、巧斟细酌、颇费心思，具有较高的艺术修养。

在古徽州，男人们为了生存的需要，往往新婚后不久，就要辞别妻子，踏上寻找财富之路。新婚燕尔，本是两情相悦，如胶似漆的时候，妻子又怎舍得丈夫远走他乡呢！在徽州各地流传着一首《十送郎》的民歌，形象描绘了徽州女人送别丈夫的依恋、无奈与惆怅。"一送郎，送到枕头边，拍拍枕头睡睡添，今夜枕头两边暖，明夜枕头暖半边来即冷半边；二送郎，送到床面前，拍拍床桄坐坐添，今夜床桄并排坐，明夜床桄坐一边来即空一边……"可是，出外奔波的丈夫由于种种原因，几年甚至几十年不回家的也不在少数。胡适曾说过：我们徽州是"一世夫妻三年半，十年夫妻九年空"。更有一些经商后有了资产的男人，在外娶上一房或几房小妾，"贪欢爱乐，日送风流"，完全忘记了家中的发妻，只留下远在徽州老家的妻子孤灯空枕，翘首以盼。

两通信函的主要内容是抒发留守家中的妻子的孤苦、寂寞与思念之情，"昨夜梦夫同枕睡，醒来不觉痛伤悲"，"独伴孤灯两泪流，几番春去几番秋"，言辞恳切，情真意浓。因此夫妻双双，日出而作，日入而息，常相伴随，成了徽州女人的梦想。有一首歌谣《盼郎归》，形象地表现了妻盼夫归的满腹幽怨："嫁了个生意郎，三年两头守空房。图什么高楼房，贪什么大厅堂，夜夜孤身睡空床。早知今日千般苦，不如嫁个种田郎。"徽州女人们除了等待，还是等待，最后等来了功成名就、衣锦还乡的丈夫，这是最好的结局。这两通信函也从一个侧面反映了徽州女人的贤惠、知书达理、勤俭持家的良好品德。

徽州灯会

"十一嚷喳喳，十二搭灯棚，十三人开灯，十四灯正明，十五行月半，十六人完灯。"岁末年初，第一个月圆之夜，人们张灯结彩，欢庆元宵，极力营造、活跃节日气氛，也为平安祥和、风调雨顺的年景而祈福。

元宵节，又名"上元节""灯节"。据载，元宵放灯的习俗始于汉代，汉初，皇帝在一年之初的正月，为求风调雨顺，谷阜年丰，在宫中点灯祭祀"太乙"神（传说中的天神）。隋代，元宵放灯习俗不断得到发展，特别是隋炀帝每年正月十五都要举行盛大的灯火晚会，"灯树千光照，花焰七枝开"，就是最好的描绘。唐代，元宵节盛况空前，王仁裕在《开元天宝遗事》中记载："韩夫人（杨贵妃的二姐）置百枝灯树，高八十尺，竖之高山，上元夜点之，百里皆见，光明夺月色也。"宋代，彩灯制作更为奇巧。明清，灯节活动不断丰富和发展，增加了戏曲表演、灯谜、社戏等活动。徽州在宋代时，灯艺就十分有名，南宋诗人范成大在《吴郡志》中就记载了新安的玻璃灯，骨架及风罩都用玻璃制成，点燃后，明亮无骨，所以又叫"无骨灯"。

徽州灯彩种类很多，设计精巧，形制丰富，主要有花灯、布龙灯、板龙灯、马灯、狮子灯等。主灯有桃花灯、花船灯、鹬蚌灯、走马灯、宝莲灯、宫灯及扎成花篮、动物、蔬菜、瓜果等各种式样的提灯。灯彩常与各种演艺活动结合起来，如民间小调、戏曲人物等，配之以锣鼓弦管，烟花炮仗，显得生动活泼，绘形绘色，妙趣横生。如桃花灯由男女青年扮演丑旦两个角色，旦扶桃花灯，丑持折扇，对唱民间小调，边唱边演。花船灯又叫荡花船，由男女扮夫妻两人，妻坐船，夫掌舵，表演划船、行船的各种动作。游灯时，鼓乐喧天，鞭炮齐鸣，烟火缤纷，灯如潮，人如海。

灯会，除了家家户户悬挂各式彩灯外，主要形式是游灯。徽州各地的游灯都有十分的讲究，出灯的前后顺序都有严格的规定。因徽州灯会各地的主题不同，其出灯的品种、数量也各有不同，一般由前灯、正灯、尾灯三部分组成。前灯主要是旗灯和牌灯，旗灯为一面大旗形状，内燃红烛；牌灯扎成横匾模样，上书某地花灯队字样，两灯均由两人轮流执游。接着的是九连环灯，为九盏扁鼓形的灯串成一副对联："银烛烧空，元夕排丽景；春灯绝胜，火树现祥光。"之后是四季平安灯，四只花瓶上分别描绘春、夏、秋、冬四季花卉，分成两排，四人执游，也有扎成福、禄、寿、禧四大财神灯的。正灯，各地灯会不尽相同，有鱼龙灯、有生肖人物灯、狮子灯、竹马灯等。此外还有以松柏竹枝扎成果树模样，上扎桃子、石榴、佛手、橘子等果灯数盏的树果灯；有俊俏的小姑娘走着十字步，悠悠荡荡地挑着的"十二月花灯"，还有生肖灯、走马灯、蔬菜灯、蛤蜊灯等。尾灯一般多为鱼灯队，鱼灯的多少是由灯会的规模和举办者的财力所决定的，多的可达六条大鱼灯以上。每个鱼灯配一副大锣鼓伴奏，至平坦开阔地带，则结对嬉舞，有鲤鱼打滚、双鲤并行、鱼跃龙门、群鱼争食等动作，在铿锵的锣鼓点伴奏下，不时将灯会的气氛引向高潮。灯队后面是滚滚的人流，真是"东风夜放花千树，更吹落，星如雨。宝马雕车香满路，凤箫声动，玉壶光转，一夜鱼龙舞"（辛弃疾《青玉案·元夕》）。

徽州灯会内容丰富，特色鲜明。如歙县三阳的罗汉灯会，它的主体灯是青狮、白象、火牛、獬豸、麒麟五只象形灯，灯八尺长，五尺高，下置四个木轮，由两名化妆力士掌控。五兽背上驮有宝物，青狮驮古钱；白象驮插三戟的花瓶；火牛口衔"日"字，背驮元宝；獬豸口衔"月"字，背驮太极图；麒麟驮玉书，寄托着百姓日日生财、四季平安、科举入仕、免于纠纷、家族兴旺的美好愿望。许村大刀灯会的大刀灯，形制威武，大号刀灯长二十四尺，内点四十八只蜡烛；中号长十八尺，内点三十六只蜡烛；小号长十二尺，内点二十四只蜡烛。刀灯由整根毛竹制成，内置刀心木。刀面上分别画上钟馗、天官、寿星、关羽、张飞等人物，人物的周围点缀有花鸟鱼虫、亭台楼阁，刀鼻上写着"风调雨顺，国泰民安"八个大字。舞动大号的大刀灯，需要数人默契配合，蔚为壮观。桂林镇车田村的三十六行人物灯会（又名"讨饭灯""卖菜灯"），则具有较浓厚的市井色彩。它是一种由饰扮的三十六行人物手提彩灯，口唱莲花落的一个灯彩曲艺形式。三十六行人物，主要有农、工、商，诸色匠人等，他们手中的灯，都根据各自的身份特点，或扎成象形灯，或画上特征物。手提的有铁匠的铁毡灯，教书先生的书箱灯，牙婆的花鼓灯，农人的五谷灯等；托在手上的有师爷的鸟笼灯，讼棍的老鹰灯，卖解的酒坛灯，鸨儿的元宝灯等。各色人物，粉墨登场，出行时，一手提（托）灯，一手打竹板踩着锣鼓点行进。走到空旷的场地，各色人物一一登场献艺，然后合唱，边唱边舞，表情滑稽，动作夸张，以莲花落小调唱"十不清"，夹以对白及徽州的村野土语。唱曲共十二套，内容贴近生活，有些是即兴发挥，诙谐幽默，容易引起观众的共鸣，群众百看不厌。另外岩寺于正月初九前后举行的灯会，场面宏大，一户一灯或按丁（男）出灯，主要有永兴村的梅朵灯，广惠村的蟠桃灯，龙井村的刀板灯及各种戏剧人物灯，争奇斗艳，精彩纷呈，吸引了四方八乡的群众参与。婺源县的岩前村则于中秋之夜举行香灯会，香灯以木架、芭蕉、南瓜、莲梗等为材料，塑造《三国演义》《水浒》《白蛇传》等故事人物，并上插长香，少则几百支，多则上千支。人物塑造惟妙惟肖，如诸葛亮手摇羽扇，神态自若；许仙与白娘子情意绵绵；青蛇手持宝剑怒对法海等。锣鸣三响后，村民出动点燃香灯，沿村道游行舞动。

徽州灯会在相当长的历史时期，连绵不断，兴旺发达，并随着徽商的足迹传播四方。清末，徽州木商云集南京，他们在夫子庙一带组织了盛大的"提灯晚会"，被称为"徽州灯"。近年来，徽州灯会在各地的倡导与努力下，得到了一定程度的发掘和恢复，如歙县汪满田的鱼灯会就举办得红红火火，一年一度的民俗文化节也让中外游客感受到了徽州灯会的独特魅力。盛世灯会，国泰民安，徽州灯会必将随着徽州的再次崛起而兴旺。

承狮麒麟舞

麒麟，是我国传说中的仁兽，与"龙、凤、龟"并称"四灵"。与其它三灵不同的是，麒麟具有较浓厚的平民色彩，与百姓生活密切相关，民间有"麒麟送子""麒麟衔玉书""麒麟镇宅"等传说，因此，舞麒麟，祈愿平安吉祥就成为各地的民俗之一。

麒麟，是民间理想化的一种图腾崇拜，它具有龙头、独角、鹿身、鳞甲、牛尾、马足等形体特征，温文尔雅，惹人喜爱。传说"麟吐玉书于阙里"，孔子因麟而诞生，因此，民间有"武狮子文麒麟"的说法。

歙县富堨镇的承狮麒麟舞，据说始自清乾隆年间，距今约250年。舞蹈时由两人扮饰，一人负责舞动头部，另一人负责身段和尾部的配合。身披麒麟帔，通体庄青色，背部、颈部及身腹部遍缀着镶金边或红边的鳞甲，头内悬有小灯笼，口内装有喷火装置，在鼓乐的伴奏下，载歌载舞。承狮麒麟舞，经过历代艺人不断地加工、丰富和发展，在简单的舞蹈动作基础上，增加了人物表演、故事情节、布景音乐、唱白逗笑、灯彩字舞等内容，观赏性、娱乐性更强，成为独具特色的民间演艺活动，几百年来，活跃于城乡，受到广大百姓的普遍欢迎。

天地祥和，琼楼玉宇，宛若仙境，到处鸟语花香，男耕女织，鸡犬相闻，一派桃源世界。财神打扮的武净手执"招财进宝"红条幅上，随后是五名回纥（源自唐代的"回纥进宝"）跟上，第一位手捧大元宝，其余四位提着灯笼，每个灯笼上分别画着两件八仙兵器（暗八仙），边舞边唱："疆土妖娆，明君治道祥光耀；雨调风顺，好一派盛世景兆。"各自献艺以后，分两侧站立。八位云雾仙姑手执形状各异的云雾灯鱼贯而上，两位云童各抱着插有方天戟的花瓶（寓意"平安吉庆"）紧随而上，在舞台上翩翩起舞。

　　忽然，烟雾四起，魁星（主管文运兴衰的神）边唱边上："麟诞鲁岗，孔圣之祥。玉书瑞降，华夏辉煌，诲尔蒙童识经章。百花齐放，灯彩满堂。颂太平，和声悠扬！"魁星打扮丑怪，戴金色面具，赤发、赤膊，上穿黑色短打衣，下着红裤，袒胸露背，全无斯文做派。左手端着上书"独占鳌头"的墨斗形灯，右手执朱笔，并有唱白："魁星跳一跳，村村传喜报；魁星舞一舞，文耀牌坊竖；方斗举一举，五子同登科；朱笔点一点，状元金牌匾！"魁星舞蹈，登上三层高台。念诵曲牌，并用笔在空中虚画字形，八位云雾仙姑随魁星的笔形以手中云雾灯，先后排成"天、下、太、平"四字。此时，舞台灯光转暗，只见台上灯光流转，裙裾飘飘，甚是赏心悦目，赢得一片喝彩声。魁星挥动斗笔，一点解元，二点会元，三点状元，连中三元，独占鳌头。

　　接下来，张仙（送子神仙）边唱边上，张仙形象俊美，飘逸洒脱，"头戴绒绢一字飘，身穿锦绣紫罗袍"，一幅美男子的形象，身后跟随着一执拂尘的小童子。张仙一手执金弓灵弹，一手执一男童形灯。弹子谐音"诞子"，张仙跨麟送子，民间称"送子神仙"。一时众仙唱和，歌舞升平。

　　"麒麟舞太平"，随着张仙的一声召唤，引麟童子翻着筋斗上场，只见他头戴娃娃发，身穿白竹布衫裤，外套红缎背心，脚穿布草鞋，手执玉书，一副机灵敏捷的可爱模样。一阵鞭炮锣鼓后，引麟童子导引着麒麟亮相登场。在悠扬的江南丝竹声中，麒麟踏着锣鼓点，欢跃嬉舞，先是"舞四门"，再是"嬉八宝"，时而昂首望月，时而屈腿踞坐，时而碎步前行，时而追逐八宝，一副玩心十足、娇憨可爱的样子。但当他发现麟童手中的玉书时，兴奋异常，连翻数滚，追逐舞蹈，麟童前躲后闪，麒麟紧追不舍，玉书终被夺得。麒麟夺得玉书后，如获至宝，摇头摆尾，欢跳不已。一会儿衔向众仙，一会儿衔向台前，并用颠步、踏步、旋步等夸张的动作表达得意之情。麟童见玉书被夺，怕玉书损坏，很是着急，追逐着麒麟，软硬兼施，意在夺回。麒麟被逼无奈，衔着玉书到民间去了。鼓乐声起，众仙退场。

　　承狮麒麟舞，具有较浓厚的徽州特色，表达了普通百姓对读书、生子、求财的美好愿望，寄予天下太平、百姓安居乐业的美好期盼，容易引起观众的共鸣，因而具有顽强的生命力。承狮麒麟舞曾于1958年参加过安徽省文艺汇演，并获得安徽省民间舞蹈二等奖，在歙县举行的历届民俗文化节上，也是必演节目之一。

徽州婚俗

　　黄山市歙县档案馆收藏了一份王永庆堂的《婚聘礼单》，该礼单长85厘米，宽22.5厘米，红宣纸，毛笔书写，字体俊秀。其内容如下：

　　良缘凤缔

　　议婚、纳采、问名、纳征、请期、亲迎，以上六礼共接聘金吉洋列后：

　　赘定礼：吉洋二百三十四圆，兴隆五十六斤，鲜亥三十二斤；

　　礼仪：吉洋二十八圆；

　　外公、母：担双肩，吉洋十六圆，兴隆八斤，鲜亥八斤；

　　书套礼：二封，吉洋十二圆；

　　请期礼：吉洋八十四圆，礼仪吉洋三十八圆，兴隆四斤，鲜亥四斤；

　　谒祖礼：兴隆十六斤，鲜亥四斤，玉粒满斗，三牲全副，生熟肉双方，余物仍送；

　　籼、糯米：各四斗；

　　梳妆包：兴隆一百念八斤，鲜亥七十四斤；

　　轿下食：临期酌议，脚鱼四尾；

　　喜红烛：十六斤，内四两三对；

　　宗祠礼：吉洋六圆；

　　支祠礼：吉洋四圆；

　　大门礼：吉洋两圆；

　　小门礼：再议；

　　花红礼：吉洋一圆五角；

　　三司礼：吉洋一圆五角；

门闩礼：吉洋五钱；

火把礼：吉洋五钱；

花粉礼：吉洋两圆；

旺相：十全；

迎娶之日砾标三对；

团圆担：吉洋十二圆；

每年时序，听送年节：鲜亥四斤，挂面四斤，砾标一对。

裕后光前

王永庆堂大发

徽州素称礼仪之邦，在徽州，一个女孩子要完成婚姻大事，既要遵从父母之命、媒妁之言，又要履行繁复的礼仪，主要包括说媒、合八字、开礼单、及笄、打招呼、搬行嫁、迎娶、开面、哭嫁、发轿、拜堂、闹洞房、三朝、望朝、回门等，而且在每一个礼节中，还有许多具体的规定，要做出周密的安排，不得有差错，否则会引起争端和不必要的纠结。如开礼单，即在前期合八字，双方在门第、家庭等基本满意的基础上，经过媒婆的双方撮合，婚事议定，男女双方家庭即商定彩礼数，经双方讨价还价，媒人往来斡旋，女方开出彩礼单。礼单项目遵循六礼，本礼单开具有议婚、纳采、问名、纳征、请期、亲迎六项。六礼源自《周礼》，六礼齐备成为"聘"，六礼不备成为"奔"（即私奔），加上聘书（定亲之书）、礼书（礼物清单）和迎亲书（迎娶新娘之书），统称为"三书六礼"。

议婚。男女双方到了谈婚论嫁的年龄，行了"冠笄之礼"，男子一般十六岁，女子一般十五岁，父母就要委托亲朋好友、邻里乡亲，或能说会道、消息灵通的媒人根据双方的门第、家境及品貌等条件，物色合适的人选，议婚初始，一般是男方家长委托中间人，前往女方家中提亲。

纳采。男方请媒人到女方家上门提亲，探询意向，倘使女方家长允诺议婚，则男方随后置办彩礼正式向女方求婚。

问名。由男方托媒人询问女方的芳名小字和生辰八字，然后请人卜算，看双方相互间命相有无克异。民间一般认为，男女生肖犯"对冲"的不宜婚配，如有"白马怕青牛，兔龙泪交流，猪狗不到头，蛇虎如刀错，羊鼠一旦休"之类的说法。

纳征。男方派人将正式聘礼送往女方家，种类和数量要比订婚时更为丰富，且皆须取双数以讨吉祥兆头，又称纳币、大聘、过大礼、完聘。

请期。俗称提日子、送日头、择日。由男家择定结婚佳期，用大红纸写上迎娶日期，备上礼品，由媒人送至女家，和女家主人商量迎娶的日期。为图吉利，所送时间必须选择在双月双日。经女家复书同意，男家并以礼书、礼烛、礼炮等送女家，女家即以礼饼分赠亲朋，告诉迎娶日期。

亲迎。六礼中最重要的环节，即迎娶新娘的仪式。迎娶之日，男方发轿迎娶。新郎一般不参加接亲，由媒人与男丁四个带一担礼品前往岳丈家迎接新娘。迎亲队伍快到村庄，放爆竹三声。岳丈家立即满堂挂彩、点灯，并派四男丁执灯笼到村口接轿。轿到岳丈家门口，女方接轿，男丁马上进家关门。男方迎娶者必须在付出"大门礼""小门礼""门闩礼""开门包"之后，方可抬轿入门。

入门后，岳丈家招待喝茶、吃面、饮酒。酒过三巡，先后放三声爆竹，催促发亲。母女哭别后被抱上花轿，岳丈家即关上大门。轿出村庄，岳丈家门才打开。迎亲花轿到男方村口放三声礼炮，男方家里即点灯，派四个男丁到村口接轿。轿径抬至家中，给新娘在轿上吃"三遍茶"后，由金童玉女二人陪牵，行拜堂礼后，送入洞房。这样，作为婚事的主要程序基本完备，此外还有夫妻回门，双方家长互相宴请等。

笔者粗略统计，除了肉、鱼等实物不算，以上六礼共接聘金440余圆，这是一般家庭所承担不起的，能出得起这份礼单的当是富裕之家。因此，一些贫穷的家庭，出不起婚嫁的礼单，就有抢亲、换亲、养童养媳等无奈之举。不过，从相关资料来看，过去徽州婚嫁更看重的是门第，讲究"门当户对"，如康熙《徽州府志》卷2《风俗》中记载："婚配论门第，治褌裳装具，量家以为厚薄。"但"好面子"的徽州人还是尽力备上一份彩礼，以显示男家的实力。

上叶古村访高庙

闲读许楚的《青岩集》，得悉明末战乱之时，歙县潭渡人许楚于高庙西侧构石雨草堂以居，诗书耕读，俨然物外，遂生仰慕之心而久有登临之意。2015年仲春季节，油菜花开，春笋破土，杜鹃吐艳，一派生机勃勃。联系东山村的友人，整点行装，于3月28日在其带领下，向高庙进发。

高庙位于潜口镇上叶村后，丰山南坡，海拔500米处。丰山属于灵金山的西分支，处于潆水之阳，"俗传谓积雪可验丰稔，或又云山体丰厚，故名"（民国《歙县志》卷1《舆地志·山川》）。高庙为"高禖之庙"的简称，"禖，祭也。从示，某声。祈子之祭也"（《说文》），高禖，即管理婚姻和生育之神。高禖，又称郊禖，因供于郊外而得名。在上巳节（农历三月三），通过祭高禖、祓禊（在水边举行祭礼，洗濯去垢，消除不祥）和会男女等活动，除灾避邪，祈求生育。可见，高禖源自远古的生殖崇拜。只是，出于中原的这一节日，在徽州则演变为二月二的祭祀活动了。

从东山村至上叶古村7里，有曲曲折折的登山小道，而由于有水泥道路直通上叶，我们坐车前往。山路十八弯，汽车盘旋而上，见两侧青松翠盖，修篁劲挺，溪流潺潺，清雾缥缈，宛若进入仙境一般。十多分钟后，汽车停在了村口的一处平坦上，左侧有村民搭建的小棚子，里面停着几辆电动车、摩托车。抬眼望，是两颗郁郁葱葱粗大的古银杏树，有山泉汩汩而下，泠泠有声。左侧是一条较为平缓的山道，上有翠竹掩映，右侧是较为陡峭的石板路，直通右侧缓坡上的民居。

我们沿山路上行，从村口至高庙还有二里的路程，虽不算远，但由于都是上坡，同行者体力不支者，亦喘着粗气，作时时停留。沿着山坡而上，逐级开辟着梯田、水塘、旱地等，还有夹杂其中的古民居。这里原来居住着50多户，200余位村民，只是由于2011年的移民下山工程，原居民大部分迁往了山下的东山村。如今数十幢民居都已被拆除，老屋基上长满了荒草，还剩下几户舍不得故土的老人在坚守。村子显得很寂寞，迎接我们的是几声犬吠。山坡上明亮的油菜花开得正旺，由于缺乏维修，石板路时隐时现。走过一段横路，与左侧山谷延伸上来的石板路相接，我想，这应该是前往高庙的古道。两侧长满了各种青翠的树木、竹林，杜鹃花兀自灿烂着，时有蜥蜴慌张地逃过。山风徐来，远处啼鸟声声。许楚在《石雨田舍记》有载："自叶村北度双板桥，入源口，长松扶谷，磊涧而上，瘦石纵横，危峰冠日，层折经二石亭。度五里许，穿老柏十余章，望径而陟，听泠泠泉响，如出瓮中。至则丛木翳护，茆茨半伸，石雨草堂在焉。"

石亭早已无存，一路散见着各种残砖破瓦以及青花瓷片。在竹林中穿行，村民述说着高庙的灵异事件：前几年庙旁一颗千年古樟倒下，有村民捡了一段回家，家人总是磕磕碰碰不顺利，直到来庙烧香还愿后才消停。以后村人再也无人敢碰庙里及周围的一草一木。走上约300米的路程，见一建筑隐在浓荫之中，庙宇已倾圮，砖瓦及各种木构件杂乱地堆挤在老屋基上，只有正面西侧及侧面西侧的一堵危墙还在风雨中叹息。一进天井里的杂木已有碗口粗，雷竹已在旧屋基上繁衍它的子孙。高庙跟许多徽州的古迹一样逐渐湮灭在历史的风尘里。

传说，庙宇始建于唐代，后历代重修。开间12米，进深20米，三间两进，砖木结构。有粗大圆柱28根，庙左原有灶房、寝室等建筑。庙内供奉敕封昭济广惠威灵显应侯王，称为老大帝；敕封善济显惠广佑昭应侯王，称为胡大帝；还有张巡、许远二将军，判官小鬼、汪公大帝及九子，以及关公、大圣、五福、财神、谷神、送子娘娘，加上田夫人、柳夫人等大小木雕神像102尊，原有"高山仰止""昭回于天"木匾额各一块。在一座庙里供奉各路神仙及勋烈，也不管他们乐不乐意，在徽州的庙宇中可能也是绝无仅有的吧！

我在庙前的小平坦上发现了一块门额，尽管长满了青苔，但上面的文字还隐约可辨，上刻有"敕封威灵高庙"五个大字，字体古朴苍劲。上首阴刻"原明万历己亥年冬月义兴社方立"，落款为"大清乾隆辛卯季秋万文支仲重立"；庙堂后进西侧的墙壁上镶嵌着两块茶园石碑刻，分别为

"福缘善庆碑""六社捐输碑记"，上面刻着捐输银两及实物的善士芳名，慨然捐赠的不仅来自徽州一府六县的人，还有江西等省外人士，落款为"大清同治八年嘉平月谷旦"。从遗存所提供的信息来看，高庙至少修建于万历己亥年（1599），乾隆辛卯（1771）年及同治八年（1869）年十二月先后重建。六社即众义、义兴、山泉、深洪、灵峰、灵富，由丰山周围18个小山村而组成。可见，高庙得到周边村民的一致爱护。从碑记上看，庙里还置有庙产，收入作为日常维护之用。

在庙宇附近的竹园中，巧遇原来住在庙里的大娘，她说，四十年前她是在庙里的厢房中结婚的，那时，菩萨之类的塑像已经毁于"破四旧"之中。庙宇只是近些年她们搬迁之后，无人看管维护才倒塌的。许是刚过"二月二"，庙中香火似乎还很旺，前厅地面上有新烧的香纸及燃放的鞭炮，在荒芜之中还透着人间的烟火味。

高庙的东侧有高庙泉，其泉"沸石础下，分沙漏石，坎如半甏，炊茶酿秫，别具幽妍"（民国《歙县志》卷1）。高庙泉被许楚誉为歙县四泉之一，作诗吟咏："屡到携铛试雨泉，科斗藉草啜清妍。几家村户原无井，漉米浇蔬亦可怜。"我沿横山小道一路寻去，约行百米，见一土坎围合，四周苍松如盖，可惜泉水已被沙石填塞，荒草萋萋，清澈的泉水已了无踪迹，怅然久之，孑然而归。

高庙的西侧约行半里，即为许楚的石雨草堂。许楚（1605—1676），字芳城，号小江，别号青岩，潭渡后许（今后浒）人。明天启七年（1627），于南京钟山得青岩砚，遂以青岩为别号。崇祯十五年（1642）后，因避战乱迁至歙县灵金山支峰丰山高庙西侧，建石雨草堂而居。"草堂木留皮节，壁省垩饰，借山为阁，不梯而登。编篱作垣，杂莳花药，芳馨时扇，鲜辨厥名。"许楚从山中寻得"懒云、芝母"二石，一卧一立，通体丈余，石色黑里透红，肌理细腻。许楚在山中过着逍遥自在的生活，"与老农樵叟，狎而忘返；道客幽僧，苦吟送日。旋放岩泉，聚叶烧茗"。虽然粗茶淡饭，而有傲然自足之意。先后写下了"鸟声常在砚，山脚半埋云，长日白云狎，破屋青山补"，"攀崖负笼寻奇药，踞榻挥弦送远鸿"等诗句。许楚所作名篇《新安江赋》，沉博绝丽，新城（今山东桓台县）王士禛赞叹："三百年来无此作矣！"并赠诗"一赋曾高六代名，无人不识许

第六辑 民俗殊可观

芳城"。许楚著述甚丰，现仅存《青岩集》传世。

晚清时期，唐模许承尧曾寄居高庙，苦攻诗书，光绪三十年（1904）高中进士，钦点翰林院庶吉士。次年农历二月二日，许承尧与家人抬着"昭回于天"的匾额，系着大红绸，担着三牲，敲锣打鼓，鸣放鞭炮，一路浩浩荡荡来高庙还愿，一时引得十里八乡的俊男靓女成群结队地前来观看。每年农历二月二日，周边村落嬉高庙、寻兰花、赏杜鹃，盛极一时，至今未衰。

夕阳西下，在下山的山道上歇息，遥望南面的岩寺镇高楼林立，我想，像上叶这样僻远的古村落，将会越来越多地消失于历史的某个空间。但高庙作为独特的徽州祭祀文化，具有一定的标本意义，吸引着专家学者、善士信徒前往探古觅幽。

徽州茶俗

茶与徽州人生活密切相关，在长期的生产与社会生活中积淀了丰富的茶俗文化。

洋庄（做出口生意的茶庄）有一些约定俗成的风俗，如毛茶进厂要许福，箱茶出厂要退福；珠茶匀堆时要供列三牲，祭祀茶神和财神；箱茶起运时，要先挑选六个身强力壮、手脚麻利的小伙子捎六件飞快装船，取"六六大顺""顺风快利"的寓意。此外还有子孙锅、子孙板，即茶锅、茶板，使用的人可以父传子，子传孙，讨商业延续，继之利市的吉口。

茶俗体现在徽州社会生活的方方面面。从生老病死、婚丧嫁娶，到三时四节、衣食住行，无不囊括。客人上门，泡上一杯清茶，是徽州人最普遍的礼节。贵客上门，讲究吃"三茶"，即"枣栗茶""鸡蛋茶"和"毛峰清茶"。至于喜事用茶，生儿送子用茶，吃满月茶，相亲时的三茶六礼，还有成亲用的斗床礼、进门茶、拜堂茶、新娘茶，甚至老人辞世的寿茶等，就更加讲究。

节令用茶更是约定俗成。新年开年吃利市茶，新春插秧吃开秧茶，立夏吃茶解暑，中秋对月品茶，冬日火桶煨茶。此外，民间还有议事备茶，路口要津设茶亭，演戏集会摆茶摊，调解矛盾吃壶（和）茶等。茶还可保健药用，如绿茶祛火，松萝解酒，红茶养胃，以及用茶洗脚、洗疮、洗伤口等，均是徽州茶俗中的重要组成部分。

徽州人饮茶，有着浓郁的民俗风情。大年初一，全家人要吃"三茶"，正月里拜年也要吃"三茶"。敬上一碗热腾腾、香喷喷、红彤彤、甜丝丝的枣栗茶汤，主人说道："请，请用枣栗茶！开年大吉，早早得利！"客人躬身接过茶，朗声回答："早利，早利，对和早利（对和即彼此）。"一碗碗枣栗茶，一句句祝福话语，散发出先民的才智和语言的精美。借茶碗中的枣栗，虔诚的祝福客人、家人以及自己早早得利。当然这也与徽州商人"亦儒亦商"的品格休戚相关。

在徽州婚俗中，有着丰富的茶文化。浩浩荡荡的迎亲队伍穿行在徽州美丽的山乡，在众人的簇拥下，一身盛装的新娘由八抬大轿抬进男方的家门后，按礼要举行婚礼仪式，在司仪的吆喝声中，在鞭炮的脆响声中，在亲朋友邻的祝福声中，新郎、新娘行拜堂大礼，在"一拜天地""二拜高堂"之后，新娘要从欢喜娘（选自村镇中吉利、和顺、漂亮的中年妇女）的手中接过景德镇产的金边茶盅，轻轻摆到拜桌当中，掀开桌上的一方红布，下面的茶盒中摆放着茶叶、红糖、菊花、桂花、橘皮五种原料，此为"五香茶"。欢喜娘用匙各取适量放进茶盅内，用甘洌的山泉水或井水冲泡，新娘接来冲泡好的茶后，放在红漆托盘里，含羞迈动莲步走向公婆，将托盘举至齐眉，恭敬地深深鞠躬，请公婆用茶，这是"孝顺茶"，意思是新媳妇要孝顺父母，此为以茶立德。公婆瞧着漂亮可爱的新媳妇，呷上一口香香、甜甜的"五香茶"，连说："好茶，香茶。"既是称茶好，更是称人好。

敬罢"孝顺茶"，新娘先要喝上一盅"苦茶"。公婆接过从欢喜男手中递来的甘草、黄连中，取少许放入另一茶盅，冲水后轻摇几下，递给儿媳，说："万事开头难，持家靠勤俭。"这是新媳妇进门后喝的"苦茶"。新娘喝上一口，茶中的苦涩立即由喉而入，弥漫扩散，但苦涩过后，甘甜也慢慢而来。"苦茶"告知一对新人，只有"吃尽苦中苦，方有甜中甜"。苦茶将做人与做事的道理，寓于婚俗礼仪之中，以此勉励后生勤奋努力，认真踏实，不要投机取巧，流于轻浮。

苦尽甘来，接下来喝的是"甜茶"。拜堂之后，夫妻二人在接过公婆给的大红喜包之后，由利事人（选自村镇中同宗内上有公婆、下有儿女、夫妻恩爱、邻里和睦的夫妇）将已泡好的茶递给新娘。这茶中有糖、核桃仁、桂圆肉等，故叫"甜茶"，寓意夫妻二人恩恩爱爱，甜甜蜜蜜。核桃仁、桂圆肉又对人体有较好的补益作用，既科学又吉利。

拜过天地，送入洞房后，喝的是"盼喜茶"。伴娘早就准备好了"盼喜茶"，从食筐内取出金漆喜盘，内有泡好的茶头茶盅两只，还有"四喜果品"：枣子、栗子、蜜糖、鸡蛋二个，意为早生贵子、早早得利、夫妻甜甜蜜蜜、生活圆圆满满。伴娘将泡好的两杯"盼喜茶"放在桌上让新人享用，"盼喜茶"与"交杯酒"为花烛之夜最美妙的乐章，常赢得众人的喝彩，将婚宴的气氛推上高潮。"盼喜茶"不仅茶要喝，四喜果品更要吃，但都不能吃完，表示"喜气不断"和"好日子还在后头"的含义。

第二天，新婚夫妻要早起，否则睡懒觉会被人耻笑。新郎新娘要以新夫妇的身份，向家中长辈及公（爹）婆（母）请早安，敬早茶，这是"亲亲茶"。新夫妇要按照尊长排辈及亲戚的远近疏远，逐个一一敬到，整个敬茶的过程洋溢着浓浓的亲情，表达了小辈对长辈的尊敬，和长辈对小辈的慈爱与呵护。吃过"亲亲茶"，一家人可以第一次坐在一起吃早餐，体现一家人其乐融融、亲如鱼水的深厚感情。

徽州茶俗，讲究以茶立德、以茶敬宾、以茶陶情、以茶会友。徽州婚俗中的茶俗就鲜明地体现了徽州独有的茶文化魅力。茶在徽州人的眼里，不仅是享用的绝佳饮品，而且是表情达意的香茗，赋予了丰富的徽文化内涵。细品徽茶，水甘茶香，在氤氲香气中，徽州百姓默默恪守着源远流长的徽州茶俗。

商俗拾遗

新店开张

新店开张，要在店门口披红挂彩，燃放爆竹，以示庆祝。是日，亲朋好友均以喜幛和屏框相贺。规模较大的商行商店，大多广发请柬，本地和外地同行或商界豪富，都要送来贺礼，互相捧场。店招则请名人书写，精心制作，谓之"金字招牌"，悬挂在醒目位置。店内除挂店招外，还得拜财神，设宴席。有的为了招徕生意，还请乐队大吹大擂，廉价供应商品。讲排场者，则赠送顾客纪念性小商品，以扩大影响。清末民国时期，一些商店专门刻制木雕版，印制店招广告，以招徕生意，有的在包装纸上下工夫，将商店的商品经营品种、质量、店号、地址等印制在上面，以扩大宣传。

经营中，坚持信誉为本，"和气生财"，不论生意大小，成交与否，对客户都以诚相待，不恶语伤人，不冷暖无常。即使这次生意不成交，也要热情迎送，留下后路。对达成的协议或订好的合同，严格遵守，坚决履行，即使亏本也要履行合同，保质保量按时交货。对于上门的客商，须服务周到，安排膳宿，必要时还得举行招待宴会，陪同游玩，从而增进情感，相互了解，相互合作。大的商行商店，常年有专人与外地联系，交流行情，沟通信息，做活生意。

店　主

店主包括股东老板和经理，有董事会的也包括董事长和所有董事在内。多数商行商店对店主也订有一些规矩，如店主的子女和亲戚一般不准安排在本店工作，即使个别特殊情况，也要严守店规，一视同仁。所有股东或董事，只能在股东会或董事会开会时发表见解，平时不得干涉经理行使权力。经理对派出的全权代表，大胆放手使用，工作上发生某些差错，主动承担责任，但生活失检或经济不清者，应由本人自负。店主在本行本店买卖商品，其价格、数量、质量均同样对待，不得优惠。经理违反店规，由股东会或董事会处理。

店　员

店员，俗称伙计。大致分为三种：从本店当学徒出身的伙计为嫡派伙计；由别人保荐的熟悉经营业务的伙计为内行伙计；由人保荐而不熟悉经营业务的为试用伙计。在这三种伙计中，又大体分为两种级别，即普通伙计和高级伙计。普通伙计一般是站柜台（营业员）和守仓库（保管员），高级伙计则可担任经理、副经理或管账、掌秤、信房、外场等职。商行商店都有约束伙计思想行为和从业行为，以及保障伙计权益的传统规矩。雇用伙计一般以一年为期，每年正月初五（即商行定事日）由经理同每个伙计分别谈话，宣布去留。对于继续留用的伙计，同时宣布本年的工资待遇，俗称"吃定心丸"。伙计的月工资，均以当月大米市价折价计算，一般分为五等。除固定工资外，年终由经理根据伙计本年贡献大小论功行赏发"红纸包"。此外还有"小伙"（小费）收入，如变卖包装废料所得。除春节外，其余节日一律不放假，端午中餐和中秋晚餐均设宴席，店中大小人员一律入座分享，不拘卑尊。伙计要守道德，讲礼貌，不准与顾客争吵。除经理、管账外，其他人员自早至晚只能站立，不准坐凳，也没有午休，疲劳时只能内外走动一下。不准在柜台内看书、聊天和高声喧哗，要保持整洁安静，热情接待顾客。不准动用或挪用商行商店的商品、资金、财产。规模较大的商行商店，伙计每年有半个月至一个月的探亲假，但费用自付，工资不扣。凡不遵守规矩的伙计，轻者训斥警告，重者随时辞退或年终解雇。离店时，由本人主动打开行李，请经理查点，以示清白。

学　徒

　　徽州民间历来流传着"前世不修，生在徽州，十三四岁，往外一丢"的歌谣，"往外一丢"就是外出经商学做生意。男孩长到十二、十三岁，多数人家父母要托族亲带出去学生意，学徒进店先要拜业师，业师可以是老板或经理等。买一对一斤头红烛和香纸若干，到店对着青龙牌向老板、经理及业师行四跪八拜之礼，老板娘在店的还要拜老板娘，然后在财神爷前焚香化纸。学徒一般须由至亲好友或同行中的头面人物介绍并作担保。

　　"先生"就是师傅，一般由店中的"阿大""阿念"（即经理或副经理）收徒，然后还要向"上手"（即店员伙计）和师兄们见面叩头，请求关照。进店后须连续习业三年，中途不得离店回家（父母丧事例外），必须服从"先生"指挥，接受"上手"和师兄的指点，每天早、晚，学徒要向财神爷和门神上香祈祷。逢农历初六、十六、二十六要煮一块大猪肉向财神爷拜祭，名为"烧六日"。

　　每天清晨，要提前1至2个小时起床，打扫店堂、添砚水、润笔、察戥子、倾水与人洗脸、烧香、冲茶、洗刷水烟筒等，并负责伙房买米买菜。打扫店堂垃圾，要由外往里扫，切忌往外扫，避"扫地（财）出门"之讳。来人接待要主动、热情，要尊敬长者、礼貌待客。如学书习字、学算盘须在饭后闲暇时才能学，白天忌讳打空算盘。

　　入餐前，由学徒端饭端菜，若有来店的客人，还要站在桌旁侍候添粥盛饭，并须待全店人员用膳完毕后，方能上桌吃饭。晚上上店门后，得搓"纸煤"，以保证次日客商使用。还要在店堂内搭铺守夜，负责人员出入开门关门和火烛安全。学徒期间必须刻苦练习珠算和毛笔书法，没有工资，每人每年发衣着费4—5元，每月理发费0.2元，膳宿免费供给。此外，"先生"家属如在店中居住的，学徒要帮其料理家务。一般白天主要是打杂，抹桌扫地，烧茶端水，侍候宾客，斟酒递烟，为老板家洗衣物、端屎倒尿等，晚上才学习习字、记账、打算盘、量尺、打包等。

　　学徒违反店规，轻者受训斥（也有打骂的），重者开除出店。有时老板、经理故意将铜板铜钱抛撒店堂，以检验学徒品行，学徒打扫要如数交回，否则被视为品行不端。学习期未满被开除回家的，被称作"茴香萝卜枣"或"茴香豆腐干"（"茴香"与"回乡"谐音），为家乡人所不齿。有师弟进店，杂事负担即可减轻，如果手脚麻利，办事灵活，被老板、经理看中，则会提前学做生意，外出跑客户及进货等。三年满师，返乡省亲，可遵父母之命结秦晋之好。满师拿薪金，并结合业绩递加薪金。

工 匠

请砖、木、石、竹、铁匠来制碓、舾棺、箍桶、裁缝、油漆等，要设开工宴（又称开工福），早待鸡子茶、肉丝面，晚设九碗四、六碗六宴席，讨九子十三孙和六六大顺彩头。收工有收工福（又称圆工福），设宴八碗八或十碗十，讨八卦吉象、十全十美彩头。施工期间，早餐小菜四盘，干稀饭听用；午餐荤素四碗，主食干饭；晚餐大菜四碗，另加冷盘若干，烟酒皆备，主食汤面。工程告一阶段时，待小圆工酒，菜增加，多讨六、八、九、十彩头。宴席安座，各有规矩。旧时做屋，多是砖木结构，故开工福、收工福酒宴，上座多为木匠，砖匠次之。期间，打墙脚、安门鞍石柱、坐柱脚等小福，石匠上座，木匠次之；做木架、打竹柱箍，木匠上座，竹匠次之。砌砖封墙，用铁墙键，砖匠上座，铁匠次之。有的收工福酒宴设两席，首席石匠上座，砖匠次之，地理先生再次之；二席木匠上座，竹匠次之，铁匠再次之，此谓重基础。

匠艺工薪，差异颇大。大凡铁、石、解锯匠为一等，每工工薪，民国末年至1949年初，约合大米五升；砖、木、桶匠为二等，每工工薪约合大米四升；竹匠、裁缝为三等，每工工薪约合大米二升。泥锅砌灶，以灶口多少论数计薪。做水碓，圆工时试碓磨之粮食归师傅。做棺材、做寿衣、老人衣，要付双倍工薪，还要添加红包，谓添子添孙、添福添寿。做屋收工之日，各工匠如若送礼，东家要依其礼数加倍回礼，故与东家关系融洽之工匠，一般都不送礼，以免东家破费。过去木匠做屋架、上梁，砖匠砌门楼、泥锅灶，东家都要暗送干礼（即红包），祈求不要在梁、柱、门楼、烟囱间设蛊作法，不使指血涂抹于屋架、梁柱及墙皮。昔俗迷信，木匠、砖匠若将纸人纸马、箬皮刀枪之类蛊品藏于屋，家必不宁；遗留指血，久则生皮瘩糊妖，梦魇家人。东家待匠人厚道，匠人也尽心尽力，尽职尽责，正如俗话说的一个图食，一个图力。

学手艺

砖、木、石、竹、阉猪、打铁、缝纫等手艺，讲究幼时学。一般十三岁左右拜师学艺，先由父母托人物色手艺师傅，择吉日良辰，挑拜师箩一担（4斤猪肉、4斤面和1个果子包）到师傅家拜师。师傅端坐在上横头交椅上，受四跪八拜叩头礼。师傅回礼红糕两包，猪肉4两。自此，每年"三时三节"（端午、中秋、春节）要给师傅送礼，正月要上师傅家拜年。三年习艺期间，要为师傅舀饭倒酒。徒弟不能喝酒，吃饭要快，吃菜要"细"（少），而且要先于师傅吃好放碗。没有工钱，每年师傅给一套衣裤。习艺期间，徒弟不记事、头脑不灵活出错，挨骂挨打，父母不得干预。习艺前一年半，练基本功，称"半作"，后一年半教手艺"过门关节"。三年满师，行谢师礼，礼仪及礼品与拜师礼同。满师后，跟随师傅上工，享受工匠工薪。一日为师，终身为父，徒弟家凡有喜庆之事，都要恭请师傅来家中厚待。师傅家做屋造坟，耕田收谷，徒弟要主动上门无偿帮忙。

"沙溪淩"的传说

在徽州各大姓中，有争议的姓氏是少之又少，而于"淩"姓却是十分的纠结，遇到一些淩氏后人，更是愤愤不平，他们说自己姓"淩"而非"凌"，而在户口登记、身份证上却一律写作"凌"。新华字典上对于"淩"的解释是："淩"同"凌"。那么淩姓究竟有无存在，它与凌姓是同一个姓吗？

近期读清乾隆二十四年（1759）淩应秋纂的《沙溪集略》手抄本及沙溪淩家量先生所藏的明崇祯年间《沙溪淩氏宗谱》手抄本，其上面均书写为"淩"，说明"淩"姓并非空穴来风，而是确实存在。那么沙溪淩氏从何而来？《沙溪集略》在卷1的"源流"中这样叙述："淩本姬姓，周武王少弟康叔封于卫，其支子为司寇，成王命其子为淩官，遂以官为姓，望出涿鹿。"淩人，亦称淩阴、淩室，是当时的一种掌冰政之官，《周礼》上记载："凌人掌冰，正岁，十有二月，令斩冰，三其凌。""凌"作为词语解释就有"冰"的意思。淩氏以官为姓是其姓氏的由来，而"凌"姓亦本"淩"，同出一源。

"自吴校尉统公，字公绩，拜为偏将军，封亭侯，称江表虎臣，世居余杭。传十三世曰安公，唐高宗显庆二年（657）判歙州，遂居歙之沙溪，为始祖。"（《沙溪集略》卷1）徽州淩氏为三国时期吴国名将凌统之后裔。凌统（189—237），字公绩，三国时期吴郡余杭（今浙江余杭）人，吴国名将。凌操之子，官至偏将军。十五岁的时候就拜为别部司马，征伐江夏的时候，他作为前锋。曾经与周瑜等在乌林将曹操打败，升迁为校尉。凌统虽官居高位，但严于律己，礼贤下士，轻财重义，有国士之风。后从征合肥，魏将张辽突然赶到，凌统护卫孙权冲出重围，将士死伤很多，凌统也受了重伤，不久死去。

第六辑 民俗殊可观

唐高宗显庆二年（657），凌统后裔凌安自余杭来任歙州判，以疾终于任，子万一年幼，还在襁褓之中。凌安妻汪氏扶柩葬于城北里湖园之阳，带着年幼的儿子，为夫守墓，结庐于墓侧，日夜祈祷。后梦神人指点：沙溪一望平畴，水草丰美，宜居宜业。因此，汪氏携子定居于沙溪，凌安被尊为沙溪始祖。万一生二子细大、细二，细大居村东，后世号东支；细二居村西，后世号西支。

"凌"姓出于"凌"姓，那么何时又是由二点水的"凌"改作三点水的"凌"呢？其在《沙溪集略》及《沙溪凌氏宗谱》并没有明确的记载。归纳各种说法，主要有以下几种：

一是孙权御赐加点。凌统为吴国大将军，有功于国，当封赏，孙权认为"凌"字义不美，于是敕加一点，并加盖玉玺，"凌"之三点由此始。"凌"就其字面意思来看确实不雅，不是"冰"，就是欺凌、欺压，带给人阵阵寒意。而加点改为"凌"后，其含义就不一样了，它可以指河水清澈明亮，字意要文雅许多。

二是治皇病得姓。相传南宋的某个皇帝得了一种怪病，御医束手无策，凌姓的先祖颇通岐黄之术，被召入宫中，几剂丹药，妙解病痛，皇上特赐加一点，为三点水的"凌"。

三是平冤得姓。传说凌姓先祖为朝廷重臣，误传与后宫娘娘有染而遭斩首，雪冤后御赐"金头银喉咙"补葬，使其身首合一，并御笔钦赐一点。

四是误写得姓。传说皇帝在封赐凌姓先祖时，饱蘸浓墨，不想在"凌"字写好后，滴下来一个墨滴，刚好在两点之间，于是将错就错，"凌"姓易为"凌"姓。

五是运木赐姓。南宋初年，宋高宗赵构南渡建都临安，兴建宫殿，需要大量的木材，徽州占地利优势，又盛产木材，凌安后裔凌香看准商机，将徽州的良木通过新安江源源运往临安，并主持建设事宜。皇宫落成后，金碧辉煌，气势壮观，皇上甚为满意，赐御宴，封为义士。皇上说，皇宫建设所需的木材皆赖新安江水载运，因此御笔为凌姓加点，是为三点水，而为"凌"。

以上五种传说，皆离不开皇帝赐姓之说，但都没有文字记载和其他相关的证据能够证明。如果"孙权御赐加点"成立的话，那么凌统之后裔皆为"淩"姓，但实际上除了"沙溪淩"之外，其他支脉并不姓"淩"。"治皇病得姓"一说也缺乏相应的依据，《沙溪集略》上没有记载淩姓有哪位名医曾入皇宫。至于"平冤得姓"，"误写得姓"更是牵强附会。运木赐姓虽有一定的合理性，但也没有足够的证据，《沙溪集略》卷4"文行"中也只有寥寥数字："淩香，宋高宗南渡建都临安，进木造殿，赐宴归。居二年，又奉旨礼请，复赐宴赏。"如果"淩"姓自淩香始，定会有大量的篇幅来诉说事情的本末，以光宗耀祖。古代为了自己家族的荣光，经常会有这类传奇版本的传说流行。

其实在古代经常会有多一笔或少一笔的现象。如沙溪至今仍留存的历史遗迹——明万历癸丑（1613）年所铸造的《重修仙井新置铁栏记》中的"富"字上面就少了一点，寓意为"富贵无顶"。在徽州的族谱中这种情况更为常见，如"潘"姓上面少一撇，传说状元潘世恩为歙南金川水塘村书写匾额时，故意少写了一撇，旁人说"潘"字写错了，潘世恩说："潘字少一撇，从此出头，顶天立地。有水有田又有米。"此后，潘氏在修谱及日常使用时均少写一撇，取其美好的寓意。

由此我想淩姓由来是不是也是同样的道理，沙溪一带山环水绕，土地平阔，亦稻亦麦。水对于农业生产是十分重要的，而水旱灾害却时常发生，因此淩姓先祖将"凌"改为"淩"，是带有祈求风调雨顺，五谷丰登的美好愿望。虽说"凌"何时而改，何因何人所改尚不得而知，但有一点是可以肯定的，凡"淩"姓皆为沙溪淩。"其由沙溪而之吴、之越、之闽、之浙、之楚、之淮南北等区，子孙益众，科第益多，其间忠臣名宦，指不胜屈。而悉原本于沙溪，故称淩氏者，必曰沙溪淩，明其所出也"（《沙溪集略》卷1）。

"胙筹"解读

"筹"，为古代计数的用具，多用竹子制成，广泛用于1949年以前徽州的工商业之中。笔者所见的就有茶号、典当行、过载行中使用的竹筹，如徽州《茶庄竹枝词》中就有这样形象的描述："提携小女当嬉游，预备朝来接早筹。"这里说的是妇女拣茶得到的竹筹，作为薪酬结算的一个凭证。不仅如此，在徽州的祭祀活动中同样要使用竹筹。

2012年12月笔者见到一对胙筹，竹筹长26厘米，宽1.5厘米，正面用毛笔分别写着"敦铭公　胙肉壹觔"，"立先公　胙肉壹觔"，背面写着"遗失胙筹罚银壹钱，壬午年批"。竹筹发黑、发红，包浆甚好。民国壬午年为1942年，而往前就是清同治八年，即1882年。1942年是抗日战争最艰苦的时期，徽州宗族财力有限，发胙肉的可能性比较少，从胙筹的包浆结合历史背景看，笔者倾向于后者。

胙，即为祭祀时供神的肉。清代昭梿的《啸亭续录·贵臣之训》记载："定例：坤宁宫祭神胙肉，皆赐侍卫分食，以代朝餐，盖古散福之义。"《儒林外史》第二回："先年俺有一个母舅，一口长斋，后来进了学，老师送了丁祭的胙肉来……只得就开了斋。"可见，作为中国祈福文化的一个重要部分，无论是皇家的祭天祭神，还是平民的祭祖敬宗，都要用到"胙"。

徽州是宗族社会，十分重视祭祀活动。如歙县飞山洪氏"务本堂"在"祖训"中有这样的要求："诚祭祀以报本源。朱柏庐先生治家格言云：'祖宗虽远，祭祀不可不诚。'盖追远报本之义，在能致其如在之诚，故孔子曰：'吾不与祭，如不祭。'正恐不能致其如在之诚也。"（民国二十年刊印的《飞山洪氏务本堂宗谱》）歙县乘狮范氏在"家规"中也有"时祭祀"的内容："家之大事，首重在祭。吾族星分鸢隔，两祭恐难齐集，今附近子孙祭扫，每年清明一举集山邻，入公祠享胙，而散庶祭不失时，且以杜旁人侵占萌也。"（清乾隆十年刊刻的《歙州乘狮范氏宗谱》）

祠祭活动一般每年在冬至、春分、腊八、元宵各举行一次。其中冬至、春分为大祭，因为"冬至为一阳之始，春风正萌芽之始"，在这个时候举行大祭，为"感时象类之祭也"。大祭之时，无论远近亲疏，凡是同姓子孙均应参加祭祀活动。

宗祠祭祖，仪式十分隆重，它是宗族最为重要的活动，事先就要做好充分的准备。祭器、祭品、祭物、祭仪以及人员安排、饭食安排等各项事务，从大祭日的前十日就要开始筹备。其中就包括"印胙票"：写上某人冬至给包多少，春分给胙多少；准备"刚鬣柔毛"：祭祀日的前一日申时，即午后三点至五点宰杀牲畜，第二天送到祠堂。考虑到经费问题，冬至时，买羊、猪宰杀。春分如除纳粮、理屋尚有余钱外，则根据钱的多少购买全猪若干宰杀发胙，多者多分，少者少发。全羊，冬至祭祀之后，整只腌制，留待春分、清明祭祀时用。如果宗祠产业丰厚，则二祭均可购买全猪、全羊宰杀发胙，这是由宗族实力所决定的。

祭祀时，合族男子会集宗祠，拈香行礼，极其严肃。每次祭祀，都由族长或宗子主祭，并以年辈、官爵较高者为陪祭，另外安排通赞、引赞、司祝、司尊、司帛、司爵、司馔、司盥等执事人员负责赞礼和奉献各种祭品，有时还配有钟鼓和歌诗。其余族人则依辈次的先后和身份的尊卑，井然有序地随主祭、陪祭之后，在赞礼声中跪拜如仪。参加祭祀的人一定要衣冠端正，不可戏谑谈笑。祭毕聚餐，依次饮福、享胙。"饮福"为饮用祭酒，"享胙"为食用祭肉。祖先用过的祭品，吃了会沾有祖先的福泽。如《飞山洪氏务本堂宗谱》的祠规中有明确规定："每逢元旦，黎明合族支丁，随同族长入祠祭拜祖先，领胙。"而"革胙""停胙"则是对犯有过失的族人的一种处分。宗祠祭祖的目的在于通过追思共同祖先的"木本水源"之恩，用血缘上的联系团结族人，以免日久年长，一族之人名不相闻，面不相识，视同路人。

但"胙"的发放，并不是平均主义。如绩溪《黄氏家庙遗据录》（清道光十四年黄氏叙伦堂编修）中记载了胙包的额例。一是对宗族中老人的优待。分年龄段给胙发包，以示宗族对老人的敬重：六十岁以上的老人参加祭祀的给包1对；七十岁以上的老人参加祭祀的给包2对；八十岁以上的老人参加祭祀的给包4对，胙1斤；九十岁以上的老人参加祭祀的给包6对，胙2斤；一百岁以上的老人参加祭祀的给包10对，胙10斤。二是奖励科举。对取得科考功名的相应发给胙、包。应考童生给包1对，胙0.5斤；庠生给包2对，胙1斤；廪生给包2对，胙1.5斤；岁贡给包3对，胙3斤；举人给包6对，胙6斤；进士给包8对，胙8斤；中书给包10对，胙10斤；主事给包12对，胙12斤；翰林给包14对，胙14斤；鼎甲给猪、羊包14对，胙各14斤。三是奖励相关人员。对祠堂有捐赠的人员按照贡献大小发给一定数额的胙、包；宗子本人参加祭祀的给包4对，胙2斤；管事、司值等人也要按照规定发给肉和食品。

胙筹，就是领取胙肉、胙饼的一个凭证。有些宗族在胙筹上只书写堂号或支派，并不写明数额。作为徽州宗族文化的一个缩影，胙筹为我们提供了生动的实证。

徽州佃仆制与科举考试

科举取士从隋大业三年（607）开始实行，到清光绪三十一年（1905）举行最后一科进士考试为止，经历了近1300年。期间既为国家遴选了大量的人才，也为庶民士子提供了一条向上游动的途径。据统计，明清时期，徽州通过科举产生了举人2636人，文科进士1036人，由此也带动了徽州教育文化事业的发展。但在明清时期有一类人却被剥夺了科考的权利，那就是佃仆。2013年6月，笔者在歙县资深藏家程振邦先生处，见到了一张清嘉庆十年（1805）徽州府颁布的告示，内容如下：

> 署江南徽州府正堂加三级记录三次邹为知照事：案奉布政使司朱、按察使司杨宪行，内开本年四月二十日，奉安抚部院长宪行，内开嘉庆十年四月初八日，准礼部咨仪制司案，呈本部议覆，都察院左都御史英等奏，安徽婺源县细民不准捐、考一折。嘉庆十年三月十二日发报具奏，本月十四日报到，奉旨依议，钦此！钦遵抄出到部，相应抄录原奏，知照安徽巡抚，并查明徽、宁、池三府细民，一体遵照办理可也！计原奏一纸等因到院，准此合就抄单檄行，仰司即便转饬，一体遵照办理，并刊入例册报查，仍移臬司查取。应议职名详参等因，到司行府均经抄粘，转饬在案。
>
> 兹奉臬宪转奉抚宪，接准吏部覆转行到府，合就抄咨示谕，为此示仰府属军民人等知悉：遵奉部议，嗣后细民除仅佃田、住屋，并非佃身卖身者，照旧开豁，仍准考试、报捐外，其有佃田主之田，葬田主之山，且与仆人通婚者，虽年久身契遗失，仍以世仆论，并不准充当地保、社长等差。如家主念其辛勤恭谨，准其赎身，情愿放出为民，令其先行报官，并咨部立案，俟其放出三代后所生子孙，许与平

民一体考试、报捐，以示限制。倘有妄行争控者，定行严加治罪，各宜凛遵毋违，特示！

右仰知悉

嘉庆十年七月　　日　　示

告　示　　　仰

告示中的"细民"即为佃仆。佃仆不同于一般的佃农，佃农只是租种地主或宗祠的田地，缴纳租谷，没有人身依附关系。佃仆为"佃田主之田，葬田主之山，且与仆人通婚者"，他们是迫于生计而投靠地主的农民，他们佃种地主的土地，居住地主的房屋，或将祖先安葬在地主家的山场上，从而与地主形成了严密的依附关系。在徽州遗存的文书档案中，就有这样的投主应役契约：

"立罄身投到房东文书人杨社得，系黟县七都三图住人，上无父母，下无兄弟妻子，身无依倚，无食无措，难以度日。今自情愿央媒，罄身投到休宁十二都渠口房东汪名下甘心为仆。自投之后，早晚听从使用，勤谨生理，一一遵守汪门规矩、理法……"

"立卖身人文约仆人章神保，今因婚娶无措，自愿央中将身卖到房东汪名下为仆。当日汪主人有婢爱桂，配身为妻，以作身价。自配爱桂之后，永系汪主人之仆，听从主人呼唤使用，不得违抗……"

（以上节录自《徽州文书档案》第十三章）

从徽州文书中可以得知，佃仆的来源主要有：一是赤贫的农民；二是娶婢女为妻的平民；三是将祖坟葬在地主山场的贫民，此外还有卖身为仆、投靠为仆等生活无着、走投无路的人。平民一旦成为佃仆，就失去了人身自由。在逢年过节、冠婚丧祭之时，要随时听从地主的使唤，并且不得自由迁移、过房、出继，不能自由嫁女，其寡妻也只能招赘而不能改嫁。佃仆可随同土地、房屋、山场的买卖转让而更换主人。这种关系世代相承，父子相继。佃仆在失去经济地位的同时，也失去了政治地位，"不准充当地保、社长"这些乡村基层的管理人员。最重要的是失去了科考、捐纳的资格，从而失去了向上发展的渠道与空间。因此徽州宗族对于婚嫁十分重视门第，清代康熙年间的赵吉士在《寄园寄所寄》中这样记述："徽俗重门族，凡仆隶之裔，虽显贵，故家皆不与缔姻。"民国十九年（1930）纂修的歙县《长标东陵邵氏宗谱》中有"十不书"的内容，其中就有"不肖无耻，甘与下贱结婚，并出家为僧，苟安度日者，削而不书"。不书入谱，在宗族管理中，是很严厉的一种惩罚。

对于世仆科考案，清末秀才婺源人詹鸣铎在自传体小说《我之小史》第六回中叙述了这样一段故事：光绪二十七年（1901），某姓为詹姓的世仆，祖上为詹姓抬轿子、吹喇叭，现有四人志政、守礼、德和、之纪，到徽州府参加武童的考录，被詹姓发现，以"身家不清，混考武童"为由，控告到府衙。但时局已是清末，官府及大族对世仆的控制力已大为减弱，且府官收受了双方的礼钱，遂各打五十大板，以事实不清、证据不足为由，双方都被停考，候三年后再准应试。

地主对世仆的剥削与压迫，经常激起世仆的反抗，世仆时有逃跑、迁居等情形发生。世仆家族的逐渐强大，也让他们采用诉讼的方式，来维护自己的权益。清代中后期，清政府先后于嘉庆十四年（1809）、道光五年（1825）下旨开豁徽州世仆，此后，徽州的佃仆制日渐衰落。随着封建王朝的灭亡，佃仆制彻底消失。同时，新式教育代替了科举考试。

年　味

　　"年"的甲骨文字形为上"禾"下"人",是一人背负着成熟的禾的形象,表示收成。《谷梁传·桓公三年》中记载:"五谷皆熟为有年也。"可见,"年"与人类的生产活动紧密相关。岁末年初,盘点一年的收成,享受一年的收获,期盼来年风调雨顺、国泰民安。于是洒扫庭除,筹办年货,人来车往,张灯结彩,徽州的城镇、乡村到处洋溢着浓浓的年味。

　　吃了腊八粥,就把新年盼。农历十二月初八这天,母亲早早起床,系上围裙,戴上草帽,用竹枝扎成的扫把将房子上上下下全部打扫一遍,将一年的积尘打扫干净,也将晦气扫走,祈盼全家健健康康,好运当头。再将红枣、红豆、蚕豆、玉米、干羊角、干菜、小米、大米等八样五谷杂粮浸泡,下午时用大锅文火煮熟,晚上全家人就喝着香稠的腊八粥了。而且还要给亲戚、邻居送上一碗,母亲也不忘在灶台上放上一些干粮,说是要祭祀灶神,大意是保佑一年四季灶火兴旺,有米下锅的意思。

　　关于年的记忆,始于童年。那时因为生活苦,就盼望着过年,因为过年就意味着有新衣、新鞋、新帽,还有花花绿绿的糖果,更有数不尽的年货。一进入农历十二月,田地里该种的已经种下去了,该收的也已经收进仓了。农闲的季节,男人们喝酒、吹牛,女人们忙着准备年货:做米粿、蒸糕,炒米、切糖,磨豆腐、炸豆腐,杀年猪、腌火腿,日程安排得满满当当。孩子们则东家进、西家出,忙着赶场子、传消息、凑热闹。那时似乎没有收到红包的经历,有一串小鞭炮也舍不得一下放掉,而是小心地拆下来,一个、一个的点着,扔向空中,也把乡村的年味渲染得时浓时淡。要是有一台大戏、一部电影,那真是过大年了,男男女女、老老少少,从四里八乡向一个地点聚集,就像赶庙会一般,把乡村的年味推上了高潮。

　　自20世纪90年代开始,农村的青壮年陆续开始前往城市去谋生,"孔雀东南飞"之后，老人、孩子则成了留守，关爱空巢老人、留守孩子成了一个新的社会问题。起初，打工族们回老家过年时，是大包、小包地往家带，新颖、稀奇的物件惹得别人直羡慕。再后来，家乡的超市里应有尽有，于是将一年的辛苦钱缝在贴胸的衣服里带回家，或用一只蛇皮袋装着，不扎眼。到了新一代的打工一族，就是一"卡"搞定了。临近年关，到了农历十二月二十五六之后，县城里人流如潮，街道上一下涌出许多的俊男靓女，商家的库存被抢购一空，于是人们怀着复杂的心情说，小县城的物价比北京、上海都贵。大年初一，回乡下老家，见小山村的道路边，停着许多挂着江、浙、沪、闽等地牌照的车辆，我不由地感叹，这世界变化得太快！

2013年的大年三十，我起得很早，冒着严寒，在大门两边贴上小城小有名气的书法家书写的对联；挂上一对红红的灯笼；在窗户的玻璃上贴上妻子剪的窗花；在上横头的条桌上摆上两盆时令鲜花，顿时，屋子内外洋溢着浓浓的喜庆气氛。晚餐，与母亲、哥哥聚在一起吃年夜饭。平时都是有鱼有肉的生活，过年吃什么已经不重要了，只是坐坐、聚聚，汇聚一份亲情与孝心。自从1983年CCTV推出第一台春节联欢晚会开始，春晚也成了年三十的一道大餐。女儿对2013年的春晚情有独钟，一直到新年的钟声响起，四周鞭炮齐鸣，她还兴致勃勃地向我们描述着其中的细节，颇有苏东坡在《守岁》诗中描写的"儿童强不睡，相守夜欢哗"的味道。

正月初三下午，天下着细雨，我正走在小街上，突然听到一个熟悉的声音，在问："大哥，去问政山怎么走？"我扭头一看，见是在合肥工作的同学育明兄，我知道，他在歙县买了房子，初二就赶过来度年假。他与张俊兄结伴欲登问政山，我自告奋勇，给他们带路，一路穿街走巷，沿着翠竹掩映的山谷小道盘旋而上，青石板路面时隐时现，过问政门、访苍松翠盖，谒紫阳书院。在问政山顶徘徊良久，见古城云雾袅绕，水汽氤氲，宛若仙境，两位朋友竟痴痴地喃喃呓语：太美了！真是琼楼玉宇，人间仙境！此情此景丹青妙手也难以曲尽其妙，怪不得歙县涌现了渐江、黄宾虹、汪采白这些书画大家。我一路介绍着古城的文化与典故，擅长篆刻的育明兄回到清华坊即刻印一方——"振衣千仞岗"相赠。恰巧合肥另一位教育界的同仁陈彪兄也下榻于此，他途经黟县时，被一树怒放的梅花所感染，拍摄之余，兴之未尽，晚上铺开宣纸，作"腊梅图"一副悬之于壁以赏。

初六，又接到"浴砚书屋"主人方先生的电话，邀请几位同学到他家小酌。这哪是小酌，简直就是文化的盛宴。方先生很慷慨地邀请我们参观他的书房，沿一面墙壁打成了书柜，书柜里摆满了各种文艺、美术、收藏之类的书籍，一张画案靠窗摆放，笔墨纸砚随时伺候。墙上挂着程十发、王雪涛等人的画作。席间，妙语成珠，从程嘉燧到渐江，一直聊到黄宾虹，从书画到篆刻，再聊到新安大好山水。我说，要画好中国山水画，得一个人对着山水发呆，进入物我两忘的境界才可能涅槃。

近年来，随着人们生活质量的提高，徽州各地的民俗文化活动方兴未艾，如歙县汪满田的"嬉鱼灯"、三阳的"叠罗汉"、许村的"舞大刀"表演受到了人们的追捧。今年的年味里洋溢着浓浓的文化味。古代的文人墨客对春节颇多歌咏，王安石写过一首脍炙人口的诗："爆竹声中一岁除，春风送暖入屠苏。千门万户曈曈日，总把新桃换旧符。"诗句虽短，境界全出。

过去，徽州有拜年拜到"三月三"的说法，但如今这种"田园牧歌式"的生活，早已被生活重压下的人们所放弃，乡村的人流如潮水一般再次涌上城市。伊元复始，过了元宵节，各行各业"言归正传"，新的一年随着春天的到来而慢慢铺陈开来，年味也就渐渐淡去了。

家乡的雪

　　大雪在北方渲染、恣肆了百余天后，家乡的雪终于在冬至后姗姗来迟，此时查干湖已经凿开厚厚的冰层，开始了冬捕。在北方显得粗暴、野蛮的雪来到南方收住了戾气，竟也作小女儿状，先是忸怩、羞涩的几朵，幽幽地飘着，宛若少女的曼曼舞姿，又犹如一台大戏的前奏。这样的雪是存不住的，落地就化了。

　　雪是在晚上下起来的。先是一阵紧似一阵的朔风，然后是大粒小粒的雪珠，噼里啪啦地四处乱溅，小时候躺在老家的老房子里，听着雪珠落在小青瓦上发出的悦耳的声音，真有"大珠小珠落玉盘"的感觉。母亲说："雪珠打底，雪厚如被。"本来贪睡的小家伙，天刚亮就嚷着要起来看雪景。果然，从窗外望去，漫山遍野披上了一层厚厚的银装。它就像一位顶级的魔术大师，把本来有些单调、萧索的山野顿时变得丰润起来。山层级而上，浑厚而多姿，黑白的线条勾勒出一幅幅山水画卷；厚厚的雪被中偶尔露出一点绿意，那是茶树或是麦苗；树木则被妆饰成了一棵棵华美的圣诞树；最顽强的是竹子，被重重地压着，仍然不屈。寂寞的山村在鸡啼声里醒来，孩子们是活动的主角。

　　打雪战，虽然有些暴力，但被柔软地一击，似乎并不伤和气。不过这适合团体运动，男男女女，你来我往，雪球横飞，倒也热闹，它一般发生在中午前后人气旺盛的时候。早上起来最适合的是堆雪人，先选择一块空地或闲空的稻田，用手拍打一个小球，然后滚动起来，雪球越滚越大，滚不动时，大人们就忍不住来帮忙了，滚到齐腰高的时候，就让它在一边静静地站着，这就是身体了。再依样滚上一个小球，把它安放在大球上，进行必要的拍打、修整后，拿来木炭，点上眼睛，画上嘴巴，插上胡萝卜做鼻子，雪人基本就成形了。但孩子们似乎仍然不满足，又给它装上两只手，用一根竹竿做枪，再找顶黄军帽给它戴上，这就是一个威武的战士，守卫在家乡的田野上。孩子们呵着通红的小手、跺着脚，望着他们的作品傻傻地笑着，大人们免不了给予一番鼓励。

要是气温回升快，雪就会融化，滴滴答答地从屋檐滴落，第二天孩子们以找各种奇形怪状的冰凌为乐。要是雪后的几天里持续低温，雪不易融化，鸟雀们的觅食就困难了。顽皮的哥哥砍来弹性好的水竹，稍加修整，在竹头部位系上细麻绳，麻绳头上再系一根短短、细细的竹条，然后用竹片做一个椭圆形的小框，这样捕鸟的工具就完成了。选一处鸟雀经常出没的麦地，扒开雪，挖一个小坑，将框放下去固定好，然后将竹竿插在合适的位置，坑里撒上玉米、谷粒，布好机关，就等着鸟儿来上钩了。不过在我的记忆里，这样的收获并不大，不知是鸟儿都像那喝水的乌鸦一样聪明，还是被其他动物坏了事，反正第二天去查看，往往是机关破坏了，食物也没有了，这让哥哥很懊恼。有一年，他将"吊"下在屋后的南瓜地里，结果将邻居的一只大公鸡给吊死了。母亲只好将负责供应家中食盐、酱油的老母鸡赔给人家，外加一番好言好语。

下雪了，入九了，也意味着年关近了。辛苦了一年的乡亲们就忙于准备年货了。首先是腌制腊肉，在雪地里扫出一片空地，烧上一大锅水，请师傅宰了栏中的肥猪，喝三吆五地，招待亲戚朋友吃"杀猪饭"。经济条件许可的情况下，整只全部腌渍，困难的家庭则卖一半，腌一半。其次是切冻米糖，切糖师傅俨然如皇帝一般，东村请，西村叫，日程安排得满满的。终于轮到我们村了，那就忙坏了母亲，赶紧炒冻米、芝麻，咯吱咯吱地踩着雪，拎着铁皮箱去排队。孩子们最先等到的是糖球，啃上一口，然后跑出去四处炫耀。还有做豆腐、炸油豆腐、做米粿等等，食物的香味在山村的上空飘荡，惹得家狗到处赶场子，在雪地里留下了一串串的"梅花"。

如果赶上年成好，村子里就组织戏班子，冬闲时就抓紧排练，春节前后在村子里上演。天晴时就搭露天舞台表演，下雪时就在村里的大祠堂中演出。既出村演，又请外村的戏班子来演出。乡亲们打着火把，挟裹着风雪，四处凑着热闹。虽然听不懂咿咿呀呀的戏文，但乡村要的是那种浓浓的年味。

《红楼梦》的第四十一回，写妙玉请宝钗、黛玉喝"体己茶"时，用的是她五年前住在玄墓蟠香寺时，收的梅花上的雪，用花瓮盛装，埋在地下，五年后才打开来吃，所以那茶轻浮无比。元代的谢宗可作有一首《雪煎茶》诗："夜扫寒英煮绿尘，松风入鼎更清新。月圆影落银河水，云脚香融玉树春。"想必雪水烹茶自是上品，我没有收集梅花雪水的雅兴，其中的滋味也就难以体会。但雪水化作的山泉，却是甘洌、清爽，山民们渴了，就着溪水咕咚咕咚一顿牛饮。

瑞雪兆丰年。雪对农民的馈赠是实实在在的，茶树、果树温暖了，油菜、冬笋有了充裕的水分，害虫冻死了，明年又是一个丰收年。夕阳西下，远远近近的山峦泛出灿烂的光辉，冬日的阳光妩媚而不炫目。入夜，乡亲们将"孔明灯"放上天空，也将许多的期盼与祝福一同放飞。

雪在我的记忆里是那么的温馨与快乐，我盼望着下雪。有雪的梦境也是那么的晶莹剔透，宛如灰姑娘进入了王子的宫殿。雪落无声，润物无声。此时，窗外飘起了雪花。

后 记

我生在徽州、长在徽州，对徽州的山山水水、一草一木都饱含深情；对徽州的民俗风情耳濡目染，感同身受；对徽州文化情有独钟，顶礼膜拜。特别是近十余年的跑田野、寻文书、拓碑刻、读古籍，使我对徽州及徽州文化有了更深入的了解，所谓懂得越多，爱得越深，我成了一个地地道道的徽州迷。

与徽州文化结缘是偶然中的必然，2005年，我调到歙县档案局工作。离开纷扰的人和事，一颗浮躁的心渐渐淡泊下来，让我能够静下来读读书、听听雨、赏赏花。"上帝为你关上一扇门的同时，会为你打开另一扇窗"，我大学学的是中文，读书写作是我的爱好。歙县档案馆有较为丰富的徽学图书与资料，这样我就一头扎了进去，边学边写，现学现卖，十余年下来，也算是聚沙成塔，小有收获吧！

《品读徽州》这本小册子收录了笔者自2006年至2016年11年间所写作的有关徽州山水、人文、历史、民俗等方面的散文70篇，大部分已发表于各类报纸、杂志，虽说文中有些资料性的文字，但主要是采用散文的笔调、通俗的语言、轻快的文风，向人们介绍徽州及徽州文化，可读性较强。

此书能够顺利出版，完全得益于安徽师范大学历史与社会学院及安徽师范大学出版社对我的支持与厚爱。谨此，特向安徽省徽学学会会长、安徽师范大学原副校长王世华先生，安徽师范大学历史与社会学院徐彬院长、刘道胜副院长以及安徽师范大学出版社的诸位领导、孙新文主任、蒋璐编辑等表示衷心的感谢！王世华先生、洪振秋先生还于百忙之中撰写序言；著名作家、书画家程兵先生（中共歙县县委常委、统战部部长；歙县人民政府原副县长）题写书名，为本书增辉添彩，谨致以深深的谢意！

十余年来，我的爱人对我默默地支持、鼓励与理解，使我在遇到困难与挫折时，能够重新振作起来；我的朋友及女儿丹琳对我的文章提出的中肯意见与建议，使我受益良多；民间藏家程振邦、王庆勇、吴立春等诸先生不吝惠赐资料，使我时有所获；黄山日报社的曹丽、高莉莉、王莉、李小云等编辑对我一直以来的鼓励，也是我不断前进的动力；我的妻子、母亲等家人为我承担家务，照顾孩子，使我能够心无旁骛地从事徽州文化的宣传与研究，感恩于心，未及表述。今借《品读徽州》一书正式出版之际，向所有长期支持与鼓励我的朋友与家人致以衷心的感谢！

徽州山水秀美、历史悠久、文化厚重，仅靠一本小册子是难以尽述其美的。但见鳞见爪，窥一斑而见全豹，《品读徽州》一书能起到一个抛砖引玉的作用，则善莫大矣！

邵宝振
2017年10月8日于古歙玉屏小筑

后
记